Taiwan in Bewegung

Band 4:
Deutsch-taiwanische Kulturpolitik und politische Kultur

1. Auflage 2021

Herausgeber:
Deutsch-Taiwanische Gesellschaft e.V., Dr. Frank Meerkamp, Anita Schäfer, Cheng Yeng, Dr. Michael Zickerick, Sophie-Caroline Zillessen
Verantwortlich für den Inhalt:
Dr. Frank Meerkamp, Sophie-Caroline Zillessen
Übersetzer: Günter Whittome u.a.
Redaktion: Bodo-Michael Baumunk, Dr. Frank Meerkamp, Cheng Yeng, Sophie-Caroline Zillessen

Markgrafenstraße 35
10117 Berlin
Tel.: 030 / 2036 1440
Fax: 030 / 2036 1410
Internet: www.deutsch-taiwanische-gesellschaft.de
E-Mail: info@deutsch-taiwanische-gesellschaft.de
facebook.com/DeutschTaiwanischeGesellschaft

Namentlich gezeichnete Beiträge dieser Publikation geben nicht unbedingt die Meinung der Gesellschaft wider.

Die Beiträge sind in den Jahren 2020/2021 entstanden.

In der Publikation wurden die Begrifflichkeiten Taiwaner/Taiwanese bzw. taiwanisch/taiwanesisch nicht vereinheitlicht, sondern die Verwendung den Autor*innen überlassen. Auch die Schreibweisen Taipeh und Taipei werden gleichwertig verwendet und können in den Beiträgen abweichen.

 Wir bedanken uns für die freundliche Genehmigung des Ministry of Foreign Affairs, Republic of China (Taiwan) und der Taipeh Vertretung in der Bundesrepublik Deutschland zum Abdruck von Fotos sowie bei den Autorinnen und Autoren und Rechteinhabern, die Fotos zur Verfügung gestellt haben. Trotz unserer Bemühungen konnten wir u.U. nicht alle Rechteinhaber feststellen, sind aber gerne bereit, nach Anforderung rechtmäßige Ansprüche abzugelten.

Druck VD Vereinte Druckwerke GmbH
Umschlaggestaltung Franziska Urban, Fotos Sinan Ertugrul u.a.
ISBN-13: 978-3-9806665-2-7

Die Autorinnen und Autoren:

Bardenhagen, Klaus, Journalist in Taiwan

Beck, Barbara, Landratsamt Starnberg, zuständig für Taiwan-Kontakte

Blaschke, Tillmann, Dr., Managing Director der Staatlichen Porzellan-Manufaktur Meissen GmbH

Böge, Friederike, Korrespondentin der FAZ

Böhme , Nathalie, Studentin Tourismus Management

Braig, Stefan, wissenschaftlicher Mitarbeiter und Doktorand an der Abteilung für Sinologie, Universität Tübingen

Budde, Katrin, MdB, Vorsitzende des Ausschusses für Kultur und Medien in der 19. LP; Ministerin für Wirtschaft und Technologie des Landes Sachsen-Anhalt a.D.

Bündig, Andreas, Vorsitzender des RTI-Hörerklub Berlin

Chang, Nai Wen (張乃文), Künstlerin, Regisseurin, Mitbegründerin des internationalen Regiekollektivs "World Wide Lab"

Chen, Hsiu-hui (陳秀惠), Vorstandsmitglied der „National Alliance of Taiwan Women‘s Association“, Initiatorin des Projekts „Spuren der Frau“

Chen, Kevin (陳思宏), Schriftsteller, Journalist und Schauspieler

Cheng, I-wen (鄭伊雯), Vorsitzende des Taiwan-Verein in Deutschland e.V.

Chou, Meng-lin (周孟霖), Teeexpertin und Inhaberin des Teehaus Shui Tang in der Altstadt Zürichs

Chu Yu-hsun (朱宥勳), Autor, Teilnehmer am Residenzprogramm des Literarischen Colloquiums Berlin (LCB)

Chen, Chun-hung (陳俊宏), Direktor Nationales Menschenrechtsmuseum Taiwan

Cölle, Michael, Dr., Geschäftsführer und Unternehmer

Diefenbach, Thilo, Dr., Taiwanologe, Übersetzer; Mitarbeiter bei den "Heften für Ostasiatische Literatur" und Redakteur bei "ASIEN"

Ertugrul, Sinan, Filmwissenschaft, Publizistik- und Kommunikationswissenschaftler (M.A.)

Faber, Marcus, Dr., Mitglied des Bundestages, stellvertretender Vorsitzender der Deutsch-Taiwanischen Gesellschaft

Fuchs, Ingrid, ehemalige Geschäftsführerin der Deutsch-Chinesischen Gesellschaft – Freunde Taiwans

Goldberger, Josef, Dr., Direktor des DAAD-Informationszentrum Taipei

Hake, Achim v., General Manager – The Sherwood Hotel Taipei

Hester, Susanne, Parlamentarische Assistentin bei einer Abgeordneten des Deutschen Bundestages

Hsu, Angela Pingfen (許萍芬), Kuratorin und Künstleragentin in Berlin

Huang, Damur Shih-Shun (黃世舜), Fashion Designer

Huang-Niemand, Chih-Yin (黃稚尹), Dirigentin und Klavierpädagogin

Jaenicke, Dieter, leitende Funktionen im Bereich performing arts, ehem. Direktor der internationalen tanzmesse nrw Düsseldorf

Jahn, Roland, Bundesbeauftragter für die Unterlagen des Staatssicherheitsdienstes der ehemaligen Deutschen Demokratischen Republik (BStU)

Jost, Christian, Komponist und Dirigent

Kaminsky, Anna, Director/Geschäftsführerin der Bundesstiftung zur Aufarbeitung der SED-Diktatur

Kehlenbach, Achim, Lehrbeauftragter an der Fakultät für Ostasienwissenschaften der Ruhr-Universität Bochum, Dozent für Chinesisch, Lehrer

Klemann, Thomas, Unternehmer im Food Bereich, ehem. Geschäftsführer von Bao Kitchen und allgemeiner Bonvivant

Kuchling, Robert, Galerist in Berlin

Kuo, Ling-hwei (郭玲惠), Jura-Professorin an der Staatlichen Taipei Universität

Lee, Mingwei (李明維), taiwanisch-amerikanischer zeitgenössischer Künstler

Lee, Yung-te (李永得), Kulturminister

Lin, Chieh-ying (Jaye Lin) (林婕穎), Filmkuratorin und Leitung des Taiwan Filmfestivals in Berlin

Lin Yu-han (林友寒), Architekt in Deutschland und Taiwan, Master in Architektur in den USA (Harvard GSD)

Lin, Yu-li (林育立), Journalist

Liu, Lucie, Filmemacherin und Masterstudentin der Gesellschafts- und Wirtschaftskommunikation

Maier, Uwe, Dr., Lehrer des Beruflichen Schulzentrums Waldkirch

Meerkamp, Frank, Dr., Vorstandsmitglied der DTG, Parlamentarischer Assistent bei einer Bundestagsabgeordneten

Mihr, Christian, Journalist, Geschäftsführer der Organisation Reporter ohne Grenzen (ROG)

Peng, Sheau-Tyng, National Taiwan University, Graduate Institute of Journalism

Petzold, Claudius, Assistant Professor an der Fu Jen Catholic University, ehem. Reiseleiter und Subunternehmer für Wikinger Reisen

Pospischil, Doris, Initiatorin des Klassikfestivals AMMERSEErenade

Prinz, Thomas, Dr., Generaldirektor des Deutschen Institut Taipei (bis 2021)

Rägle, Alexandra, Lehrerin des Beruflichen Schulzentrums Waldkirch

Rösler, Jens, Leiter des Goethe-Instituts Taipei

Rudle, Ditta, Theaterwissenschaftlerin, Journalistin, Redakteurin von tanzschrift.at

Schäfer, Anita, MdB (1998-2021), Vorsitzende der DTG (seit 2008)

Schneider, Ilka, Autorin und freischaffende Künstlerin

Schubert, Gunter, Prof. Dr., Sinologe und Politikwissenschaftler, Professor am Asien-Orient-Institut der Eberhard Karls Universität Tübingen sowie Gründer und Direktor des European Research Center on Contemporary Taiwan an der Universität Tübingen

Schulte-Fischedick, Valeria, Kunsthistorikerin und Kuratorin

Shieh, Jhy-wey (謝志偉), Prof. Dr., Repräsentant von Taiwan

Su, Tsen-ping (蘇正平), Vorstandsvorsitzender der „The Foundation for Excellent Journalism Award"

Tang, Audrey, Digital-Ministerin, Software-Programmiererin

Thome, Stephan, Sinologe, Schriftsteller

Toyka-Fuong, Ursula, Dr., ehemalige Kuratorin der Bundeskunsthalle für die Ausstellung „Schätze der Himmelssöhne"

Tsai, Tsaiwei (蔡采崴), Geschäftsführerin vom HoHaiYan Künstlerverein e.V., M.A. Kunstgeschichte der Ludwig-Maximilians-Universität München

Weidhaas, Peter, 1975 bis 2000 Leiter der Frankfurter Buchmesse

Weng, Sabine Chin-Ying (翁勤瑛), Leiterin der Bildungsabteilung der Taipeh Vertretung (bis Juli 2021)

Wille, Rolf-Peter, Pianist, ehem. Professor an der Taipei National University of the Arts

Wu, Feng-wei (吳豐維), Associate Professor, Department of Philosophy, Chinese Culture University, Organizer, Café Philo@Taipei

Zillessen, Sophie-Caroline, Sinologin und Politikwissenschaftlerin, Geschäftsführerin und stellvertretende Vorsitzende der DTG

Aus dem Inhalt

„Die internationale Kulturpolitik ist eine sanfte Macht. Deutschland begreift sie im Sinne von Aufklärung, Freiheit und Demokratie.
Wir brauchen kulturellen Austausch und Dialog,
um einander besser zu verstehen."

(Michelle Müntefering, Staatsministerin für internationale Kulturpolitik)

„Taiwan ist für uns, und wir sind für Taiwan wichtig."

(Dr. Burkhard Hirsch, Vizepräsident des Deutschen Bundestages
beim 40jährigen Jubiläum der DTG)

Vorwort: Von der Deutsch-Chinesischen Gesellschaft – Freunde Taiwans zur Deutsch-Taiwanischen Gesellschaft

"Taiwan in Bewegung" – so haben wir vor 10 Jahren unsere Publikationsreihe, in der nun der vierte Band vorliegt, genannt. Viel ist seitdem sowohl in Taiwan als auch in der internationalen Politik in Bewegung gekommen. Nicht zuletzt durch den sehr erfolgreichen Umgang Taiwans mit Covid-19 und die zunehmend aggressive Politik Pekings ist ein nie zuvor dagewesenes Aufmerksamkeitsfenster für Taiwan entstanden.

Mit unserer Publikationsreihe möchten wir Sie immer wieder neu einladen, Taiwan näher kennenzulernen. Dabei erscheint uns das Themenfeld „Politische Kultur und bilaterale Kulturpolitik“ als ein weiterer Ausgangspunkt, den Blick zu erweitern und einen nachhaltigen Dialog zu fördern. Was verbindet Taiwan und Deutschland im Bereich Kulturpolitik und politischer Kultur? Es werden Teilbereiche exemplarisch vorgestellt, dabei besteht kein Anspruch auf Vollständigkeit, vielmehr wollen wir Impulse setzen für neue Begegnungen.

Unsere Gesellschaft wurde 1957 als Deutsch-Chinesische Gesellschaft e.V. gegründet. Die Namenswahl war den besonderen historischen Umständen jener Zeit geschuldet. 2003 hat die Gesellschaft ihren Namen an die veränderten Rahmenbedingungen angepasst und durch den Zusatz “Freunde Taiwans” ihre Position verdeutlicht.

Namen sind mehr als „Schall und Rauch“ – Namen haben eine Geschichte und eine Symbolkraft. Es gilt also in diesen Tagen mehr denn je, die Sichtbarkeit Taiwans hervorzuheben und für die deutsch-taiwanischen Beziehungen einzutreten.

Hinter der Ende 2020 beschlossenen Namensänderung stand ein längerer Prozess. Wir haben in den letzten Jahren intensiv über eine Änderung des Namens unserer Gesellschaft diskutiert. Die Gesellschaft ist parteipolitisch neutral und auch die Namenswahl stellt keine parteipolitische Positionierung der Gesellschaft dar.

Es gibt eine Reihe von Gründen, die für die Namensänderung entscheidend waren. Im Laufe der letzten Jahrzehnte hat sich eine taiwanische Identität herausgebildet – das zeigen auch konstant Umfragen und Untersuchungen der letzten Jahre. Unsere

Gesellschaft kann mit einer Namensänderung diese gesellschaftlichen Veränderungen abbilden. Taiwan braucht eine starke Stimme der Unterstützung. Die Namensänderung ist ein Bekenntnis „schwarz auf weiß" und die Anerkennung der zivilgesellschaftlichen und demokratischen Erfolge der letzten 30 Jahre und ein Zeichen gegen die internationale Diskriminierung Taiwans. Unsere Gesellschaft will Konstanz in den freundschaftlichen Beziehungen, aber Wandel und Klarheit in unserer organisatorischen Ausrichtung demonstrieren sowie die Dynamik der geopolitischen und gesellschaftlichen Veränderungen im Blick halten.

In Zeiten, in denen die Bezeichnung Taiwan durch Druck von außen an Sichtbarkeit zu verlieren droht, zeigen wir, dass wir uns dem entgegenstellen.

Die Vorbereitungen für die Publikation hatten schon vor dem Gesellschaftsbeschluss zur Namensänderung begonnen. Die Namensänderung wurde mit Eintragung ins Vereinsregister im Jahr 2021 vollzogen. In den Beiträgen kann deshalb sowohl von unserem alten als auch unserem neuen Gesellschaftsnamen die Rede sein.

Grußwort von Anita Schäfer MdB

Vorsitzende der Deutsch-Taiwanischen Gesellschaft e.V.

Sehr geehrte Leserinnen und Leser,

wussten Sie, dass in nahezu allen antiken Zivilisationen die Farben Schwarz und Weiß die ersten waren, für die Menschen ein Wort fanden? Dass egal ob in Indien, China oder in Europa darauf folgend zuerst die Farbe Rot und immer erst danach die Farben Gelb und Grün Eingang in den Sprachgebrauch gefunden haben? Und dass die Farbe Blau so gut wie immer die letzte wichtige Farbe war, welche ein eigenes Wort erhalten hat? Woran liegt es, dass überall auf der Welt völlig unabhängig voneinander Menschen das Feuer, das Schwimmen, die Malerei oder das Bogenschießen als Kulturtechniken entdeckten?

Der neueste Stand der Wissenschaft erklärt uns mit Blick auf die Farben, dass Schwarz und Weiß als stärkste Gegensätze und Sinnbild von Tag und Nacht für unsere Vorfahren im täglichen Leben am wichtigsten waren. Die Farbe Rot begegnet den Menschen in ihrer Nahrung, im Blut, sogar unser Körper kommuniziert beispielsweise beim Erröten der Wangen mit der Farbe Rot. Die künstliche Herstellung anderer Farben war für Menschen lange Zeit nicht möglich oder zumindest aufwendiger. Steinzeitliche Höhlenmalereien etwa werden von den Farben Schwarz, Rot und Weiß bestimmt. Somit waren dies die ersten Farben für die Menschen Worte suchten und fanden.

Wir erkennen also, dass unsere Umwelt unsere Sprache und damit unsere Kultur entscheidend prägt. Menschen begegnen überall auf der Welt ähnlichen Herausforderungen und Wundern der Natur und entwickeln darauf vergleichbare Antworten. Wenn wir den Blick von der Geschichte der Menschheit auf die Welt von heute wenden, dann mag uns Kultur oft als etwas Trennendes erscheinen.

Die Taiwaner sprechen heute mehrheitlich eine Form des Mandarin, Gebräuche und Höflichkeitsformen unterscheiden sich oft von denen in Deutschland. Obwohl das chinesische Wort für Farbe (Yánsè 顏色) für Deutsche fremd und unverständlich klingt, so ist es doch faszinierend, dass die sprachliche Entwicklung der Wörter für Farben auch über Tausende Kilometer hinweg sowohl im asiatischen wie im europäischen Kulturraum einen ähnlichen Verlauf genommen hat. Dass es bestimmte kulturelle Muster gibt, die uns Menschen über alle Distanzen einen und dass selbst dem, was uns scheinbar trennt, bei genauerem Hinsehen zuweilen etwas Gemeinsames und eine geteilte Erfahrung innewohnen.

Diesem Wunder der Kultur, die uns verzaubert, uns zusammenführt, provoziert und uns einlädt, voneinander zu lernen, ist diese vierte Publikationsreihe „Taiwan in Bewegung" unserer deutsch-taiwanischen Gesellschaft gewidmet.

Bei dieser Gelegenheit möchte ich darauf hinweisen, dass im Jahr 2020 der intensive und gewissenhaft geführte Prozess zur Umbenennung unseres Vereins mit einer Mitgliederabstimmung entschieden wurde. Die Deutsch-Chinesische Gesellschaft e.V. – Freunde Taiwans heißt daher nun Deutsch-Taiwanische Gesellschaft.

Unsere Mitglieder haben diese Entscheidung nach etwa drei Jahren der offenen Debatte demokratisch mit überwältigender Mehrheit getroffen. Mein Dank geht an dieser Stelle noch einmal an unser Mitglied Dr. Mei-Li Pfennig-Yeh, welche den entsprechenden Antrag im Februar 2017 eingereicht und damit offensichtlich den Nerv der anderen Mitglieder getroffen hat. In den überaus konstruktiven und transparenten Debatten, die wir miteinander zur Namensänderung geführt haben, hat sich die politische Kultur gespiegelt, welche auch Deutschland und Taiwan eint. Die Freundschaft zwischen Deutschen und Taiwanern kommt in unserem neuen Namen noch deutlicher zum Ausdruck als zuvor.

Uns erschien es gerade im Jahr 2021 wichtig, die Kultur in den Fokus einer eigenen Publikation zu setzen. Zum einen erleben wir, dass die politische Kultur in Deutschland ebenso wie auf internationaler Bühne einen Wandel erfährt. Drohungen und das Schwinden von Dialog und Ausgleich prägen immer mehr die politische Kommunikation.

Zum anderen dauert die Covid-19-Krise noch immer an. Zuerst im chinesischen Wuhan dokumentiert, hatte die politische Kultur in der kommunistischen Volksrepublik eine effiziente und transparente Bekämpfung des neuartigen Virus unmöglich gemacht und somit schließlich zu einer verheerenden Pandemie geführt, die bereits jetzt über eine Million Menschen weltweit das Leben gekostet hat.

Unter den Folgen leidet auch der Kulturbetrieb. Konzerte, Lesungen, Vorführungen oder Clubnächte konnten zum Schutz der Gesundheit lange nicht stattfinden. Was macht das mit einer Gesellschaft, wenn ihr kulturelles Leben weitgehend zum Erliegen kommt? Kann diese unerhörte Situation der Krise vielleicht Inspiration einer neuen Kunst sein? Liegt in der Krise eine Chance? Erblühen in der einsamen Stille von Quarantäne und Isolation Romane, Kompositionen, Gemälde und Skulpturen?

Auch unser Verein musste sein Angebot radikal einschränken. Viele Veranstaltungen, die wir geplant hatten, konnten nicht stattfinden. Diesen Verlust wollen wir nun ein Stück weit mit der vorliegenden Publikation aufwiegen und hoffen, dass die zahlreichen spannenden Beiträge Neues aufzeigen, zum Nachdenken anregen und auf jeden Fall eine kurzweilige Lektüre bieten.

Ich bin überzeugt, dass wir Ihnen einen die Neugier weckenden Einblick in die vielfältigen kulturellen Beziehungen von Deutschland und Taiwan bieten können und wünsche Ihnen als Vorsitzende der Deutsch-Taiwanischen Gesellschaft auch im Namen unserer Mitglieder eine farbenfrohe Lektüre, die ohne Frage über Schwarz und Weiß von Tinte und Papier hinausgeht!

Ihre

Anita Schäfer, MdB

Grußwort von Kulturminister Lee Yung-te (李永得) - Kultur als Impulsgeber in den deutsch-taiwanischen Beziehungen

Das Kulturministerium Taiwans wurde am 20. Mai 2012 gegründet, um die kulturelle Teilhabe der Bürgerschaft zu ermöglichen und seine Freiheit des Schaffens zu schützen. Seine Aufgabe ist es, eine Kulturpolitik zu formulieren, ein System der kulturellen Governance und der Rechtsstaatlichkeit zu etablieren, einen Kulturetat sicher zu stellen und die kulturellen Rechte der verschiedenen Publikumsgruppen zu schützen. Noch wichtiger ist es, ein reiches kulturelles Lebensumfeld zu schaffen und die kulturelle Teilhabe zu fördern, damit alle Bürger, unabhängig von Ethnie oder Klasse, Schaffende und Genießer der taiwanischen Kultur sein können. Das Kulturministerium ist auch bestrebt, Taiwan mit der Welt zu verbinden und ein öffentliches Unterstützungssystem für die kulturelle Governance zu schaffen, das der kulturellen Entwicklung förderlich ist.

Der Geschäftsbereich des Kulturministeriums umfasst Kulturgüter, Literatur, Gemeinschaftsbildung, kulturelle Einrichtungen, darstellende Kunst, bildende Kunst, Kultur- und Kreativwirtschaft, kulturelle Austauschdienste sowie die Verlagsbranche, die Popmusikindustrie, die Filmindustrie, die Radio- und Fernsehindustrie und es unterhält eine Reihe von Kultureinrichtungen wie das Nationale Geschichtsmuseum, die Sun-Yat-Sen-Gedächtnishalle und das Nationale Menschenrechtsmuseum. In den letzten Jahren hat das Kulturministerium die Einrichtung oder Umstrukturierung von Selbstverwaltungskörperschaften (Non-Departmental Public Bodies) umgesetzt, um die Kunst- und Kulturindustrie flexibler zu fördern und zu beraten, darunter das National Performing Arts Center (NPAC) und die Taiwan Creative Content Agency (TAICCA) sowie das Taiwan Film and Audiovisual Institute (TFAI).

Obwohl das Kulturministerium noch jung ist, hat es bereits Unternehmungen in allen Ecken Taiwans und in allen Altersgruppen gefördert, wie beispielsweise das Projekt

Cultural Routes of Taiwan, welches Taiwans lokale und tiefgründige Ressourcen des Kulturtourismus integriert, indem die Geschichte und Kultur des Landes als Hauptachse dienen. Für den verstärkten Aufbau kultureller Gleichstellung ist der „Development of National Languages Act" (DFLA) in Kraft getreten, um die aktuelle Krise in der Sprachvererbung der indigenen ethnischen Gruppen und Taiwans Gebärdensprache aktiv anzugehen und die Rechte der Muttersprachler aller ethnischen Gruppen auf Bildungsressourcen, Kommunikationssysteme und öffentliche Dienste zu schützen. Gleichzeitig versucht man die Schwellenhöhe für die Teilnahme der Bürger am kulturellen Angebot zu verringern, um den Zugang zur Kultur zu erleichtern. In Zusammenarbeit mit dem Bildungsministerium fördern wir das Cultural Experiential Education Program, um in bestehenden Unterrichtsstunden kulturelle Erfahrungen zu vermitteln und die Wahrnehmung der Schülerinnen und Schüler für Kunst und Kultur zu vertiefen. Was die Jugend anbelangt, so gewähren wir nicht nur Zuschüsse für das Schaffen von Werken durch Künstler, sondern ermutigen junge Menschen auch, sich in ihren Heimatstädten am Aufbau von Gemeinschaften zu beteiligen, und dadurch ein Umfeld zu schaffen, das der Partizipation junger Menschen förderlich ist.

In den letzten Jahren hat sich das Kulturministerium weiterhin für die Verbesserung von Vorschriften eingesetzt, z. B. für die Gesetzgebung und Änderung von Gesetzen des Development of the Cultural and Creative Industries Act, des Culture and Arts Reward Act und des Public Media Act. Die Gesetzgebung im Bereich öffentliche Medien und andere wichtige kulturelle Bestimmungen wurden geändert, um die Aufwertung der Kultur- und Kreativwirtschaft und der Künste zu fördern. Als Reaktion auf die Beeinträchtigung der Kunst- und Kulturindustrie durch die schwere COVID-19-Pandemie stellte das Kulturministerium sofort Hilfsfonds für Unternehmen und Künstler bereit, um deren grundlegende Lebensbedürfnisse zu sichern, und schuf zudem "Arts FUN Vouchers", um 1,2 Milliarden NTD (3,4 Millionen Euro) für die Kunst- und Kulturindustrie bereitzustellen. Diese Kulturgutscheine sollen einen Anreiz schaffen, Geld für Kunst und Kultur auszugeben, um so eine Wiederbelebung von Kunst und Kultur zu erreichen.

Obwohl Deutschland mehr als 9.000 Kilometer von Taiwan entfernt ist, ist den Taiwanern die deutsche Kultur nicht fremd und es besteht großes Interesse an deutschen Kulturveranstaltungen. So war Deutschland 2019 Ehrengast der Internationalen Buchmesse in Taipeh, die insgesamt 580.000 Besucher anzog. Die Komponisten Bach, Beethoven und Brahms sind in Taiwan ein Begriff, und Aufführungen der Berliner Philharmoniker und des Symphonieorchesters des Bayerischen Rundfunks sind in Taiwan immer ausverkauft. Jedes Jahr werden deutsche Shows an den drei großen nationalen Aufführungsorten in Taiwan aufgeführt: National Theatre and Concert Hall, National Taichung Theatre und National Kaohsiung Center for the

Arts (Weiwuying). In diesem Jahr wurden die beiden in Berlin lebenden taiwanischen Schriftsteller Frau Lai Hsiangyin und Herr Kevin Chen mit dem Golden Tripod Award, dem renommiertesten Verlagspreis in Taiwan, ausgezeichnet. Nicht zuletzt auch deshalb, weil das deutsche Umfeld ihren Werken einzigartige Perspektiven und Inspirationen verliehen hat.

Deutschland ist ein wichtiger Freund in der internationalen Gemeinschaft, der Taiwans Fortschritt begleitet, und mit Taiwan in den Bereichen geschichtliche Aufarbeitung, Museen, Literatur, bildende und darstellende Künste zusammenarbeitet. 2019 wurde eine "Gemeinsame Absichtserklärung zur Vergangenheitsaufarbeitung" unterzeichnet, um den bilateralen Erfahrungsaustausch in Sachen Demokratie und Freiheit zu vertiefen. Die Kultur als Basis hat einen ununterbrochenen Austausch zwischen beiden Ländern ermöglicht und immer wieder frische Impulse in unsere Beziehungen eingebracht. In den letzten Jahren hat das Kulturministerium Schriftsteller und Künstler zu Residenzen an das Literarische Colloquium Berlin (LCB) und das Künstlerhaus Bethanien sowie zur jährlichen Berlinale und zum dort angesiedelten European Film Market entsandt. Auch auf der Frankfurter Buchmesse und der alle zwei Jahre stattfindenden Internationalen Tanzmesse NRW in Düsseldorf ist Taiwan präsent. Wir hoffen, dass Taiwan und Deutschland in Zukunft durch die kontinuierliche Zusammenarbeit zwischen Regierungs- und Nichtregierungsorganisationen weiterhin in facettenreiche Dialoge eintreten, ihre Beziehungen vertiefen und durch gegenseitiges Verständnis und Verständnis der Kultur enge Partner werden.

Gruß aus Taipei – vom Generaldirektor des Deutschen Instituts

Von Dr. Thomas Prinz[1]

„Taiwan in Bewegung" – vor allem im Jahr 2020 beschreibt der Titel dieser Publikation die Situation in Taiwan besonders gut. Während auf Grund der Corona-Pandemie andere Regionen der Welt praktisch zum Stillstand kamen, lief das Leben in Taiwan fast unverändert weiter. Taiwan hat die Herausforderungen der Pandemie bisher so gut gemeistert wie kaum ein anderes Land.

Nicht nur Alltägliches wie Einkaufen, Arbeiten und Restaurantbesuche sind hier weiterhin möglich gewesen, auch das reiche Kulturleben konnte und kann – unter den gebotenen Vorsichtsmaßnahmen – fortgesetzt werden.

Kunst und Kultur genießen hier in Taiwan einen großen Stellenwert. In meiner nun schon zweijährigen Tätigkeit als Generaldirektor des Deutschen Instituts Taipei habe ich die Taiwaner als Publikum mit einem sehr hohen kulturellen Anspruch kennengelernt.

International renommierte Künstler – darunter viele deutsche – gastieren regelmäßig in Taipei und den anderen Großstädten des Landes. 2019 durften wir unter anderem Anne Sophie Mutter, das Münchner Kammerorchester und Wolf Biermann in Taiwan willkommen heißen.

Großartige Arbeit für die interkulturellen Beziehungen zwischen Deutschland und Taiwan leistet das Goethe Institut Taipei, welches jährlich zahlreiche Projekte mit deutschen Kunstschaffenden organisiert und deutsche Beiträge bei Film-, Theater- und Musikfestivals unterstützt.

In diesem Jahr mussten internationale Gastspiele auf Grund von Reisebeschränkungen leider größtenteils ausbleiben, deutsche Kultur genoss in Taiwan dennoch große Aufmerksamkeit – nicht zuletzt wegen des 250. Jahrestags von Beethovens Geburt. Anlässlich des Jubiläumsjahres gaben zahlreiche lokale Orchester und Chöre dessen Werke zum Besten. Eine Chordarbietung der „Missa Solemnis" im September wurde

---

[1] Dr. Thomas Prinz war Generaldirektor des Deutschen Instituts von 2018 – 2021. Der Beitrag wurde vor seinem Wechsel verfasst. Seit Juli 2021 ist Dr. Jörg Polster sein Nachfolger.

durch das Deutsche Institut Taipei finanziert. Überhaupt scheinen die Taiwaner von Beethoven ganz besonders angetan zu sein. Für viele von ihnen ist der deutsche Komponist ein fast täglicher Begleiter: mit einer eigenwilligen, elektronischen Version von „Für Elise“ kündigt sich hier in Taiwan die Müllabfuhr an!

Taiwan ist eine junge, moderne, lebendige Demokratie mit einer gebildeten, toleranten und kulturell aufgeschlossenen Gesellschaft. Die Taiwaner schätzen es sehr, in einer offenen, freien Gesellschaft leben zu können, in der das Kulturleben keinerlei staatlichen Zensurbeschränkungen unterliegt und internationaler Austausch und Experimentierfreude gern gesehen werden.

Während meiner Zeit in Taipei habe ich die Erfahrung gemacht, dass Deutschland – auch abgesehen von einem Faible für Beethoven – in der lokalen Bevölkerung ein durchweg hohes Ansehen genießt. Es gilt als Land mit hoher Kultur und technologischen Spitzenleistungen, als diszipliniert und effizient, aber zugleich auch demokratisch und sympathisch. Diese Sympathien machen sich auch an der stetig steigenden Anzahl von Deutschlernern bemerkbar. An taiwanischen Universitäten und Schulen lernen derzeit circa 16.500 Schüler und Studenten die deutsche Sprache, weitere 2.200 junge Taiwaner haben Deutschland sogar als Studienstandort gewählt.

Positive Anerkennung findet Deutschland außerdem für seinen Umgang mit den dunklen Kapiteln seiner Vergangenheit. Dem Thema Aufarbeitung hat sich auch Taiwan in den letzten Jahren verstärkt angenommen und schaut nach Deutschland als Vorbild für die eigene Vergangenheitsbewältigung. Der Wunsch nach einer offenen Erinnerungskultur ist nur eine der vielen Gemeinsamkeiten, die Deutsche und Taiwaner verbinden. Unsere gemeinsamen Werte wie Meinungsfreiheit, Gleichheit und Rechtsstaatlichkeit bilden den Grundstein für die gute deutsch-taiwanische Kooperation in den Bereichen Wirtschaft, Wissenschaft, Kultur und Bildung.

Einen nicht unwesentlichen Beitrag zur Pflege und Aufrechterhaltung der freundschaftlichen Beziehungen zwischen Deutschland und Taiwan leistet darüber hinaus die Deutsch-Taiwanische Gesellschaft. Seit nunmehr über 60 Jahren fördert sie mit ihrem Engagement die Völkerverständigung und hilft dabei, Deutschland und Taiwan näher zusammenzubringen.

Zwar trennen unsere Länder weiterhin mindestens 12 Flugstunden, trotzdem ist Taiwan zu einem der wichtigsten Wertepartner Deutschlands in Ostasien geworden. Und ich bin zuversichtlich, dass unsere substantielle Zusammenarbeit auch in Zukunft erfolgreich sein wird, wir von einander und miteinander lernen und den interkulturellen Austausch weiter fördern können. Für die kommenden Jahre hoffe ich daher auf viele spannende und wertvolle deutsch-taiwanische Projekte.

Freuden und Leiden eines jungen Wertes: Taiwan - Bejubelte und bedrohte Demokratie

Von Prof. Dr. Shieh Jhy-wey (謝志偉)*, Repräsentant von Taiwan in Deutschland*

Im Grunde genommen lässt sich das heutige Taiwan meiner Ansicht nach durch nichts anderes als durch eine Art Kultur der Solidarität charakterisieren. Diese Kultur der Solidarität hat sich erst im Laufe eines Jahrhunderts nach und nach herauskristallisiert. Um dies näher zu erläutern und von vornherein komplizierten Umständen aus dem Weg zu gehen, begnüge ich mich mit einer kurzen und vereinfachten etymologischen Darlegung zu KULTUR und SOLIDARITÄT. Und der Zufall hat es gewollt, dass die Aussprache von KULTUR sehr ähnlich wie der Laut seines taiwanischen Pendants „gu tou" (掘土) klingt. Was den Begriff SOLIDARITÄT anbelangt, so geht dieser auf die Grundbedeutung von „ganz, allein, eins" zurück. Sinngemäß hängt er eng mit dem Wort „Isolation" zusammen, das wiederum dieselbe Wurzel mit „Insel" teilt. Demnach wäre es wohl auch nicht verkehrt, würde man anstatt TAIWAN „TAI-ONE" schreiben.

Einssein als Gesamtheit und isoliert voneinander. Das hat den Werdegang der Identität der Taiwaner ein Jahrhundert lang bestimmt und deren Schicksal durch das Gegenteil von Solidarität gekennzeichnet: zerrissen und hin- und hergezerrt zwischen Taiwan, Japan und China.

Zu meinen Aufgaben als Repräsentant von Taiwan in Deutschland gehört u.a., dass ich den Deutschen erklären soll, weshalb Taiwan nicht dem kommunistischen China in die Klauen geraten darf. Eine meiner Begründungen besteht in dem Hinweis darauf, dass wir Taiwaner seit drei Jahrzehnten durch die tagtäglich praktizierte Demokratie genau das Gegenteil von der Behauptung Pekings unter Beweis gestellt haben, die westliche Demokratie mit Redefreiheit, Pressefreiheit, Meinungsfreiheit, Mehrparteiensytem usw. und die chinesische Kultur seien nicht kompatibel. Die Existenz dieser florierenden Demokratie Taiwan straft nämlich Chinas Behauptung unmissverständlich Lügen. In der Folge ist Taiwan dem Regime in Peking ein Dorn im Auge, und dementsprechend schwebt das Damoklesschwert der Volksbefreiungsarmee seit Jahrzehnten über unseren Köpfen. Dass das ein zweischneidiges Schwert ist, mit dem sich China inzwischen immer häufiger und tiefer ins eigene Fleisch schneidet, hat man im Westen lange nicht gemerkt.

Die Realität ist hart, aber Humor muss sein. Zur Not auch Galgenhumor. Wenn Taiwan ein Dorn in Chinas Auge ist, dann können wir endlich mit gutem Gewissen behaupten, dass wir mit China auf gleicher Augenhöhe stehen. Und tatsächlich teilen wir ein ziemlich ähnliches Problem miteinander: Taiwan hat ein Problem mit dem Staatsrecht und China mit dem Rechtsstaat.

Knapp 40 Jahre lang wurde Taiwan vom CHIANG Kai-Shek-Regime unter Kriegsrecht harsch kontrolliert, nachdem es unter japanischer Fremdherrschaft genau ein halbes Jahrhundert regiert worden war. Dem chinesischen Kulturkreis entsprungen, ist Taiwan insofern ein bemerkenswertes Phänomen, als in dieser durch Selbstbewusstsein und Freiheit gekennzeichneten Inselrepublik eine Kultur entstehen konnte, die sowohl den Ausstieg aus der Atomkraft beschlossen als auch die Ehe für alle legalisiert hat.

Bedenkt man dabei, dass dieser so nah an China liegenden Inselrepublik seit Ausbruch des Corona-Virus COVID-19 für ihre erfolgreiche Eindämmung der Pandemie Lob und Bewunderung zugesprochen wird, so muss man sich darüber wundern, dass dieser von noch nicht einmal 20 Ländern anerkannte Staat seit 1972 nicht mehr in der UNO ist und sich infolgedessen seit vier Jahren vergeblich darum bemüht, als Beobachter und nicht als Vollmitglied, zur Teilnahme an der WHA eingeladen zu werden.

Der Vergleich wäre sicherlich nicht so fern jeder Realität, wenn ich unsere Lage mit einem ausgegrenzten Virus vergleichen würde. Denn seit genau 50 Jahren befindet sich Taiwan als ein kerngesundes Wesen in einer politischen Quarantäne. Humor muss sein, habe ich vorhin schon gesagt. Das alles hat auch einen Vorteil: Anders als die Europäer frieren wir Taiwaner selbst beim eiskalten Winter nie. Denn die ISOLATION ist so gut!

Werfen wir kurz einen Blick auf die vergangenen anderthalb Jahre. Es war eine Zeit, da hatten viele Menschen die Nase voll von der Gesichtsmaske. Manche ließen die Ohren hängen, manche hielten sie steif und manche haben sie gar auf Durchzug gestellt. Die einen haben sich darum keine grauen Haare wachsen lassen, die anderen haben sich die Haare gerauft. Und wir Taiwaner, ausgeschlossen von der WHO, haben versucht, uns an den eigenen Haaren aus dem Sumpf zu ziehen, mal mit Ach und Krach, mal mit ein bisschen Erfolg. Schließlich bestimmen Geben und Nehmen unser Leben: entweder geben wir den alten Plan auf oder wir nehmen einen neuen Anlauf.

Taiwan hat der Welt gezeigt, dass, anders als das autokratische China, auch eine Demokratie in der Lage sein kann, die Pandemie erfolgreich einzudämmen.

An dieser Stelle erlaube ich mir, eine kurze Bemerkung zur unterschiedlichen Einstellung der Taiwaner bzw. Asiaten und der Deutschen bzw. Europäer zur Maske einzuschieben: Beim Begriff SCHUTZMASKE denken wir an SCHUTZ und die Deutschen an MASKE. Das ist ein kultureller Unterschied zu Ungunsten der Deutschen, was aber durch die Entwicklung des Impfstoffs wieder ausgeglichen wurde.

Wir Taiwaner aber haben einen Impfstoff gegen das Virus der Diktatur erfolgreich entwickeln können. Während in der chinesischen Verfassung die Kommunistische Partei Chinas als einzige Regierungspartei vorgeschrieben ist, wählen die Taiwaner seit 1992 ihr eigenes Parlament und seit 1996 ihren eigenen Präsidenten bzw. ihre eigene Präsidentin. In dieser Demokratie mit einem etablierten Mehrparteiensytem ist der alle vier Jahre vom Volk frei und direkt gewählte Präsident der höchstrangige Vertreter der Politik im Lande. Aber bei den meisten Ländern in der UNO steht er auf der Sperrliste. Die Einreise ist ihm nicht gestattet, geschweige denn überhaupt empfangen zu werden. Dementsprechend stehe ich als von meiner Präsidentin persönlich designierter Repräsentant von Taiwan in Deutschland nie auf der Empfangsliste des deutschen Außenministers, egal welcher Partei er angehört. Manchmal beneide ich mein Handy wirklich, es hat meistens wesentlich besseren Empfang. Aber ein Diplomat, insbesondere aus Taiwan, muss immer anpassungsfähig sein. Denn manchmal sind wir auch nicht hundertprozentig frei von Schuld, dass wir so behandelt werden. Beispielweise ist auch Taiwans Außenminister die Einreise nach Deutschland verwehrt. Da habe ich immer zugesehen, dass ich nicht der Außenminister von Taiwan werde, denn gegebenenfalls würde ich Deutschland wohl sofort verlassen müssen, - und dies, wie bereits angedeutet, nicht ganz ohne meine Schuld, ich hätte keinen Doktortitel erwerben dürfen. Denn auf meiner Visitenkarte würde dann Dr. Außenminister zu sehen sein und das könnte man wie „Draußenminister" lesen.

Gute Miene zum bösen Spiel machen und aus der Not eine Tugend, das kennzeichnet unser Schicksal. Sich in die schwierige Lage versetzen zu können, charakterisiert mit der Zeit die taiwanische Kultur, die ich hier als liberal und auch tolerant hervorhebe. Liberal in der Kunst, liberal in der Politik, aber auch liberal im Umgang mit den Mitmenschen, belastet und gequält von ihren Problemen und Schwierigkeiten. An diesem Punkt unterscheidet sich die taiwanische Kultur von der des heutigen China, dessen Regime sich im Land wie ein Fleischwolf und im Ausland wie ein

Wolfskrieger aufführt. Die Ehe für alle ist ein signifikantes Beispiel für diesen Unterschied.

Seit im Juli 2019 in Taiwan das Gesetz über die „Ehe für alle" im Parlament offiziell verabschiedet wurde, werde ich in Deutschland bis heute immer wieder mit der Frage konfrontiert, ob man diesen extravaganten Schritt auf eine in Taiwan vorherrschende besonders liberale Gendereinstellung zurückschließen könne. Diese Frage habe ich nach meiner eigenen Einschätzung stets bewusst verneint. Für mich war dieser Schritt auf den Fortschritt zurückzuführen, mit dem, um mit Kant zu sprechen, der Ausgang der Taiwaner aus ihrer mehr oder weniger selbstverschuldeten Unmündigkeit nach jahrzehntelanger Zögerlichkeit endlich erfolgt bzw. ausgereift ist. Es handelt sich dabei um die Frage der Identität: Wer sind wir? Taiwaner? Chinesen? Oder beides, oder doch halb-halb?

Seit drei Generationen war es den Taiwanern nicht gegönnt, sich mit dieser Insel zu identifizieren. Mal waren sie Taiwaner mit japanischem Ausweis, mal waren sie Japaner mit taiwanischer Herkunft bzw. zweiten Grades. Diese Phase umfasst bekanntlich die Zeitspanne zwischen 1895 und 1945. Und nach dem Ende des Zweiten Weltkrieges galten diese ein halbes Jahrhundert lang dem ursprünglichen Vaterland entfremdeten ‚Landsleute' für das chinesische Regime auf einmal als umzuerziehende Heimkehrer. Über Nacht waren sie weder Japaner noch Taiwaner, sondern Chinesen geworden.

Vonseiten des kommunistischen China mit militärischen Aktionen bedroht und vom „Freien China" zu Hause zugleich jahrzehntelang mit Kriegsrecht tyrannisiert, können wir Taiwaner heute endlich mit Stolz und Dankbarkeit auf unsere erfolgsgekrönten Bemühungen um eine selbständige Identität verweisen, bei deren Herausbildung in erster Linie nicht mehr die Nationalität, sei es Taiwan oder China, darüber entscheidet, wer wir sind, sondern die Wertvorstellung von Demokratie und Freiheit. Kurz, es hat sich ein Paradigmenwechsel vollzogen.

Ausschlaggebend und von richtungweisender Bedeutung sind die jedem Individuum zustehenden Menschenrechte, aufgrund derer sich die StaatsbürgerInnen dieser Inselrepublik frei entscheiden können und sollen, ob man sich für einen Taiwaner oder einen Chinesen oder beides oder weder noch hält. Und genau diese Wertvorstellung hat meiner Ansicht nach dafür gesorgt, dass Taiwaner sich in die Lage der MitbürgerInnen versetzen können, die sich frei entscheiden wollen, wem sie sich unterordnen wollen, wenn überhaupt.

Dennoch haben wir, und dies muss mit Nachdruck unterstrichen werden, nicht vergessen, dass wir als ein Mitglied des großen chinesischen Kulturkreises die Verpflichtung innehaben, als Leuchtturm der Freiheit für alle Menschen zu stehen, die von dem kommunistischen Regime in Peking unterdrückt und verfolgt werden.

Weit habe ich ausgeholt. Worauf ich hinaus will, ist hervorzuheben, dass wir Taiwaner uns mit unserer hart erkämpften Demokratie nicht vom großen chinesischen Kulturkreis losgesagt haben. Was man unter der chinesischen Kultur versteht oder verstehen soll, mag dahingestellt sein. Im Gegenteil, wir sind fest davon überzeugt, dass wir mit dem Sonderentwicklungsprozess unserer Geschichte die chinesische, festländische Kultur bereichern können. Dabei ist die klare und scharfe Unterscheidung zwischen dem breitschultrigen und dennoch engstirnigen KPC-Regime und dessen unter seinen Repressionen leidenden Volk unerlässlich.

Ich ziehe hier Bilanz: Taiwan spielt als eine Demokratie mit einer Kultur der Solidarität hauptsächlich zwei Rollen, während das kommunistische China nur eine spielt. Die erste Rolle, dir wir spielen, ist die Rolle der Hoffnung als ein Leuchtturm der Freiheit für chinesische Dissidenten, Menschenrechtler, Tibeter, Uiguren und Hongkonger, die sich nach Freiheit sehnen und vom kommunistischen Regime unterdrückt werden. Die zweite Rolle, die Taiwan zukommt, ist die einer Schlüsselfigur in der sogenannten Indo-Pazifischen Strategischen Allianz. Taiwan als ein unverzichtbares Glied in dieser langen Kette zur Eindämmung des Expansionsvirus aus dem kommunistischen China. Und die einzige Rolle, die dem kommunistischen China gefällt, ist die Kont**ROLLE**.

So gesehen muss es ja ein Irrtum sein, wenn man von der Taiwan-Frage spricht. Denn Taiwan ist keine Frage, sondern die Antwort, was wiederum bedeutet:
Taiwan is not a province of China. Taiwan is a promise of China.

Abschließend noch eine wichtige Danksagung. Viele wissen vielleicht schon, dass mein Familienname SHIEH auf Deutsch „Dankeschön“ bedeutet. Daher richte ich hier nicht nur im Namen meiner Präsidentin, die mich hierher geschickt hat, sondern sowohl im Namen der Vertretung Taiwans in Deutschland, als auch in meinem eigenen Namen unseren besten Dank an die Deutsch-Taiwanische Gesellschaft für ihre unermüdliche Unterstützung unter der Leitung der Vorsitzenden Frau Anita Schäfer MdB und dem gesamten Vorstand - Herrn Dr. Markus Faber MdB, Herrn Dr. Michael Zickerick, Frau Sophie-Caroline Zillessen und Herrn Dr. Frank Meerkamp. Ein herzliches Dankeschön gilt ebenfalls Frau Dr. Mei-li Pfennig-Yeh als langjähriges Mitglied und Initiatorin der Namensänderung der Gesellschaft im vergangenen Jahr.

Ihnen allen danken wir für Ihren langjährigen wertvollen Beistand, wenn wir frustriert sind, ihre Begleitung, wenn wir uns isoliert fühlen, ihre Initiativen, wenn uns Ideen fehlen, ja, das Wissen darum, dass sie uns immer unter die Arme zu greifen bereit sind, während wir von anderen auf den Arm genommen werden. Es ist die unschätzbare Solidarität der inzwischen auf Deutsch-Taiwanische Gesellschaft e.V. umgetauften DTG, die sie Taiwan, einer bejubelten und zugleich bedrohten Demokratie gezeigt hat und immer zeigen wird. Mit vollem Ernst geht die DTG ihrer Aufgabe nach und sieht mit zu, dass Taiwan nicht untergeht. Sie nimmt die Sache nicht auf die leichte Schulter, auf die wir uns immer verlassen können. Denn während andere Leute die Augenbraue runzeln und ‚Schluss mit Taiwan' sagen, bieten sie ihnen die Stirn und zeigen Schulterschluss mit Taiwan.

Nun, um fair zu sein, muss ich auch darauf hinweisen, dass auch im kommunistischen China die Teekultur gepflegt wird, die sogar Vaterlandsliebe fördert. Wer genau verstehen will, was ich damit meine, möchte bitte die folgende Geschichte lesen:

@Pexels, Pixabay

Teekultur

Die folgende Geschichte soll erklären, warum die Teekultur im kommunistischen China nicht nur die Gesundheit fördert, sondern auch Vaterlandsliebe.

Am 30. Dez. 2019 hat der chinesische Augenarzt namens LI Wenliang die Lage von der anfänglichen Ausbreitung einer Epidemie in Wuhan unter die Lupe genommen.

Danach entschied er sich, per Social Media seine Kolleginnen und Kollegen vor einem neuartigen Lungenkrankheitserreger zu warnen, der dem von SARS von 2003 nicht unähnlich war.

Drei Tage später wurde er von der Polizei ‚zu einer Tasse Tee eingeladen'. Das sagt man heutzutage so in China, - früher auch in Taiwan vor der erfolgreichen Demokratisierung. Wenn also die Sicherheitskraft oder die Polizei die Bürger einschüchtern will, da heißt es immer: Kommen Sie bitte zu einer Tasse Tee bei uns vorbei. Und es wird tatsächlich auch Tee angeboten. Es kommt aber oft vor, dass manche Bürger dabei solche Angst haben, dass ihnen die Tasse aus der zitternden Hand fällt.

Kaum war die Tasse Tee ausgetrunken, da bereute der Augenarzt LI Wenliang seine leichtsinnige Entscheidung von vor drei Tagen und bezichtigte sich vor der Polizei freiwillig der Gerüchteverbreitung. Danach konnte der Fall zu den Akten gelegt werden.

Hier zeigt sich der charakteristische Unterschied zwischen einer Demokratie und einer Diktatur: Während es in Deutschland „Abwarten und Teetrinken" heißt, heißt es im kommunistischen China „Teetrinken und abführen".

Die Moral dieser Geschichte lautet:
Es bedingen sich zur Balance up and down:
Gäbe es in China kein SHUTUP,
gäbe es in der Welt kein SHUTDOWN.

Wir müssen mehr mit und für Taiwan tun!

Von Dr. Marcus Faber, MdB

Auf den ersten Blick scheint es, als könnten die kulturellen Unterschiede zwischen Deutschland und Taiwan größer nicht sein. Zwei weit voneinander entfernte Länder mit völlig unterschiedlichen Sprachen, mit einer ganz anderen Historie, Musik, Literatur, verschiedenen gesellschaftlichen Normen und Werten und nicht zuletzt auch einer sehr anderen Küche.

Das stimmt aber nur auf den ersten Blick. So ist etwa das Bürgerliche Gesetzbuch (BGB) eine wichtige Grundlage des Zivilrechts in Taiwan, sowohl als die Insel eine Kolonie Japans war und auch seitdem sie zur Republik China gehört.[1] In der Geschichte gibt es ebenso Gemeinsamkeiten. Beispielsweise haben beide Länder einschneidende Diktaturerfahrungen gemacht und sind - im Falle meiner Heimat Ostdeutschlands - sogar etwa zur selben Zeit demokratisch geworden. Mit der Demokratisierung einhergehende tiefe politische und gesellschaftliche Umbrüche, der mühsame Aufbau rechtsstaatlicher Institutionen, das Erlernen demokratischer Normen und Werte sowie die Notwendigkeit für eine Aufarbeitung des Geschehenen sind weitere Erfahrungen, die unsere beiden Länder teilen. Ein Vorbild für die Aufarbeitung der Zeit der KMT-Diktatur, insbesondere des sogenannten „Weißen Terrors“ in Taiwan, sieht die Präsidentin Tsai Ing-Wen auch explizit in der deutschen Vergangenheitsbewältigung.[2]

---

1 Auswärtiges Amt (2020): 120 Jahre Bürgerliches Gesetzbuch – auch international einflussreich. Im Internet: https://www.auswaertiges-amt.de/de/aussenpolitik/themen/internationales-recht/120jahre-bgb/2291698. Zugriff 04.01.2021.

2 Bardenhagen, Klaus (2017): Taiwans Präsidentin will Aufarbeitung der Diktatur-Zeit. Im Internet: https://www.dw.com/de/taiwans-pr%C3%A4sidentin-will-aufarbeitung-der-diktatur-zeit/a-37746984. Zugriff 05.01.2021.

Deutschland und Taiwan sind demokratische Rechtsstaaten.[3] Taiwan sieht sich wie Deutschland als festen Bestandteil der Gemeinschaft demokratischer Staaten, davon konnte ich mich auch bei meinem Besuch im Sommer 2019 zusammen mit anderen Abgeordneten des Bundestages überzeugen. In Asien ist Taiwan zudem ein wichtiger Standort für internationale Organisationen, die sich für Demokratie engagieren. Das erste Asienbüro der Reporter ohne Grenzen wurde in Taipeh eröffnet und auch die liberale Friedrich-Naumann-Stiftung zieht aus Hongkong in die taiwanische Hauptstadt um.[4,5] Die Demokratie ist heute und in Zukunft wohl aber auch die am stärksten bedrohte Gemeinsamkeit. Der taiwanische Außenminister Joseph Wu hat nicht ohne Grund im Dezember zur Bildung einer Allianz gleichgesinnter Staaten gegen die expansionistische Politik der benachbarten chinesischen Diktatur aufgerufen.[6]

Die demokratische Gemeinschaft hat ein Eigeninteresse daran Taiwan intensiver zu unterstützen, zeigt das Land doch, dass Demokratie, Bürgerrechte und Rechtsstaat in jedem Kulturkreis ein Erfolgsmodell sind. Klare Bekenntnisse und darauf folgende Handlungen fehlen hier insbesondere aus Deutschland. Der letzte Besuch eines Bundesministers war im Jahr 1997, hochrangige Amtsträger aus Taiwan dürfen erst gar nicht nach Deutschland einreisen.[7,8] Die Wiederaufnahme gegenseitiger Besuche auf Ministerebene wäre ein guter erster Schritt eines klaren Bekenntnisses für Taiwan und seinen schwierigen Weg zur heutigen erfolgreichen Demokratie, den gerade wir Deutsche gut nachvollziehen können. Darauf aufbauende Handlungen wie ein Investitionsschutzabkommen sollten folgen. Denn wir müssen mehr für und mehr mit Taiwan tun. Die Angst vor „empörten Reaktionen“ von den Despoten dieser Welt darf dabei kein Ratgeber sein.

---

3 Beide Länder erreichen im “Freedom House Index 2020“ Werte von 94 (Deutschland) bzw. 93 (Taiwan) Punkten. Im Internet: https://freedomhouse.org/explore-the-map?type=fiw&year=2020. Zugriff 05.01.2021.

4 RSF (2017): Reporters Without Borders (RSF) opens its first Asia bureau in Taipei. https://rsf.org/en/news/reporters-without-borders-rsf-opens-its-first-asia-bureau-taipei. Zugriff am 05.01.2021.

5 RTI (2020): Friedrich-Naumann-Stiftung verlegt Global Innovation Hub nach Taipeh. https://de.rti.org.tw/news/view/id/2003157. Zugriff am 05.01.2021.

6 Davidson, Helen (2020): 'Stronger together': Taiwan foreign minister urges new alliance against China. https://www.theguardian.com/world/2020/dec/07/stronger-together-taiwan-foreign-minister-urges-new-alliance-against-china. Zugriff 05.01.2021.

7 Bardenhagen, Klaus (2017): Ole Schröder: Intensiver Austausch Berlin-Taiwan. https://www.dw.com/de/ole-schr%C3%B6der-intensiver-austausch-berlin-taiwan/a-40214638. Zugriff 07.01.2021.

8 Dem Autor liegen Informationen über eine in den 1980er Jahren verabschiedete „Sperrliste“ vor, die im Falle Deutschlands sieben Ämter umfasst, in den anderen EU-Staaten ist diese auf fünf Ämter beschränkt.

Vergangenheitsaufarbeitung – Ein Interview mit Roland Jahn[1]

Die taiwanische Regierung hat die Vergangenheitsaufarbeitung als ein wichtiges Ziel benannt. In Taiwan hat sich in den letzten Jahren einiges getan: eine Neuausrichtung der Erinnerungspolitik, ein Gesetzes zur Vergangenheitsaufarbeitung, ein Human Rights Memorial Park auf Green Island. Das National Human Rights Museum in Taiwan wurde 2020 mit dem Karl-Wilhelm-Fricke-Sonderpreis ausgezeichnet. Historiker haben im Verlaufe der letzten Jahre immer wieder die Freigabe historischer Quellen gefordert. Es wurde eine unabhängige Kommission zur Vergangenheitsaufarbeitung eingesetzt, die 2019/2020 erste Ergebnisse präsentiert hat. Wie würden Sie den aktuellen Stand und die ersten Ergebnisse zur Vergangenheitsaufarbeitung beurteilen?

Roland Jahn: Taiwan hat in den letzten Jahren viel erreicht in der Auseinandersetzung mit seiner Vergangenheit. Die Einrichtung der Transitional Justice Commission war ein wichtiger Schritt, um einen Überblick über die Lage zu gewinnen und um Themen zu identifizieren, bei denen Handlungsbedarf besteht. In den 1990er-Jahren wurde in Deutschland ein ähnlicher Weg beschritten durch die Einrichtung von zwei aufeinander folgenden Enquete-Kommissionen im Deutschen Bundestag, deren Ergebnisse bis heute richtungsweisend sind. Dass in Taiwan ein Menschenrechtsmuseum entwickelt wurde, ist beeindruckend und erfährt zu Recht viel internationale Anerkennung. Eine große Herausforderung für die kommenden Jahre liegt aus meiner Sicht darin, dass es gelingt eine Institutionenlandschaft zu entwickeln, die unabhängig von politischen Mehrheitsverhältnissen das Anliegen der Aufarbeitung in Gesellschaft, Wissenschaft und Politik voranbringt und durch unterschiedliche Blickwinkel einen Diskurs über die Vergangenheit ermöglicht.

[1] Roland Jahn war von 2011 bis 2021 Bundesbeauftragter für die Unterlagen des Staatssicherheitsdienstes der ehemaligen Deutschen Demokratischen Republik. Der Beitrag wurde 2020 verfasst, bevor die Behörde mit Wirkung zum 17. Juni 2021 in das Bundesarchiv überführt wurde.

Herr Jahn, der Austausch mit Taiwan zur Vergangenheitsaufarbeitung und menschenrechtlichen Themen begann 2016, als die taiwanische Kultusministerin Cheng Li-Chun Sie besuchte. 2018 waren Sie das erste Mal in Taiwan. Was hat sich seit 2016 bilateral getan?

Roland Jahn: Seit dem Besuch der damaligen Kulturministerin Cheng in 2016 hat sich unsere Zusammenarbeit weiter intensiviert. Ein besonderer Schwerpunkt des Austausches der letzten Jahre lag auf den Fragen des Umgangs mit den Archiven und wie diese für die Gesellschaft zur Aufarbeitung von Menschenrechtsverletzungen zugänglich gemacht werden können.

So haben wir zu den Fragen des Umgangs mit dem Archiv der KMT viele Gespräche geführt und bei den Besuchen von unterschiedlichen Delegationen aus Taiwan hier im Stasi-Unterlagen-Archiv in Berlin dargestellt, wie Unterlagen über das Unrecht der Vergangenheit einen wichtigen Beitrag zur Aufarbeitung leisten können.

Im Rahmen eines Kongresses des Menschenrechtsmuseums im November 2019 in Taipeh hat der BStU in Zusammenarbeit mit Katrin Budde, der Vorsitzenden des Bundestagsausschusses für Kultur und Medien, im taiwanesischen Parlament die Abgeordneten der unterschiedlichen Parteien über die Archivgesetzgebung in Deutschland informiert.

In den letzten Jahren haben wir auch Impulse aus Taiwan für unsere Arbeit nutzen können. Gerade in Fragen der Digitalisierung ist Taiwan uns ein Stück voraus. Hier können wir auch von Taiwan einiges lernen.

Taiwan und Deutschland haben 2019 eine gemeinsame Absichtserklärung zur Zusammenarbeit bei der Vergangenheitsaufarbeitung unterzeichnet. Die gemeinsame Absichtserklärung sieht unter anderem Informationsaustausch vor, gegenseitige Besuche, gemeinsame Konferenzen und Workshops und gegenseitige Hospitationsmöglichkeiten. Gibt es schon konkrete Planungen?

Roland Jahn: Die Unterzeichnung der gemeinsamen Erklärung hat uns die Möglichkeit gegeben, unserer sehr guten Zusammenarbeit einen festen, dauerhaften Rahmen zu geben. Ich freue mich sehr, dass wir aus dem Bundestag insbesondere vom Parlamentarischen Freundeskreis Berlin-Taipeh, aber auch aus dem Kultur- und Menschenrechtsausschuss für diesen Schritt viel Unterstützung erfahren haben.

Die Zusammenarbeit drückt sich vor allem durch einen regelmäßigen Austausch zu den unterschiedlichen Fachthemen aus. Sehr gerne vermitteln wir auch Kontakte zu anderen Institutionen in Deutschland, die zu spezifischen Themen fachliche Expertise beisteuern können. Manche Projekte, wie die Möglichkeit der Hospitation im

Stasi-Unterlagen-Archiv, mussten wir aufgrund der Auswirkungen der Corona-Pandemie auf einen späteren Zeitpunkt verschieben.

Hinten v.l.n.r. Katrin Budde MdB, Vorsitzende des Bundestagsausschusses für Kultur und Medien; Klaus-Peter Willsch MdB, Vorsitzender des Parlamentarischen Freundeskreises Berlin-Taipeh; Roland Jahn, Bundesbeauftragter; vorne v.l.n.r. Dr. Thomas Prinz, Generaldirektor des Deutschen Instituts Taipei; Prof. Dr. Jhy-Wey Shieh, Repräsentant von Taiwan. Quelle: BStU /Mulders

Ganz konkret ist geplant, mit dem Kulturministerium Taiwans und der Taipeh Vertretung 2021 die Ausstellung „Scenery of Freedom" in der ehemaligen Stasi-Zentrale zu zeigen.[2] Die Ausstellung zeigt Fotografien der Demokratiebewegung Taiwans aufgenommen vom Fotografen Sung Lung-Chuan. Die Ausstellung soll durch Veranstaltungen flankiert werden, in denen der Wert der Dokumente der Opposition zur Darstellung und Erforschung von Demokratiebewegungen und zur Aufarbeitung von Menschenrechtsverletzungen thematisiert werden sollen. Wir freuen uns sehr, dass wir auf deutscher Seite die Robert-Havemann-Gesellschaft (Archiv der DDR-Opposition) als Partnerin gewinnen konnten.

---

2 Die Ausstellung wurde am 05.11.2021 von Prof. Shieh Jhy-Wey, Repräsentant Taiwans, Fotograf Sung Lung-Chan und Alexandra Titze, Vizepräsidentin im Bundesarchiv für das Stasi-Unterlagen-Archiv, eröffnet.

Auf welchen Zeitraum ist die Zusammenarbeit angelegt?

Roland Jahn: Die Gemeinsame Erklärung sieht eine dauerhafte Zusammenarbeit vor. Durch den festen Rahmen, den wir unserer Zusammenarbeit gegeben haben, sind wir unabhängig von personellen Wechseln in den unterschiedlichen Institutionen. Diese Kontinuität freut mich sehr.

Sie haben inzwischen viele Facetten Taiwans kennengelernt und Einblicke in die gesellschaftspolitischen Zusammenhänge erhalten. Was wünschen Sie den Taiwanern auf ihrem Weg der Vergangenheitsaufarbeitung? Welche Erfahrungen können Sie weitergeben?

Roland Jahn: In vielen Gesprächen, die ich bei meinem Besuch in Taipeh, aber auch bei den vielen Delegationsbesuchen und Veranstaltungen in Berlin geführt habe, konnte ich immer wieder feststellen, welchen besonderen Stellenwert die Auseinandersetzung mit der Vergangenheit in Taiwan hat.

Eine besondere Herausforderung bei der Aufarbeitung liegt darin, dass Bürgerinnen und Bürger in einer Diktatur mit teils sehr unterschiedlichen Erfahrungen gelebt haben. Das gilt sowohl in Deutschland als auch in Taiwan. Die gesellschaftliche Auseinandersetzung mit der Vergangenheit ist daher immer auch durch das persönliche Erleben, sehr unterschiedliche Perspektiven auf die Zeit geprägt.

Daher ist es insbesondere wichtig, ein Klima zu schaffen, in dem man es schafft, einander zuzuhören. Es ist wichtig, dass wir nicht von vornherein Menschen als schuldig abstempeln, sondern, dass wir verstehen wollen, warum so gehandelt wurde, ohne Menschen aus der Verantwortung zu entlassen. Es ist aber für den Prozess besonders förderlich, wenn es gelingt, Menschen zu einem Erkenntnisprozess zu bewegen. Dafür ist es wichtig, einen differenzierten Umgang zu entwickeln. Respekt zu zeigen vor den Biographien, aber deutlich zu machen, dass Menschen Verantwortung tragen für ihr Handeln. In diesen Fragen, die bis hinein in die Familien diskutiert werden, steht selbst die Aufarbeitung in Deutschland noch am Anfang.

Das aktuelle Weißpapier Kultur 2018 betont neben der Demokratisierung der Kultur als Anspruch die Inklusivität – gleiche kulturelle Rechte, Minderheitenrechte, Diversität und internationaler Austausch. Die Regierung stellt eine moderne taiwanische Identität heraus, die auf Vielfalt beruht. In weniger als 25 Jahren hat sich die politische Modernisierung Taiwans als eine der weltweit erfolgreichsten Transitionen zur Demokratie entwickelt. Das bestätigen die wichtigsten weltweiten Indizes, sei es der Freedom in the World Index von Freedom House, der Bertelsmann Transformation Index o.ä. Kann man sagen, dass Taiwan ein positives Beispiel ist, dass „Asian

Values“ bzw. „chinesische Werte“ mit den Prinzipien westlicher Demokratien vereinbar sein können und dass die Durchsetzung rechtsstaatlicher und menschenrechtlicher Strukturen ein Antriebsmotor gesellschaftlicher Modernisierung ist?

Roland Jahn: Der Schutz der Grundrechte ist die Voraussetzungen dafür, dass Konflikte in einer Gesellschaft in einer Art und Weise geführt werden, dass die Menschenwürde geachtet wird. Achtung der Menschenwürde, Grundrechte, Meinungsfreiheit, Presse- und Informationsfreiheit müssen gesichert sein, damit Demokratie überhaupt lebendig gestaltet werden kann. Taiwan ist hier zu Recht ein international viel beachtetes Vorbild.

Die Auseinandersetzung mit der Vergangenheit kann für die Gestaltung der Demokratie einen wichtigen Beitrag leisten. Es ist gut, dass wir den nächsten Generationen Orientierung bieten können, in dem sie sich über das das Funktionieren der Diktatur informieren und somit sensibilisiert das Zusammenleben in der Gegenwart gestalten.

Quelle: BStU

Die deutschen Erfahrungen beim Umgang mit der nationalsozialistischen Terrorherrschaft und der nachfolgenden kommunistischen Diktatur in der Sowjetisch besetzten Zone und der DDR nach 1945.

Von Anna Kaminsky

Allgemeine Vorbemerkungen

Nach dem Ende von Diktaturen, Gewaltherrschaft und Krieg stehen alle Gesellschaften vor der schwierigen Frage, wie mit den Folgen einer von staatlicher Gewalt geprägten Vergangenheit umzugehen ist. Diese staatlich angeordneten und verübten Gewaltakte und Menschenrechtsverletzungen prägen die betroffenen Gesellschaften und Institutionen oft weit über das Ende der jeweiligen Herrschaft hinaus. Auf der einen Seite erwarten die Opfer eine Anerkennung des ihnen angetanen Leids und der Verbrechen und eine Wiedergutmachung für das Erlittene in Form von juristischer und sozialer Rehabilitierung, aber auch materieller Entschädigung. Auf der anderen Seite müssen der Staat und seine Institutionen Formen finden, die begangenen Verbrechen aufzuarbeiten, die Täter und Verantwortlichen zur Rechenschaft zu ziehen. In vielen Aufarbeitungsprozessen hat sich gezeigt, dass vormaliges staatliches Unrecht und durch den Staat und seine Institutionen begangene Verbrechen mit rechtsstaatlichen Mitteln oft nur unzureichend aufgearbeitet und geahndet werden können. Aus diesem Grunde hat sich in vielen postdiktatorischen Ländern die Überzeugung durchgesetzt, dass die juristische Aufarbeitung durch Maßnahmen der Aufklärung und gesellschaftlichen Aufarbeitung und Erinnerungsarbeit flankiert werden muss. Dazu gehören sowohl die Forschung über die Vergangenheit als auch eine Bildungsarbeit, die mit schulischen und außerschulischen Vermittlungsangeboten Wissen über die Vergangenheit an Nachgeborene vermittelt. Dazu gehört aber auch die Sicherung der materiellen Zeugnisse wie Akten und Dokumente, Erinnerungen der Zeitzeugen und die Sicherung von Orten, die mit der Diktatur verbunden sind wie Lager, Gefängnisse, Folterzentralen, Hinrichtungsstätten, Friedhöfe, Machtzentralen.

Die Auseinandersetzung mit begangenem Unrecht zielt darauf ab, zuvor verdrängte, kriminalisierte oder tabuisierte Erinnerungen in die Darstellung der Vergangenheit einzubeziehen. Die Wiederherstellung der historischen Wahrheit und eines historischen Gedächtnisses, das auch zuvor verdrängte Verbrechen und staatliche Repressionen enthält, geht nicht konfliktfrei ab. Oftmals prallen dabei die Erinnerungen und Erfahrungen der verschiedenen sozialen und politischen Gruppen aufeinander – je nachdem, welche Rolle sie im untergegangenen Regime spielten. Das Bild von der Vergangenheit ist durch sehr verschiedene, sich teilweise widersprechende und einander ausschließende Erinnerungen geprägt. Für die einen ist die Erinnerung an die Diktatur mit der Erfahrung verbunden, dass der Staat mit seinen Institutionen Staatsverbrechen begeht (Staatsterrorismus) und seine (in Diktaturen nicht kontrollierbare) Macht und die ihm zur Verfügung stehenden Gewaltmittel missbraucht, um Verbrechen gegen einen Teil seiner Bürger zu begehen. Diese Verbrechen werden zugleich mit dem Schutz bestimmter anderer Gruppen der Bevölkerung begründet, indem die, die bekämpft werden, als Kriminelle oder Terroristen klassifiziert werden. Für andere ist die Erinnerung an das untergegangene Regime verbunden mit der eigenen affirmativen Rolle und Funktion in diesem Regime sowie auch Erfolgserfahrungen von Aufstieg und Wohlstand.

Während die Opfer und Betroffenen von Verfolgung und Repression auf eine Anerkennung ihres Leids und die Bestrafung der Täter und Verantwortlichen hoffen, setzen letztere darauf, dass in der Diktatur begangenes Unrecht nicht thematisiert und verfolgt wird. Auch für die Mehrheit derjenigen, die sich weder als Opfer noch als Täter sehen, steht die Aufarbeitung der Vergangenheit meist nicht im Mittelpunkt des Interesses.

Jenseits von allgemeinen Grundsätzen für den Umgang mit einer problematischen Vergangenheit haben sich sehr unterschiedliche Formen der „Vergangenheitsbearbeitung“ herausgebildet. Diese reichen von

- der juristischen Aufarbeitung und der Einsetzung von Tribunalen wie nach dem Ende der NS-Herrschaft in Deutschland in den „Nürnberger Prozessen“ und vielen Nachfolgeprozessen,
- sowie internationalen Strafgerichtshöfen wie zu Ex-Jugoslawien, Kambodscha oder Ruanda
- über „Wahrheits- und Versöhnungskommissionen“ wie bspw. nach dem Ende der Militärdiktatur in Chile 1990 oder 1996 in Südafrika
- zum weitgehenden Ver- und Beschweigen der Vergangenheit wie im „Pacto de Silencia“, der in Spanien nach dem Ende der Franco-Herrschaft 1975 etabliert wurde.
- Auch in Argentinien gab es nach dem Ende der Militärdiktatur 1983 einen „Pakt des Schweigens“. Dieser bezeichnete jedoch im Unterschied zu Spanien weniger den fehlenden politischen und gesellschaftlichen Willen, die Verbrechen der Militärdiktatur aufzuarbeiten, sondern bezog sich darauf, dass die Offiziere und Generäle sich zu einem Pakt des Schweigens zusammenschlossen.
- In vielen Fällen ist beim Umgang mit staatlichen Verbrechen festzustellen, dass die Verantwortlichen entweder durch Amnestien „entschuldet“ wurden, bei Urteilen oft Milde waltet, die die Opfer der Diktatur nie erfahren haben, oder Strafverfolgung und Verurteilungen nach rechtsstaatlichen Kriterien oft durch das Fehlen von Unterlagen und Beweisen erschwert wird.

Erfahrung aus zahlreichen Aufarbeitungsprozessen nach dem Ende von Gewaltherrschaft und Diktaturen zeigen, dass die juristische Aufarbeitung oft nur ungenügend dazu beiträgt, bei Opfern und Betroffenen ein Gefühl von Gerechtigkeit entstehen zu lassen. Die Mittel eines Rechtsstaats sind oft nicht ausreichend, um die Verbrechen einer Diktatur zu ahnden. Aus diesem Grund ist in vielen Gesellschaften die Überzeugung entstanden, dass Transitional Justice weit umfassender als die Möglichkeit einer rechtlichen Verurteilung der geschehenen Verbrechen und der Täter sein muss.

Umgang mit der Vergangenheit in Deutschland nach 1945 und nach 1989

Deutschland hat im 20. Jahrhundert zwei Diktaturen erlebt. Von 1933 – 1945 herrschte in Deutschland die nationalsozialistische Diktatur. Prägend für diese Diktatur war ihre Rassen- und Vernichtungspolitik. Diese gipfelte in der Vernichtung der europäischen Juden in der Shoah sowie dem als Angriffs- und Vernichtungskrieg geführten Zweiten Weltkrieg. 1945 wurden die Deutschen in ihrer großen Mehrheit gegen ihren erbitterten Widerstand vom Nationalsozialismus befreit. Die alliierten Siegermächte hatten bereits im Vorfeld beschlossen, Deutschland nach dem Ende des Krieges in vier Besatzungszonen zu teilen. Während der Osten des Landes, die spätere DDR, unter sowjetische Kontrolle und damit in eine neue, nunmehr kommunistische Diktatur geriet, bauten die drei westlichen Siegermächte – USA, Frankreich und Großbritannien – im Westen eine demokratische Ordnung auf.

Die juristische Auseinandersetzung mit den durch Deutschland in der Zeit des Nationalsozialismus begangenen Verbrechen wurde durch die alliierten Siegermächte betrieben. Zum Symbol hierfür wurden die Nürnberger Kriegsverbrecherprozesse und die bis 1948 durchgeführte Entnazifizierung, bei der Millionen Deutsche auf ihre Verstrickung und Verantwortung für die Verbrechen hin untersucht wurden. Die Bilanz dieser strafrechtlichen Aufarbeitung und der Bestrafung der Verantwortlichen und Täter in der Bundesrepublik war dürftig. Ralph Giordano, einer der Überlebenden des NS-Regimes, nannte das laute Schweigen zu den Verbrechen „die zweite Schuld". Erst in den 1970er Jahren wurde durch eine kleine engagierte Minderheit die Auseinandersetzung mit dem Nationalsozialismus in das öffentliche Bewusstsein zurückgebracht.

In der kommunistischen DDR berief man sich darauf, die Erbin des antifaschistischen Widerstands gegen Hitler zu sein und als antifaschistischer Staat konsequent mit dem Nationalsozialismus gebrochen zu haben. Aber auch hier wurde die Erinnerung an das NS-Regime nur einseitig betrieben. Im Vordergrund stand die Legitimierung der kommunistischen Herrschaft. So wurden vor allem der kommunistische Widerstand und die kommunistischen Opfer öffentlich gewürdigt.

Nach der deutschen Einheit 1990 gab es einen breiten Konsens darüber, dass die Verantwortung des vereinten Deutschland für die im NS und im Zweiten Weltkrieg begangenen Verbrechen nicht relativiert werden darf. Vor dem Hintergrund der als unzureichend eingeschätzten Aufarbeitung der NS-Verbrechen nach 1945 sollten nach 1990 bei der Aufarbeitung der kommunistischen Diktatur nicht die Fehler wiederholt werden, die bei der verspäteten NS-Aufarbeitung und der nur zögerlichen Bestrafung der Täter gemacht worden waren. Aber trotz des politischen und gesellschaftlichen Willens zur Aufarbeitung der zweiten Diktatur verlief auch dieser Prozess nicht reibungslos. Einerseits wurden sehr früh Gesetze zur Rehabilitierung der Opfer verabschiedet; bereits ab 1992 konnten ehemalige politische Häftlinge ihre Rehabilitierung erhalten und eine Entschädigung bekommen. Jedoch wurden diese Regelungen, insbesondere was die Anerkennung von Verfolgten, die nicht in Haft gekommen waren, sowie der Umgang mit Folgeschäden aus politischer Verfolgung und Haft, als unzureichend angesehen. Hier wurden in zähen Kämpfen, die für viele Betroffene auch ernüchternd und enttäuschend waren, über 30 Jahre letztendlich auch Verbesserungen erzielt. Enttäuschend verlief auch die juristische Aufarbeitung. Die ersten Prozesse gegen politisch Verantwortliche begannen bereits 1989. Von schließlich etwa 100.000 eingeleiteten Ermittlungsverfahren wurden nur etwa 1.000 vor Gericht verhandelt. Die meisten Angeklagten wurden auf Bewährung verurteilt, lediglich etwa 30 Personen mussten eine Haftstrafe antreten. Bärbel Bohley, eine der bekanntesten Vertreterinnen der Opposition in der DDR, resümierte die Enttäuschung vieler Opfer der Diktatur in dem Satz „Wir wollten Gerechtigkeit und bekamen den Rechtsstaat“.

Angesichts der bekannten Grenzen rechtsstaatlicher Mittel bei der Verfolgung von Diktaturunrecht bestand auch vor dem Hintergrund der Erfahrungen aus dem Umgang mit den NS-Verbrechen die Überzeugung, dass andere Formen gesellschaftlicher Rehabilitierung gefunden werden mussten. Dazu gehörte vor allem die Aufklärung über das begangene Unrecht und die Vermittlung an jüngere Generationen, damit das geschehene Unrecht, deren Opfer und die Täter nicht in Vergessenheit geraten. Dabei wird Gedenkstätten und Museen an ehemaligen Diktaturorten eine besondere Bedeutung gegeben: Hier kann an historischen Orten und mit der Darstellung von Schicksalen deutlich gemacht werden, wie sich diktatorische Herrschaft für den Einzelnen auswirken kann und welche Formen von Verfolgung und Repression es gab und wie sich diese auf das Leben der Menschen auswirkten.

Erfahrungsaustausch in Taiwan

Auch wenn Taiwan und Deutschland sehr unterschiedliche Diktaturerfahrungen gemacht haben - hier die Kuomintang-Herrschaft mit dem „weißen Terror“, dort zuerst das nationalsozialistische Terrorregime und schließlich eine kommunistische Herrschaft, die gegen Andersdenkende und politische Gegner sowie alle Demokratiebestrebungen vorging – gibt es strukturelle Ähnlichkeiten, die für die Aufarbeitungsprozesse in beiden Ländern vergleichbar sind. Unabhängig davon, dass sich die Verfolgungskomplexe und Aufarbeitungsprozesse in Taiwan und Deutschland unterscheiden, gibt es doch grundsätzliche Gemeinsamkeiten und ähnliche Probleme, vor denen die Institutionen in beiden Ländern stehen. Dies bezieht sich nicht nur auf methodische Fragen wie die Sicherung von Dokumenten und Unterlagen oder der Einrichtung von Gedenkstätten, die Implementierung in Curricula und Bildungsangebote oder die Einbeziehung von Zeitzeugen in die Aufklärungsarbeit über die Diktatur. Dies bezieht sich auch auf die Frage, wie es gelingen kann, eine in beiden Ländern mittlerweile junge Generation ohne eigene Diktaturerfahrung für Fragen von autoritärer Herrschaft, Diktatur und Demokratie zu interessieren und zu sensibilisieren. Wie gehen wir damit um, dass Befunde der historischen Forschung den Familienerinnerungen entgegenstehen und wie können die sich oft widersprechenden Erinnerungen der Zeitgenossen produktiv für eine demokratische Bildungsarbeit genutzt werden. Es geht aber auch um den Umgang mit Vertretern der damaligen Regime und Fragen des Elitenwechselns und den Umgang mit unrechtmäßig erworbenem Vermögen und dem rechtsstaatlichen Umgang mit solchen Eigentumsfragen. Hier kann Deutschland auf Grund der seit Jahrzehnten bestehenden Aufarbeitung seine Erfahrungen einbringen.

Die Kollegen in Taiwan nutzen diese Erfahrungen und prüfen, welche dieser Erfahrungen für die spezifische Situation in Taiwan sinnvoll sein können, etwa beim Umgang mit den Akten der Staatssicherheit oder bei der Sammlung von und Arbeit mit Zeitzeugenerinnerungen. 30 Jahre nach dem Beginn der Demokratisierung in Taiwan wurde das National-Human-Rights-Museum eröffnet, das insbesondere mit seinen Kontakten zu deutschen Institutionen einen wichtigen Beitrag einerseits zur Vergangenheitsaufarbeitung und andererseits zur schulischen und außerschulischen Bildungsarbeit leistet. Im Austausch mit Institutionen in Deutschland wie verschiedenen Gedenkstätten, Archiven oder der Bundesstiftung zur Aufarbeitung der SED-Diktatur werden Programme für Schulangebote aber auch Weiterbildungen und Trainings für Besucherbetreuer und Lehrkräfte entwickelt. Für diese engagierte Arbeit hat die Bundesstiftung Aufarbeitung sehr gerne das National Human Rights Museum mit dem Sonderpreis des Karl-Wilhelm-Fricke-Preis 2020 ausgezeichnet.

Für viele der in der Aufklärungs- und Bildungsarbeit anstehenden Fragen gibt es keine einfachen Lösungen. Wir können nur voneinander lernen, wie wir in unseren Ländern mit diesen Herausforderungen umgehen. Eine demokratische Erinnerungskultur muss versuchen, sich den verschiedenen Schichten der Vergangenheit faktenbasiert zu stellen. Die Darstellung der vergangenen Geschehnisse am Beispiel von Opfern, Tätern, Verantwortlichen, aber auch an konkreten Orten oder Ereignissen und deren Bewertung orientiert sich in Deutschland an der Einhaltung der Menschenrechte. Dies ist die Grundlage, auf der die Urteilsfähigkeit der Besucher nicht nur in Bezug auf die Vergangenheit, sondern auch für die Gegenwart gestärkt werden soll. Die Vermittlungsarbeit richtet sich dabei nach anerkannten Grundsätzen für die politische Bildung. Das heißt, basierend auf historischen Fakten müssen historische Vorgänge in ihrer Vielschichtigkeit und multiperspektivisch dargestellt werden. Zugleich muss das, was in der Bewertung kontrovers diskutiert wird, auch kontrovers dargestellt werden. Letztlich müssen sich Bildungsangebote darauf orientieren, dass die Nutzerinnen und Nutzer dazu befähigt werden, eigene Schlussfolgerungen zu ziehen.

In diesem Sinne gibt es viele Anknüpfungspunkte zwischen deutschen und taiwanischen Institutionen – zum Nutzen aller.

Karl-Wilhelm-Fricke-Preis 2020: Sonderpreis für das National Human Rights Museum in Taiwan

Human Rights Museum Taiwan: Erinnerungspolitik und kultureller Wandel

Von Chen Chun-hung (陳俊宏)

Nach Ende des Zweiten Weltkriegs bekam Taiwan inmitten der weltpolitischen Dynamik des Kalten Krieges eine neue Regierung. Ihre Herrschaft ging einher mit der Jahrzehnte währenden Periode des Weißen Terrors (白色恐怖). Zwischen 1947 und 1987 stand Taiwan 38 Jahre lang unter Kriegsrecht. Die neuere Geschichte kennt kein anderes Land, das über einen so langen Zeitraum hinweg ein Leben unter den Bedingungen des Kriegsrechts erdulden musste. Es verdammte zum Schweigen und hinterließ so ein leeres Blatt in den Geschichtsbüchern, eine ausgehöhlte Zeit, die der Autoritarismus des Ein-Parteien-Staats füllte. Glücklicherweise kam das Streben nach Freiheit, Demokratie und Menschenrechten nie zum Erliegen. Nach vielen Jahren der Vorbereitung wurde die Institution des Nationalen Menschenrechtsmuseums gegründet, das sich darum bemüht, die mit historischen Wunden behafteten Stätten der Vergangenheit in Orte zu transformieren, die dem Vergessen entgegenwirken.

Als erstes Museum Asiens, das die Stätten historischer Traumata unter einem Dach zusammenfasst, stellt seine Gründung einen wichtigen Meilenstein dar, der die Verwirklichung der Menschenrechte und die Transformation der taiwanischen Gesellschaft symbolisiert. In unsere Zuständigkeit fallen die beiden Gedenkstätten des Weißen Terrors in Jingmei (景美) und auf Lüdao (Grüne Insel/綠島). Diese Orte, an denen politische Gefangene und Andersdenkende verhört, festgehalten oder jahrelang inhaftiert waren, sind stumme Zeugen für die Menschenrechtsverletzungen auf dem langen Weg zur Demokratie. Früher konnte ihre Geschichte nicht erzählt werden. Wir hoffen, dass nachfolgende Generationen an diesen historischen Stätten immer wieder Gelegenheit finden, Fragen zu stellen, nachzudenken und darüber zu debattieren, was für eine Gesellschaft wir uns wünschen und was für Staatsbürger wir sein wollen.

Transformationsgerechtigkeit: eine Bewegung der kulturellen Reflexion

Die Aufhebung des Kriegsrechts führte dazu, dass in der taiwanischen Gesellschaft Ideen und Kräfte aller Art sich entfalten konnten und sich allmählich unser heutiges gesellschaftliches System heranbildete. Im Jahr 2000 machte die Regierung das Prinzip eines „Staatswesens auf der Grundlage von Menschenrechten" zur Richtschnur ihrer Politik. Im Jahr 2009 wurden die beiden UN-Konventionen „Internationaler Pakt über bürgerliche und politische Rechte" und „Internationaler Pakt über wirtschaftliche, soziale und kulturelle Rechte" in nationales Recht umgesetzt. Im Jahr 2019 wurde Taiwan zudem zum ersten Land Asiens, das die gleichgeschlechtliche Ehe legalisierte. Es scheint, dass die Geschichte der Menschenrechtsverletzungen in unserem Land nun Vergangenheit ist und wir für die Zukunft einen Weg der Freiheit und der Demokratie einschlagen.

Wie aber lassen sich diese politischen Entwicklungen mit einem Geschichtsbild verbinden? Hier kommt der Begriff der Transformationsgerechtigkeit (轉型正義) ins Spiel. Wenn die Wiederentdeckung von Geschichte richtungslos abläuft, dann werden historische Erinnerungen zu einer Qual ohne Rücksicht auf entstandene oder entstehende Wunden. Auch wenn die historische Bewältigung der Katastrophe, die Nazi-Deutschland über Europa brachte, ein wichtiges Beispiel für Transformationsgerechtigkeit auf internationaler Ebene darstellt, ist die Frage, wie man das Ziel des „Nie wieder!" in der Geschichte erreicht, nicht leicht zu beantworten. Das heutige Europa ist nach wie vor mit der Frage konfrontiert: Wie können neue Generationen, ausgehend von historischen Traumata den Blick nach vorne richten, ohne die Fehler der Geschichte zu wiederholen?

Das Streben nach historischer Wahrheit ist die Voraussetzung für jede Form von Transformationsgerechtigkeit. In den vergangenen Jahren haben die Vereinten Nationen das „Recht auf Wahrheit" (the right to the truth) formuliert: Die Bürgerinnen und Bürger eines jeden Landes müssen das Recht haben zu erfahren, was sich in ihrer Geschichte ereignet hat. Die Erhaltung historischer Stätten sowie die Bewahrung und Erforschung von Archiven der Politik ermöglichen der Gesellschaft, sich der Vergangenheit zu stellen und sie zu verstehen. Den Menschen, die in der Zeit des Autoritarismus zum Verstummen gebracht wurden, hat sich die tiefe „Erfahrungswirklichkeit" einer Zeit der Unsicherheit eingeprägt. Deshalb sind Zeitzeugen wichtige Akteure in einem Prozess, der die historische Erinnerung auf eine neue Grundlage stellt. Das Menschenrechtsmuseum hat von der Vorbereitungsphase bis heute mehr als 500 ehemalige politische Gefangene und ihre Familienangehörigen als Zeitzeugen befragt. In den vergangenen zwei Jahren wurden durch Kooperation und Mithilfe kommunaler Verwaltungen viele weitere Zeitzeugengespräche gezielt auf lokaler Ebene geführt, um die geschichtliche Erinnerung, die sonst verloren gehen würden, auch hier zu bewahren.

Diese historischen Erinnerungen erlauben uns einen Einblick in die Geschichte des Weißen Terrors. In eine Zeit, in der Menschen beider Geschlechter und unterschiedlicher ethnischer Herkunft, mit unterschiedlichen Berufen und ideologischen Überzeugungen als „Staatsfeinde“ betrachtet wurden. Wir können darin die Komplexität des menschlichen Daseins unter den Bedingungen des Autoritarismus erkennen. Es gibt Täter und Opfer, es gibt Denunzianten und Mitläufer, niemand war gänzlich unbeteiligt. Wie kann man also wirklich die „Vergangenheit bewältigen“? Transformationsgerechtigkeit kann sich nicht alleine darauf beschränken, die Täter verantwortlich zu machen und die Opfer zu entschädigen. Es geht auch nicht allein um juristische Reformen oder Reformen am System. Dies alles muss vielmehr in eine Bewegung münden, die es der gesamten Bevölkerung ermöglicht, in einen Prozess der kulturellen Reflexion einzutreten. Denn erst wenn wir menschliche Verfehlungen (human wrongs) wirklich erkennen und die mentalen Überbleibsel des Autoritarismus hinter uns lassen, werden wir die Bedeutung der Menschenrechte (human rights) verstehen können. Nur so werden wir die Last der Vergangenheit in ein allen verfügbares Kapital für die Zukunft verwandeln können.

Von historischer Selbstreflexion zu sprechen fällt leicht, der Begriff der „Menschenrechte“ ist für viele ein abstrakter Begriff, das emphatische Wort „Freiheit“ wiederum kann allzu blendend wirken. Unter Bedingungen, in denen die Menschen sich daran gewöhnt haben, dass ihnen politische Fesseln angelegt werden, kann es passieren, dass die Geschichte staatlicher Gewalt fortgeschrieben wird. Der polnische Journalist und Autor Witold Szabłowski hat ein Buch „Tanzende Bären“ geschrieben, dessen Titel sich auf eine alte europäische Sitte bezieht, diese Tiere auf brachiale Weise zu einer Art Tanz zu dressieren. Der Autor sieht darin eine Analogie zu den Menschen im Übergang vom Kommunismus zur Demokratie. Sie mussten dabei einen Lernprozess durchmachen, demzufolge „Demokratie wehtut“. Dass der Prozess mit dem Ziel der Transformationsgerechtigkeit immer wieder ins Stocken gerät, zeigt in der Tat die Schwierigkeiten der gesamten Gesellschaft, sich darauf einzulassen. Das Menschenrechtsmuseum versucht daher, durch Ausstellungen, Programme des gemeinsamen Lernens und Bildungsmaßnahmen – entwickelt mit Kulturschaffenden aller Sparten – vielfältige Anknüpfungspunkte für breite Bevölkerungsschichten zu schaffen.

Die frühere Richterin des Verfassungsgerichts von Südafrika, Albie Sachs, berichtete von dortigen Erfahrungen, wie man über das Medium der Kunst Räume für den Dialog eröffnete. Sie ist sogar der Meinung, dass ein wichtiger Teil der in Südafrika geleisteten Arbeit nach dem Ende der Apartheid von der Kunst erbracht wurde. Kunst kann Räume für Reflexion, Debatte und Dialog eröffnen und entfaltet eine ebenso große Kraft wie dickleibige Abschlussberichte. Die renommierte Neuzeit-Kulturhistorikerin Lynn Hunt hat in ihrem Werk „Inventing Human Rights“ darauf hingewiesen, dass das Aufkommen des Gedankens der „Menschenrechte“ in engem Zusammenhang mit der Verbreitung von Briefromanen im 18. Jahrhundert steht. Darin teilte sich die Gefühlswelt der Protagonisten mit, die unter Standesschranken und widerfahrenem Unrecht litten. Die Leserschaft wurde gewahr, dass dem „Er“ oder der „Sie“ sowie dem „Selbst“ tatsächlich dieselbe innere Gefühlswelt gemeinsam war und konnte so die noch bestehenden Grenzen von Geschlecht, Gesellschaftsschicht und Glauben bereits im Geiste überwinden.

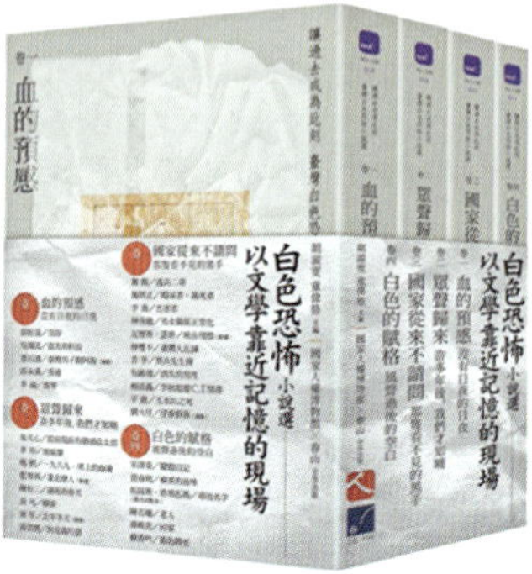

Menschenrechtsverletzungen während der Zeit des Weißen Terrors in einer Theateraufführung (links), „Das Vergangene im Hier und Jetzt“: eine literarische Annäherung an Stätten der Erinnerung (rechts)

Das bedeutet: Erst anschaulich gemacht mit den Gefühlen und Handlungen von Individuen konnte die abstrakte Idee allgemein gültiger „Menschenrechte“ ihre Wirkungsmacht für die Zukunft entfalten. Das Menschenrechtsmuseum hat sich in den vergangenen zwei Jahren darum bemüht, durch verschiedene Ansätze der Kulturarbeit, darunter Bilderbücher, Musik, Literatur, Theater, Film, Design und zeitgenössische Kunst individuelle Ansätze für die Beschäftigung mit den Wunden der Geschichte zu schaffen – mit Blick auf das komplexe Heute. Literatur und Kunst weisen durch die ihnen innewohnende Kraft viele neue Wege der Vorstellung und der Annäherung an die historische Wahrheit, auch wenn diese nie vollständig sein kann.

In Zusammenarbeit mit mehreren Verlagen erschien unter dem Titel „Das Vergangene im Hier und Jetzt - Sammlung von Romanen über den Weißen Terror in Taiwan“ (讓過去成為此刻—臺灣白色恐怖小說選) eine Edition von insgesamt dreißig Werken. Die Spannweite reicht von „Der Abteilungsleiter von Potsdam“ (波茨坦科長) von Wu Chuo-liu (吳濁流) aus dem Jahr 1947 bis zu Huang Chong-kais (黃崇凱) „Dixon Phrases“ (狄克森片語) von 2017. Die Texte machen das Unausgesprochene, die psychische Belastung von Menschen und ihren tiefen Fall erfahrbar. Im Rahmen der „Modellausstellung zu dem Projekt der Wissensvermittlung über historische Stätten des Unrechts“ wurden junge Künstler und Kreative aus verschiedenen Bereichen eingeladen, durch Brettspiele, kulinarische Produkte, Apps oder Werbung die Grenzen zwischen Alltag und Geschichte aufzuheben. Das „Kunstfestival der Menschenrechte auf Lüdao von 2020“ verknüpfte die belastende Geschichte des Ortes und den Menschenrechtsgedanken mit zeitgenössischer Kunst, die durch ihre sinnliche Erfahrbarkeit sprachlich und örtlich Trennendes überbrücken kann.

Wer die Erinnerung an die Vergangenheit verliert, ist nicht in der Lage, sich der Zukunft zu stellen

Im Jahre 2019 wurde ausgehend von dem sehr erfolgreichen Abenteuer-Computerspiel „Detention“ (返校) ein Kinofilm produziert, der hohe Wellen schlug und dazu führte, dass sich der Mainstream der taiwanischen Gesellschaft aus einer ganz neuen Perspektive wieder mit der Geschichte des Weißen Terrors befasste. Der Dokumentarfilm „Granny Project“ (借問阿嬤) von 2017 beginnt mit Kameraeinstellungen, in denen die drei Hauptdarsteller aus Ungarn, Deutschland und Großbritannien zu sehen sind, wie sie hartnäckig nachbohren, wenn es um die Frage geht: „Wie setzt man sich mit der Vergangenheit auseinander?“ Die große Resonanz auf diesen Film, der sowohl der Vergangenheit nachspürt, als auch der Zukunft zugewandt ist, hat uns erneut bewusst gemacht, welche Bedeutung die Frage hat und wie die im Bildungsbereich Tätigen dieselbe aufgreifen und vertiefen können.

Schülerinnen und Schüler, die mit Unterstützung des Menschenrechtsmuseums aus eigener Initiative künstlerische Aktionen initiierten

Die Grundlage für die dauerhafte Entwicklung einer demokratischen Gesellschaft besteht gerade darin, dass der Menschenrechtsgedanke eine Transformation von der Ebene des „Wissens“ (knowledge) zur Ebene der „Anerkenntnis“ (acknowledgement) durchmacht. Anders ausgedrückt heißt das, dass jede Teilhabe an diesem Prozess vom „Verstehen der Menschenrechte“ (about human rights) über das Stadium der „Umsetzung von Menschenrechten durch Bildung“ (through human rights) in die „Verwirklichung der Menschenrechte“ (for human rights) mündet. Auf dass dieser Prozess zu einem konstituierenden Element eines kollektiven Gedächtnisses und zu einem Akteur der Verbreitung der Werte der Menschenrechte wird. Diese Bewegung der kulturellen Reflexion beruht darauf, dass ein Bewusstsein für die Menschenrechte Wurzeln schlägt und Mechanismen aufgebaut werden, die sie garantieren.

Das Bildungsministerium erließ 2019 den neuen „Grundlegenden Rahmenlehrplan für die zwölfjährige Schulbildung“. Der neue Lehrplan hat sich ein Beispiel am Geschichtsunterricht in Deutschland genommen und anhand von konkreten Themen die Transformationsgerechtigkeit und die Geschichte des Weißen Terrors in den Unterricht an den Mittelschulen eingebaut. Mit einem reichen Pool an Lehrkräften und Unterrichtsmaterialien aus Kunst und Literatur erfüllt das Menschenrechtsmuseum die Rolle einer Zentralstelle, die diese Ressourcen den im Bildungsbereich Tätigen als Referenz und für Unterrichtszwecke zur Verfügung stellt. Ein Beispiel dafür ist die „Ausarbeitung von Unterrichtsprojekten für die Menschenrechtserziehung und Fortbildungsprogramme für Lehrkräfte“, in dessen Rahmen Unterrichtsprojekte in Zusammenarbeit verschiedener Beteiligter formuliert und geplant werden. Diese Programme sollen nicht nur die Unzulänglichkeiten in der Schulbildung ausgleichen, sondern auch die Rolle einer gemeinsam übernommenen Verantwortung für den Unterricht und einer begleitenden Plattform spielen.

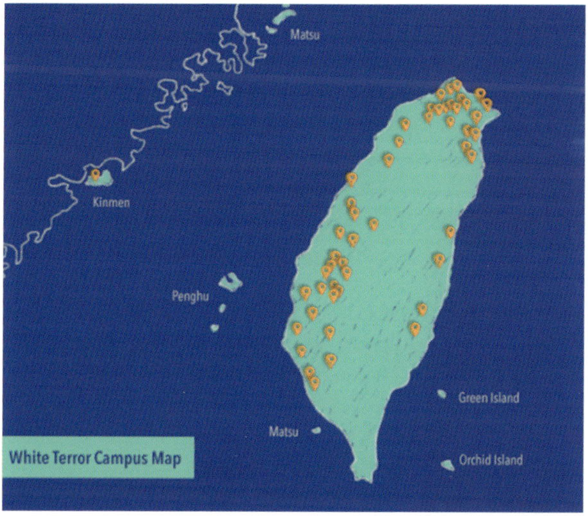

Karte der 51 Mittelschulen Taiwans, die Schauplätze des Weißen Terrors waren

Bei dieser Erwartung geht es nicht alleine um Wissensvermittlung von einer Seite, sondern wie bei der Literatur und Kunst darum, als Katalysator zu dienen, damit die Menschen in ihrem Inneren tief und intensiv berührt werden. Das Menschenrechtsmuseum hat 2019 das Projekt „Karte von Schulen im Weißen Terror“ (校園白恐地圖) gestartet und in Verbindung mit und gestützt auf persönliche Empfindungen 51 Mittelschulen ausgewählt, die die Periode des Weißen Terrors miterlebt haben. Dabei werden die Teilnehmenden eingeladen, eine Verbindung von der fernen Vergangenheit des Autoritarismus zu den Personenkreisen, den Räumen und der Geschichte der eigenen Schule herzustellen. Dies soll einen Prozess des Nachdenkens auslösen und sie die Geschichte so verinnerlichen lassen, als ob sie selbst dabei gewesen wären, er soll sie auch zu praktischen Umsetzungen und künstlerischen Aktionen veranlassen. Durch dieses „gemeinsame Empfinden“ machen sich die Schülerinnen und Schüler nicht nur mit der Geschichte vertraut, sondern sie werden dadurch auch zu Akteuren, die dazu beitragen, die Geschichte und die Menschenrechte zu bewahren.

Außerhalb des schulischen Bereichs setzt sich das Menschenrechtsmuseum dafür ein, dass die Menschenrechtserziehung auch in den Verwaltungen verankert wird. Hierzu gibt es Fortbildungskooperationen mit der Richterakademie, dem Justizministerium und der Akademie für Personalentwicklung des Exekutiv-Yuan (d.h. der Regierung), damit auch das bestehende System mit seinem ausführenden Personal in die Bildungsprogramme zu den Menschenrechten und zur Transformationsgerechtigkeit einbezogen wird.

Lokal fest verwurzelt sein und selbstbewusst den internationalen Austausch pflegen

Zwar ist Taiwan inzwischen im mitunter mühseligen Streben nach Demokratie und Menschenrechten schon ein gutes Stück vorangekommen, aber das autoritäre System der Vergangenheit hat eben auch dazu geführt, dass die Idee der Menschenrechte keine Wurzeln schlagen konnte. Hinzu kommt die internationale Isolation, so dass es für Taiwan sehr schwierig war, sich an Vorbildern orientieren zu können, die der eigenen Entwicklung hätten dienlich sein können.

Das Menschenrechtsmuseum hat seit seiner Gründung verschiedene internationale Persönlichkeiten, die sich im Bemühen um Transformationsgerechtigkeit engagiert haben, nach Taiwan eingeladen. Dazu zählen der frühere südafrikanische Präsident Frederik Willem De Klerk, der Leiter der Stasi-Unterlagenbehörde Roland Jahn, der französische Menschenrechtsbotschafter François Croquette, die Vorsitzende des Ausschusses für Kultur und Medien des Deutschen Bundestages Katrin Budde und andere. Sie waren alle beim Menschenrechtsmuseum zu Gast, wo sie ausgehend von den Erfahrungen in ihren jeweiligen Ländern von der Rehabilitierung der Opfer politischer Verfolgung und konkreten Maßnahmen bei der Umsetzung von Transformationsgerechtigkeit berichteten, die Taiwan als Beispiel dienen können. 2019 wurde mit einem „Vorbereitenden Workshop“ und einem „Internationalen Workshop“ der erste Schritt unternommen, zwischen Taiwan und Deutschland eine bilaterale Plattform zum Austausch praktischer Erfahrungen zu schaffen: Zu dem vorbereitenden Workshop wurden Personen, die an vorderster Linie in der Menschenrechtserziehung in Taiwan tätig sind sowie Museumsmitarbeiter eingeladen, die eine Bestandsaufnahme der Herausforderungen vornahmen, mit denen sie in ihrer praktischen Arbeit konfrontiert sind. Zu dem „Internationalen Workshop“ waren Vertreter entsprechender deutscher Institutionen eingeladen, die aus der Perspektive der kulturellen Bildung und aus Sicht der Museen ihre Erfahrungen in der Umsetzung von Transformationsgerechtigkeit vorstellten.

2019: Offizielle Unterzeichnung einer „Gemeinsamen Absichtserklärung zur Zusammenarbeit im Bereich der Transformationsgerechtigkeit“ zwischen Taiwan und Deutschland

Durch gegenseitigen Austausch im Bereich der Menschenrechte kann die internationale Gemeinschaft einen besseren Einblick darin bekommen, wie Taiwan die Menschenrechte in der Gesellschaft verankert und seine Demokratie konsolidiert hat. Zum Ende desselben Jahres unterzeichneten Taiwan und Deutschland eine „Gemeinsame Absichtserklärung zur Zusammenarbeit im Bereich der Transformationsgerechtigkeit“, auf deren Grundlage Institutionen wie die Stasi-Unterlagenbehörde, das taiwanische Kulturministerium, das Menschenrechtsmuseum und die „Transitional Justice Commission (促進轉型正義委員會) ihren intensiven Austausch als Kooperationspartner auf internationaler Ebene fortsetzen werden. Damit wird nicht nur die Bedeutung der Transformationsgerechtigkeit auf institutioneller Ebene vertieft, sondern auch eine Grundlage für den weiteren Ausbau eines internationalen Menschenrechtsnetzwerks geschaffen.

Auch wenn Taiwan kein Mitglied in den Vereinten Nationen ist, können wir auf dem Weg der Zusammenarbeit bei den Menschenrechten und in der Kultur erreichen, dass Taiwan von der Welt wahrgenommen wird. Im September 2019 hat der internationale Museumsverband ICOM (International Council of Museums) bei seiner Vollversammlung im japanischen Kyoto bekanntgegeben, dass das taiwanische Menschenrechtsmuseum für den Verband der Menschenrechtsmuseen im asiatisch-pazifischen Raum (Federation of International Human Rights Museums - Asia and Pacific, kurz „FIHRM-AP“) auf der Basis der drei Hauptziele des Engagements, der Partnerschaft und der Zusammenarbeit (engagement, partnership, collaboration) die Rolle als regionale Anlaufstelle übernehmen und als Plattform zur Vernetzung von Menschenrechtsorganisationen im In- und Ausland dienen soll. Im Juni 2020 wurde dem Menschenrechtsmuseum von der Bundesstiftung zur Aufarbeitung der SED-Diktatur der Sonderpreis des Karl-Wilhelm-Fricke-Preises verliehen. Dies zeigt, dass die in Taiwan geleistete Arbeit zur Verbreitung des Menschenrechtsgedankens von der internationalen Gemeinschaft beachtet und anerkannt wird.

Website des Asien-Pazifik-Verbands der Internationalen Vereinigung der Menschenrechtsmuseen (FIHRM-AP: Federation of International Human Rights Museums - Asia-Pacific/國際人權博物館聯盟亞太分會)

Der FIHRM-AP wählte für das erste Jahr seines Bestehens „Menschenrechte von Arbeitsmigranten" zu seinem Hauptthema aus. Daraufhin lud das Menschenrechtsmuseum verschiedene Museen und Nichtregierungsorganisationen aus dem Inland dazu ein, langfristige Partnerschaften des gemeinsamen Lernens zu begründen. Sie sollen zusammengebracht werden, um ihre Aufmerksamkeit den inzwischen mehr als 710.000 aus Südostasien stammenden Migrantinnen und Migranten zu widmen und eine Bestandsaufnahme vorzunehmen, wie es um deren Menschenrechte und kulturelle Gleichberechtigung bestellt ist.

Die Themen der Menschenrechte und des Schutzes der Arbeitsrechte von Migrantinnen und Migranten, mit denen Taiwan konfrontiert ist, spielen auch in vielen anderen Ländern eine Rolle. Um zu erreichen, dass diese Rechte auch praktisch im Alltag der Betroffenen umgesetzt werden, ist es notwendig, dass die Mitarbeiter von Menschenrechtsorganisationen aus dem In- und Ausland an diesem Prozess beteiligt werden und mit ihnen darüber diskutiert wird. Das Jahr 2020 fiel nun unerwartet mit der Coronavirus-Pandemie zusammen, in dessen Verlauf Taiwan als „Musterschüler der Prävention" weltweite Anerkennung zuteilwurde. Sollten wir uns nicht den Weg einer Kommunikation und Strategie überlegen, die niemanden im Stich lässt („leave no one behind")? Es könnte durchaus sein, dass die Vertiefung und Umsetzung der Menschenrechte Taiwan eine weitere Möglichkeit bieten wird, um auf internationaler Ebene als Vorbild zu gelten.

Die Bewältigung des Erbes von Menschenrechtsverletzungen ist eine wichtige Aufgabe, der sich in einem Prozess der Transformation befindliche Gesellschaften stellen müssen: Die erlittenen Traumata wirken wie eine entzündete Eiterbeule, die die Gedächtniskonsolidierung im Hippocampus behindert. Menschen, die ihr Gedächtnis verloren haben, sind nicht mehr in der Lage, sich die Zukunft vorzustellen. Ich bin der festen Überzeugung, dass wir nur durch einen Prozess des Lernens, des Verstehens und des Bewältigens die Fähigkeit zum Erinnern wirklich zurückgewinnen und in der Lage sein werden, durch die Beschäftigung mit der Geschichte in einen Prozess der Reflexion einzutreten. Mithilfe des schwachen Schimmers der Transformationsgerechtigkeit möchten wir einzelne „Punkte" zu „Linien" und schließlich zu einer „Fläche" zusammenfügen und ein taiwanisches Netzwerk aufbauen: die Werte der Menschenrechte als Fundament für die langfristige Entwicklung unserer demokratischen Gesellschaft.

Green Island Human Rights Culture Park
By Outlookxp - CC BY-SA 4.0, https://commons.wikimedia.org/w/index.php?curid=51222837

Taiwan – ein Land mit einer gewaltigen Aufgabe

Von Katrin Budde, MdB

© Deutscher Bundestag / Thomas Koehler/photothek/Deutscher Bundestag

In meiner Zeit als Landtagsabgeordnete und Wirtschaftsministerin in Sachsen-Anhalt hatte ich schon einmal Kontakt mit Vertreterinnen und Vertretern aus Taiwan. Da habe ich einen kleinen Einblick in das Land, aber nur von außen, bekommen. Danach habe ich hin und wieder etwas in den Medien gelesen, wie wahrscheinlich die meisten in Deutschland.

Doch dann machte mich 2018 der Verein „Kulturanker e.V." aus Magdeburg auf ein Projekt in Taichung aufmerksam. Vom 3. November 2018 bis 24. April 2019 fand in der taiwanischen Metropole Taichung die „World Flora Exposition" statt, ähnlich wie die Gartenbauausstellungen in Deutschland.

Kulturanker e.V. hatte auf dieser Ausstellung eine eigene Ausstellungsfläche und wollte dort das 100-jährige Gründungsjubiläum der weltberühmten Kunstschule Staatliches Bauhaus vorstellen.

Die Idee: In einer kleinen Gartenkolonie mit einem offenen Kubus, gebaut aus Bambus, ganz ohne Nägel, mit gestalterischen Elementen von bildenden Künstlern, wollte sich der Verein zusammen mit den Besucherinnen und Besuchern mit der Frage beschäftigen, was das Bauhaus-Konzept heute noch vermittelt. Es sollte Lesungen von deutschen und europäischen Schriftstellerinnen und Schriftstellern geben, Theatergruppen (z.B. aus Leipzig) sollten auftreten und deutsche Musikerinnen und Musiker für Stimmung sorgen.

Diese Installation mit dem Titel „Floral Frame of Time" hat mich direkt begeistert. Deshalb habe ich mich erfolgreich dafür eingesetzt, dass das Auswärtige Amt dieses Projekt finanziell unterstützt.

Natürlich wollte ich mir das Projekt dann auch vor Ort anschauen. Bei meiner Vorbereitung auf die Reise im April 2019 konnte ich immer wieder erfahren, wie kulturell reich Taiwan ist. Das hatte mir auch der Repräsentant von Taiwan, Herr Prof. Dr. Shieh, im Vorfeld meiner Reise berichtet. Ebenso hat er mir die Geschichte Taiwans, vor allem den Weg von der Diktatur zur Demokratie geschildert, auch dass Taiwan an der Aufarbeitung seiner Geschichte arbeitet. So bekam ich einen guten Einblick in das Land und war gespannt, was ich vor Ort erleben würde.

Mit Unterstützung des Deutschen Instituts in Taipeh haben wir ein sehr interessantes Programm für meine Reise erarbeitet, das viele kulturpolitische Termine enthielt. Als erstes besuchte ich die „World Flora Exposition" in Taichung. Ich war nicht nur von dem deutschen Beitrag beeindruckt, sondern auch von den Menschen, denen ich dort begegnet bin.

Bei dem Gespräch mit der Kulturministerin Taiwans stand das Thema Erinnerungskultur und die Aufarbeitung des Weißen Terrors im Mittelpunkt. Die Ministerin lobte, wie Deutschland die SED-Diktatur aufarbeitet und wünschte sich für ihr Land ein ähnliches System. Deshalb gab es auch schon intensiven Kontakt mit dem Bundesbeauftragten für die Aufarbeitung der Unterlagen des Staatssicherheitsdienstes der ehemaligen DDR (BStU), der Taiwan auch schon besucht hatte. Als gebürtige Ostdeutsche war gerade dieses Thema für mich besonders interessant und darum habe ich direkt meine Unterstützung zugesagt.

Beeindruckt war ich auch vom Besuch des National Human Rights Museums in Taipeh und den Gesprächen mit Zeitzeugen. Dort habe ich erfahren, dass im November 2019 ein deutsch-taiwanischer Menschenrechts-Workshop stattfinden soll. Ich wurde gebeten, als Vorsitzende des Ausschusses für Kultur und Medien des Deutschen Bundestages an dem Kongress teilzunehmen und aus parlamentarischer Sicht über die Aufarbeitung der SED-Diktatur zu berichten, über die Möglichkeiten und die Bedeutung des Parlaments in diesem Prozess.

Auch bei all meinen anderen Gesprächen im Außenministerium oder mit Kulturvermittlern waren Demokratie und Menschenrechte immer ein Thema.

Nach meiner ersten Reise waren mir zwei Dinge klar: Zum einen, dass ich nicht das letzte Mal in diesem tollen Land war, und zum anderen, dass ich Taiwan bei der Aufarbeitung seiner Geschichte unterstützen möchte. Auch werde ich mich nachdrücklich für die Anerkennung Taiwans einsetzen.

Ich nahm deshalb die Einladung des National Human Rights Museums an, auf dem deutsch-taiwanischen Menschenrechtskongress eine Rede zu halten. Neben mir waren auch weitere deutsche Vertreterinnen und Vertreter der Aufarbeitungslandschaft in Taipeh vertreten. So konnte der Umgang des vereinten Deutschlands mit der SED-

Diktatur von allen Seiten beleuchtet werden. Mein Thema war die Friedliche Revolution von 1989 und die Deutsche Einheit 1990. Dabei lag mein Schwerpunkt auf dem Umgang mit den Unterlagen des Staatssicherheitsdienstes der ehemaligen DDR und die parlamentarische Begleitung.

In der anschließenden Diskussion habe ich über die Stimmung in den Jahren 1989/1990 berichtet. In der Rückschau waren die Besetzungen der Stasi-Zentralen in den Bezirken der DDR und in Ost-Berlin nicht nur sehr mutig, sondern auch die Grundlage dafür, dass wir heute so viel über die Arbeit der Staatssicherheit wissen und die Opfer dieses Regimes rehabilitieren und entschädigen können. Eine wichtige Rolle spielt dabei das Gesetz über die Unterlagen des Staatssicherheitsdienstes der ehemaligen Deutschen Demokratischen Republik und die Einsetzung eines „Sonderbeauftragten“ für die Stasi-Unterlagen.

Dieses Gesetz, das vom Parlament erarbeitet wurde, ist einmalig und regelt die Einsichtnahme von Bürgerinnen und Bürgern in ihre Stasi-Akte. Es wäre sicherlich ein gutes Vorbild für entsprechende Regelungen in Taiwan, ebenso auch die Rehabilitierungsgesetze.

Ich habe immer wieder auf die Bedeutung des Parlaments bei der Aufarbeitung in Deutschland hingewiesen. Diese Sicht wurde von meinen Gesprächspartnerinnen und Gesprächspartnern geteilt. Zudem hoffen sie, dass Taiwan noch stärker von den Erfahrungen aus Deutschland profitieren kann und der nun begonnene Austausch zwischen den beiden Ländern erst der Anfang der Zusammenarbeit ist.

Der Kongress hat mir gezeigt, dass das Interesse an der Aufarbeitung des „Weißen Terrors“ in Taiwan sehr groß ist. Und ich hatte das Gefühl, dass aufgrund der vorgetragenen deutschen Erfahrungen mit der Aufarbeitung einer Diktatur die Aufarbeitung in Taiwan neuen Schub bekommen hat. Ich bin sehr dafür, dass diese Zusammenarbeit fortgesetzt wird. Eine gute Grundlage dafür ist die gemeinsame Erklärung zur deutsch-taiwanischen Zusammenarbeit in der Vergangenheitsaufarbeitung, die im Dezember 2019 vom Deutschen Institut Taipei und der Taipeh Vertretung in Deutschland unterzeichnet wurde. Darin ist eine engere Zusammenarbeit auf dem Gebiet der Vergangenheitsbewältigung zwischen der Kommission zur Übergangsjustiz, dem National Human Rights Museum und dem Kulturministerium einerseits und dem BStU andererseits vereinbart. Sicherlich kann Taiwan viel von unserer Erfahrung in der Aufarbeitung einer Diktatur lernen, ich bin mir aber sicher, dass auch Deutschland neue Erkenntnisse bei dieser Zusammenarbeit gewinnen wird.

Hinten v.l.n.r. Katrin Budde MdB, Vorsitzende des Bundestagsausschusses für Kultur und Medien; Klaus-Peter Willsch MdB, Vorsitzender des Parlamentarischen Freundeskreises Berlin-Taipeh; Roland Jahn, Bundesbeauftragter; vorne v.l.n.r. Dr. Thomas Prinz, Generaldirektor des Deutschen Instituts Taipei; Prof. Dr. Jhy-Wey Shieh, Repräsentant von Taiwan. Quelle: Katrin Budde

Das National Human Rights Museum hatte auch ein Rahmenprogramm organisiert. So besuchten wir zwei Gedenkorte, die an die blutige Niederschlagung des Aufruhrs vom 28.02.1947 („228") erinnern sowie das AMA-Museum. Das waren für mich sehr bewegende Orte.

Auch habe ich die Gelegenheit bei diesem Besuch in Taiwan genutzt, mir andere Regionen anzusehen. Es ging in den Landkreis Hualien. Nach der Besichtigung der Taroko-Schlucht führte ich Gespräche in einer Ureinwohnerwerkstatt, einer Grundschule, in der Stoffe im indigenen Design hergestellt werden, einer Grundschule mit Tanz und Musik, einem Museum für Bildhauerei und einer Werkstatt für innovative Kunst und Schmuck. Es ist gut, dass diese Kultur geschützt und erhalten bleibt, denn auch sie gehört zur Geschichte und Identität Taiwans.

Ich war nicht nur beeindruckt von der tollen Landschaft, sondern vor allem von den Menschen und ihrer kreativen Arbeit. Ich wurde mit einer Freundlichkeit und Offenheit empfangen, wie ich sie selten sonst erlebt habe. Und ein Bummel über einen landestypischen Nachtmarkt durfte nicht fehlen.

Natürlich standen auch politische Gespräche auf dem Programm. So konnte ich sowohl mit der Generalsekretärin im Presidential Office, dem stellvertretenden Außenminister als auch mit einer DDP-Abgeordneten sprechen, die ich im taiwanischen Parlament besuchte. Bei all diesen Gesprächen wurde immer wieder der Wunsch geäußert, dass die Zusammenarbeit zwischen Deutschland und Taiwan intensiviert wird, und das nicht nur auf dem Gebiet der Vergangenheitsaufarbeitung. Auch wurde stets die dringende Bitte geäußert, dass Deutschland ein besonderes Augenmerk auf Taiwan legen möge, da in Taiwan die Angst wachse, von China vereinnahmt und durch China isoliert zu werden.

Dieser Bitte kommen meine Fraktion und ich gerne nach. Im Juli 2020 haben wir ein Positionspapier beschlossen, das folgenden Passus zu Taiwan enthält:
„Wir unterstützen die Politik der Bundesregierung gegenüber Taiwan. Zu einer einseitigen Einverleibung Taiwans durch die Volksrepublik China oder einer gewaltsamen Auseinandersetzung in der Taiwan-Straße darf es nicht kommen. Taiwan hat sich seit dem Ende des Ausnahmezustandes 1987 zu einer lebendigen Demokratie gewandelt und ist Deutschlands fünftwichtigster Handelspartner in Asien. Im Rahmen der Ein-China-Politik setzen wir Sozialdemokrat_innen uns für eine stärkere Einbindung Taiwans in internationale Organisationen ein und sind bestrebt, die wirtschaftlichen, kulturellen und wissenschaftlichen Beziehungen zu Taiwan weiter zu fördern."

Da ich die Arbeit und das Engagement des National Human Rights Museums sehr schätze, habe ich diese Institution für den Karl-Wilhelm-Fricke-Preis der Bundesstiftung zur Aufarbeitung der SED-Diktatur vorgeschlagen. Als ich dann im Mai 2020 erfahren habe, dass das National Human Rights Museum den Karl-Wilhelm-Fricke-Sonderpreis bekommt, war die Freude bei mir sehr groß. Der Preis ist mehr als verdient.

Zusammenfassend möchte ich festhalten:
Das Parlament und die Regierung in Taiwan haben in den letzten Jahren, im Vergleich zu anderen Ländern, die sich in vergleichbaren Prozessen befinden, insbesondere mit der Entschädigung der Opfer und der Einrichtung von Gedenkorten beachtliche Erfolge in der Aufarbeitung der repressiven Vergangenheit erzielt. Die bisherigen Entwicklungen in der Aufarbeitung sind auf den unterschiedlichen Feldern von unterschiedlicher Intensität und besonders vom Engagement einzelner Personen getragen.

Wichtig scheint für mich, den Zugang zu den Archiven zu regeln und die gesellschaftliche Akzeptanz für die Aufarbeitung zu erhöhen. Zudem braucht es eine gefestigte Institutionenlandschaft, die unterstützend mitarbeitet.

Taiwan ist ein tolles Land, ein Land mit vielen Gegensätzen: moderne Städte mit Wolkenkratzern und traditionellen Tempeln, mit Thermalquellen und Berglandschaften. Und vor allem: Es hat selbst den Weg aus der Diktatur in eine gefestigte Demokratie geschafft. Eine unglaublich große Leistung, wie ich als Ostdeutsche sagen kann.

Ich habe dieses Land und seine Menschen als weltoffen und freundlich kennengelernt, die Gespräche in Taiwan haben mir neue Perspektiven aufgezeigt. Ich bin mir sicher: Deutschland und Taiwan können in vielen Bereichen voneinander lernen, nicht nur bei der Aufarbeitung der Vergangenheit.

Ich werde definitiv nicht das letzte Mal in Taiwan gewesen sein und bin auch gerne Ansprechpartnerin für die demokratischen Kräfte Taiwans.

Digitalkultur und Digitalpolitik Made in Taiwan

Transgender und IT-Genie: Audrey Tang ist die ungewöhnlichste Ministerin Asiens. Und dann will sie auch noch die Demokratie mit digitalen Mitteln retten.

Von Klaus Bardenhagen[1]

Audrey Tang
CC BY 4.0 Camille McOuat @ Liberation.fr

Wenn Audrey Tang Worten Nachdruck verleihen will, klappt sie ihr MacBook auf und ruft in absurdem Tempo Seiten auf. Die ehemalige Hackerin ist Digitalministerin in Taiwan, und manchmal scheint es, als sei der mobile Computer mit ihr verwachsen. Ohne das Gerät geht einfach nichts. Jetzt ist es außer Stuhl und Tisch der einzige Einrichtungsgegenstand ihres Büros im ehemaligen Hauptquartier der Luftwaffe in Taipeh. Vor einigen Jahren war das alles noch Sperrgebiet, nun sind die Mauern rund um das Gelände niedergerissen, und im nüchternen Start-up-Ambiente tüfteln NGOs und Behörden an neuen Ideen für die Zivilgesellschaft.

„Social Innovation Lab“ nennt sich die Einrichtung, die Audrey Tang mit erfunden hat. Jeden Mittwoch sitzt sie hier gut sichtbar hinter einer Glastür und spricht mit

---

1 Vgl. FOCUS 27/2020. Mit freundlicher Genehmigung des Focus zum Abdruck.

Besuchern. Ohne Sicherheitskontrollen, 40 Minuten lang, jeder kann kommen und sein Herz ausschütten. Gerade war eine Mutter mit Sohn da, die über Home-schooling reden wollte. Einzige Bedingung für die Gespräche: Sie werden aufgezeichnet und landen zehn Tage später, bereinigt um Vertrauliches, als Volltext im Netz. So haben alle etwas davon. Offenheit ist die Regel, Verschweigen die Ausnahme.

Von Autrijus zu Audrey

Auch Tang ist eine Ausnahmeerscheinung. In jeder Hinsicht. Dass ihr Land, das von China als abtrünnige Provinz betrachtet wird, bisher so gut durch die Corona-Krise kam, ist auch ihr Verdienst. Als Taiwan den Verkauf von Mundschutzmasken rationieren musste, sorgte Tang dafür, dass alle Bestandsdaten in Echtzeit verfügbar waren – als Open Data, damit die Zivilgesellschaft Karten und Apps dazu entwickeln konnte. So wussten die Bürger immer, wo sich das Anstehen lohnte. Kurz darauf konnte jeder sein Mundschutzkontingent online bestellen. Beides sicherte in einer heiklen Phase den sozialen Frieden und das Vertrauen in die Regierung. Auf der Basis des gleichen Systems will Tang im Juli die Ausgabe von Konsumgutscheinen organisieren. Solange die Technologie sich weiterentwickele, sagt sie, werde es auch immer neue Anwendungsmöglichkeiten geben. „Ich mache das nie, um persönlich etwas zu erreichen. Ich tue es, weil es mir Spaß macht und ich es gerne tue“, sagt sie mit ihrer tiefen Stimme, die manche Gesprächspartner irritiert.

Die 39 Jährige, die die meisten Taiwaner um mindestens einen halben Kopf überragt, war, als sie vor vier Jahren das Digitalressort übernahm, die erste Transgender-Ministerin, sogar weltweit. Tang wurde biologisch als Mann geboren, fühlte sich aber nie als einer. Vor 15 Jahren legte sie ihren Vornamen Autrijus ab und wünschte sich in einem Blogeintrag künftig weibliche Personalpronomen. Sie bezeichnet sich als postgender, beim Eintritt in die Regierung ließ sie auf einem Formular das Feld „Geschlecht“ frei.

Tang repräsentiert damit das moderne Asien und vor allem ein neues Taiwan – das als erstes asiatisches Land die gleichgeschlechtliche Ehe einführte, eine Frau ohne Polit-Dynastie-Hintergrund zur Präsidentin wählte und einen höheren Frauenanteil im Parlament hat als der Bundestag.

Skeptikern des Wandels hält Tang entgegen, sie unterscheide nicht zwischen Unterstützern und Gegnern. „Ich habe keine binären Kategorien im Kopf.“ Vielleicht könne sie sich gut in verschiedene Menschen einfühlen, weil sie die Welt wie ein Mann und eine Frau erlebt habe. Für jüngere Taiwaner spielt ihre sexuelle Identität ohnehin keine Rolle, sondern ihre Kompetenz.

Tang ist ein Wunderkind, ihr IQ soll bei über 160 liegen. Als Sechsjährige las sie klassische Literatur in den Originalsprachen und löste komplexe Gleichungen, mit acht begann sie zu programmieren. In der Schule fühlte sie sich oft wie der einzige Erwachsene unter Kindern. Mit elf Jahren zog sie für ein Jahr nach Saarbrücken-Dudweiler, weil der Vater dort für eine Doktorarbeit forschen wollte. Das Wort „Pünktlichkeit“ hat sie noch parat, sagt sie, aber das meiste Deutsch hat sie vergessen. Ein ungewöhnliches Eingeständnis, denn ansonsten scheint Tangs geistiger Speicherplatz unbegrenzt.

CC BY 4.0 點點善及三橫一豎設計

Mit 14 informierte sie ihre Eltern von dem Entschluss, die Schule abzubrechen. „Ich wollte aus dem Internet lernen, und die Schule stahl mir die Zeit.“ Danach brachte sie sich alles, was sie wissen musste, selbst bei. „Im Cyberspace fand ich eine große Gemeinschaft. Er bot mir mehr Kommunikationsmöglichkeiten, als ich in meiner direkten Umgebung je hatte.“ Natürlich warnten die Lehrer: Ohne Abschluss wird aus dir nichts. Sie irrten sich.

Mit 16 entwickelte Tang eine eigene Suchmaschine. Sie gründete und verkaufte Start-ups, zog ins Silicon Valley, beriet Konzerne wie Apple und wurde eine Autorität in Programmierer-Communitys. Und sie ließ sich frühzeitig mit Bitcoins bezahlen. 2014 spielte Geld keine Rolle mehr. Mit nicht einmal 35 wurde sie Privatier. „Ich kann mich nun sinnvollerer Arbeit widmen als der, die mir nur Profit bringt“, sagt sie.

Ein Update für die Politik

Sie will die Demokratie updaten, sie besser machen, mit digitalen Mitteln. Das ist Tangs Mission. Sie will nicht Populisten und autoritären Regimen das Feld überlassen, die das Netz für Desinformation und Überwachung missbrauchen. Soziale

Medien, in denen Filterblasen die Polarisierung weiter verschärfen, nennt sie „asozial“. Tang sieht sich als „Civic Hacker“. „Civic bedeutet, es geht um das Wohl der Allgemeinheit. Und Hacker, dass man Innovationen entwickelt, um ein System zu verbessern. Ich will bestehende Institutionen nicht über den Haufen werfen, sondern sie neu denken.“

So entwickelte sie die Plattform „vTaiwan“ mit, die erstmals 2015 bei der Regulierung des Fahrdienstleisters Uber zum Einsatz kam. Ganz oben platzieren dort Algorithmen nicht jene Inhalte, die besonders starke Reaktionen hervorrufen (so funktionieren YouTube und Facebook), sondern nuancierte Statements, die Filterblasen-übergreifend Zustimmung finden. Dabei stellte sich heraus: Den meisten ging es bei Uber gar nicht um ein Verbot oder freie Fahrt. Quer durch die Lager fanden es die Taiwanesen wichtiger, dass alle Fahrer versichert waren und herkömmliche Taxis flexibler sein sollten. Das ging dann in die neue Verordnung ein.

Inzwischen diskutieren die Inselbewohner fast alle Gesetzentwürfe zunächst 60 Tage lang auf einer Plattform namens „Join“. Ausnahmen, etwa Eilverfahren, müssen begründet werden. Natürlich, räumt Tang ein, beteilige sich nur eine Minderheit aktiv. Es gehe aber um Signale, die dem Gesetzgeber frühzeitig einen besseren Eindruck von den Interessen der Betroffenen geben. Politiker seien gut beraten zuzuhören.

Neue digitale Werkzeuge sind in Taiwan fast immer freiwillig, viele Daten und Programmcodes offen und überprüfbar. Die Regierung erklärt ihre Maßnahmen gründlich und spricht Probleme in der Regel – wie in der Corona-Krise – offen an. Oder mit Humor. Als die Fake News kursierte, Toilettenpapier würde knapp, weil es für die Herstellung von Masken gebraucht werde, ließ Tang einen Cartoon produzieren, in dem ein mit dem Hintern wackelnder Premier die Fakten zurechtrückte.

Taiwans Digitalisierungszug, das macht Tang klar, fährt in eine ganz andere Richtung als der des übermächtigen chinesischen Nachbarn auf dem Festland, der die Totalüberwachung seiner Bürger plant. „In China sollen die Bürger für den Staat transparent sein. Wir wollen den Staat für die Bevölkerung transparent machen.“ Schwer genug, die Freiheit Taiwans gegen Chinas Machtanspruch zu verteidigen. Dass Taiwan ständig als „breakaway province“ – „abtrünnige Provinz“ – bezeichnet wird, nimmt Tang mit dem ihr eigenen trockenen Humor. „Soweit ich weiß, fand der Breakaway im Neolithikum statt“ – der Epoche, als die Insel Taiwan nach der Eiszeit vom Kontinent getrennt wurde.

Starting from Zero: Taiwan's democratic innovation

Von Audrey Tang und Sheau-Tyng Peng[1]

Ministerin Audrey Tang im Gespräch mit Präsidentin Tsai Ing-Wen
By 總統府 https://www.flickr.com/photos/presidentialoffice/

In 2012 A controversial government advertisement in Taiwan proposed a peculiar idea: "Instead of wasting time deliberating policies, let's focus on doing the groundwork and get things done!" In response, four programmers with a civic-minded ethos did something else entirely.

These "civic hackers" - that is, politically minded computer programmers with an activist ethos - built a citizen auditing system for Taiwan's central government budget. They made data from the Accounting and Statistics Office accessible, easy to understand and interactive. The public could rate and comment on every item in the budget. This became the foundation of the g0v ("gov-zero") movement, which is now one of the world's most active civic-tech communities.

1 Im Internet: https://pdis.nat.gov.tw/en/blog/%E5%BE%9E%E9%9B%B6%E9%96%8B%E5%A7%8B-%E8%87%BA%E7%81%A3%E7%9A%84%E6%B0%91%E4%B8%BB%E5%89%B5%E6%96%B0.

□ Since then, Taiwan has put online collaboration at the core of its governance. The idea is to bring technology into the spaces where citizens live, rather than expect citizens to enter the space of technology.

🌻 The premise is this: the government must first trust the people with agenda-setting power; then the people can make democracy work.

📶 Taiwan did not always enjoy these freedoms, digital or otherwise. In 1987 martial law was lifted after nearly 40 years. The first direct presidential election took place in 1996, just as the internet was taking off. By then, Taiwan had a fairly robust civil society, built on an historic practice of community associations that used "collaborative action" to find common solutions.

🚄 The island of Taiwan is 394km long, a journey of less than two hours by high-speed rail. This has proved a major advantage in deploying internet connectivity. The idea of broadband as a human right is at the core of the government's policy. Some 87% of people over the age of 12 are connected. For a population of 23m, the internet is even more natural as a public space for discussion than the practice of voting.

👪 Today, generations accustomed to authoritarian power and generations accustomed to freedom coexist, and occasionally clash. Yet a common thread running through our digital democracy projects is collaborative participation.

🗺 Taiwan's national platform for online participation, called "Join", and the Taipei City government have adopted the g0v system for projects to include the public in budget matters. Data visualisation tools help people to understand what is allocated where.

🙋 The "Join" platform, with over 4m participants, extends beyond budget matters. Anyone can begin an e-petition on the platform. Once a case has 5,000 signatures, the relevant ministries must respond in public.

🔗 As Digital Minister, I have established a network of Participation Officers in each ministry. They serve as the links between the general public and the public sectors, and as channels for inter-agency collaboration. Whenever a proposal is raised, a collaborative meeting can be held, with participants from government departments and the public invited to join the discussion and to jointly create new policies.

So far we have held more than 40 collaborative meetings. We gathered stakeholders to find solutions, be it to improve the experience of filing income tax, the allocation of medical resources in remote towns, or balancing the fishery and marine biodiversity in national parks.

The adoption of civic innovations in the public sector requires an established system for regulation, maintenance and accountability. Thus, it is imperative that the government, the tech community and companies come together to form a collaborative ecosystem to amplify the impact of civic technology: code can support democratic values in a way that wasn't previously possible.

It is only through integrating with the existing legal system, with the backing of laws and regulations, that social innovation can drive regulatory innovation. For example, we launched a Regulatory Sandbox platform in 2017, allowing entrepreneurs to experiment freely without legal constraints for a certain period of time. It is meant to spur fintech experiments and autonomous vehicles, among other innovations.

Another important driver for public participation in law-making is the vTaiwan platform, which was initiated by the g0v community. (Where the Join platform is run and maintained by the government, vTaiwan is run by citizens and maintained by g0v.) The legal status of Uber was heatedly discussed on vTaiwan, supported by a system using artificial intelligence to manage the conversation. This helped the different sides converge towards a "Diversified Taxi Services Plan" in 2016. In 2018 vTaiwan also successfully helped enact regulations for the platform economy.

We also apply this "ecosystem" spirit to the development of Taiwan. This year's "Regional Revitalization National Strategic Plan" is a combination of local production, government, learning, research, and society. It calls on residents to take concrete actions to participate in and unite their own visions of the local community as an ecosystem.

In addition to lowering the barriers to democracy, this approach is also a process of mutual understanding. When the public sees the results of collaboration, it leads to more participation. Only through this cycle will it be possible for citizens to provide concrete feedback and go even further by applying, adjusting and contributing to the civic tech community.

Our goals for PDIS, the policy lab in Taiwan's cabinet, is to bring these experimental results to people all over the world. We have visited New York, Toronto, Madrid, Tokyo and Hong Kong to co-organise workshops with civic tech communities for sharing democratic innovations, such as our Participation Officers network and collaborative meetings. The g0v programme has been transplanted internationally, with "g0v Italy" set up in 2018.

International co-operation is no longer just about agreements between governments: it is also about people building shared values. For example, at our Presidential Hackathon last year, the cross-sectoral team "Water Saviours" deployed machine learning to assist pipe repair with an accuracy rate of 70%. The team was then invited by the New Zealand government to co-create solutions to address water leakage.

People often ask me about the future of democracy. To me, democracy's future is based on a culture of listening. Taiwan has no "legacy systems" of representative democracy (to use the language of technology) and the internet is highly developed. This means we can experiment with new modes of democracy.

As President Tsai Ing-wen said at her inauguration three years ago: "Before, democracy was a showdown between two opposing values. Now, democracy is a conversation between many diverse values."

At a time when the world is rethinking basic elements of governance, Taiwan's digital democracy - in which the people take the initiative, and the government responds in the here and now - can serve as a demonstration of new forms of citizen and state co-operation and dialogue for the 21st century.

A Strong Democracy is a Digital Democracy

Von Audrey Tang und Sheau-Tyng Peng[1]

CC BY 4.0 Camille McOuat @ Liberation.fr

Democracy improves as more people participate. And digital technology remains one of the best ways to improve participation — as long as the focus is on finding common ground and creating consensus, not division.

These are lessons Taiwan has taken to heart in recent years, with the government and the tech community partnering to create online platforms and other digital initiatives that allow everyday citizens to propose and express their opinion on policy reforms. Today, Taiwan is crowdsourcing democracy to create a more responsive government.

Fittingly, this movement, which today aims to increase government transparency, was born in a moment of national outrage over a lack of openness and accountability in politics.

---

1 Im Internet: https://pdis.nat.gov.tw/en/blog/%E5%A0%85%E5%BC%B7%E6%B0%91%E4%B8%BB-%E6 %95%B8%E4%BD%8D%E6%B0%91%E5%9C%8B.

On March 18, 2014, hundreds of young activists, most of them college students, occupied Taiwan's legislature to express their profound opposition to a new trade pact with Beijing then under consideration, as well as the secretive manner in which it was being pushed through Parliament by the Kuomintang, the ruling party.

Catalyzing what came to be known as the Sunflower Movement, the protesters demanded that the pact be scraped and that the government institute a more transparent ratification process.

The occupation, which drew widespread public support, ended a little more than three weeks later, after the government promised greater legislative oversight of the trade pact. (To this day, the pact has yet to be approved by Taiwan's legislature.) A poll released after the occupation, however, showed that 76 percent of the nation remained dissatisfied with the Kuomintang government, illustrating the crisis of trust caused by the trade deal dispute.

To heal this rift and communicate better with everyday citizens, the administration reached out to a group of civic-minded hackers and coders, known as g0v (pronounced "gov-zero"), who had been seeking to improve government transparency through the creation of open-source tools. The organization had come to the attention of the government during the Sunflower occupation, when g0v hackers had worked closely with the protesters.

In December 2014, Jaclyn Tsai, a government minister focused on digital technology, attended a g0v-sponsored hackathon and proposed the establishment of a neutral platform where various online communities could exchange policy ideas.

Several contributors from g0v responded by partnering with the government to start the vTaiwan platform in 2015. VTaiwan (which stands for "virtual Taiwan") brings together representatives from the public, private and social sectors to debate policy solutions to problems primarily related to the digital economy. Since it began, vTaiwan has tackled 30 issues, relying on a mix of online debate and face-to-face discussions with stakeholders. Though the government is not obligated to follow vTaiwan's recommendations (a policy that may soon change), the group's work often leads to concrete action.

VTaiwan partly relies on a unique digital tool known as Pol.is to ensure its crowdsourced policy debates remain civil and reach consensus. Using Pol.is, any vTaiwan participant can post a comment about the topic or policy being discussed. Crucially, other users cannot directly reply to these statements, which reduces the likelihood of trolling and abuse. Instead, they can click “agree,” “disagree” or “pass/unsure” on each comment.

Using real-time machine learning, Pol.is analyzes all the votes on the comments to produce an interactive map that groups like-minded participants together in relation to other, differently minded users. The map lays bare the gaps between various groups — as well as any areas of agreement. Ideally, this incentivizes people to post comments that attract more supporters, creating a path toward consensus.

VTaiwan has been used to solve a number of particularly thorny digital policy problems. In 2015, it helped break an impasse over how best to regulate Uber, which had arrived in Taiwan two years earlier prompting opposition from taxi drivers.

In 2016, hundreds of ordinary citizens using the platform managed within a few weeks to come up with new regulations for online liquor sales, after multiyear discussions among business and social groups had broken down. And in 2018, vTaiwan helped to create new regulations for the platform economy.

Taiwan also relies on another civic engagement platform called Join, this one maintained entirely by the government. Though similar to vTaiwan in that it uses Pol.is to create consensus, Join tackles matters beyond the digital economy, such as vacancy taxes and drug prescriptions for animals. Compared to the hundreds of thousands who have debated issues on vTaiwan, Join’s website has hosted 10.6 million unique visitors — almost half of Taiwan’s population — since it began in 2015.

Together, vTaiwan and Join are opening up more direct lines of communication between Taiwan’s government and its citizens, producing tremendous benefits for the former. Officials are exposed to new ideas and ways of thinking, while identifying core public service demands.

The Presidential Hackathon is yet another tech initiative bringing Taiwan’s public, private and social sectors together to solve urgent problems. At the event, the first of which was held last year, teams of hackers — composed of either private citizens or government workers — compete to design the most innovative improvements to the nation’s public services. Instead of prize money, the best teams receive a promise from the government that it will apply their ideas.

One of the top teams in this year’s hackathon included officials from the Judicial Yuan, the judicial branch of the Taiwanese government. The team developed two digital tools to make the nation’s judicial system more legible and transparent for everyday Taiwanese.

Drunken driving is an issue of broad public concern in Taiwan. And in recent years, the differing sentences handed out to drivers involved in high-profile accidents have led to public confusion about why some punishments can be so light compared with others.

One of the digital tools developed by the Judicial Yuan team addresses this confusion by giving the public a better sense of why punishments can differ for the same crime. Any user can simply enter in the relevant data for a hypothetical drunken-driving offense, such as blood alcohol concentration and the type of vehicle involved. The application then lists the appropriate penalties for the case, while also showing sentences from real-world drunken-driving cases that are similar to the one described. (The team analyzed over 50,000 verdicts from previous drunken-driving offenses to create the tool.) In this way, users get a better understanding of how slight changes in, for example, blood alcohol concentration can lead to radically different penalties.

In the closing speech of this year's Presidential Hackathon, President Tsai Ing-wen encouraged government officials to embrace a hacker spirit as they work to meet the public's needs. "Do it bravely; dare to make mistakes," she said. In Taiwan, digital technology is boosting civic dialogue and infusing government with the spirit of social innovation. By giving everyone a voice, Taiwan is strengthening its democracy for the future.

Das prekäre Glück, Taiwaner zu sein

Von Stephan Thome

Aus der Vogelperspektive ist eine schmale Straße zu sehen, die sich durch sattgrüne Reisfelder windet. Leise Gitarrenmusik erklingt, eine Stimme aus dem Off fragt: "Was ist das Schönste an Taiwans Landschaften?" Ein Auto nähert sich und hält, weil am Straßenrand ein Anhalter steht. "Ich kann dich rasch hinfahren", bietet der Fahrer an. Die Musik wird eindringlicher, es folgen verschiedene Szenen aus dem Alltag, in denen Menschen einander helfen. Eine davon ist in der gegenwärtigen Pandemie angesiedelt: Markierungen auf dem Boden mahnen Abstand an, und jemand sagt: "Ich bin okay, nimm du erst." Offenbar geht es um die Gesichtsmasken, für die die Menschen derzeit geduldig in der Apotheke anstehen. Die Stimme aus dem Off kommentiert: "Wir schützen uns selbst und achten auf andere."

Als der Anhalter schließlich sein Ziel erreicht hat, die Kamera noch einmal über grüne Reisfelder schwenkt, und der Sprecher verkündet: "Deinetwegen ist Taiwan so schön", könnte man glauben, ein Video der taiwanischen Tourismusbehörde gesehen zu haben. Dafür jedoch war zwischendurch zu häufig der Schriftzug Coca Cola zu sehen. Nein, es ist ein ganz normaler Werbespot, und er verrät einiges über die Zielgruppe, die er ansprechen soll. Mit sanftem Pathos, nah am Kitsch und ansonsten treffsicher bringt er ein Wir-Gefühl auf den Punkt, das die taiwanische Gesellschaft gegenwärtig auszeichnet.

Dank seines vorbildlichen Krisenmanagements ist das Land nicht nur annähernd schadlos durch die Pandemie gekommen, es geht sogar geeint und gestärkt aus ihr hervor. Auf den Containern voller Gesichtsmasken, die die Regierung im letzten Frühjahr weltweit verschicken ließ, stand der selbstbewusste Slogan 'Taiwan can help'. Den Satz 'Ich bin froh, in Taiwan zu leben' habe ich persönlich nie so häufig gehört wie in den vergangenen Monaten. Manchmal scheint es, als hätten die Menschen jetzt erst entdeckt, dass viele Dinge in ihrer Heimat gut und sogar besser funktionieren als in sonst ehrfürchtig bewunderten Ländern wie den USA oder Deutschland.

Das ist jedoch nur die eine Seite. Taiwan im Jahr 2021 bleibt einer konkreten und nach Meinung vieler Beobachter sich zuspitzenden Bedrohung durch die Volksrepublik China ausgesetzt.[1] Alle politischen Debatten und gesellschaftlichen Veränderungen finden im Schatten dieser Bedrohung statt, oft sind sie eine direkte Reaktion darauf. Taiwan kann helfen, aber sein eigenes Überleben wird das Land nur mit Hilfe von außen sichern können – vor allem, aber keineswegs allein durch die USA.

Im Folgenden werde ich weder untersuchen, wie Taiwan den Kampf gegen das Coronavirus gewonnen hat, noch Szenarien für einen militärischen Konflikt in der Taiwanstraße entwerfen. Stattdessen geht es mir um eine politische Bestandsaufnahme und im Sinne des Buchtitels um die Frage, *wohin* sich Taiwan gegenwärtig bewegt. Als Ausgangspunkt dienen mir die sogenannten 'Sonnenblumenproteste' vom Frühjahr 2014, in denen viele zuvor verborgene Veränderungen der taiwanischen Gesellschaft plötzlich sichtbar wurden. Wie hat dies die weitere politische Entwicklung auf der Insel beeinflusst? Welche anderen Ereignisse haben seither die taiwanische Politik geprägt? Und nicht zuletzt: Worin besteht das angesprochene Wir-Gefühl einer derzeit ungewöhnlich geeint wirkenden Gesellschaft?

Sonnenblumenproteste 2014: Auftritt der Generation Taiwan

Ein kurzer Blick zurück:[2] Anfang des Jahres 2014 versuchte Präsident Ma Ying-jeou von der KMT, ein Handelsabkommen mit der Volksrepublik China durchs Parlament zu bringen. Es sollte die Zusammenarbeit im Dienstleistungssektor verstärken und stand in einer Reihe ähnlicher Abkommen, mit denen der Präsident die wirtschaftliche Verflechtung zwischen Taiwan und dem Festland vorantrieb. Die damit einhergehende Abhängigkeit von China sorgte in der Bevölkerung allerdings für wachsendes Unbehagen. Dass die Regierung einer öffentlichen Diskussion über das Abkommen auswich, um es stattdessen im Hauruckverfahren durch die Instanzen zu boxen, ließ aus dem Unbehagen aktiven Protest werden. In einer spontanen Aktion besetzte eine kleine Anzahl von Studierenden den Legislativ-Yuan, das taiwanische Parlament. Es folgte erst ein brutaler Polizeieinsatz, dann ein gewaltiges Echo in der Bevölkerung: Am 30. März 2014 bekundeten in Taipeh eine Million Menschen ihre Unterstützung für die Besetzer. In den folgenden Wochen strömten Studierende aus

---

1 Zwei jüngere Presseberichte, die sich fundiert mit dieser Bedrohung beschäftigen sind Fahrion, Georg (2020): Wird Taiwan zu einem zweiten Hongkong? Im Internet: https://www.spiegel.de/politik/ausland/china-droht-mit-wiedervereinigung-wird-taiwan-zu-einem-zweiten-hongkong. Zugriff 19.09.2020; Böge, Friederike (2020): Wenn Taiwan fällt. Frankfurter Allgemeine Sonntagszeitung vom 06.09.2020.

2 Die folgende Darstellung greift zurück auf einen früheren Text von mir: Thome, Stephan (2016): Im Schatten des großen Drachen. Politisch-kultureller Klimawandel in Taiwan. In: Neue Gesellschaft/Frankfurter Hefte. Heft 5/2016, S. 8-11. Zur Vorgeschichte der Proteste vgl. Cole, Michael J. (2015): Black Island. Two Years of Activism in Taiwan. Ohne Ortsangabe. Die Sonnenblume war das von den Studierenden selbst gewählte Symbol ihrer Bewegung.

dem ganzen Land nach Taipeh und verwandelten den Platz vor dem Parlament in ein Bürgerforum. Längst ging es nicht mehr nur um das Handelsabkommen, sondern wieder einmal um die Frage, was für ein Land Taiwan ist und sein will und wie es zum großen Nachbarn China steht. Es war die Zivilgesellschaft in Aktion, und sie zog Menschen aller Altersgruppen in ihren Bann.

Sunflower_Movement - @玉心 CC BY-SA 2.0

Die neue Generation, die hier als Akteur die öffentliche Bühne betrat, könnte man die Kinder der Präsidentschaft von Chen Shuibian (2000-2008) nennen, dem ersten nicht von der KMT gestellten Staatsoberhaupt Taiwans. Politisch in vielerlei Hinsicht gescheitert und 2009 wegen Korruption zu einer langjährigen Haftstrafe verurteilt, hat Chen dennoch die Saat gelegt, die mit den Protesten von 2014 aufging. In seiner Amtszeit wurden Schulbücher umgeschrieben, Chiang-Kaishek-Statuen entfernt, Plätze und Straßen umbenannt, Institute für taiwanische Literatur und taiwanische Geschichte eingerichtet; stets mit dem Ziel, das chinesische Erbe der Insel zurückzudrängen und die autochthone Besonderheit Taiwans zu betonen. Das mag oftmals 'nur' Symbolpolitik gewesen sein, aber sie hat das Verhältnis einer ganzen Generation zu ihrer Heimat nachhaltig geprägt.

Ablesen lässt sich das an dem aufschlussreichen Namen, mit dem die Generation in Taiwan bezeichnet wird: *tianrandu* nennt man (junge) Menschen, denen die Idee eines unabhängigen Taiwan – in welchem Sinne genau, lässt der Ausdruck offen – normal erscheint. Früher wurde jemand, der für die taiwanische Unabhängigkeit eintrat, als *taidu* beschimpft, und zwar von denen, für die Taiwan ein Teil Chinas ist und immer bleiben wird. Das Zeichen für 'Unabhängigkeit' (*du*) wurde oft durch das homophone Zeichen *du* für 'Gift' ersetzt. 'Giftiger Abschaum, der die Unabhängigkeit von China will', so könnte man diesen Schmähbegriff übersetzen, der im Mund von KMT-Politikern oder kommunistischen Kadern in China bis heute den Beigeschmack von Vaterlandsverräter und Wirrkopf hat. Wer sich früher selbst so nannte, tat es in dem Bewusstsein, eine verfemte Minderheit zu vertreten. Wenn sich junge Leute heute *taidu* nennen, tun sie es dagegen 'ganz natürlich' (*tianran*), mit dem unausgesprochenen Zusatz: Was denn sonst? Die nationale Identität dieser Generation gründet nicht darauf, dass die Insel bis Ende des 19. Jahrhunderts zum chinesischen

Kaiserreich gehört hat; ihr Taiwan ist das Produkt einer ungleich jüngeren Entwicklung, deren wichtigste Errungenschaft die Demokratie darstellt.

Eine Langzeituntersuchung des Election Study Center (ESC) der Chengchi Universität in Taipeh rückt die eben skizzierte Entwicklung in einen größeren Rahmen.[3] Seit 1992 misst das ESC Veränderungen der taiwanischen Identität, indem es die Befragten unter drei Möglichkeiten wählen lässt: Sie können sich entweder als Taiwaner*innen oder Chines*innen oder als beides zugleich bezeichnen. Für taiwanisch und nicht chinesisch hielten sich zu Beginn der Erhebung lediglich 17,6% der Befragten, chinesisch und nicht taiwanisch nannten sich 25,5%, sowohl als auch antworteten 46,4%. Das war fünf Jahre nach der Aufhebung des Kriegsrechts und vier Jahre vor den ersten freien Präsidentschaftswahlen. Seitdem ist der Anteil derer mit einer ausschließlich chinesischen Identität kontinuierlich zurückgegangen; am Ende der Amtszeit von Chen Shui-bian im Jahr 2008 betrug er nur noch 4,5% und war bei Ausbruch der Sonnenblumenproteste sechs Jahre später um einen weiteren Prozentpunkt gefallen.

---

3 Die Ergebnisse sowie Erläuterungen zu den Methoden der Erhebung sind im Internet einzusehen: https:esc.nccu.edu.tw/app/news.php?Sn=166. Zugriff 21.09.2020.

Noch aufschlussreicher ist der Verlauf der beiden anderen Kurven: Im Verlauf der Neunzigerjahre bewegen sie sich aufeinander zu und liegen für die gesamte Amtszeit von Chen Shui-bian fast gleichauf, im Bereich zwischen 40 und 45% (berücksichtigt man die Ausgangswerte, bedeutet das für die Antwort 'sowohl als auch' einen leichten Rückgang, für 'nur taiwanisch' hingegen einen deutlichen Anstieg). Danach verhalten sie sich exakt spiegelbildlich: Die exklusiv taiwanische Identität wächst kontinuierlich und genau im selben Maß, in dem die chinesisch-taiwanisch gemischte abnimmt. Im Jahr der Sonnenblumenproteste 2014 erreicht erstere mit 60,6% einen historischen Höchststand, während letztere zurückgeht auf 32,5% – paradoxerweise ist das die Entwicklung jener Jahre, in denen die pro-chinesische KMT mit komfortablen Mehrheiten regierte, während die vom katastrophalen Ende der Präsidentschaft Chen Shuibians geschockte DPP sich schwer tat, wieder Boden unter die Füße zu bekommen.

Auf die Entwicklung seit 2014 komme ich weiter unten zu sprechen. Zunächst gilt es festzuhalten, dass gewisse tektonische Verschiebungen im taiwanischen Selbstbild leicht übersieht, wer nur auf Wahlergebnisse und den manifesten politischen Prozess schaut. Auch für viele Taiwaner*innen kamen die Sonnenblumenproteste wie aus dem Nichts; insbesondere das blaue KMT-Lager schien zu glauben, dass nach dem achtjährigen Interregnum einer grünen DPP-Herrschaft endlich wieder Normalität eingekehrt war. Tatsächlich erwuchs der Widerstand aus langfristigen und gleichsam subkutanen Veränderungen in der Art, wie Menschen in Taiwan sich und ihr Land verstanden. Präsident Ma Ying-jeou mag das geahnt haben, als er für einen Moment den alten autoritären Reflexen nachgab, denen seine Partei immer noch gelegentlich unterliegt: "Wir haben sie nicht richtig erzogen", sagte er über die Protestierenden, die immer lauter seinen Rücktritt forderten, und offenbarte ein irritierend undemokratisches Verständnis von politischer Mündigkeit.[4]

Neue Farben, neue Kräfte: Gibt es Raum jenseits der etablierten Lager?

Ein halbes Jahr nach den Sonnenblumenprotesten wurden im November 2014 Regionalwahlen abgehalten. Die KMT, die zuvor 15 der insgesamt 22 Kreise und Städte Taiwans regiert hatte, konnte ihre Macht nur in sechs davon halten. Die oppositio-

---

4 Irritierend ist nicht zuletzt die geistige Verwandtschaft zu Deng Xiaoping, der das Aufkommen der Studentenproteste auf dem Tian'anmen-Platz 1989 so erklärte (in einer Dankesrede an Soldaten, die die Proteste gewaltsam beendet hatten): "during the last ten years our biggest mistake was made in the field of education, primarily in ideological and political education – not just of students but of the people in general." Deng Xiaoping (1994): Selected Works of Deng Xiaoping. Volume III (1982-1992). Beijing. S. 297. Zur Verteidigung Ma Ying-jeous sei gesagt, dass er natürlich nicht daran dachte, das Militär zur Hilfe zu rufen. Die Proteste in Taipeh gingen friedlich zu Ende.

nelle DPP gewann 13, die restlichen drei gingen an unabhängige Kandidaten, darunter die Hauptstadt Taipeh. Das Ergebnis ließ bereits erahnen, dass es bei den Präsidentschaftswahlen zwei Jahre später zum Machtwechsel kommen würde.

Bleiben wir für einen Moment in Taipeh: Der mit 57% der Stimmen sehr deutliche Sieg des unabhängigen Kandidaten Ko Wen-je ist nicht zuletzt deshalb von Bedeutung, weil der inzwischen keinen Hehl mehr daraus macht, dass er 2024 Präsidentin Tsai Ing-wen im Amt beerben will. 2016 gewann Ko mit den Stimmen des grünen Lagers, das keinen eigenen Kandidaten aufstellte. Seitdem allerdings ist er sichtlich um Stimmen auch aus dem blauen Lager bemüht, um eine neue Mitte zu besetzen, die un-ideologisch, pragmatisch und vernünftig eine Politik fürs ganze Volk macht – so zumindest verspricht es die Rhetorik. Zunächst wollte Ko eine überparteiliche soziale Bewegung schaffen, die er auch symbolisch aus dem herkömmlichen Farbenspiel herausnahm, indem er sie als 'weiße Kraft' (*baise liliang*)[5] etikettierte. Um Präsident zu werden, braucht er allerdings einen funktionierenden Apparat, also erfolgte im August 2019 doch die Gründung einer Partei, deren Farbe nun nicht mehr weiß, sondern türkis ist: Die Taiwanese People's Party (*Taiwan Minzhong Dang*) steht damit *zwischen* Grün und Blau, statt farblos unschuldig darüber zu schweben.

Interessant ist, dass eine Taiwan Minzhong Dang bereits einmal existiert hat. 1927, während der japanischen Kolonialzeit war es sogar die erste auf der Insel gegründete politische Partei, und einer ihrer Mitbegründer, Chiang Wei-shui, war wie Ko Wen-je von Haus aus Arzt.[6] Betont moderat und ausgestattet mit einem eher vage formulierten Programm, trat die erste Taiwanese People's Party für mehr Selbstbestimmung der Taiwaner innerhalb des kolonialen Gefüges ein. Von Flügelkämpfen geplagt und von den Kolonialherren misstrauisch beäugt, war ihr allerdings nur ein kurzes Leben und so gut wie keine politische Wirkung beschieden. Nach Chiang Wei-shuis Tod im Jahr 1931 löste sie sich rasch auf.

Welches Schicksal die Neugründung erwartet, wird sich zeigen. Bisher ist sie kaum mehr als das Vehikel für die politischen Ambitionen ihres Vorsitzenden, programmatisch steht sie dem Vorgänger an Vagheit in nichts nach. Statt sich in Sachfragen festzulegen, setzt Türkis auf Ko Wen-jes persönliche Popularität und fordert Dinge

---

5 Weiß war die Farbe einer Protestbewegung im Jahr 2013, die rückblickend wie ein Vorläufer der Sonnenblumenproteste wirkt. Es ging um einen Wehrpflichtigen, der von seinen Vorgesetzten grausam zu Tode gequält worden war. Der Fall schlug hohe Wellen und rief in Taipeh über zweihunderttausend meist junge Menschen auf die Straße. Parteipolitisch waren die Proteste neutral, wenngleich das Militär, um dessen Missstände es ging, traditionell eher blau dominiert ist.

6 Der Punkt ist nicht unwichtig: In der Kolonialzeit war Arzt die höchste Stellung, die ein Taiwaner hoffen konnte, zu erreichen. Auf diese Zeit geht die große Achtung zurück, die dem Beruf bis heute entgegen gebracht wird; das gilt besonders für Ärzte, die wie Ko Wen-je an der National Taiwan University, der besten Hochschule der Insel, studiert und danach am entsprechenden Uniklinikum gearbeitet haben. Sie genießen in der Bevölkerung enormes Vertrauen.

wie 'transparente Verwaltung' und 'effektives Regieren', die niemand nicht wollen kann. Der Versuch, auch als Partei über den Parteien zu stehen, könnte am Ende zu einer Bruchlandung zwischen den Stühlen führen. 2018 wurde Ko als Bürgermeister von Taipeh nur hauchdünn im Amt bestätigt; der Versuch, im Sommer 2020 einen Kandidaten, der nicht Ko Wen-je hieß, ins Rennen um den Bürgermeisterposten in Kaohsiung zu schicken, endete mit dem demütigenden Resultat von 4%.

Vorläufig gilt also: 'the one-man-show must go on.' Sollte Ko Wen-je wie erwartet 2024 antreten, könnte er den Präsidentschaftswahlkampf dennoch durcheinander wirbeln. Die entscheidende Frage wird sein, welchem Lager er mehr Stimmen abnehmen kann. Das grüne, das ihn anfangs unterstützt hat, verprellt er inzwischen damit, dass er von Taiwan und China als einer großen Familie spricht. Das blaue allerdings erscheint nach den jüngsten Wahlschlappen derart orientierungslos (dazu gleich mehr), dass Ko versuchen könnte, sich als seriöse Alternative anzubieten. Nutznießer wäre die DPP.

Noch ein Wort zur anderen politischen Neugründung, die in den vergangenen Jahren von sich reden gemacht hat. Bei den Wahlen 2016 trat erstmals die aus den Sonnenblumenprotesten hervorgegangene New Power Party (*Shidai Liliang*, NPP) an und holte auf Anhieb fünf Sitze im Parlament, darunter drei Direktmandate. Es war ein vielversprechender Beginn. In Rockstar Freddy Lim verfügte die NPP über ein bekanntes Gesicht, das ihr mediale Aufmerksamkeit sicherte; ihm zur Seite standen weitere prominente Vertreter der Studentenproteste[7], die Partei besaß die Unterstützung der Jugend und schien in einer guten Position, um den Traum von der 'dritten Kraft' (*disan shili*), also einer Macht jenseits der etablierten Lager Gestalt annehmen zu lassen.

Im Verlauf der Legislaturperiode gelang es der NPP allerdings nicht, ein eigenständiges Profil zu gewinnen. Zwar positionierte sie sich in gesellschaftlichen Fragen 'links' von der DPP, forderte die Einführung der Homo-Ehe und die Abschaffung der Todesstrafe, aber ihr eigentliches Anliegen bleibt die taiwanische Unabhängigkeit, und in diesem Punkt gibt es wenig Spielraum, um sich von der DPP – die seit 2016 über eine eigene Parlamentsmehrheit verfügt – zu unterscheiden, ohne unseriös zu werden. Das gesamte grüne Lager will die Unabhängigkeit, aber mehr, als sie de facto zu wahren, ohne sie formal zu erklären, ist auf absehbare Zeit nicht durchzusetzen. Die aller meisten Wähler*innen in Taiwan wissen das.

Vor der Wahl 2020 zerstritt sich die NPP über die Frage, ob sie im Wahlkampf die DPP um Präsidentin Tsai Ing-wen unterstützen solle. Freddy Lim, der dafür eintrat,

---

7 Unter anderem die Schwester des 2013 zu Tode gequälten Wehrpflichtigen (s. Fußnote 5), die eins der Direktmandate holte.

verließ die Partei und gewann seinen Wahlkreis als unabhängiger Kandidat (mit wiederum kräftiger Schützenhilfe durch die DPP). Mit knapp acht Prozent erzielte die NPP zwar ein respektables Ergebnis, gewann aber kein Direktmandat und stellt gegenwärtig nur noch drei Abgeordnete. Auch andere Vertreter der Sonnenblumenproteste sehen ihre politische Zukunft eher bei der Regierungspartei, allen voran Lin Fei-fan, der 2014 die Besetzung des Parlaments anführte und heute stellvertretender Generalsekretär der DPP ist.

Was bedeutet das? Der DPP ist es gelungen, das politische Potenzial, das in den Protesten von 2014 deutlich wurde, an sich zu binden und für sich zu nutzen. Ihr Personal hat sich in diesem Prozess verjüngt, was die Attraktivität für junge Wähler*innen, die ihr ohnehin zuneigen, weiter steigert. Eine dritte Kraft, die ihr das Wasser abgräbt, ist derzeit nicht in Sicht. Zudem scheint sie 'in sync' zu sein mit den Entwicklungen der taiwanischen Identität, wie sie die oben erwähnte Erhebung des Election Study Center (ESC) misst. Schauen wir abschließend noch einmal darauf.

Nach dem historischen Höhepunkt von 2014 (60,6%) geht der Anteil derer, die sich für ausschließlich taiwanisch halten, zunächst leicht zurück. Spiegelbildlich behauptet eine wachsende Anzahl von Menschen von sich, chinesisch und taiwanisch zu sein. Die von der DPP klar gewonnene Wahl von 2016 ändert an diesem Trend nichts, er setzt sich ungebrochen fort bis 2018. Zum Teil dürfte das eine Normalisierung nach den aufwühlenden Sonnenblumenprotesten gewesen sein, sozusagen eine Rückkehr zu eher ausgleichenden Positionen. Der Verlauf spiegelt aber auch die Unzufriedenheit mit der neuen Administration, deren anfangs oft ungestümes und unprofessionelles Agieren Erinnerungen an das Chaos der Präsidentschaft von Chen Shui-bian weckte. Die Regionalwahlen von 2018 verlor die DPP krachend, sogar in traditionellen Hochburgen wie Kaohsiung, wo KMT-Kandidat Han Kuo-yu die absolute Mehrheit holte. Eine Trendwende im Sinn des blauen Lagers bedeutete das jedoch nicht, im Gegenteil: Das Jahr 2018 bezeichnet den Punkt, an dem beide Kurven wiederum genau spiegelbildlich auf Abstand gehen. Der Anteil derer mit einer exklusiv taiwanischen Identität steigt steil an und erreicht

Anfang 2020 mit 67% einen neuen historischen Höchststand, für chinesisch und taiwanisch halten sich dagegen nur noch 27,5%. Eine exklusiv chinesische Identität wird von 2,4% der Bevölkerung beansprucht – dieser Wert tendiert unaufhaltsam gegen Null.

Der kurze Sommer des Populismus oder *Quo vadis* KMT?

All das sind keine guten Nachrichten für die KMT. Wörtlich bedeutet ihr Name 'Partei des Staatsvolks', und schon 1994 forderte der damalige Vorsitzender Lee Teng-hui, sie müsse die Partei des taiwanischen Volkes werden. Dazu allerdings kann sie sich bis heute nicht durchringen und wirkt daher für junge Taiwaner*innen zusehends aus der Zeit gefallen. Angesichts der Drohungen aus Peking wirkt es auf viele von ihnen befremdlich, wenn sich KMT-Vertreter dem alten Erzfeind näher zu fühlen scheinen als der taiwanischen Regierung. Das für alle sichtbare Scheitern des Konzepts 'Ein Land, zwei Systeme' in Hongkong macht es unverständlich, dass die KMT auf dem Ein-China-Prinzip und dem entsprechenden Konsens von 1992 beharrt. Am Selbstbild einer wachsenden Anzahl von Bürger*innen geht das vorbei. Die Behauptung, dass Taiwan nicht zu China gehört, ist für sie eine Binsenweisheit, für die KMT immer noch ein Sakrileg. Als Deutscher fühlt man sich beinahe an das Auftreten der Vertriebenenverbände um die Jahrtausendwende erinnert: Dass die den Verlust ihrer alten Heimat beklagten, mochte emotional verständlich sein, die daraus abgeleiteten Forderungen waren dennoch hoffnungslos reaktionär, oft genug einfach bizarr.

Die letzten Präsidentschaftswahlen bezeichneten im schleichenden Niedergang der KMT einen neuen Tiefpunkt. Rückblickend muss man es als Unglück für die Partei bezeichnen, dass Han Kuo-yu die Bürgermeisterwahl in Kaohsiung gewonnen hatte. Bei einem großen Teil der KMT-Anhängerschaft entfachte sein sensationeller Sieg eine Begeisterung, die ihn sofort als Kandidaten für 2020 ins Gespräch brachte - was im Establishment der Partei Unbehagen nicht nur bei denen auslöste, die lieber selbst antreten wollten. Dass die Kandidatenfrage schließlich per Telefonumfrage entschieden wurde (!), spricht bezüglich des desolaten Zustands der Partei Bände. Befragt wurden nämlich nicht nur Mitglieder, sondern alle Bürger*innen, bzw. eine repräsentative Auswahl davon. Wie soll eine Partei funktionieren, in der niemand die Autorität besitzt, um diese wichtigste Personalentscheidung intern zu klären?[8]

---

8 Der Fairness halber ist hinzuzufügen, dass die DPP sich von diesem Unfug anstecken ließ und ihre Kandidatin ebenfalls durch eine Umfrage bestimmte. Allerdings gab es mit Präsidentin Tsai Ing-wen und ihrem ehemaligen Premierminister Lai Ching-te zwei für die Partei akzeptable Bewerber, und dass der in der Vorwahl unterlegene Lai schließlich als Tsais 'running mate' antrat, verhinderte eine Spaltung des grünen Lagers. Trotzdem konnte ich persönlich weder seine Kandidatur gegen die Amtsinhaberin noch das gewählte Verfahren nachvollziehen.

Mit Han Kuo-yus Kandidatur begann ein wahres Schaulaufen der Peinlichkeiten. Zuerst ließ sich der Kandidat für drei Monate von seinem Amt als Bürgermeister von Kaohsiung beurlauben und fand nichts dabei, von Präsidentin Tsai Ing-wen dasselbe zu fordern. Es offenbarte ein merkwürdiges Verständnis des Amtes, um das er sich bewarb, dass er glaubte, man könnte es für drei Monate ruhen lassen. Im Folgenden startete der Kandidat eine populistische Kampagne, zu deren Markenzeichen leere Versprechungen und verbale Ausrutscher wurden. Als ein Beispiel von vielen sei die Ankündigung erwähnt, er werde als Präsident allen Studierenden des Landes ein Studienjahr im Ausland finanzieren. Offenbar war ihm aufgefallen, dass seine Umfragewerte bei jungen Wähler*innen zu wünschen übrig ließen. Sobald im Internet erste Berechnungen auftauchten, welche Kosten das Vorhaben verursachen würde, verwässerte er das Versprechen zur vagen Ankündigung, Zuschüsse zu einer begrenzten Zahl von Auslandsaufenthalten zu geben – dergleichen gab es natürlich längst. Etwas laut zu versprechen, um es dann leise zurückzunehmen oder ganz zu vergessen, wurde für die Dauer des Wahlkampfs geradezu die Signatur des Kandidaten Han Kuo-yu. Vom ökonomischen Sachverstand und der Seriosität, die die KMT einst ausgezeichnet hatten, blieb wenig übrig.

Die DPP wiederum erhielt im Wahlkampf unverhoffte Unterstützung aus Peking. Bereits Anfang 2019 hatte die Drohung des chinesischen Präsidenten Xi Jinping, Taiwans Unabhängigkeit sei eine Sackgasse, die Wiedereinigung müsse kommen, der im Umfragetief steckenden Präsidentin neuen Auftrieb gegeben. In der Folge wurde das chinesische Vorgehen in Hongkong zum zentralen Wahlkampfthema. Je offener das Regime die Hongkonger Zivilgesellschaft demontierte und damit 'Ein Land, zwei Systeme' als Mogelpackung entlarvte, desto leichter konnte sich die DPP als Garantin der taiwanischen Souveränität darstellen und die Position der Gegenseite – gegen 'Ein Land, zwei Systeme', aber für das von Peking vertretene Ein-China-Prinzip – als inkonsistenten Schlingerkurs attackieren. Auf sämtlichen Kundgebungen, die ich besucht habe, sorgte die Warnung, Taiwan dürfe kein zweites Hongkong werden, für den größten Applaus.

Dank einflussreicher Unterstützer, vor allem in Taiwans politisch tief gespaltener Medienlandschaft, wurde die populistische Kampagne von Han Kuo-yu dennoch zur Gefahr für die DPP. In KMT-treuen Fernsehsendern war der Herausforderer fast rund um die Uhr zu sehen, jeder seiner Termine wurde zum Großereignis aufgebauscht, die Präsidentin trat kaum noch in Erscheinung. Umfragen allerdings sahen Tsai Ing-wen in der heißen Phase des Wahlkampfs deutlich in Führung, und das sollte sich am Ende bestätigen. Am 11. Januar 2020 gewann sie die Wahl mit 57,1% der Stimmen, auf Han Kuo-yu entfielen 38,6%. Mit 8,17 Million Stimmen übertraf die Wahlsiegerin zudem den bisherigen Rekord, den Ma Ying-jeou 2008 aufgestellt hatte, nachdem die Präsidentschaft von Chen Shu-bian in Skandalen zu Ende gegangen war.

Die KMT hatte damit einen neuerlichen Tiefpunkt erreicht, für ihren Kandidaten sollte es noch schlimmer kommen. Gegen ihn wurde in Kaohsiung ein Amtsenthebungsverfahren angestrengt, da sich der Bürgermeister zu wenig um seine Stadt gekümmert, bzw. auch dort zu viele Versprechen gegeben und wieder vergessen hatte. Nachdem die erforderlichen Unterschriften beisammen waren, begann das offizielle Verfahren, und im Juni 2020 kam es zur Abstimmung. Das Ergebnis war eindeutig: Mit einer Zustimmung von 97,5% wurde Han Kuo-yu abberufen.[9] Bei der Nachwahl zwei Monate später eroberte die DPP das Bürgermeisteramt mit 70% der Stimmen zurück.

Neues Selbstbewusstsein, alte Ängste: Taiwan 2020/21

Damit ist dieser kurze Überblick in der Gegenwart angekommen. Das vergangene Jahr stand ganz im Bann der kurz nach der Präsidentschaftswahl weltweit ausgebrochenen Corona-Pandemie. Wie eingangs angedeutet, ist der Kampf dagegen in Taiwan allerdings eine Erfolgsgeschichte, was sich international herumgesprochen und dem Land viel Anerkennung eingebracht hat. Taiwaner*innen sind darauf sehr stolz, das nationale Selbstbewusstsein hat einen spürbaren Schub bekommen. Unter dem zusätzlichen Eindruck der Ereignisse in Hongkong ist der Anteil derer, die für sich eine nur taiwanische Identität beanspruchen, auf neue Rekordwerte geklettert. Die Ergebnisse der ESC-Erhebung habe ich bereits ausführlich vorgestellt, eine zweite Langzeituntersuchung kommt mit einer etwas anderen Fragestellung sogar zu einem Wert von 83% der Bürger*innen, die sich für taiwanisch und nicht chinesisch halten.[10] Innerhalb dieser Erhebung stellt auch das einen historischen Höchststand dar.

---

9 Das Ergebnis ist insofern verzerrt, als Han Kuo-yu erkannte, dass seine einzige Chance darin bestand, dass weniger als das erforderliche Viertel aller Stimmberechtigten an der Abstimmung teilnimmt. Zuvor hatte er erfolglos versucht, seine Abwahl juristisch zu vereiteln, u.a. mit dem durchaus triftigen Argument, eine Amtsenthebung könne seinem Ruf schaden. Seine Anhänger*innen rief er schließlich zum Boykott des Verfahrens auf, trotzdem gaben am Ende über 40% der Bürger*innen ihre Stimme ab.

10 Die Taiwan Public Opinion Foundation (TPOF) führt seit 1991 entsprechende Erhebungen durch, indem sie repräsentativ ausgewählte Bürger*innen fragt: Sind Sie taiwanisch oder chinesisch oder haben Sie eine andere Identität? Der Unterschied zur ESC-Erhebung besteht also darin, dass die Möglichkeit 'sowohl als auch' nicht explizit angeboten wird. Von dieser Möglichkeit machten daher zuletzt nur noch 6,7% der Befragten Gebrauch, – als chinesisch bezeichneten sich 5,3%. Vgl. den Artikel von Everington, Keoni (2020): Record 83% of people in Taiwan identify as Taiwanese amid Wuhan virus outbreak. Im Internet: https://www.taiwannews.com.tw/en/news/3880591. Zugriff 22.09.2020.

Was folgt nun daraus? Wohin bewegt sich Taiwan politisch, und worauf beruht das gegenwärtig so stolz artikulierte Wir-Gefühl? Zunächst ist noch einmal zu betonen, dass bei der Beantwortung solcher Fragen Wahlergebnisse und andere Momentaufnahmen nur bedingt hilfreich sind. Diese unterliegen oft dem Einfluss aktuell wirksamer Faktoren, welche die Aufmerksamkeit kurz fesseln und sie bald wieder entlassen. Soziale Medien verstärken die Sprunghaftigkeit des politischen Diskurses zusätzlich: Jeden Tag ein neuer Trend. Demgegenüber scheinen mir Verschiebungen hinsichtlich der taiwanischen Identität, wie sie im Zeitraum von fast dreißig Jahren zu beobachten sind, einen klareren Fingerzeig auf die Bewegungsrichtung der Gesellschaft zu geben.

Kurz gesagt, Taiwan wird immer taiwanischer. Das Land mag in vielen Fragen gespalten sein – für welches Land gälte das nicht? –, aber es verfügt über einen die Gesellschaft tragenden Grundkonsens: Taiwan hat die Diktatur hinter sich gelassen und ist zu einer lebendigen, gut funktionierenden Demokratie geworden. Niemand wünscht sich die Tage des weißen Terrors (*baise kongbu*) zurück, auch die nicht, die den Begriff als unangebracht ablehnen. So gut wie niemand möchte die demokratischen Errungenschaften durch eine Wiedervereinigung mit dem Festland gefährden.[11] So sehr sich die kommunistischen Kader in Peking also bemühen, die Wiedervereinigung als unausweichlich und historisch notwendig zu verkaufen, so klar ist jedem, der Taiwan kennt, dass die Entwicklung in die entgegengesetzte Richtung geht. Taiwan wird immer un-chinesischer, oder umgekehrt: je autoritärer und repressiver die Volksrepublik China auftritt, desto un-taiwanischer wird sie. Unausweichlich ist das von Peking verfolgte Ziel also nur, insofern die chinesische Führung es gewaltsam herbeizuführen bereit ist. Dass die Bereitschaft dazu grundsätzlich besteht, darüber täuscht sich in Taiwan niemand.

Und das Wir-Gefühl? Es hat im Sinne des eben Gesagten zwei Aspekte, einen positiven und einen negativen. Der positive besteht in der kollektiven Errungenschaft einer freien demokratischen Gesellschaft. Bei den jüngsten Präsidentschaftswahlen betrug die Wahlbeteiligung 75%, obwohl es keine Briefwahl gab und im Ausland lebende Taiwaner*innen ihre Stimme nur abgeben konnten, wenn sie zu diesem Zweck anreisten – was sie denn auch zu Tausenden taten. Der erfolgreiche Kampf gegen COVID-19 verstärkt den positiven Aspekt: Wir Taiwaner*innen haben etwas geschafft, woran andere, mächtigere Länder gescheitert sind. Der negative Aspekt beruht auf dem Bewusstsein, dass die hart erkämpfte Freiheit durch den chinesischen Machtanspruch bedroht ist, außerdem auf der diplomatischen Isolation des Landes, dem der Zutritt zu internationalen Organisationen wie etwa der WHO auf Drängen Pekings verwehrt bleibt. Das konstituiert Taiwan als Schicksalsgemeinschaft derer, die auf sich selbst gestellt sind und es alleine schaffen müssen. In der Pandemie ist das gelungen, im Fall einer militärischen Aggression durch die Volksrepublik wäre es ungleich schwieriger und wahrscheinlich unmöglich.

Vom Verhängnis zum Glück…und wieder zurück?

Am 30. Juli 2020 ist Lee Teng-hui gestorben, der ehemalige Präsident Taiwans, der die wechselvolle Geschichte seines Landes im 20. und 21. Jahrhundert verkörpert hat wie kein anderer Politiker. 1923 im kolonialen Taiwan geboren, ging er zum Studium erst nach Japan, dann in die USA, wo er in Agrarwissenschaft promovierte.[12] Nach seiner Rückkehr betätigte er sich politisch und stieg, obwohl er nicht

---

11 Der Publizist Theo Sommer bewies jüngst seine bedauerliche Unkenntnis der taiwanischen Verhältnisse, als er in einem Beitrag für DIE ZEIT schrieb: "Die derzeitige Entwicklung in Hongkong (…), hat den Taiwanern die Hoffnung auf eine friedliche Wiedervereinigung nach dem Prinzip 'Ein Land, zwei Systeme' endgültig geraubt." Sommer, Theo: Sollen wir diese Flagge zeigen? In: DIE ZEIT Nr. 32, 30. 07. 2020. Ich persönlich wüsste nicht, wer diese Hoffnung zuletzt noch gehabt haben soll. In Deutschland mag das Wort Wiedervereinigung positiv besetzt sein, für die Menschen in Taiwan klingt es seit langem bedrohlich. Den drohenden Freiheitsverlust dann noch mit dem Attribut 'friedlich' zu versehen, ist geradezu obszön. So leichtfertig schreibt man nur, wenn es nicht um die eigene Freiheit geht.

12 Sein japanischer Name, den er im Zuge der kolonialen Assimilierungspolitik annahm, lautete Iwasato Masao. Sein älterer Bruder starb als japanischer Soldat im Pazifischen Krieg, auch Lee

zur festländischen Elite gehörte, zum Vize-Präsidenten der Republik auf. Nach dem Tod von Chiang Kaisheks Sohn Chiang Ching-kuo folgte er diesem 1988 ins Präsidentenamt nach und trieb – nachdem er seine Macht durch eine Reihe brillanter Schachzüge gesichert hatte – die Demokratisierung und Taiwanisierung der Insel voran. Die Opfer des weißen Terrors bat er in einer großen Geste um Verzeihung und richtete ihnen zu Ehren einen nationalen Gedenktag ein. 1996 als erster Präsident Taiwans frei gewählt, trat er nach seinem Ausscheiden aus dem Amt immer mehr als Anwalt der taiwanischen Unabhängigkeit auf, wofür ihn die KMT 2001 mit dem Parteiausschluss bestrafte. Dass er in der Volksrepublik China als persona non grata gilt, versteht sich von selbst.

In einer Diskussion mit dem japanischen Schriftsteller Shiba Ryōtarō sprach Lee 1994 von dem Verhängnis (*bei'ai*), Taiwaner zu sein. Er wollte damit das Leid betonen, das die Bewohner*innen der Insel erdulden mussten, weil sie im Verlauf der Geschichte wechselnden fremden Regimen unterworfen waren. Darunter zählte Lee zur Empörung seiner früheren Weggefährten auch die aus China stammende KMT. Nach seinem Tod habe ich von mehreren Personen den Satz gehört, dass es die Aufgabe aller Taiwaner*innen sei, aus dem von Lee beklagten Verhängnis ein Glück zu machen. Die meisten fügten hinzu, dass diese Aufgabe bereits zu großen Teilen gemeistert sei – eine verständliche, aber für Taiwan keineswegs selbstverständliche Einstellung. In der jüngsten Vergangenheit war es zumal unter gut ausgebildeten jungen Leuten gang und gäbe, das persönliche Glück eher in den USA oder Europa zu suchen und diejenigen, die den Absprung nicht schafften, mit dem Slang-Ausdruck *Lu-she* (für engl. 'loser') zu belegen. Jetzt scheint es, als läge ein weithin anerkanntes Glück darin, in Taiwan zu leben.

Wenngleich in kommerzieller Absicht, lässt der eingangs erwähnte Werbespot erahnen, worin dieses Glück besteht. "Danke für dein *renqingwei*", sagt die Stimme aus dem Off an einer Stelle. Diese Kombination der drei Schriftzeichen für Mensch (*ren*), Gefühl (*qing*) und Geschmack (*wei*) lässt sich notdürftig mit 'das Aroma des Zwischenmenschlichen' übersetzen und meint eine Art des Umgangs, die unser Bedürfnis nach Nähe und Gemeinschaft so befriedigt, wie eine warme Mahlzeit den Hunger stillt. Es ist ein wesentlicher Bestandteil des taiwanischen Bürgersinns, der sich in den letzten Monaten auf beeindruckende Weise bewährt hat und den das Video gekonnt inszeniert. In Zeiten der Pandemie trifft das einen Nerv, zumal es mit vielen Berichten von im Ausland lebenden Taiwaner*innen kontrastiert, die sich an ihrem Wohnort nicht sicher fühlen oder wegen COVID-19 gar rassistischen Anfeindungen ausgesetzt sind. Der Spot mag ein bisschen süßlich daher kommen, schließlich geht es um ein extrem zuckerhaltiges Getränk, trotzdem fängt er mit prägnanten

---

meldete sich zum Militärdienst. In späten Jahren provozierte er seine früheren Parteifreunde von der KMT gerne mit der Behauptung, er sei früher Japaner gewesen. Seine Gegner warfen ihm vor, auch als Präsident der Republik China besser Japanisch als Chinesisch zu sprechen.

Bildern eine Art realer Utopie des taiwanischen Glücks ein, das viele Menschen gegenwärtig tatsächlich empfinden.

Von der Gefährdung des Glücks erzählt der Spot nicht. Muss er auch nicht, alle wissen darum. Fragt sich eher, wie es mit diesem Bewusstsein außerhalb Taiwans aussieht, zumal in den Hauptstädten Europas, wo zwar ein zögerliches Umdenken in Bezug auf China einsetzt, aber bisher kein korrespondierendes Umdenken über Taiwan. Möglicherweise gibt es bei uns noch zu viele Menschen, die man als kognitive Opfer des Ein-China-Prinzips bezeichnen könnte: Sie glauben, es gebe das Prinzip, weil es nur ein China gibt.[13] Tatsächlich handelt es sich um ein zunächst beiderseits der Taiwanstraße benutztes Machtmittel, das inzwischen vorwiegend auf der einen Seite eingesetzt wird, um der anderen das Recht auf Selbstbestimmung zu verweigern; ein Sprachspiel, das weltweit die Wahrnehmung im Sinne Pekings beeinflussen soll. Aus politischen Gründen mag es gelegentlich notwendig sein, dieses Spiel zu spielen. Sich davon den Blick auf die Realität verstellen zu lassen, bleibt ein schwerer Fehler. Mit ideologischen Scheuklappen lässt sich Taiwans komplexe Geschichte nämlich nicht erfassen. Über weite Strecken des 20. Jahrhunderts war es eine Geschichte von Leid und Unterdrückung, im 21. ist daraus die Erfolgsgeschichte einer gelungenen demokratischen Neuerfindung geworden. Letztere fortzuschreiben, statt in erstere zurückzufallen, kann nur gelingen, wenn Taiwan Hilfe bekommt. Auch – und viel mehr als bisher! – aus Deutschland und der EU.

---

13 Der eben zitierte Theo Sommer ist ein gutes Beispiel. In seinem Text spricht er sogar vom "Streben der taiwanischen Separatisten", obwohl dieser Begriff nur einen Sinn ergibt, wenn man leugnet, dass es sich bei Taiwan (bzw. der Republik China) *de facto* um ein souveränes Land handelt, das schließlich eine eigene – vom Volk gewählte! – Regierung, eine eigene Polizei und Armee, eine eigene Währung, Verfassung, Justiz etc. besitzt. Dass Taiwan laut dem Ein-China-Prinzip kein Staat sein *darf*, veranlasst Sommer also, über die erfüllten Kriterien für Staatlichkeit hinwegzusehen, statt sich zu fragen, ob etwas mit dem Prinzip nicht stimmt. Sommer, Theo: Sollen wir diese Flagge zeigen? In: DIE ZEIT Nr. 32, 30. Juli 2020.

Taiwans demokratische Entwicklung aus Sicht der Frauenbewegung

Von Kuo Ling-hwei (郭玲惠)[1]

Die Frauen stellen in Taiwan die Mehrheit der Bevölkerung (Verhältnis zwischen Männern und Frauen 2019: 98,4/100), doch es hat bis zum Jahr 2000 gedauert, bis eine Frau Vize-Präsidentin wurde und erst 2016 wurde eine Frau zur Präsidentin gewählt. Von den Präsidenten der sogenannten fünf „Yuan", d.h. der fünf Gewalten im Verfassungssystem der Republik China, gab es bisher nur zwei Frauen, die an der Spitze des Kontroll-Yuans standen. Doch an der Spitze des Exekutiv-Yuans, des Kabinetts, also in der Funktion einer Ministerpräsidentin, war bis heute noch nie eine Frau. Die Entwicklung der taiwanischen Demokratiebewegung ist mit der Frauenbewegung eng verknüpft. Insbesondere durch die immer wiederkehrenden neuen Gesetzesvorhaben und Gesetzesänderungen hat sich gezeigt, dass das demokratische System in Taiwan fest verwurzelt ist.

Den wichtigsten Ausgangspunkt für Taiwans Demokratisierung bedeutete zweifellos die Aufhebung des seit 1949 geltenden Kriegsrechts. Es endete am 15. Juli 1987. In Folge davon fielen am 5. November 1987 auch die Beschränkungen der Versammlungs- und Vereinigungsfreiheit. Zwar haben sich auch während der Zeit des Kriegsrechts Frauen für die Sache der Frauenbewegung engagiert, doch blieb dies meistens das isolierte Engagement von Einzelpersonen. Ein wichtiges Beispiel dafür ist Annette Lu Hsiu-lien (呂秀蓮). Sie amtierte als Parlamentsabgeordnete, Kreismagistratin von Taoyuan und Vize-Präsidentin und gehört zu denjenigen Persönlichkeiten, welche die Demokratiebewegung und Frauenbewegung Taiwans maßgeblich vorangetrieben haben. Sie propagierte den „Konsens von 1996", demzufolge Taiwan

1 Prof. Kuo ist amtierendes Aufsichtsratmitglied der „Awakening Foundation", sie war führendes Vorstandsmitglied der nun der Regierung unterstehenden „Foundation of Women's Rights Promotion and Development (FWRPD)" und der Kommission für Geschlechtergleichheit (GEC). Die Geschichte der Frauenbewegung und der Demokratisierung Taiwans hat sie also nicht nur persönlich miterlebt, sondern auch aktiv mitgestaltet. Seit Jahren ist sie an vielen Gesetzesänderungen beteiligt.

nach den ersten freien und direkten Präsidentschaftswahlen von 1996 ein unabhängiges und souveränes Land ist und hat damit die Diskussion über Taiwans internationalen Status erheblich beeinflusst.

Nachdem sie von ihrem ersten Studienaufenthalt in den USA zurückgekehrt war, begann sie sich sehr stark für den „Neuen Feminismus“ (新女性主義) einzusetzen, veröffentlichte 1974 ein Buch mit diesem Titel und engagierte sich seitdem in der Frauenbewegung. Aus diesem Grund sah sie sich Schikanen von Agenten der KMT ausgesetzt und verließ Taiwan erneut zum Studium in den USA. Im Jahre 1978 kehrte sie wieder zurück. Wegen ihrer Beteiligung am „Kaohsiung-Zwischenfall“ (美麗島事件), bei dem 1979 die Demokratiebewegung um die oppositionelle Zeitschrift „Formosa“ (美麗島) zum ersten Mal unter weltweiter Beachtung in Erscheinung trat - wurde sie verhaftet. Das gerade aufkeimende feministische Bewusstsein in Taiwan erlosch wieder.

Zwar gab es auch unter dem Kriegsrecht Frauenorganisationen, doch waren sie zumeist eng mit den politischen Strukturen des Kuomintang-Regimes verzahnt. Das prominenteste Beispiel dafür ist die „Zentrale Kommission für Frauenarbeit“ (中央婦女工作會). Deren Einrichtung geht auf den Beschluss der KMT vom Mai 1953 zurück, Organisationen für die Frauenarbeit aufzubauen. Die „Zentrale Kommission für Frauenarbeit“ war eine Parteigliederung der KMT: zu ihren Zielen gehörte weniger der Kampf um die Rechte der Frauen als vielmehr deren Mobilisierung zur Arbeit im Dienste des nationalen Interesses. Man sollte jedoch nicht vergessen, dass es auch unter dem Kriegsrecht Frauen gab, die sich politisch engagierten. Dazu zählen neben Mitgliedern der Oppositionsbewegung wie Annette Lu Hsiu-lien und Chen Chu (陳菊) etwa die Bürgermeisterin von Chiayi, Hsu Shih-hsien (許世賢) und mehrere weibliche Abgeordnete der nationalen Parlamentsorgane, die jedoch bis zu einem gewissen Grad mit der KMT verbunden waren. Hsu Shih-hsien, ursprünglich KMT-Mitglied, trat später aus und wurde als unabhängige Kandidatin gewählt. Auf die Frauenbewegung übte sie allerdings keinen besonderen Einfluss aus.

Die Ungleichheiten einer patriarchalischen Gesellschaft ließen sich auch unter dem Kriegsrecht nicht verbergen. Auch wenn der Artikel 7 der Verfassung bestimmt, dass Männer und Frauen vor dem Gesetz gleich sind, herrschte eine patriarchalisch geprägte Mentalität vor, die den Frauen in der Praxis eben doch die Gleichberechtigung verwehrte. Daher gründete eine Gruppe weitblickender Frauen um Lee Yuan-chen (李元貞), Tsao Ai-lan (曹愛蘭), Chen Chih-hui (鄭至慧), Liu Yu-hsiu (劉毓秀) und Yu Mei-nu (尤美女) 1982 den Zeitschriftenverlag „Awakening“, der die gleichnamige Monatszeitschrift (婦女新知) herausbrachte. Hinter dieser Fassade trieben sie in aller Stille die Frauenbewegung voran. Sie thematisierten sexuelle Belästigung und die Situation von Arbeiterinnen und Prostituierten. Kritisiert als „Frauen der Mittelschicht mit ihrem Gemeckere“ leisteten sie fünf Jahre lang mühsame Pionierarbeit, erduldeten Herabsetzung und Diskriminierung, schafften es aber allmählich, sich mit weiteren Gruppierungen zusammenzutun. All dies mündete schließlich am 1. Oktober 1987 in der „Großdemonstration in der Huaxi-Street“ einem Zentrum der Prostitution und Ausbeutung von Frauen im Bezirk Wanhua von Taipei. Indem die „Awakening-Gruppe“ gegen den Menschenhandel protestierte und sich um die jungen Prostituierten kümmerte, brachte sie die Frauenbewegung erstmals auf die Straße. Nach der Aufhebung des Kriegsrechts überführte sie im November 1987 den Zeitschriftenverlag in die „Awakening Foundation“ (婦女新知基金會). So gestärkt brachten sie noch mehr Frauenorganisationen dazu, gemeinsam für neue Gesetzesvorhaben, Gesetzesänderungen und insgesamt für Frauenanliegen einzutreten. Hierzu gehörte seit 2002 die Revision des Zivilgesetzbuchs, was Verwandtschaftsbeziehungen, Bestimmungen zur Vormundschaft von Kindern und der Wahl des Familiennamens von Kindern, die Gleichheit der Geschlechter am Arbeitsplatz und das Familienrecht betraf.

Nach der Aufhebung des Kriegsrechts schossen Frauenvereine wie Pilze aus dem Boden. Hierzu gehörten die „Women‘s Rescue Foundation“ (婦女救援基金會), die in Not geratene Frauen rettete, die „Garden of Hope Foundation“ (勵馨基金會), die Frauen, Mädchen und Kindern in schwieriger Lage Hoffnung machte, der Verein „Warm Life“ (晚晴協會), der Frauen eine Zukunft bot. Außerdem, die Hausfrauenorganisation „Homemakers United Foundation“ (主婦聯盟環境保護基金會), die sich für den Umweltschutz engagierte, das „Nationale Aktionsbündnis von Studentinnen“ (全國大專女生行動聯盟), die von Arbeiterinnen gegründete „Solidaritätsfront von Arbeiterinnen“ (女工團結生產線), das „Pink-Collar-Bündnis“ (粉領聯盟) für Angestellte in typischen Frauen- und Büroberufen sowie das aus Sexarbeiterinnen hervorgegangene „Collective Of Sex Workers And Supporters (COSWAS/日日春關懷互助協會)“. All diese Organisationen trugen dazu bei, dass die zunächst punktuellen Aktivitäten den Weg in die breite Bevölkerung fanden und schließlich alle Aspekte von Frauenfragen umfassten, was allmählich auch dazu führte, dass Frauen in politische Parteien eintraten und in die Politik gingen. Erwähnenswert ist, dass sich Taiwans Frauenvereinigungen nicht nur mit verschiedenen Aspekten von Frauenfragen beschäftigten, sondern auch allmählich die Bedeutung erkannten, sich zu organisieren.

Sowohl innerhalb als auch außerhalb bestehender Strukturen und in politischen Parteien bildeten Frauen nun eigene organisatorische Strukturen. Im Jahre 1994 wurde

TAPWR, die „Taipei Association for the Promotion of Women's Rights" (Vereinigung von Taipei zur Förderung von Frauenrechten/臺北市女性權益促進會) gegründet. Sie war die erste Frauenvereinigung, die sich als Organisator der Aktionskräfte positionierte. Sie vertrat den Standpunkt, dass die Frauenbewegung erst durch lokale Organisationen wirklich überall im Land Fuß fassen werde. Entsprechende „Vereinigungen zur Förderung von Frauenrechten" (女性權益促進會) entstanden und entstehen heute an vielen Orten. Sie haben sich mittlerweile zu einem „Nationalen Verband der Frauenorganisationen Taiwans" (台灣婦女團體全國聯合會) zusammengeschlossen.

Am 30. November 1996 wurde der taiwanischen Frauenbewegung ein schwerer Schlag versetzt, als die Direktorin der Frauenabteilung der Demokratischen Fortschrittspartei (DPP), Peng Wan-ru (彭婉如), ermordet wurde. Peng Wan-ru war dafür eingetreten, dass die Frauenorganisationen ihre Kräfte mit denen politischer Parteien bündeln sollten und trat nach ihrer Rückkehr von ihrem Auslandsstudium in die DPP ein. Sie übernahm bald das Amt der Geschäftsführerin der Kommission für die Entwicklung der Frauen und wurde dann die erste Direktorin der Frauenabteilung in der DPP. Noch am Tag ihrer Ermordung hatte sie sich im Rahmen der Partei für einen – dann auch verabschiedeten – Satzungsartikel eingesetzt, demzufolge bei Mandatsträgern eine garantierte Quote von einem Viertel den Frauen vorbehalten sein sollte. Um ihre Ideen fortzuführen, wurde 1997 die „Peng Wan-ru Foundation" (彭婉如文教基金會) ins Leben gerufen.

Der Tod von Peng Wan-ru verhalf Fragen der persönlichen Sicherheit von Frauen zu deutlich mehr Beachtung. Zorn über die bestehenden Verhältnisse leitete eine nächtliche Großdemonstration am 21. Dezember 1996 unter dem Slogan „Das Feuer der Frauenrechte überstrahlt die Straßen der Nacht" (1221 女權火、照夜路) ein. Die Sicherheit der Frauen erfuhr jedoch in der Folge keine wesentliche Verbesserung. Erst als im folgenden Jahr Pai Hsiao-yen (白曉燕), die 16jährige Tochter der bekannten Schauspielerin Pai Bing-bing (白冰冰), einer Mordtat zum Opfer fiel, sah sich die KMT-Regierung veranlasst, am 6. Mai 1997 eine „Kommission zur Förderung der Rechte von Frauen" (婦女權益促進委員會) auf Regierungsebene zu etablieren. Mit finanziellen Mitteln des Innenministeriums folgte 1998 die „Foundation of Women's Rights Promotion and Development (FWRPD/婦女權益促進發展基金會)", um diese Kommission bei der Umsetzung ihrer Ziele zu unterstützen. Ihre Funktion erweiterte sich von einer anfangs eher beratenden zu einer auch beschlussfassenden. Sie erarbeitete ein Weißbuch und Richtlinien für die Frauenpolitik. Im Rahmen der APEC („Asiatisch-Pazifische Wirtschaftsgemeinschaft"), an der Taiwan mit inoffiziellen Vertretern teilnimmt, bemühte sich die Foundation, geschlechtsspezifische

Anliegen voranzubringen. In allen Ministerien und Regierungskommissionen richtete man spezielle Arbeitsgruppen für die Gleichberechtigung ein.

Im Zuge einer Umstrukturierung des Exekutiv-Yuans wurde dort die erste staatliche Behörde angesiedelt, die in Taiwan speziell mit Fragen der Gleichberechtigung beauftragt ist. Hier befindet sich auch die Geschäftsstelle der „Gleichberechtigungskommission des Exekutiv-Yuans“ (行政院性別平等會), wie die seit 1997 bestehende Kommission nunmehr hieß. Sie lud zahlreiche Expertinnen und Experten, Vertreterinnen von Frauenorganisationen und hohe Beamte der Ministerien und Regierungskommissionen als Gründungsmitglieder ein, um die Politik zur Förderung der Geschlechtergleichheit zu vereinheitlichen und ihr allgemeine Akzeptanz in der Gesellschaft zu verschaffen. Was als Frauenbewegung jenseits des Staates begonnen hatte, wurde nun zu einem gewissen Grad staatlich institutionalisiert.

Die Frauenbewegung hat im Verlaufe von mehr als dreißig Jahren einen enormen Aufschwung erlebt. Sie ist auch ein Beweis für Taiwans bald dreißigjährige demokratische Entwicklung, in der es nicht nur zweimal einen Machtwechsel zwischen den beiden großen Parteien gegeben hat, sondern in der auch zahlreiche Vertreterinnen von Frauenorganisationen sich bereitfanden, öffentliche Ämter zu übernehmen. Um die Hürden für Frauen bei den Wahlen zu senken, wurde 2007 das Wahlgesetz geändert: Von den Listenkandidatinnen und -kandidaten der Parteien für die Parlamentswahl müssen mindestens die Hälfte Frauen sein. Diese gesetzliche Regelung ist bis heute sehr wirksam. In der neunten Legislaturperiode zog mit der aus Kambodscha stammenden Lin Li-chan (林麗禪) erstmals eine ehemalige Einwanderin ins Parlament ein. Bei den Parlamentswahlen 2020 erreichten die Frauen einen Anteil von 41,59% der Abgeordneten, womit Taiwan in Asien an der Spitze liegt und weltweit auf Platz 16.

Doch die Chancen für Frauen auf Ministerämter haben sich durch die Wahl einer Präsidentin nicht verbessert. Im neuen Kabinett vom Mai 2020 fanden sich bei den insgesamt 42 zu vergebenen Posten nur zwei Ministerinnen, das entspricht einem Frauenanteil von nur 4,76% und einem Tiefststand seit Einführung der Direktwahl der Präsidentschaft. Es gibt also auch heute noch für die Frauenbewegung einiges zu tun. Ihre Themen werden immer vielfältiger - von den Frauenrechten im engeren Sinne hin zur Weiterentwicklung der geschlechtsspezifischen Menschenrechte. Dies bedeutet, dass in Politik und Gesetzgebung die Gleichberechtigung der Geschlechter, die besonderen Rechte von Frauen und Aspekte sexueller Vielfalt berücksichtigt werden sollen. Zwar haben die verschiedenen Organisationen mit ihren jeweiligen Aufgaben genug zu tun, doch sind sie immer wieder bereit und in der Lage, unterschiedliche Gruppierungen und Fachleute zusammenzubringen, wie beispielsweise den Gewerkschaftsverband Taiwans, die „Taiwan Coalition Against Violence“

(TCAV/防暴聯盟) oder die Vereinigung für „Geschlechtsspezifische Menschenrechte Taiwans“ (性別人權協會), um gemeinsam Menschenrechtsthemen zu diskutieren und voranzubringen. Die weitere Entwicklung der Frauenbewegung hat also in einem mittlerweile gereiften demokratischen System keineswegs an Kraft nachgelassen. Dafür sprechen die Entscheidungen Nr. 748 der Verfassungsrichter aus dem Jahre 2017 sowie Nr. 748 des Justiz-Yuan von 2019 zu dem entsprechenden Ausführungsgesetz.

Beide lösten intensive Debatten in der Gesellschaft aus. Ein diesbezügliches Referendum führte zwar zu einem schweren Rückschlag, aber Konsultationen und gemeinsame Anstrengungen von Regierung und zivilen Organisationen haben erreicht, dass Taiwan als erstes Land Asiens die gleichgeschlechtliche Ehe legalisierte.[2]

---

[2] Literaturhinweise:

- Taiwans Frauen. Im Internet: https://women.nmth.gov.tw/informationlist_111.html, Zugriff 29.8.2020.
- Datenbank zur Geschichte der Frauenbewegung der Stiftung „Awakening“. Im Internethttp://www.record.awakening.org.tw/video.aspx, Zugriff 29.8.2020.
- Annette Lu Hsiu-lien (1974): „Neuer Feminismus“, Verlag „Youth“.
- Ku Lou (2006): „Der Zentrale Springbrunnen und die Göttin Mazu von Chiayi - die Familie von Hsu Shih-hsien“. In Fan, Ching u.a.: „Spuren der Frau - Meilensteine der Frauenkultur Taiwans“, Taipei, Frauenbuchladen „Fembooks“, S. 92-107.

Taiwans Wandel - die wundersame Reise Chen Hsiu-huis

Von Chen Hsiu-hui (陳秀惠)

Vorbemerkung

Chen Hsiu-hui 陳秀

Foto: Hsiao Chia-Ching 蕭嘉慶

2016 wurde Tsai Ing-wen (蔡英文) zur ersten Präsidentin Taiwans gewählt und 2020 mit der hohen Zahl von 8,17 Mill. Stimmen wiedergewählt. Zeigt das nicht, dass die Frauenbewegung Taiwans erfolgreich gewesen ist? Haben in Taiwan also gewaltige, nie dagewesene Veränderungen stattgefunden?

Sie sind das Ergebnis der Opferbereitschaft vieler furchtloser Menschen. Zu ihnen zählt Chen Hsiu-hui (陳秀惠), die aus einfachen Verhältnissen, aus einem Bauerndorf stammt und später zu einer der führenden Persönlichkeiten der taiwanesischen Frauenbewegung wurde. Sie hat viele bahnbrechende Veränderungen in Taiwan vorangetrieben, die einer stillen Revolution gleichkommen.

Wie kam es dazu – bei ihr selbst und in ihrer Zeit? Chen Hsiu-hui erzählt Ihnen nun von ihrer „wundersamen Reise".

Ein als Junge zurechtgemachtes Mädchen vom Lande

Das Leben auf dem Land im Taiwan der 1950er Jahre war hart und von Mangel geprägt. In der ländlichen Gegend Mittel-Taiwans, an der Grenze der Kreise Nantou und Yunlin, am Zusammenfluss der Flüsse Qingshui und Zhuoshui, kam ich in einem Dorf namens Ershui zur Welt. Zu jener Zeit musste man sich einer örtlichen privaten „Finanzierungsgemeinschaft" anschließen und viel „Reis verkaufen", wenn man in der Lage sein wollte, Kinder großzuziehen und ihnen den Schulbesuch zu ermöglichen, um der Armut zu entfliehen.

Beim Schulbesuch kamen in einer Familie in erster Linie die Jungs zum Zug. Es war eine Zeit, die sehr stark davon geprägt war, Männer zu bevorzugen und Frauen geringzuschätzen. Mein großer Bruder war das vierte Kind, vor ihm kamen drei ältere Schwestern und nach ihm zwei jüngere. Meine Eltern förderten ihn nach Kräften, denn er war schon in der zweiten Generation der einzige Junge. Ich war die jüngste in der Familie, die Großmutter und meine Eltern bedauerten es sehr, nicht noch einen

Sohn geboren zu haben. Daher wurde ich von klein auf als Junge zurechtgemacht, man zog mir die für kleine Jungs gedachte, im Schritt geschlitzte Babyhose an und verpasste mir eine Jungenfrisur, bis ich in die Grundschule kam.

In der Junior High School musste ich jeden Tag sehr früh aufstehen, um meinem Vater beim Abernten der Champignons zu helfen und die noch am Stiel haftende Erde zu entfernen. Er brachte sie dann zur Landwirtschaftsgenossenschaft, die sie aufkaufte – das dauerte meist ein bis zwei Stunden, und ich beeilte mich dann, es in die Schule zu schaffen. So half ich der Familie dabei, ein mageres Zusatzeinkommen zu erwirtschaften.

Der Einfluss meines reformorientierten Bruders – meine Hochzeit, der Umzug nach Taipei und der Tod Chiang Kai-sheks

Was den von meinen Eltern bevorzugten großen Bruder angeht, so war er nicht nur der einzige Junge in der Familie, sondern auch der beste Schüler des ganzen Dorfes. Von den Erwartungen des ganzen Dorfes getragen schaffte er es schließlich tatsächlich als erster und einziger bis zum Doktortitel. Dieser talentierte junge Mann veröffentlichte häufig Artikel zu politischen Reformen, zur Umsetzung lokaler Selbstverwaltung, nahm an „Konferenzen zu nationalen Angelegenheiten" teil und publizierte Beiträge in der kritischen Zeitschrift „The Intellectual" (大學雜誌). Von klein auf wurde ich von meinem Bruder dahingehend stark beeinflusst, dass man sich leidenschaftlich für das Gemeinwohl einsetzen solle.

Um die Hin-und-her-Fahrerei zu beenden, nahm ich an der Aufnahmeprüfung zur Senior High School für Mädchen in Huwei teil und bestand sie. Ich dachte mir, dass ich so in der Schule wohnen und gleichzeitig an einem neuen sozialen Leben teilnehmen könnte. Etwas irritierend dabei war, dass man sich jeden Tag gemeinsam in einem großen Duschraum wusch, und mir als gerade pubertierendem Mädchen blieb nichts anderes übrig, als mich angesichts der anderen, die sich völlig nackt zeigten, unter allgemeinem Gelächter anzupassen. Ein paar andere noch schüchternere Mitschülerinnen zogen sich dagegen zum täglichen Bad mit einem Eimer Wasser in die Einzelkabinen zurück.

Als ich es dann auf die Universität schaffte, verließ ich zum ersten Mal in meinem Leben die ländliche Umgebung und kam in die Hauptstadt Taipei, die wohlhabende und fortschrittliche Metropole, in die es mich immer hinzog. Im Jahr vor meinem Uniabschluss lernte ich einen jungen Autor kennen, der oft Artikel für die tangwai-Zeitschriften schrieb, das heißt die Zeitschriften der Opposition „außerhalb der (Kuomintang-)Partei". Wir wurden über Freunde einander vorgestellt und schon beim ersten Mal schien es, als ob wir schon lange miteinander vertraut wären. Es dauerte nicht lange und wir verliebten uns ineinander und heirateten am 7. April

1975. Ausgerechnet dieser Tag fiel fast genau mit dem Tod Chiang Kai-sheks zusammen, der 26 Jahre lang über Taiwan geherrscht hatte. Die Fernsehbildschirme wurden schwarz, um in der Bevölkerung eine Atmosphäre der Trauer zu erzeugen über den Verlust dieses „weltbekannten großen Staatsmannes".

Größere gesellschaftliche Veranstaltungen wurden allesamt abgesagt, Festbeleuchtung und -dekorationen im Straßenraum verboten. Unser Hochzeitsauto dagegen fuhr ostentativ rot geschmückt sogar an der Residenz Chiang Kai-sheks in Shilin vorbei, wir drückten damit unsere Unzufriedenheit mit der diktatorischen Herrschaft aus.

Die Zeit des Weißen Terrors – Huang Hsin-chieh und das Magazin „Formosa"

Nach unserer Heirat unterrichtete ich an einer Höheren Berufsschule und mein Mann schrieb weiter kritische politische Artikel für „tangwai"-Zeitschriften. Das führte natürlich während der damaligen repressiven Politik des Weißen Terrors zu Schwierigkeiten. Nicht lange nach unserer Hochzeit kam unser ältester Sohn zur Welt. Zu dritt führten wir ein einfaches Leben als Mittelschichtsfamilie. Mein Mann arbeitete als Manager in einer Baufirma. Deren Chef sah sich allerdings bald dem Druck der Garnisonshauptkommandantur (警備總部) ausgesetzt – in dieser Zeit des noch bestehenden „Kriegsrechts" eine Institution des Militärs, die als Staatssicherheitsdienst und Geheimpolizei fungierte. Meinem Mann blieb nichts anderes übrig, als die Firma zu verlassen.

Obwohl nun aus politischen Gründen arbeitslos bereitete er dennoch die Veröffentlichung eines Buches unter dem Titel „Der Kuomintang zur Mahnung" (給國民黨的諍言) vor. Die Garnisonshauptkommandantur versuchte, dagegen einzuschreiten und schickte sogar Bewaffnete in die Druckerei, aber nach Verhandlungen, in die sich auch andere Personen einschalteten, konnte das Buch doch noch erscheinen. Die große Führungspersönlichkeit der tangwai-Bewegung, Huang Hsin-chieh (黃信介) fragte dann bei meinem Mann an, ob er als Kandidat des Kreises Taipei für die Nationalversammlung antreten wolle. Die tangwai-Bewegung hatte ursprünglich in allen Kreisen und Städten Taiwans Kandidaten aufgestellt, doch unter dem Vorwand des Abbruchs der diplomatischen Beziehungen zwischen den USA und Taiwan sagte die Kuomintang die Wahlen ab.

Im Jahre 1979 gründete eine Gruppe von Personen um Huang Hsin-chieh die Zeitschrift „Formosa" (美麗島) mit dem Ziel, die Aktivisten der Demokratiebewegung als Mitherausgeber der Zeitschrift zu vernetzen. Zu diesen gehörte auch mein Mann. Am Tag der Menschenrechte desselben Jahres, dem 10. Dezember, stellten sie eine große Demonstration in Kaohsiung auf die Beine. Der Kuomintang war bewusst, dass eine mögliche Parteigründung ihr Regime in Bedrängnis bringen würde. Daher mischte sie unter die Demonstranten eigene Leute, welche die Militärpolizisten angriffen. Diese fingierten Ausschreitungen schob sie den Initiatoren vom „Formosa"-Magazin in die Schuhe und hatte so einen Vorwand gefunden, die gerade aufkeimende Demokratiebewegung als „gewalttätig" brandmarken und unterdrücken zu können. Führende Mitglieder wurden in großer Zahl festgenommen.

März 1980 Öffentliche Gerichtsverhandlung des Formosa-Prozesses
Central News Agency (中央通讯社)

Die „Formosa"-Verhaftungswelle – „Kleines Sommerlager" für die Familienangehörigen der Verfolgten

Der „Formosa"-Zwischenfall in Kaohsiung steht in seiner Bedeutung für Taiwans Geschichte und in seinen repressiven Folgen den Ereignissen vom 28. Februar 1947 kaum nach. Die große Verhaftungswelle führte nicht nur in den Vereinigten Staaten, sondern weltweit zu einer starken Reaktion. Unter ihrem Druck musste der Prozess gegen die acht Hauptangeklagten vor einem Militärtribunal öffentlich stattfinden. Journalisten aus aller Welt fanden sich in Taiwan ein. Die Angeklagten stellten vor Gericht politische Forderungen: eine komplette Neuwahl aller Abgeordneten des Parlaments und der Nationalversammlung, Meinungsfreiheit, Aufhebung des Parteigründungsverbotes. Auch dürfe es keine Diskriminierung mehr aufgrund der Herkunft geben, was bedeutete, dass verantwortliche Positionen fortan auch gebürtigen

Taiwanern offenstünden. Dies alles führte zu einem allmählichen Erwachen der taiwanesischen Bevölkerung, die langsam den Mut fand, sich den Herrschenden entgegenzustellen und die Bürgerrechte einzufordern.

Aber noch hatte die Kuomintang die volle Kontrolle über die damaligen drei Fernsehsender und alle Zeitungen und ließ täglich mit entsprechenden Fernsehbildern über Zusammenstöße zwischen Demonstranten und der Polizei berichten, so dass sie eine Atmosphäre der Angst aufrechterhielt. Familienangehörige und Freunde der Verfolgten wagten oft nicht, diese zu besuchen. Sogar die Kinder bekamen von den Lehrern in der Schule zu hören: „Dein Vater ist ein gewalttätiger und böser Mensch!" Sie mussten die Ausgrenzung durch ihre Mitschüler erleben, was viele seelisch tief verwundete.

In einer Aufwallung von Mitgefühl kontaktierte ich die Inhaberin des Teehauses „Wistaria House" (紫藤蘆) in Taipei, eines Treffpunkts von Oppositionellen, Su Chih-Feng (蘇治芬), um mit ihr und der Herausgeberin der Zeitschrift „China Tide" (夏潮), Su Ching-li (蘇慶黎) gemeinsam eine Art kleines Sommerlager zu organisieren. Wir taten dies aus Sorge um die Kinder der Verfolgten und wollten ihnen dadurch zu verstehen geben, dass ihre Väter keineswegs gewalttätig seien, sondern ganz großartige Menschen, die sich für Reformen in Taiwan einsetzten.

Aus heutiger Sicht war dieses kleine Sommerlager der Beginn meines Einsatzes gegen Menschenrechtsverletzungen. Wir veranstalteten auch gemeinsame Gebetsabende und trafen uns häufig bei Chang Chun-hung (張俊宏) und Pastor Kao zuhause. Die Familienangehörigen berichteten dabei von ihren Besuchen bei den Gefangenen, welche Bedürfnisse sie hatten, ob man beim nächsten Mal Bücher oder Medizin mitnehmen sollte. Die Gefangenen waren natürlich sehr an Nachrichten von draußen interessiert. Ab und zu ging ich auch zum Gefängnis nach Tucheng, um die Gefangenen zu besuchen, vor allem diejenigen, die aus Mittel- oder Süd-Taiwan stammten, denn für deren Familienangehörige war es nicht so einfach, sie zu besuchen.

Rettung der jungen Prostituierten aus der Huaxi Street und Einsatz für die Rechte weiblicher Angestellter in der Sun-Yat-sen-Halle

Die Presse berichtete 1987, wie junge Prostituierte geradezu die Hölle erlebten, ohne irgendeine Unterstützung zu finden. Es ging um die Huaxi Street im Bezirk Wanhua von Taipei, einem Viertel, das von Mafiabanden kontrolliert wurde. Die Taiwanische Menschenrechtsvereinigung, Aktivisten der Ureinwohner, Menschenrechtsanwälte und wir von der Frauenorganisation „Awakening Foundation" (新知基金會)

stellten eine Gruppe von Freiwilligen auf die Beine. Da ich vor Ort wohnte, hatte ich die Aufgabe, vor jeder Aktion die Route auszukundschaften und über Nacht Plakate zu kleben.

Dass wir es damals tatsächlich wagten, uns Bänder mit der Parole „Rettet die jungen Prostituierten“ (救援雛妓) um die Stirn zu binden, damit in der Huaxi Street demonstrierten und der Mafia den Kampf ansagten, erregte in den Nachrichtenmedien große Aufmerksamkeit. Im Laufe dieser zwei Jahre währenden Unterstützungsaktionen schlossen sich immer mehr Organisationen uns an und fanden schließlich auch Beachtung durch die Behörden.

Im Sommer 1988 nahmen wir uns des Falles einer diskriminierten Angestellten an. Ihre Arbeitsstelle, die Sun-Yat-sen-Halle in Taipei, hatte von ihr verlangt, von sich aus zu kündigen, da sie schwanger geworden war. Wir protestierten dort mit Transparenten, eine Aktion, die zugleich den Startschuss eines Einsatzes für die Frauenrechte bedeutete. Nun da das Kriegsrecht aufgehoben war, konnten sich auch soziale Bewegungen entfalten. Frauen, Umweltschützer, Arbeitnehmerinnen und sozial Schwache hatten endlich die Möglichkeit, für ihre Belange einzutreten. Ich war damals an vorderster Front dabei, um diesen Kampf anzustoßen.

Vor und nach Aufhebung des Kriegsrechts: Mitarbeit bei der Frauenorganisation „Awakening“

Da ich mich für die Wahrung der Menschenrechte der Angehörigen politisch Verfolgter einsetzte und für die unterdrückten und ausgebeuteten Mädchen der Ureinwohner die Stimme erhob, war mir die ungleiche Behandlung, die die Frauen in Taiwan erfuhren, bewusst. Kulturell bedingt wurden Männer bevorzugt und Frauen benachteiligt, und die Vorstellung, dass die Männer für alles außerhalb des Haushalts und die Frauen für alles innerhalb des Haushalts zuständig sind, war tief in den Köpfen verankert. Es war daher notwendig, dass die sozialen Bewegungen unablässig fortschrittliche Werte in der Gesellschaft propagierten und die kulturellen Stereotypen in Frage stellten. Als Präsident Chiang Ching-kuo (蔣經國) 1987 das Kriegsrecht und das Verbot der Gründung neuer Parteien und Zeitungen aufhob, ging durch ganz Taiwan eine Welle großer Begeisterung. Endlich war ein Anfang gemacht für eine demokratische Politik. Doch wie stand es um die Gleichberechtigung der Frauen?

Da Annette Lu Hsiu-lien (呂秀蓮) im Gefolge des „Formosa“-Zwischenfalls im Gefängnis saß, hatte eine Gruppe von Personen um die Professorin Li Yuan-chen (李元貞) 1982 die Zeitschrift „Awakening“ (新知) gegründet, um die Anliegen der

Frauen fortzuführen. Nach der Aufhebung des Kriegsrechts wurde daraus die Stiftung „Awakening“, eine treibende Kraft der taiwanischen Frauenbewegung. Ich hatte die Ehre, für zwei Amtsperioden als Vorstandsmitglied gewählt zu werden. Meine Aufgabe war es, die Finanzierung aus verschiedenen Quellen sicherzustellen und unsere Ideen zu verbreiten. Den Großteil der Mitglieder von „Awakening“ bildeten Akademikerinnen und Professorinnen, die Initiativen ergriffen und gute Artikel schreiben konnten. Rechtsanwältinnen aus unseren Reihen brachten Gesetzesänderungen auf den Weg; Ärztinnen, Krankenschwestern und Lehrerinnen leisteten ihren Beitrag mit der jeweiligen beruflichen Kompetenz und überzeugten junge Studentinnen, sich ebenfalls zu engagieren.

Gründung der „Homemakers United Foundation“ – Erste Forderungen nach Mülltrennung

Wir unterstützten die Gründung weiterer Frauenorganisationen, wie zum Beispiel des Vereins „Warm Life“ (晚晴協會) oder der „Women‘s Rescue Foundation“ (婦女救援基金會). Im Jahre 1986 hatte der Reaktorunfall in Tschernobyl die internationale Öffentlichkeit schockiert, in Taiwan begann man sich erst jetzt um die Sicherheit der eigenen drei Atomkraftwerke zu sorgen. Wir sammelten zunächst einige in Europa und den USA ausgebildete Professoren und deren Ehefrauen um uns sowie weitere Frauen, die sich Sorgen um die zunehmende Umweltverschmutzung machten. Von unserer zunächst gegen die Atomkraft gerichteten Haltung gingen wir einen Schritt weiter und setzten uns ganz allgemein für den Schutz der Umwelt ein, woraus 1986 die Gründung der „Homemakers United Foundation“ hervorging (auf Chinesisch „Stiftung für Umweltschutz der Hausfrauenvereinigung“: 主婦聯盟環境保護基金會) und ich wurde zur Vorstandsvorsitzenden gewählt.

Ich verwandte meine gesamte Energie, Leidenschaft und Zeit auf diese Tätigkeit. Dabei eignete ich mir schnell neues Wissen an und war voller Selbstvertrauen. Wir leiteten zahllose Hausfrauen als Freiwillige dazu an, Umweltwissen auf Lehrpfaden in der Natur weiterzugeben, wir organisierten Schreibkurse für Frauen und schrieben in regelmäßigen Kolumnen, um fortschrittliche Ideen zu verbreiten. Im zweiten Jahr richteten wir in Taichung ein Büro ein und reisten erstmals mit einer Delegation nach Japan, um uns dort zu informieren und Anregungen mitzunehmen. Wir wurden so zur bekanntesten Umweltschutzorganisation in Taiwan. Zwölf Jahre später wurde die „Kooperative für Konsum des täglichen Bedarfs der Hausfrauenvereinigung“ (主婦聯盟生活消費者合作社) gegründet, die heute mehr als 500 Frauen eine Beschäftigung bietet und mehr als 60.000 Mitglieder in ganz Taiwan umfasst. Sie richtete seit ihrer Gründung über 60 Abholstationen ein, liefert bis heute ihren Mitgliedern gesunde Nahrungsmittel für den Esstisch und steht für einen fairen Umgang mit der Erde, den Kleinbauern und Ureinwohnern. Wir waren die ersten, die Mülltrennung propagierten. Zuerst setzten wir sie selbst um, dann trugen wir die Idee in die Wohnbezirke, in die Grund- und Mittelschulen. Überall im Land nahmen wir die Mülldeponien in Augenschein, wir engagierten uns gegen den Bau des vierten Atomkraftwerks in Gongliao und gegen die Atommülldeponie auf der Orchideeninsel. Tag und Nacht waren wir in ganz Taiwan unterwegs und erst nach einem langwierigen Kampf avancierte das Mülltrennen zu einer staatlichen Politik, die bei der Bevölkerung Taiwans nun allgemein akzeptiert und bis heute praktiziert wird.

Abgeordnete der Nationalversammlung, Verfassungsänderungen und die Frauencharta

Da ich mich sehr für Reformen zur Wahrung der Menschenrechte, der Frauenrechte und für den Umweltschutz engagierte, worüber die Zeitungen häufig berichteten, wurde die Demokratische Fortschrittspartei (Englisch „DPP“: „Democratic Progressive Party“) auf mich aufmerksam. Zu der Zeit stand die komplette Neuwahl der Nationalversammlung an und ich wurde als Listenkandidatin der Partei vorgeschlagen. Da mich auch die Frauenvereinigungen unterstützten, wurde ich Ende 1991 bei den Wahlen zur Nationalversammlung als Abgeordnete von der Liste der Demokratischen Fortschrittspartei gewählt, die erste Legislaturperiode überhaupt mit Abgeordneten der DPP.

So hatte ich die Gelegenheit, mich an den Verfassungsänderungen zu beteiligen, was einer Umwälzung des politischen Systems in Taiwan gleichkam. Die ursprünglich indirekte Wahl des Präsidenten durch die Nationalversammlung sollte in eine direkte Wahl durch alle Bürgerinnen und Bürger geändert werden. Als letzter Schritt sollte die dann nicht mehr geeignete Nationalversammlung abgeschafft und der Antrag auf Gleichberechtigung der Frauen in die neue Verfassung aufgenommen werden.

Die Frauenorganisationen hatten über den Inhalt des diesbezüglichen Artikels diskutiert, es ging dabei um die von ihnen formulierte „Frauencharta“ (婦女憲章) mit dem Ziel einer Frauenquote von mindestens einem Viertel der Sitze. Ich nahm diesen Entwurf zu dem im Nationalpark Yangmingshan gelegenen Sitz der Nationalversammlung in der Chung-Shan-Halle mit, verteilte das Papier an alle Vertreter*innen der Nationalversammlung und betrieb aktive Lobby-Arbeit für eine Annahme durch die Nationalversammlung.

Später haben die politischen Parteien und zuständigen Regierungsorgane unter anderem der Klausel zugestimmt, dass mindestens ein Viertel der Sitze von Frauen eingenommen werden sollten – ein wirklich großer Erfolg!

Ausbildungskurse zur Förderung der Dorfvorsteherinnen
National Alliance of Taiwan Women's Associations

Endlich ist die Direktwahl des Präsidenten möglich!

Um die Kampagne für die Direktwahl des Präsidenten voranzutreiben, versammelten sich unter der Führung des damaligen Vorsitzenden der DPP, Huang Hsin-chieh (黃信介), alle DPP-Abgeordneten der Nationalversammlung sowie unterstützende Bürgerinnen und Bürger zu einem vier Nächte und fünf Tage andauernden Sit-in vor dem Hauptbahnhof von Taipei. Schließlich rückten am letzten Tag um vier Uhr morgens militärische Einsatzgruppen an, die ihre Wasserwerfer direkt auf die auf der Straße sitzenden Menschen richteten, aber wir hielten durch und zogen nicht ab. Am Ende trugen uns die Polizisten einzeln davon und fuhren uns in Polizeiwagen weg.

Während dieser vier Nächte und fünf Tage mussten wir Abgeordnete und Funktionäre der DPP uns in Schichten abwechseln. Wer von der Nachtschicht zu müde wurde, legte sich mit einer dicken Schicht Kartons auf die Straße, um wenigstens ein bisschen Schlaf zu finden. Reporter, die die paar weiblichen Abgeordneten der Nationalversammlung unter uns sahen, fragten uns doch tatsächlich, ob wir Streit mit unseren Ehemännern gehabt hätten und uns deshalb für die Nachtschicht gemeldet hätten! Wie aus einem Munde antworteten wir: „Wir sind hier, weil wir einen großen historischen Moment miterleben wollen!" Wir wollten mit eigenen Augen sehen, mit welch brutalen Mitteln diese sich schon seit fast 50 Jahren an der Macht haltende alte K-Partei („KMT“) die Opposition und einfache Bürgerinnen und Bürger auseinandertrieb.

Schließlich traf der damalige Präsident und KMT-Vorsitzende, Lee Teng-hui, eine Entscheidung: Der Präsident Taiwans soll vom Volk direkt gewählt werden! Lee Teng-hui hatte den Mut, sich mit den konservativen Kräften in der KMT anzulegen und ging auf die Forderungen aus dem Volk ein. Ohne ihn gäbe es die heutige Demokratie in Taiwan nicht!

Gründung der Frauenabteilung der Demokratischen Fortschrittspartei

Ich war damals nicht nur Abgeordnete der Nationalversammlung, sondern auch die erste Geschäftsführerin der „Kommission für die Entwicklung der Frauen“ (婦女發展委員會) der DPP. Ich hatte ein wöchentliches Arbeitstreffen mit dem Generalsekretär, dem derzeit amtierenden Ministerpräsidenten Su Tseng-chang (蘇貞昌) und übernahm die Ausarbeitung einer Frauenpolitik. Dafür leitete ich die Bildung von Arbeitsgruppen von Frauen in allen Kreisen und Städten ein, wir organisierten für Frauen interessante Veranstaltungen und streiften das diffamierende Etikett einer für Gewalt stehenden politischen Partei ab. Daraus ging die heutige „Frauenabteilung“ (婦女部) hervor, deren Mitglieder hauptsächlich aus den weiblichen Abgeordneten der Nationalversammlung bestehen. Auch innerhalb der Partei setzten wir den Artikel um, dass mindestens ein Viertel der politisch Aktiven aus Frauen bestehen sollte und trugen dazu bei, die in allen Bereichen der Gesellschaft vorherrschenden Stereotype zu ändern.

Peng Wan-ru (彭婉如), die damals gerade ihr Amt als Direktorin der Frauenabteilung angetreten hatte, trieb diese Politik aktiv voran mit der Absicht, sie im November 1996 von der landesweiten Delegiertenversammlung der Partei in Kaohsiung verabschieden zu lassen, damit sie konkret umgesetzt werden könne. Tragischerweise wurde sie am Vorabend der Versammlung ermordet.

Um dieselbe Zeit schlug der Fall einer Frau namens Teng Ju-wan (鄧如雯), die ihren Ehemann getötet hatte, in der Gesellschaft hohe Wellen. Wir fanden heraus, dass die Frau über einen langen Zeitraum häusliche Gewalt hatte ertragen müssen und schließlich zurückschlug. Wir setzten uns für sie ein, mehrere Rechtsanwältinnen erreichten, dass sie zu der milden Strafe von dreieinhalb Jahren verurteilt wurde. Dass wir ihr auf diese Weise helfen konnten, trug schließlich zu der Verabschiedung des Gesetzes gegen häusliche Gewalt bei!

Stadtverordnete in Taipei - Einsatz für sozial schwache Frauen

Ich hatte immer den Wunsch, in Form von Stadtteilarbeit etwas für die sozial schwachen Frauen zu erreichen, so wie ich mich früher mit dem „kleinen Sommerlager" für die Familien der politischen Gefangenen eingesetzt hatte. Daher trat ich im Wahlkreis der Bezirke Neihu und Nangang von Taipei als Kandidatin für das Stadtparlament an, dort wo es 18 Wohnsiedlungen ehemaliger Militärangehöriger gab, für das Lager der DPP ein sehr schwierig zu bearbeitendes Gelände. 1998 wurde ich als Stadtverordnete für Neihu und Nangang gewählt und setzte im Dienste meines Wahlkreises vier Ideen um: Ich leitete Leute für Führungen auf den Naturpfaden der näheren Umgebung an; zum Laternenfest organisierte ich Demonstrationen mit Laternen für den Umweltschutz; mit Ladengeschäften meines Wahlkreises kam ich überein, dass sie sich zu „Schutzläden" (愛心商店) für Kinder erklärten, die sich bedroht fühlten, und schließlich erklärten sich Rechtsanwälte bereit, einmal in der Woche kostenlos ihre Dienste anzubieten.

Sehr viel Zeit erforderte es, Frauen aus sozial schwachen Verhältnissen zu helfen. Dazu zählte der Fall einer unter häuslicher Gewalt leidenden Frau mit drei Kindern, für die ich fast ein Jahr lang aktiv war. So etwas taten Politiker normalerweise nicht, wenn es ihnen darum ging, lokale Unterstützung zu mobilisieren. Das galt auch für den damals aufgestellten Bürgermeisterkandidaten für Taipei, der nicht ausreichend Zeit aufgewendet hatte, um vor Ort die Trommel zu rühren und die Wahl schließlich deutlich verlor. Sieben Stadtverordnete, die um ihre Wiederwahl kämpften, verloren auch – und ich gehörte dazu. Mir wurde jedenfalls klar, dass man sich in der Politik nicht allein mit Idealen halten kann.

Spuren der Frau – Meilensteine der Frauenkultur

Im Jahr 2004 wurde Chen Shui-bian (陳水扁) als Präsident wiedergewählt. Das Präsidialamt berief mich in die Position der stellvertretenden Generalsekretärin der „Allgemeinen Kulturvereinigung" (文化總會). Ich war immer der Ansicht, dass die Kultur für den Staat eine Form von „Soft Power" darstellt. Allerdings hatte es den Taiwanern, was ihre Kultur anbetraf, immer an Selbstbewusstsein gefehlt. Das steht natürlich in einem engen Zusammenhang mit einer Geschichte der Kolonialisierung, Unterdrückung und Ausbeutung.

Daher entschloss ich mich, in meiner neuen Position ein Werk unter dem Titel „Spuren der Frau" (女人屐痕) herauszubringen. Es sollte nicht einfach ein persönlicher Bericht sein. Vielmehr versuchte ich, in der taiwanesischen Geschichte Perspektiven und Erfahrungen von Frauen zu finden, die ihre eigene Rolle betrafen oder die zu ihrer Zeit herausragend waren, was eine verbesserte Stellung der Frau im öffentlichen Raum anbelangte. Ich hatte drei Bände von „Spuren der Frau" mit insgesamt 40 Geschichten geplant, angelegt als eine Art Landkarte der weiblichen Kultur in Taiwan. Davon sind zwölf „Meilensteine" fertiggestellt, dieses Jahr sollen sechs weitere hinzukommen. In Buchform mit künstlerischer Ausstattung sollen diese „Meilensteine" unseren Vorkämpferinnen für Frauenrechte den ihnen gebührenden Respekt erweisen, so dass sie sich für immer in das kollektive Gedächtnis einschreiben und zur Herausbildung gemeinsamer Werte beitragen.

Darin sehe ich noch einmal eine große Aufgabe in meinem Leben. Nachdem ich vor zwei Jahren schwer erkrankt bin, fühle ich mich gedrängt, dieses Ziel zu erreichen in der Zeit, die mir bleibt, sei es nun durch die – anstrengende – Mobilisierung von Spenden oder in Form eines Projekts der Regierung.

Buchcover „Spuren der Frau"

Unternehmenskultur in Taiwan: Mit Geschäftssinn, Teamgeist und Freude

Von Dr. Michael Cölle

@Gerd Altmann, Pixabay

Können Sie sich vorstellen, wie es wäre, wenn wir uns nicht mit Scrum-, Design-Thinking-Seminaren und Changeprojekten plagen müssten, sondern in unseren Unternehmen bereits eine Kultur der Veränderung, Selbstverantwortung, Verantwortungsbereitschaft, Wertschätzung, Agilität und Kreativität gelebt würde? Wie unsere Unternehmen florieren würden? Mit wieviel mehr Freude wir arbeiten würden? Ich habe eine solche Kultur schon kennengelernt. In Taiwan. Dafür braucht man dort keine neuen Managementmodelle, denn all das scheint in der DNA der Taiwaner zu liegen. Was bedeutet das für deutsche Unternehmen und Führungskräfte, die nach Taiwan kommen, und was können wir daraus nach Hause mitnehmen?

Neben meiner eigenen Erfahrung habe ich mich mit drei weiteren Top-Führungskräften aus verschiedenen Branchen ausgetauscht. Als Presidents und CEOs vertraten sie große deutsche Konzerne in der Region, haben wie ich mehrere Jahre in Taiwan und in anderen asiatischen Ländern gearbeitet und gelebt: Steffan Huber, Eberhard Kern und Peter Weiß.

Schnell entdeckten wir wesentliche Gemeinsamkeiten: Die Offenheit der Taiwaner gegenüber Neuem, gegenüber anderen Religionen und politischen Systemen hat uns alle fasziniert. Ihre Veränderungsbereitschaft, ihr Geschäftssinn und ihre natürliche Herzlichkeit sind zutiefst beeindruckend.

Top Performance mit KPI „Lachfaktor"

Für mich ist Taiwan ein Land, an das man sein Herz verlieren kann. Ich habe mich dort beruflich und privat sehr wohl und sicher gefühlt. Meine Tochter ist dort geboren und ich pflege auch nach über sechs Jahren noch intensive Kontakte nach Taiwan. Mein Ziel war es, für einen deutschen Konzern eine grundlegend neue Organisation in Taiwan aufzubauen: einen Hub für die Elektronikindustrie in ganz Asien. Das war die Chance, meine Vorstellung der idealen Organisation zu verwirklichen, eines Unternehmens mit einer Top Performance und Mitarbeitern, die Freude an ihrer Arbeit haben.

Die Entscheidung für Taiwan als Standort basierte auf vier wesentlichen Faktoren: die ausgezeichnete geografische Lage, der Zugang zum chinesischen Markt, die hervorragenden Beziehungen nach Japan und Korea sowie ein deutlich besserer Schutz geistigen Eigentums als in vielen anderen asiatischen Ländern. Für den neuen Bereich in Hsinchu war ich der einzige Expat aus Deutschland und stellte ausschließlich lokale Kräfte mit lokalen Verträgen ein. Wir wollten zeigen, dass der Aufbau so einer Organisation nur mit lokalen Kräften möglich ist. Einige im Konzern standen dieser Entscheidung sehr kritisch gegenüber. Das Ergebnis war klar: Die Entscheidung war richtig – und ich würde es wieder so tun.

Verantwortung, Vertrauen, Wertschätzung, Freude bei der Arbeit und Loyalität wurden von Anfang an großgeschrieben und auch gelebt. Arbeitszeit wurde als sinnvolle Lebenszeit betrachtet mit Gewinn für das Unternehmen. Wie hätten wir das besser abbilden können als mit dem KPI[1] „Lachfaktor" – wie oft haben wir miteinander gelacht? Tatsächlich war das oft, während und auch außerhalb der Arbeit. Diese Erfahrung war sehr befreiend. Lachen ist ein Zeichen für gutes Miteinander, inspiriert und setzt Kräfte frei. Wer glaubt, dass Motivation, Leistung und Output deshalb weniger werden, irrt. Das Gegenteil ist der Fall.

Ich habe schnell gelernt, dass die Mitarbeiter Verantwortung übernehmen müssen und ich für den entsprechenden Rahmen und den jeweiligen Gestaltungsspielraum sorgen muss. Führung bestand darin, gemeinsam den Zeitpunkt zu bestimmen, zu dem ein bestimmtes Ergebnis vorliegen sollte. Ob der Mitarbeiter dafür zehn oder

[1] KPI = Key Performace Indicator ist eine Leistungskennzahl für kritische Erfolgsfaktoren.

40 Stunden aufwenden musste, war egal, aber er musste wissen, dass ich im Falle von Problemen bereitstehen und auf sein „Hands up" reagieren würde. Die Mitarbeiter hatten mein Vertrauen. Mein Misstrauen hätten sie sich erst verdienen müssen – und das war nicht einmal der Fall.

Unternehmertum im Blut

Die Hierarchien waren flach, das Organigramm vor allem für außen, für Kunden und Lieferanten bestimmt. Intern war völlig klar, wer welche Rolle und Verantwortung hatte. Wenn ein Kunde oder Geschäftspartner mit dem Chef sprechen wollte, begleitete ich den verantwortlichen Mitarbeiter, aber letztlich habe ich dessen Entscheidung vertraut. Die Taiwaner haben einen ausgeprägten Geschäftssinn und ein Gespür für Optionen. Sie denken in Möglichkeiten und ihnen fehlt die großc Angst der Deutschen vor dem Scheitern. Sie probieren aus, ob etwa praxistauglich ist, anstatt unergiebige Diskussionen zu führen. Sie stellen das Team über den Einzelnen. Egoisten bleiben nicht lange. Für mich als Chef hatte diese Kultur etwas unglaublich Beruhigendes: Ich wurde als Chef akzeptiert, brauchte es aber nicht zu demonstrieren. Das schenkte mir sehr viel Freiheit.

Die Folgen dieser Philosophie waren eine ausgeprägte Identifikation der Mitarbeiter mit dem Unternehmen, mehr Einsatz, tolle Ideen und ein bereicherndes Miteinander. Die aufrichtige Anteilnahme am Leben der Mitarbeiter führte zu einer emotionalen Bindung, die die Loyalität weiter stärkte. Mein Motto war: „Mit den Mitarbeitern sein." Ich war bei Hochzeiten der Mitarbeitenden dabei, wurde zu Geburtstagen eingeladen und oft gab es ein gemütliches Beisammensein, zu dem immer die ganze Familie willkommen war – und auch kam. Ich erlebte Höhen und Tiefen mit. So bin ich beispielsweise zur Beerdigung des Vaters eines Mitarbeiters gegangen. Für ihn wie auch für mich war es ein besonderes und wichtiges Zeichen der Verbundenheit und sehr berührend. Ich habe seine Trauer geteilt. Das war für ihn so wichtig, dass er selbst nach zehn Jahren noch oft und dankbar darüber spricht.

Mit Vision und Strategie

Das ausgeprägte Verantwortungsgefühl der Taiwaner für Familie und Gesellschaft ist sicherlich auch einer der Gründe für die Entwicklung Taiwans von einem Agrarland zu einem modernen Industrieland in wenigen Jahrzehnten. Die Entwicklung wurde von der Vision eines „Silicon Valley für Asien" geleitet, beginnend 1973 mit der Gründung des ITRI, eines Forschungsinstituts für Industrietechnologie, in Hsinchu. Es kann als Modell einer erfolgreichen, staatlich gesteuerten Industrieentwicklungspolitik betrachtet werden, dessen Arbeit auf einer guten Interaktion mit der Industrie basiert. Gleichzeitig hat das Land intensiv an seinem demokratischen Selbstverständnis, seinem Bildungs- und Gesundheitssystem gearbeitet.

Mit nur 23 Millionen Einwohnern zählt Taiwan heute zu den 15 größten Handelsnationen weltweit. Die Arbeitslosenquote liegt bei gerade einmal vier Prozent. Laut Statista betrug das BIP 2018 401,6 Milliarden US-Dollar, 1980 waren es gerade einmal 42,3 Milliarden US-Dollar. Das BIP pro Kopf lag 2018 bei 31.900 US-Dollar, zum Vergleich in Deutschland: 47.603 US-Dollar.

Die rasante Entwicklung des Landes wird auch durch das Ranking „33 reichste Länder der Welt“ des Global Finance Magazine bestätigt. Das Magazin errechnet das BIP pro Kopf auf Basis des sogenannten PPP-Dollars (Purchasing, Power, Parity). Die Kaufkraft und Inflation jeder Währung wird für das Ranking auf einer gleichen Basis geeicht. Danach lag Taiwan 2019 auf Rang 17, Deutschland auf Platz 19, Frankreich schaffte es nur auf Platz 28 und Großbritannien auf Platz 29.

Sprungbrett nach Asien

Peter Weiß, der neben seiner Leitungsfunktion in einem großen Konzern auch Präsident des European Chamber of Commerce Taiwan (ECCT) war, betrachtet Taiwan in der Summe als einen „höchst interessanten Platz to do Business, nicht nur als Fertigungsstandort, sondern auch als Standort für Technologieentwicklung“. Er hebt die Vorteile hervor: „Die Zusammenarbeit mit taiwanischen Firmen gestaltet sich sehr offen. Sie versuchen immer eine Win-Win-Situation zu schaffen. Der Dialog ist geprägt von Vertrauen und Offenheit. Es wird nicht nur über Positives gesprochen, sondern auch down-to-earth diskutiert.“ Aus seiner Arbeit für das ECCT weiß er, dass dies ebenfalls für die Zusammenarbeit mit Regierungsvertretern gilt: „Man findet immer ein offenes Ohr und es wird ehrlich diskutiert. Probleme werden nicht ignoriert oder weggewischt, vielmehr werden sie dokumentiert und man versucht sie im Rahmen der gegebenen Möglichkeiten zu lösen. Sollte dies nicht immer sofort möglich sein, so ist man bereit diese auf der Zeitachse immer wieder neu zu adressieren und Lösungen zu finden.“

Er empfiehlt Unternehmen, sich Taiwan als möglichen Standort intensiv anzuschauen und sich nicht von der Sorge übergeordneter, politischer Themen leiten zu lassen. „Vor allem der Mittelstand kann von Taiwan aus mit einem taiwanischen Partner mit einer überschaubaren Investition in den chinesischen Markt und andere asiatische Märkte gehen.“ Viele Taiwaner wurden zum Beispiel in USA, Korea, Japan, etc. ausgebildet und verfügen daher über sehr gute Kontakte, Geschäftsbeziehungen und überregionales Geschäftsverständnis.

Weitere Pluspunkte für den Standort Taiwan sind die ungewöhnliche Offenheit der Taiwaner für andere Kulturen, Prozesse und auch Governance-Erfordernisse. „Die

Menschen in Taiwan haben diesbezüglich einen hohen Reifegrad und große Klarheit, die man nicht überall in Asien findet. Das moderne Gesundheitswesen, das gute Bildungssystem, das auch viele internationale Studenten anlockt, die demokratische Gesellschaftsordnung und der Schutz geistigen Eigentums sprechen dafür, den Standort ernsthaft zu prüfen und sich nicht von übergeordneten, politischen Themen irritieren zu lassen", sagt Weiß. „Erfolgreiche wirtschaftliche Kooperation über Grenzen hinweg ist ein Bindeglied für überregionalen, langfristigen Erfolg."

Teamgeist schlägt Egoismus

Eine Erfahrung, die alle Führungskräfte in Taiwan gemacht haben, ist die große Bedeutung, die dem Team zugemessen wird. „Ganz viel wir und wenig ich", fasst Eberhard Kern seine Erfahrung zusammen. „Es geht darum, niemand auszugrenzen, alle einzubeziehen, Leistung anzuerkennen. Führungskräfte müssen genügend Empathie aufbringen, um das zu verstehen. Gegenüber Egoisten reagiert das System schnell." In Taiwan zähle die Teamleistung, die Mitarbeiter erwarteten, dass alle mitgenommen und Expertise anerkannt werde. „Es ist leicht, in Taiwan anzukommen, aber man muss verstehen, dass man Teil des Teams ist", so Eberhard Kern.

Steffan Huber, der acht Jahre in Taiwan lebte und arbeitete, bestätigt die Erfahrungen seines Kollegen: „Die Menschen dort sind sehr bescheiden, teamorientiert, deutlich weniger egoistisch, sehr neugierig, veränderungsbereit und sehr engagiert, stolz auf das Unternehmen. Ich habe ein solches Engagement nur selten erlebt." Der Teamgeist drückt sich auch in gemeinsamen Unternehmungen aus. Es gibt kollektive Powernaps, jährliche Partys, bei denen jede Abteilung ihren ganzen Stolz darin sieht, etwas Außergewöhnliches beizutragen, man geht abends zusammen etwas trinken und vieles mehr. „Die Loyalität und der Stolz auf das Unternehmen sitzen tief, wenn man mit den Mitarbeitern wertschätzend umgeht und sie mit einbezieht", sagt Steffan Huber. Er erzählt vom jährlichen Ball des ECCT, zu dem er sein lokales Managementteam eingeladen hatte: „Sie saßen dort mit stolz geschwellter Brust für ihr Unternehmen, was noch zusätzlich gesteigert wurde, als der damalige taiwanische Präsident Ma an den Tisch kam, um mit der HR-Leiterin zu sprechen, die er aus der Schulzeit kannte."

Erfolgreich führen erfordert Bescheidenheit

Für Führungskräfte bedeutet die Konzentration auf das Team sich zu vergegenwärtigen, dass sie Teil eines Orchesters sind und kein Solist. „Man muss vorsichtig spielen, sich aus operativen Themen solange heraushalten bis man geholt wird", sagt Steffan Huber. „Am meisten Wert generiert der CEO nicht, wenn er beim Kunden den großen Chef herauskehrt, sondern die Verantwortung beim Mitarbeiter belässt. Die Aufgabe des CEO ist es, auf Compliancethemen zu achten und die Expats zu coachen, damit sie sich auf das asiatische Element einlassen. Man muss im Hintergrund arbeiten und vor allem intern zum Konzern hin wirken. Taiwan ist etwas Besonderes. Die meisten Leute verstehen erst bei einem Besuch in Taiwan, dass es nicht China ist."

Eberhard Kern rät ebenfalls zu Bescheidenheit: „CEOs sollten mit Demut an ihre Aufgabe herangehen, erst zuhören und verstehen. Unternehmenspolitik und Strategie müssen schlüssig, nachvollziehbar und erklärbar sein. Wenn Entscheidungen nachvollziehbar erklärt werden, werden sie auch umgesetzt." Ebenso wichtig sei es, die politischen Besonderheiten und Realitäten zu beachten und nicht zu weit vorzupreschen.

Was Unternehmen von Taiwan lernen können

Angesichts sich immer schneller verändernder Märkte und Rahmenbedingungen gibt es viel, was wir von taiwanischen Unternehmen lernen können. Was wir heute in Deutschland mittels Formaten und Tools wie Scrum, Design Thinking und Lean Startup mühsam zu lernen versuchen, ist in der Unternehmenskultur dort längst präsent: Geschwindigkeit, Lernbereitschaft, ein Geist des Ausprobierens, die schnelle Umsetzung von Ideen am Markt und die Akzeptanz von Veränderung.

Es geht hierbei um Haltung, um die Denkweise. Es geht nicht um Tools, nicht um „agile" Formalismen. Sie können uns zwar dabei helfen, diese neue Haltung leichter zu leben, aber wer sie verwendet, ohne seine Haltung zu verändern, wird sie ad absurdum führen. Ich sage nicht, dass die Haltung, flexibel auf Veränderungen einzugehen, Neues auszuprobieren und sich anzupassen, Chancen wahrzunehmen anstatt zu diskutieren, die bessere Haltung ist. Sie ist nur unglaublich hilfreich – insbesondere in unserer aktuellen Zeit.

Hier die wesentlichen Konsequenzen dieser Haltung im Unternehmen, die wir übereinstimmend in Taiwan erlebt haben:

- Es entsteht Freude und positive Dynamik, wenn Arbeit für die Mitarbeiter einen Sinn hat.
- Freude bei der Arbeit zahlt sich für das Unternehmen aus und führt zu einer positiven Grundhaltung, die die Menschen Chancen sehen und ergreifen lässt.
- Selbstverantwortung, Vertrauen und gegenseitiger Respekt stärken das Engagement und die Loyalität.
- Gemeinsame Erlebnisse fördern den Teamgeist und den Zusammenhalt.
- Mitarbeiter, die Freiheit genießen, haben mehr Ideen, probieren Neues aus, finden ungewöhnliche Lösungen und begrüßen Veränderung.

- Mitarbeiter brauchen keinen „Boss“, sondern jemanden, der ihnen weiterhilft, wenn sie selbst nicht mehr weiterwissen.
- Führungskräfte, die ihren Mitarbeitern etwas zutrauen und ihre Expertise respektieren, haben es leichter.
- Die Aufgabe von Führungskräften ist es, zuzuhören, zu verstehen, zu lernen, zu kommunizieren und zu ermutigen.

Wir fokussieren hier auf die besondere Flexibilität und Anpassungsfähigkeit in Taiwan, auf Veränderungen zu reagieren und proaktiv zu handeln. Natürlich gibt es aus meiner Sicht auch in Taiwan einiges zu verbessern, beispielsweise was die Themen Managementstrukturen, systemisches Leadership oder ganzheitlich unternehmerisches Denken in großen Unternehmen angeht. Mir ist durchaus bewusst, dass es in Taiwan, wie in jedem Land, Schurken und Complianceverletzungen, faule Mitarbeiter und Egoisten gibt, aber insgesamt betrachtet ist das Klima geprägt durch Freundlichkeit, Offenheit und den Wunsch, gemeinsam etwas zu erreichen, auf das man stolz sein kann.

Das spiegelt sich stark in der Unternehmenskultur wider. Die Zurückhaltung, die Zögerlichkeit und der Unwille, mehr als 100 Prozent zu geben, die wir in einigen anderen Ländern spüren, ist in Taiwan kaum zu finden. Wir betrachten die Verhältnisse in Taiwan (und auch in anderen Ländern) oft als exotisch, nicht auf deutsche Verhältnisse übertragbar. Sicherlich nicht eins zu eins. Aber die andere Kultur kann ein inspirierendes Beispiel sein, das uns zeigt, dass und wie etwas funktionieren kann. Es liegt an uns zu übernehmen, was uns sinnvoll erscheint. Auf diese Weise gewinnen wir nicht nur an Schnelligkeit und Wettbewerbsfähigkeit, sondern auch an Freude und Freunden.

Jede andere Kultur schenkt uns etwas, das uns erstaunt, inspiriert, verändert und weiterbringt. Taiwan hat menschlich und unternehmerisch unglaublich viel zu bieten. Darüber zu lesen ist hilfreich und bereichernd – es mit offenen Augen und Herzen zu erleben, ist noch besser. Ich wünsche mir, dass immer mehr deutsche Unternehmen die Courage haben, sich den Standort Taiwan mit eigenen Augen anzusehen. Sie werden davon wirtschaftlich, strategisch und auch menschlich profitieren.

Mein fremder Bruder - Die Geschichte eines Kulturschocks unter Geschwistern

Von Friederike Böge[1]

Lung Ying-tai (rechts)

Vor 70 Jahren hat der Sieg der Kommunisten die Familie der Autorin Lung Ying-tai[2] zerrissen. Sie wuchs in Taiwan auf, ihr Bruder in China.

Als Lung Yingtai zwölf Jahre alt war, bekamen ihre Eltern einen Brief aus China. Der Inhalt stürzte sie in wilde Verzweiflung. Geschrieben hatte den Brief Yingtais älterer Bruder Yingyang. Es war sein erstes Lebenszeichen, seit die Eltern ihn als Kleinkind inmitten der Wirren des Bürgerkriegs bei den Großeltern auf dem Festland zurückgelassen hatten. Er flehte darum, dass sie ihn nach Taiwan holen mögen, um ihn vor dem Hungertod zu bewahren, der in den Jahren zuvor während des "Großen Sprungs nach vorn" Millionen Chinesen ereilt hatte. Doch daran war 1964 nicht

---

1 Abdruckgenehmigung, Böge, Friederike (2019): "Mein fremder Bruder", F.A.Z. vom 30.09.2019.

2 Lung Ying-tai ist eine taiwanische Schriftstellerin, Kulturkritikerin und ehemalige Politikerin. Lungs Publikationen waren ein wichtiger Beitrag während der Demokratisierung Taiwans. Sie hat eine Vielzahl an Büchern veröffentlicht und ist auch in der Volksrepublik China bekannt. Zwischenzeitlich war sie mit einem Deutschen verheiratet und lehrte taiwanische Literatur an der Universität Heidelberg. Sie war von 2012 – 2014 die erste Kulturministerin Taiwans.

zu denken. In Taiwan galt das Kriegsrecht. Schon der Brief allein war gefährlich für die Familie. "Kommunikation mit dem Feind" war streng verboten, darauf stand die Todesstrafe.

Weitere 21 Jahre vergingen, bis Lung Yingtai ihren Bruder zum ersten Mal traf. Das war 1985 im Heimatdorf der Familie in der südchinesischen Provinz Hunan. Sie war damals eine aufstrebende taiwanische Schriftstellerin, heute gehört sie zu den meistverkauften Autoren, auch in China. Ihr Bruder war damals noch ein bitterarmer Bauer, gezeichnet von Maos Kulturrevolution, in der er wegen seiner taiwanischen Verwandten wie ein Aussätziger behandelt wurde. "Er wohnte in einem Lehmhaus neben einem Reisfeld", erinnert sich die heute 67 Jahre alte Lung Yingtai. "Und weil er nichts anderes anzubieten hatte, ging er in den Garten, um den Hund seines Sohnes für das Abendessen zu schlachten." Die geschockte Schwester konnte ihn gerade noch zurückhalten.

Dies ist die Geschichte einer zerrissenen Familie. Sie ist kein Einzelfall, sondern das Schicksal so vieler Chinesen, die im Zuge des Bürgerkriegs von ihren Angehörigen getrennt wurden. "Eine ganze Generation ist gestorben, ohne sich verabschieden oder entschuldigen zu können", sagt Lung Yingtai im Büro ihrer kleinen Kultur-Stiftung in Taipeh. Sie beklagt "die kollektive Amnesie", auf dem Festland und in Taiwan gleichermaßen. Ihr Bruder Yingyang in Hunan, inzwischen ein erfolgreicher Unternehmer, findet dagegen: "Vergangen ist vergangen."

Bis zu zwei Millionen Chinesen flohen 1949 vor den siegreichen Kommunisten nach Taiwan. Viele von ihnen gehörten den Truppen der Republik China unter Führung Tschiang Kai-scheks an, so wie Lung Yingtais Vater. Während Mao am 1. Oktober vor 70 Jahren vom Tor des Himmlischen Friedens die Volksrepublik ausrief, brachten seine Gegner sich auf der kleinen Insel Taiwan in Sicherheit.

Wenn Chinas Kommunistische Partei am Dienstag den 70. Jahrestag ihrer Herrschaft feiert, wird von solchen Leidensgeschichten nicht die Rede sein. Sie sind von der kommunistischen Geschichtsschreibung dem Vergessen preisgegeben worden. Doch Taiwan selbst wird am Dienstag eine große Rolle spielen. Xi Jinping wird in seiner Rede an die Nation die "große Wiedergeburt der chinesischen Nation" beschwören, die bis zum hundertsten Jahrestag der Volksrepublik, im Jahr 2049, abgeschlossen sein soll. Nach Lesart der Partei schließt das eine Wiedervereinigung mit Taiwan zwingend mit ein - zur Not mit Gewalt. Auf der Insel wird man deshalb am Dienstag mit Sorge die große Militärparade auf dem Platz des Himmlischen Friedens verfolgen. Die größte seit 70 Jahren soll es werden.

Auch Lung Yingtai, die Schriftstellerin, ist besorgt. Und weil sie das neulich auf Facebook ihren Millionen Lesern in China mitgeteilt hat, sind ihre Bücher ganz plötzlich aus dem Handel verschwunden. "Raketen, Geld und Macht und auch die eiserne Faust der Partei machen längst kein großes Land", schrieb sie da. "Groß ist ein Land, wenn seine Bürger einen weiten Horizont haben, eine langfristige Vision, großherzig sind und tolerant." Die Parteipresse tobte.

Doch der Reihe nach. Kurz nachdem Mao seine Volksrepublik ausgerufen hatte, machte sich Yingyangs Mutter in einem mit Flüchtlingen überfüllten Zug auf, ihren Sohn zu holen. Doch am Bahnhof von Hengshan ließ sie das schreiende Baby im letzten Moment in den Händen der Großmutter zurück - nicht ahnend, dass es eine Trennung für 40 Jahre sein würde. "Großmutter wollte jemanden bei sich haben", sagt der Bruder Long Yingyang (sein Nachname wird in der chinesischen Umschrift mit "o" geschrieben). Der Gedanke an diese Szene, die über sein ganzes Leben entschied, treibt dem 72 Jahre alten Mann bis heute die Tränen in die Augen. Es sind die gleichen wachen Augen wie jene seiner Schwester im tausend Kilometer entfernten Taiwan.

14 Jahre nach der fatalen Entscheidung auf dem Bahnhof schickten die Eltern als Antwort auf seinen Brief von 1964 ein Foto von der Familie. Die Großmutter nähte es sich in die Jacke ein, damit die Roten Garden es nicht beschlagnahmten, so wie sie es später mit den Briefen taten. Weil sein Vater den Nationalisten angehört hatte, wurde Long Yingyang zum Klassenfeind erklärt und einer der "fünf schwarzen Klassen" zugeordnet. Das ganze Dorf blickte auf ihn herab, auch sein Lehrer. In einem Schulaufsatz schrieb Long darüber, wie er sich anstrenge, die Erwartungen seiner verlorenen Eltern zu erfüllen. Der Lehrer höhnte nur: "Wer sind schon deine Eltern?" Mit 13 Jahren ertrug er die Demütigungen nicht länger und verließ die Schule ohne Abschluss. Einen Mann wie ihn heiraten, das wollte auch niemand. Erst spät lernte Long eine Frau kennen, die ebenfalls den "schwarzen Klassen" angehörte. Ihr Vater war Großgrundbesitzer gewesen.

Auch Longs Tante, eine Grundschullehrerin und die Ernährerin der Familie, erlitt schwere Anfeindungen. Irgendwelche Nachbarn schoren ihr den Kopf, schlugen sie und sperrten sie in einen Verschlag. So lief das während der Kulturrevolution.

"Ich mache ihnen keine Vorwürfe, sie wussten nicht, was sie taten", sagt Long im Dorf seiner Kindheit. Dort gibt es jetzt Laternen und eine Betonstraße. Long hat sie gestiftet. "Schauen Sie die Häuser an, alle sind jetzt reich hier", sagt er. Bis nach Hengshan ist der Wohlstand gekommen, den China sich nach der wirtschaftlichen Öffnung von 1978 an erarbeitet hat. In der Kreisstadt gibt es jetzt eine hübsche Promenade am Xiang-Fluss, wo früher eine wilde Müllkippe war. Longs Sohn fährt einen schicken Audi. Und der Sitz des Familienunternehmens Hengdong-Taiwan-Logistics ist eine architektonische Oase im eleganten Loft-Stil. Im Chefbüro hängt ein großes Foto von Longs Sohn mit der Tante Lung Yingtai aus dem Jahr 2013, als sie taiwanische Kulturministerin war.

Das reiche Taiwan war immer der Maßstab, an dem Long den chinesischen Fortschritt bemessen hat. Aus den reichen Verwandten sind nun ebenbürtige Geschäftspartner geworden. "Wir haben aufgeholt, vielleicht ist China Taiwan nun sogar voraus", sagt Long stolz.

Ausgerechnet seine Verbindung zum "Feind" legte den Grundstein für Longs sozialen Aufstieg. Seine Schwester, damals Studentin in Amerika, begann Ende der siebziger Jahre, ihm Briefe mit 20-Dollar-Scheinen zu schicken - das war mehr als ein Monatseinkommen im damaligen China. Der unverhoffte Reichtum sprach sich im Dorf schnell herum. Und als die Schwester, inzwischen erfolgreiche Schriftstellerin, 1985 gemeinsam mit ihrem deutschen Ehemann nach Hengshan kam, wurde sie von den lokalen Parteifunktionären mit höchsten Ehren empfangen. Von ausländischen Besuchern erhoffte man sich Investitionen und Prestige.

Etwas von dem Ruhm fiel auch auf den Bruder ab. Die Lokalregierung gab ihm eine Stelle in der Geschäftsführung einer staatlichen Exportfirma. Persönliche Beziehungen ins Ausland galten damals in den wilden achtziger Jahren, die von Selfmade-Unternehmern bestimmt waren, mehr als ein Schulabschluss. Long Yingyang war auf einmal wer. Sogar die Partei, die ihn so lange verfemt hatte, suchte nun seine Nähe und machte ihn zum Delegierten eines Beratungsgremiums. Im vergangenen Jahr wurde Long schließlich eingeladen, sich um eine Parteimitgliedschaft zu bewerben. In seinen Augen ist das eine Ehre. Stolz erzählt er, dass die Parteiprominenz gar aus der Provinzhauptstadt angereist sei, als 2004 der Vater, der Anhänger Tschiang Kai-scheks, in seinem Heimatdorf begraben wurde. Auf Marmortafeln um das Grab hat Lung Yingtai in poetischer Sprache die Geschichte ihres Vaters eingravieren lassen. Sie handelt von dem Gefühl der Schuld, die eigene Mutter und den Sohn zurückgelassen zu haben.

Das große Interesse an seiner Schwester hat der Bruder für sich zu nutzen gewusst, so wie das in der chinesischen Gesellschaft üblich ist. Ohne "Guanxi" (Vitamin B) gibt es kein Fortkommen. Wann immer sie kam, informierte er die Offiziellen und die Presse. Der Schriftstellerin, die in Hengshan nach den Wurzeln ihrer Familie und dem China aus der klassischen Dichtung suchte, war das gar nicht recht. In der Frankfurter Allgemeinen Sonntagszeitung beschrieb sie ihre Gefühle vor acht Jahren so: "Ich mochte ihn nicht und liebte ihn zugleich. Er schien mir gierig, aggressiv, manipulativ und opportunistisch. Ich mochte nicht, dass ich ihn nicht mochte." Schließlich hatte er das Verliererlos gezogen. Der Überlebenskampf in einer erbarmungslosen Gesellschaft hatte ihn geprägt.

Aus ihren Worten sprach wohl auch die Schriftstellerin, die die Hoffnung des Lesers auf ein Happy End mit dem wiedergefundenen Bruder enttäuschen wollte. "Es ist komplizierter", sagt sie jetzt. Auch das erste Treffen mit den Eltern war ein Kulturschock für beide Seiten. Es fand 1987 in Hongkong statt. Ein wenig bissig bemerkt Lung, dass ihre Tante, die Grundschullehrerin, vor allem von den Fahrstühlen in der Metropole beeindruckt gewesen sei. Befremdlich fand sie auch, dass die Tante Eier aus dem Dorf für die taiwanische Familie mitbrachte.

Auf die Frage, wie er das erste Treffen mit seinen Eltern nach 40 Jahren Trennung erlebt habe, fallen auch Long Yingyang als Erstes die Wolkenkratzer in Hongkong ein. Es war eine Reise, so unglaublich, dass sie keinem Schriftsteller abgenommen worden wäre. Denn auch Long Yingyangs Ehefrau traf ihren Vater, den Großgrundbesitzer, nach 40 Jahren zum ersten Mal wieder. Er war 1949 nach Hongkong geflohen.

In der Familie Lung/Long stoßen noch immer zwei Wertesysteme aufeinander. Hier die kritische Schriftstellerin, die in Taiwan 35 Jahre lang unter Kriegsrecht gelebt hat und mit ihrem Buch "Wildes Feuer" die Demokratiebewegung auf der Insel inspiriert hat. Dort der pragmatische Überlebenskünstler, der sagt, er sei der Partei "dankbar" dafür, dass sie Leute wie ihn nach 1979 nicht mehr diskriminiert habe. Trotz aller Unterschiede ist Long ein eifriger Leser seiner Schwester. "Ihr loyalster Bewunderer", so sagt er selbst. Er habe jedes ihrer Bücher mindestens zehnmal gelesen, könne ganze Passagen auswendig. Auch aus "Großer Fluss, großes Meer", das den Bürgerkrieg von 1949 aus der Sicht der Leidtragenden beleuchtet. Es ist in China verboten und doch von Hunderttausenden gelesen worden. Es kursiert als Raubkopie im Internet und gehört nach zehn Jahren noch immer zu den Bestsellern der Buchhandlung am Flughafen von Taipeh.

Das Buch sei "nicht schlecht", urteilt der Bruder auffallend trocken. Vor allem das Kapitel über die Belagerung von Changchun durch die Kommunisten, bei der wohl 300 000 Zivilisten verhungerten, sei in China so nicht akzeptabel. "Wir in China machen dafür die Nationalisten verantwortlich", sagt der Sohn eines Offiziers der nationalistischen Truppen. Er habe seiner Schwester empfohlen, es den lokalen Befindlichkeiten entsprechend zu ändern, um es in China verlegen zu können. Doch sie habe abgelehnt.

Trotz dieses Buches hatte die Partei Lung Yingtai stets hofiert. Noch im August hatte die "Volkszeitung" zwei ihrer Bücher für den Unterricht in der Mittelstufe wärmstens empfohlen. Doch damit ist es wohl vorerst vorbei. Am 2. September hat Lung Yingtai auf Facebook einen Meinungsbeitrag zu den anhaltenden Protesten in Hongkong veröffentlicht, der der Partei nicht gefallen konnte. Er beginnt mit dem Satz "Es liegt ein Ei im Garten auf dem Boden." Das zerbrechliche Ei, das sind für Lung die Demonstranten in Hongkong, die sich "einer Mauer aus Eisen und Stahl" entgegenstellen. Die Werte, für die sie kämpften, wie Gerechtigkeit und Freiheit, seien das nicht die gleichen Werte, nach denen auch die Leute in Peking, Schanghai und Changsha strebten?, fragt sie in dem Text. Und seien das nicht auch die sozialistischen Werte, die die Kommunistische Partei vertrete? Mehr noch: Diejenigen, die sich in Hongkong die Seele aus dem Leib schrien, schrien sie nicht auch für all jene Festlandchinesen, die ihre Stimme nicht erheben könnten?

Lung Yingtai hat ihren Text aus Sorge geschrieben. Darüber, dass China das Militär schicken könnte und die Proteste und damit das freie Hongkong, "die Perle des Ostens", mit Gewalt niederwalzen könnte. Das "wäre wohl die unseligste Grobheit und Ignoranz des aufsteigenden Chinas im 21. Jahrhundert". Ein "Verrat des Vaterlands" an Hongkong. Lung Yingtai hat eine besondere Beziehung zu der Stadt. Neun Jahre hat sie dort an der Universität unterrichtet. Doch ihre Sorge bezieht sich nicht auf Hongkong allein. "Es geht auch um das Schicksal Taiwans", sagt sie. "Wenn ich jetzt nicht meine Stimme erhebe, wann dann? Wenn die Volksbefreiungsarmee auf Taiwan zumarschiert?" Viele Menschen in Taiwan sehen die Ereignisse in Hongkong als Indikator für die Absichten der chinesischen Führung gegenüber Taipeh. Denn in Hongkong gilt seit 1997 das Prinzip "Ein Land, zwei Systeme". Nach diesem Prinzip will Xi Jinping auch Taiwan mit China vereinen.

Kaum hatte Lung den Text veröffentlicht, ergoss sich ein nationalistischer Furor in die Kommentarspalten, obwohl Facebook in China gesperrt ist. "Ich werde nie wieder ein Buch von Lung lesen", heißt es da. "Widerwärtig." Und: "Wer sein Heimatland nicht liebt, kann kein wahrer Autor sein." Lung sagt: "Ich lasse ihre Beiträge stehen. Es ist wie eine Ausstellung einer kollektiven Mentalität."

Auch die Parteipresse zog über sie her, allen voran die "Volkszeitung". "Warum sieht sie nur das Ei und nicht die Molotow-Cocktails?", titelte sie. Der Kommentator warf Lung vor, die Gewalt zu ignorieren, die von den Demonstranten angewandt werde. Ihr Ziel sei es, die Vaterlandsliebe der Chinesen zu zerstören. Doch die Schriftstellerin sagt, man könne nicht wegen der Gewalt einiger weniger die Frage ignorieren, warum die Protestbewegung zwei Millionen Menschen auf die Straße gebracht habe.

Wäre Lung Yingtai eine weniger einflussreiche Denkerin gewesen, hätte die Propaganda ihren kurzen Text wohl ignorieren können. Dass die "Volkszeitung" reagierte und auch das Staatsfernsehen, kann nur heißen, dass Lungs 600 Wörter einen Nerv trafen. Ein paar wenige Leute schrieben ihr privat, dass sie nicht verletzt sein solle von den Anfeindungen. Es gebe auch andere Stimmen, doch die könnten sich aus Angst vor Repressalien kein Gehör verschaffen.

Bevor sie den Text veröffentlichte, zog die Schriftstellerin zwei Freunde zu Rat. Beide sagten: Nein. Sie tat es trotzdem. "Die Geschichte lehrt uns, dass wir darüber, ob wir unsere Stimme erheben sollen, nicht auf der Basis entscheiden könne, ob es nützlich ist. Sonst würde niemand je etwas sagen." Damit hat sie sich sehenden Auges zumindest vorerst 90 Prozent ihres Marktes beraubt. "Sie sitzen einer plötzlich verarmten Schriftstellerin gegenüber", sagt sie und lacht. Noch wird sie es sich leisten können. Von fast jedem ihrer Werke wurden in China zwei bis drei Millionen Exemplare verkauft. Seit zwei Jahrzehnten steht ihr Name fast jedes Jahr auf der Liste der meistverkauften Autoren. Ob sie in nächster Zeit zu ihren Lesern und ihrem Bruder reisen kann, ist fraglich.

In der Firma ihres Bruders in Hunan hängt eine China-Karte an der Wand. Taiwan ist darin als Teil von China eingezeichnet. So schreibt es das Gesetz in China vor. Doch es entspricht auch dem, was der Bruder denkt. "Ganz sicher werden wir wiedervereinigt", sagt er. In den nächsten zehn Jahren sei es so weit. Denn schließlich hätten beide Seiten sich wirtschaftlich angenähert. Seine Schwester dürfte da anderer Ansicht sein. Schon 2006 hatte sie in einem offenen Brief an den damaligen Staats- und Parteichef Hu Jintao geschrieben, China könne Taiwan nur mit Zivilisation auf seine Seite ziehen.

Eröffnung eines Büros von Reporter ohne Grenzen in Taipei

Ein Interview mit Christian Mihr[1]

Reporter Ohne Grenzen hat 2017 ein Büro in Taipei eröffnet. Es ist die erste Filiale in Asien. Welche Faktoren hatten zu der Entscheidung für Taipei geführt?

Reporter Ohne Grenzen hat 2017 sein Büro für die Region in Taipei eröffnet. Wir hatten überlegt, das Büro in Hongkong oder Taipei zu eröffnen. Am Ende haben wir uns für Taipei entschieden, weil schon 2017 die Situation in Hongkong besorgniserregend war, so dass wir den Eindruck hatten, dies könnte mittel- und langfristig ein Risiko für die Sicherheit unserer Arbeit in der Region darstellen. So wie die Entwicklung mit den Sicherheitsgesetzen in den vergangenen Monaten war, fühlen wir uns in unserer Entscheidung auch bestätigt.

Taiwan hat gezeigt, dass es eine Antwort auf COVID-19 gibt ohne dass dabei fundamentale Freiheitsrechte aufgegeben werden müssen. Wie bewerten Sie dies im internationalen Vergleich?

Taiwans Medien zählen zu den reichsten in ganz Asien, das ist gut so und darin wollen wir Taiwan auch bestärken. Es gibt Hunderte privater Zeitungen und eine breite Palette an Meinungen. Allerdings ist nicht alles Gold.

---

[1] Abschrift des für die DTG aufgezeichneten Interviews vom 08.10.2020. Im Internet: https://www.facebook.com/DeutschTaiwanischeGesellschaft/videos/1536710753201932.

Wir sehen, dass große Fernsehsender meistens parteiisch berichten und wir registrieren auch immer mal wieder politische Einflussnahme bei der halbstaatlichen Nachrichtenagentur CNA. Und es gibt auch einige Verleumdungsgesetze, die wir kritisch sehen.

Gleichzeitig sehen wir auch, dass die zunehmende Verschränkung zwischen Taiwan und dem chinesischen Festland zur Verunsicherung führt und dass immer mehr Redaktionen manchmal kritische Berichterstattung unabhängiger Medien über China unterdrücken.

Letztlich ist es schon wichtig festzustellen, dass Taiwan natürlich im Gegensatz zur Volksrepublik China ein Leuchtturm der Pressefreiheit ist. Deswegen ist es wichtig, dass wir versuchen, Taiwan darin zu bestärken. Wir sehen aber auch immer alle Seiten.

Andererseits ist Taiwans Presselandschaft permanent direkter und indirekter chinesischer Einflussnahme ausgesetzt. Welche Gefahren sehen Sie?

Die Gefahr der direkten und indirekten chinesischen Einflussnahme ist, dass Journalistinnen und Journalisten in Taiwan verunsichert sind, dass sie vielleicht Sorge haben vor chinesischer Repression, so dass sie über bestimmte Themen eher nicht berichten.

Umso wichtiger ist eine unabhängige Finanzierung. Umso wichtiger ist auch, dass politische Stellen den Wert der Pressefreiheit, die ja auf Taiwan verwirklicht ist, sehen und diese stärken.

2019 wurde der Press Freedom Award in Berlin verliehen. Am 8. Dezember 2020 fand in Taipei die Preisverleihung statt. In unmittelbarer Nähe wurde in Hongkong durch das National Security Law massiv die Pressefreiheit eingeschränkt. Wollte man hier auch ein starkes, symbolisches Zeichen setzen?

Die Press Freedom Awards werden jedes Jahr in einem anderen Land verliehen. 2019 waren wir in Berlin, davor das Jahr in London. Wir haben uns entschieden, auf unserer Reise um die Welt in Taiwan halt zu machen. Einerseits schon einfach, um die Reise fortzuführen. Aber es ist uns auch wichtig, mit unserer Ortswahl ein Zeichen zu setzen - für die Pressefreiheit in der Region, dass sie dort bedroht ist.

Reporter ohne Grenzen - Rangliste der Pressefreiheit: Taiwan Platz 42 von 180[2]

---

[2] Im Internet: https://www.reporter-ohne-grenzen.de/taiwan.

Eine zersplitterte Medienlandschaft und was man dagegen tun sollte

Von Lin Yu-li (林育立)

@Allexxandar/shutterstock

Wer in Taipeh U-Bahn fährt, sieht fast alle Fahrgäste auf ihr Handy schauen. Viele von ihnen lesen gerade Nachrichten. Wer aber genauer hinblickt, stellt fest, dass die meisten sich über die sozialen Medien informieren, nur wenige bleiben bei den Webseiten von den etablierten Medien hängen. Beschwerden über deren schlechte Informationsqualität sind bei der Bevölkerung weit verbreitet. Selbst die Journalisten sind mit den eigenen Produkten selten zufrieden, obwohl Taiwan sich einer freien und pluralistischen Medienlandschaft rühmen kann.

Ja, in Taiwan kann der Journalist frei berichten, eine Zensur findet nicht statt, das ist eine Errungenschaft der Demokratisierung. Aber die Medienlandschaft hat sich in den letzten Jahren leider immer mehr zersplittert, es existiert eine Vielzahl von parallelen Teil-Öffentlichkeiten, wichtige Debatten können nicht mehr vernunftorientiert geführt werden. Wenn es so weiter geht, ist die Demokratie in Gefahr.

Bestes Beispiel für diese Problematik ist das Fernsehen. Der taiwanische Fernsehmarkt hat sich in den 1990er Jahren im Zuge der Demokratisierung liberalisiert, inzwischen kann man zu Hause mehr als 100 Kanäle empfangen. Momentan gibt es etwa acht Nachrichtensender, die rund um die Uhr senden. Alle sind privat organisiert und dominieren den Markt, während der öffentlich-rechtliche Sender PTS (Public Television Service) in der öffentlichen Wahrnehmung aufgrund schlechter Einschaltquoten nur eine marginale Rolle spielt.

Die Situation ist mit derjenigen in den USA vergleichbar, dem Demokratievorbild Taiwans. Die Sender sind wie die Gesellschaft insgesamt in das "blaue" bzw. "grüne" Lager geteilt, entsprechend hat jeder Mediennutzer seinen Lieblingssender. Da es in erster Linie um Profit und Unterhaltung geht, machen aber alle im Grunde genommen das Gleiche: Sie berichten einseitig, sie versuchen nicht nur in ihren Kommentaren die Weltanschauung und die Politiker des eigenen Lagers zu unterstützen, sondern sie auch zu neuen Extremen zu treiben. Daher ist der Ton oft dramatisch, es geht fast nur um Skandalisierung und Personalisierung. Sich im Fernsehen neutral, umfassend und wahrheitsgemäß zu informieren, ist in Taiwan kaum möglich.

Das gefährdet erst einmal das friedliche Zusammenleben in der Gesellschaft. Um Quoten zu erhöhen, laden die beliebten Talkshows nur die Gleichgesinnten ein, andere Meinungen werden einfach ignoriert. Wie die Öffentlichkeit in kleine Filterblasen zerfällt, sieht man am besten, wenn man am Abend gleichzeitig alle Nachrichtenkanäle einschaltet: Die Talkshowgäste, angespornt von den Moderatoren, verbreiten hemmungslos Falschinformation, Vorurteile und Hetze wie schrillste Populisten.

Darum stellt sich die Debatte über ein hoch umstrittenes Thema wie die Energiepolitik als endlose Schleife dar; man redet seit Jahren aneinander vorbei und findet nie zu einer Gemeinsamkeit. Öffentlich und konstruktiv ausgetragener Streit von unterschiedlichen Meinungen findet unter diesen Umständen praktisch nicht statt. Der Meinungsbildungsprozess ist also gestört. Trotz der Pressefreiheit hat man in Taiwan einfach verlernt, sich mit gegenläufigen Meinungen inhaltlich auseinanderzusetzen. Vor allem vor den Wahlen wird die gesellschaftliche Stimmung sehr aufgeheizt, werden die Gräben noch weiter vertieft. Es ist kein Wunder, dass viele Menschen in den Sendern nichts anders sehen als die willfährigen Marionetten der Politiker und dadurch das Vertrauen in die Demokratie verlieren.

Die Defizite in der Medienlandschaft sind also offensichtlich und beschäftigen die taiwanischen Intellektuellen seit Jahrzehnten. Mit dem aufkommenden Internet und der Flut an Fake News aus dem feindlich gesonnenen China – hierzu sei auf den nachfolgenden Artikel von Su Tzen-ping hingewiesen – ist die Situation noch schlimmer geworden. Was kann man dagegen tun? Lässt sich die Nachrichtenqualität überhaupt noch verbessern?

Ich sehe den Aufbau vertrauenswürdiger öffentlich-rechtlicher Medien als den einzigen Ausweg. Ihn zu gehen hat man nach dem Ende der Diktatur leider versäumt und sollte das jetzt rasch nachholen. In den 1990er Jahren herrschte der Glaube vor, die Privatisierung der staatlichen Sender und die Liberalisierung des Zeitungsmarkts führten automatisch zur Meinungsvielfalt. Die Regierung sah also die Notwendigkeit von öffentlich-rechtlichen Anstalten nicht und beließ es bei der Gründung des Senders PTS mit einem entsprechend kleinen Budget und ohne langfristige Finanzplanung.

Zwar wurde der Ruf nach besserer finanzieller Ausstattung nach dem Vorbild von BBC oder NHK (Nippon Hōsō Kyōkai, der japanische öffentlich-rechtliche Sender) in Fachkreisen und der Zivilgesellschaft lauter, aber Gesetzesinitiativen scheiterten immer wieder am Widerstand der Abgeordneten, die den PTS lieber klein halten wollen und keinerlei Interesse an unabhängiger Berichterstattung zeigen. In Taiwan kennt man eben nur die kommerziellen Medienanbieter mit klarer politischer Färbung und hat überhaupt keine Vorstellung, welche entscheidende Rolle die Öffentlich-Rechtlichen spielen könnten. Bis heute finanziert sich der PTS zum großen Teil über die "Spende" von Seite der Regierung – zuletzt jährlich 26 Millionen Euro. Nur zum Vergleich: der rbb bekommt pro Jahr Beitragserträge in Höhe von 400 Millionen Euro.

Vor kurzem hat sich der Wind allerdings ein wenig gedreht. Die Sehnsucht nach verlässlichen und seriösen Informationen ist in einer unruhigen Zeit einfach größer geworden. Das hat die jetzige DPP-Regierung auch verstanden und versucht gerade, einen Gesetzgebungsprozess anzustoßen, um das "Taiwan Broadcasting System" zu etablieren. Wenn man es damit schafft, eine Struktur aufzubauen, welche eine finanzielle Absicherung und Staatsferne gleichzeitig garantiert, wäre das ein Meilenstein für die demokratische Entwicklung Taiwans. Davon bin ich fest überzeugt.

Eine andere Form der Epidemie: der Kampf zum Schutz der Demokratie vor Fake News

Von Su Tsen-ping (蘇正平)

Am 11. Januar 2020 fanden in Taiwan die Präsidentschaftswahlen statt und etwas früher, Ende Dezember, hatte Taiwans Behörde für Epidemiebekämpfung schon von dem Ausbruch einer bislang unbekannten Krankheit in der chinesischen Region Wuhan erfahren. Es bestand die Möglichkeit der Ansteckung von Mensch zu Mensch, so dass die Behörde damit begann, an Bord der aus Wuhan ankommenden Direktflüge zu gehen und Tests durchzuführen. Gleichzeitig sandte sie eine Warnung an die Weltgesundheitsorganisation (WHO). In Nachfolge dieser beiden wichtigen Ereignisse überschwemmte eine Unzahl falscher Nachrichten wie eine weitere Epidemie das Internet und andere Medien in Taiwan. Allerdings sind Falschinformationen und falsche Nachrichten keineswegs eine ganz neue Erscheinung. Mit dem Aufschwung der Social Media im Internet treiben sie schon seit einiger Zeit in Taiwan ihr Unwesen.

Im Jahr 2018 wurden die Bürgermeister der Kreise und Städte sowie die Kreis- und Stadtverordneten gewählt, verbunden mit einer Abstimmung über mehrere Referenden. Dabei musste die Demokratische Fortschrittspartei (DPP), welche die Zentralregierung stellte, eine schwere Niederlage hinnehmen. Es ließ sich kaum übersehen, dass dieses Ergebnis auch mit grassierenden Falschinformationen zu tun hatte, einem Phänomen, demgegenüber die Regierung sich passiv verhielt und nicht entschlossen reagierte.

Je wichtiger ein Ereignis ist, desto schlimmer verbreiten sich Fake News - und dies überall auf der Welt. Gesellschaftliche Konflikte, gegenseitiger Groll und durch Naturkatastrophen hervorgerufene Panik sind der natürliche Nährboden für Falschinformationen dieser Art. Da die Internet-Technologie hier noch verschärfend wirkt, ist auch der angerichtete Schaden gravierender.

Dies war bei den kombinierten Wahlen von 2018 der Fall. Es lag auch daran, dass es bei den Referenden nur schwer möglich war, die Konfrontation der Meinungen zu überbrücken. In der politischen Auseinandersetzung zwischen dem „grünen" Lager der DPP und dem „blauen" Lager der KMT spielt immer auch die schwer zu lösende Frage einer Vereinigung mit China oder der Unabhängigkeit Taiwans eine Rolle. Nachdem Tsai Ing-wen 2016 zur Präsidentin gewählt wurde, brachten ihr die von ihrer Regierung vorangetriebenen wichtigen Reformvorhaben vielerlei Schwierigkeiten ein. Die Reform des Rentensystems für Militärangehörige, Beamte und Lehrer richtete sich gegen deren Interessen. Die Politik für ein atomkraftfreies Taiwan stieß auf entschiedene Gegnerschaft der Unterstützer der Atomkraft. Insbesondere die von Präsidentin Tsai Ing-wen unterstützte gleichgeschlechtliche Ehe stieß bei Kirchen und religiösen Gruppen auf heftige Kritik und führte sogar in der bisher immer das DPP-Lager unterstützenden Presbyterianischen Kirche zu internen Spaltungen.

Hinzu kam, dass die DPP 2017 eine Gesetzesreform vorantrieb, welche die Schwellen für Referenden stark herabsetzte. Dies galt für die Zulässigkeit eines Antrags, die nötige Unterschriftenzahl für die Einleitung eines Referendums sowie die Stimmenzahl für ein gültiges Resultat. Das Ergebnis war, dass 2018 auf einmal zehn Referenden zu hoch umstrittenen Themen gleichzeitig mit den erwähnten lokalen Wahlen stattfanden. Bei dieser Bündelung ganz verschiedener Referenden mit den Wahlen war es völlig unmöglich, diese dem Wahlvolk politisch zu erklären und eine sinnvolle gesellschaftliche Diskussion zu führen. Von daher hatten die Fake News-Fabrikanten in den geschlossenen Filterblasen der sozialen Medien freie Hand zur umfassenden politischen und gesellschaftlichen Mobilisierung. So ist es überhaupt nicht überraschend, dass die DPP bei den Lokalwahlen und Referenden von 2018 eine herbe Niederlage erlitt.

Die Verbreitung von falschen Informationen mag lediglich auf persönlichem Unwissen und auf Missverständnissen beruhen. Ein alltägliches Phänomen, das nicht sonderlich problematisch ist. Dass Informationen von Interessengruppen absichtlich manipuliert werden, kommt in offenen Gesellschaften ja durchaus öfter vor. Es wird nicht zu deren Auseinanderfallen führen, solange man darauf achtet, die demokratischen und rechtsstaatlichen Verhältnisse zu bewahren. Wenn aber ein feindlich gesonnenes Regime außerhalb des eigenen Landes Fake News im großen Maßstab böswillig einsetzt, wird daraus eine Frage der nationalen Sicherheit. Genau das ist die schwere Bewährungsprobe, der Taiwan derzeit ausgesetzt ist.

@ S. Hermann & F. Richter, Pixabay

Assistenzprofessor Puma Shen (沈伯洋) vom Institut für Kriminologie der Staatlichen Taipei Universität forscht schwerpunktmäßig zu Wirtschaftskriminalität und Regierungskriminalität. In den letzten Jahren hat er sich besonders mit dem Zusammenhang zwischen Informationskrieg und Militärstrategie beschäftigt, mit Schwerpunkt auf den Fake News-Offensiven Chinas gegen andere Länder. Er weist darauf hin, dass Befehlshaber der chinesischen Volksbefreiungsarmee schon 1999 in ihrem Buch „Krieg ohne Grenzen“ (超限戰; engl. Titel: „Unrestricted Warfare“) ihr Konzept vorgestellt haben, wonach Medien, Kultur, Internet und andere Bereiche alle zur modernen Kriegsführung zu zählen seien.

In den 2003 von China geänderten „Bestimmungen der Chinesischen Volksbefreiungsarmee zur Politischen Arbeit“ wurden die Bereiche der psychologischen Kriegsführung, der Kampf um die öffentliche Meinung und des „Lawfare“, des Rechts im Dienste der Kriegsführung als Schwerpunkte genannt. Der „Informationskrieg“, der heute weltweit die größte Bedrohung ist und den Menschen am meisten Sorgen macht, ist ein Element im Kampf um die öffentliche Meinung.

Wir können natürlich nur schwer hieb- und stichfeste Beweise dafür finden, welche Falschinformation von welchem Teil des chinesischen Staatsapparats zu verantworten ist. Doch mit der modernen Rückverfolgungstechnik im Netz kann man die ursprünglichen Wege feststellen, über die Fake News verbreitet werden, was schon zu erstaunlichen Ergebnissen geführt hat. Sie lassen nur den Schluss zu, dass die Kommunistischen Partei, staatliche Stellen und das Militär Chinas in diese Fake News-Offensiven verwickelt sind.

Das von Puma Shen geleitete wissenschaftliche Team um das „Labor Demokratisches Taiwan“ (engl. Bezeichnung: „Doublethink Lab“/台灣民主實驗室), die Abteilung für Informationssicherheit im „Institut für die Informationsindustrie“ (資訊策進會), verschiedene Organisationen, die den Wahrheitsgehalt von Informationen nachprüfen und weitere Ingenieure für Informationssicherheit bemühen sich seit einiger Zeit, Falschinformationen zurückzuverfolgen. Sie haben festgestellt, dass es verschiedene Methoden der Verbreitung gibt und dass diese ständig weiterentwickelt werden.

Früher haben verschiedene chinesische Institutionen, die mit Aktivitäten in Richtung Taiwan befasst sind, in ihrem Umfeld Websites unterhalten, in die sie immer wieder manipulierende falsche Nachrichten einbauten. Da diese Falschnachrichten auf die Vorlieben von Taiwanern für bestimmte Standpunkte abgestellt waren, konnte es leicht passieren, dass sie von bestimmten Medien, Kommentatoren im Fernsehen oder sozialen Medien ohne Überprüfung ihres Wahrheitsgehalts auf der Insel weiter verbreitet wurden.

Anfangs handelte es sich noch um eher primitive Methoden. Taiwanische Spezialisten konnten leicht die Quelle ermitteln: Eine Website, deren Adresse unter einer chinesischen Domain registriert war oder ein Anbieter von Inhalten, der seine Nachrichten in den vereinfachten Schriftzeichen Chinas absetzte. Doch die Übertragungswege machten eine schnelle Transformation durch. Manche Websites begannen, ihre Adressen im Ausland zu registrieren, beispielsweise in Malaysia oder Thailand. Statt der vereinfachten Schriftzeichen fanden nun die in Taiwan gebräuchlichen traditionellen Anwendung, auch Formen der Grammatik, wie sie in Taiwan üblich sind. Doch der für China typische Sprachgebrauch fand sich noch immer in den Inhalten, so dass sich der Ursprung der Texte leicht erkennen ließ.

Meinungsmanipulation findet auch über die Konten der sozialen Medien statt. Während der Proteste in Hongkong im August 2019 gegen das Auslieferungsgesetz meldeten Twitter und Facebook die Anlage von bis zu 200.000 Konten in China, die Falschinformationen über die Demonstrationen in Hongkong verbreiteten. Beide

Unternehmen haben daraufhin Gegenmaßnahmen ergriffen und fast eintausend verdächtige Konten gelöscht. Im März 2020 gaben taiwanische Experten für die Funktionsweise sozialer Medien bekannt, dass Facebook anscheinend auf Anzeigen hin Desinformationen der chinesischen Cyberarmee zur Coronavirus-Epidemie entdeckt habe, die auf Taiwan gerichtet waren. Facebook habe daraufhin mehr als 60 Konten vom Netz genommen.

IT-Spezialisten, die die Aktivitäten der chinesischen Cyberarmee schon länger beobachten, haben festgestellt, dass die Konten langfristig und planmäßig aufgebaut wurden. Manche versenden über einen längeren Zeitraum Nachrichten an internationale Filmstars, Popstars oder berühmte Sportler, um sich die große Zahl ihrer Follower zunutze zu machen. Wenn es dann zu einem Großereignis kommt, verhalten sich die Konten wie „Schläfer" – sie wachen plötzlich auf und fangen an, politische Botschaften zu versenden, um Einfluss auf die öffentliche Meinung zu nehmen.

Prof. Puma Shen entdeckte schon sehr früh, dass die Effektivität der chinesischen Fake News-Offensiven in Taiwan von den lokalen Multiplikatoren abhängen. Manchen von ihnen fehlte einfach die nötige Wachsamkeit und sie leiteten diese Nachrichten ohne besondere Absicht weiter. Bei anderen entsprachen die Nachrichten ihren ideologischen Einstellungen oder politischen Standpunkten, daher waren sie gerne bereit, sie weiterzuleiten. Noch schwerer wiegt, dass in Taiwan schon professionelle Multiplikatoren in Erscheinung getreten sind, die Anweisungen von bestimmten Organisation entgegennehmen oder bezahlte Aufträge annehmen, um die Fake News präzise zu platzieren.

Mitten im taiwanischen Präsidentschaftswahlkampf wurde Ende November 2019 der Spionagefall von Wang Liqiang und von Xiang Xin und dessen Frau bekannt. Auch wenn das Ehepaar Xiangxin aus Mangel an Beweisen nicht strafrechtlich verfolgt wurde, konnte der Verdacht nicht ausgeräumt werden, dass hauptberufliche Verbreiter von Fake News in Taiwan im Sold chinesischer Institutionen stehen.

Aufgrund seiner besonderen Geschichte ist Taiwan, was sein grundlegendes Selbstverständnis als Staat betrifft, von lang andauernden politischen Konflikten und innerer Zerrissenheit geprägt. In jahrzehntelangen Anstrengungen hat Taiwan es geschafft, ein inzwischen weltweit geachtetes demokratisches, freies und offenes System aufzubauen. Es ist zu hoffen, dass es Taiwan ermöglichen wird, mit seiner historischen Erblast und seinen inneren Widersprüchen angemessen umzugehen. Es lässt sich jedoch nicht übersehen, dass Taiwans freie und offene Gesellschaft auch dem mächtigen chinesischen Nachbarn mit seinen territorialen Ambitionen ein Einfallstor bietet. Es ist China nicht entgangen, dass es in Taiwans demokratischem System jede Lücke zu seinen Gunsten nutzen kann, um Spaltungen zu vertiefen und das System lahmzulegen. Im Verlaufe des Jahres 2020 mit den Präsidentschaftswahlen und der Coronavirus-Pandemie hat es nicht enden wollende Fake News-Offensiven gegeben. Dass China seine Hand dabei im Spiel hat, ist offensichtlich geworden.

Die Fake News haben mit dem unberechenbaren Coronavirus gemeinsam, dass ihre Bekämpfung sich kontinuierlich weiterentwickeln muss. Sowohl Regierungen als auch die Bevölkerung müssen auf einen langen Abwehrkampf der Demokratie vorbereitet sein und die notwendige Entschlossenheit dafür aufbringen.

Die sanfte Macht der Kulturpolitik – Notwendigkeit und Chance Taiwans

Von Dr. Frank Meerkamp und Sophie-Caroline Zillessen

Internationale Beziehungen und pragmatische Diplomatie

Als „Diplomatie" wird im weiteren Sinne die Gesamtheit der internationalen Beziehungen, aber auch die Außenpolitik eines Staates verstanden.[1] „Außenpolitik wird von Staaten gemacht, d.h. von Regierungen." Diese Aussage galt lange Zeit als richtig. Heute muss diese Aussage ergänzt werden, denn „an ihren Rändern franst sie aus".[2] In der Außenpolitik und den internationalen Beziehungen wirken heute weitere sowohl quasi-staatliche aber auch nichtstaatliche Akteure mit. Beteiligte Akteure können Regierungen, Verwaltungen, Parteien, Stiftungen, Medien, Verbände, NGOs (Non Governmental Organisations / Nichregierungsorganisationen) und transnationale (Wirtschafts-)Unternehmen sein. Unter Außenpolitik und internationale Beziehungen versteht man im weiteren Sinne ebenso Aspekte der Kultur-, Tourismus-, und Wirtschaftspolitik, die eine grenzüberschreitenden Ausrichtung oder grenzüberschreitende Folgen haben. Zur Vorbereitung und Durchsetzung kann sich Außenpolitik auch nichtstaatlicher Akteure bedienen.[3]

Blickt man zurück auf die vergangenen fünf Jahrzehnte, so stellt man folglich einen generellen Wandel der Diplomatie fest. Genau vor 50 Jahren wurden der Republik China (Taiwan) nach Ausschluss aus den Vereinten Nationen im Jahre 1971 die Mitwirkungsrechte auf internationaler Ebene ebenso wie sukzessive die bilaterale diplomatische Anerkennung von der Mehrzahl der Staaten entzogen. Das Land musste neue diplomatische Strategien entwickeln. Seitdem gibt es in vielen Ländern eine offizielle China-Politik und mehr oder weniger eine inoffizielle *Taiwan-Politik*. Damit ist die Durchsetzung von Politik in „normalen Kanälen" der internationalen Beziehungen und der klassischen Außenpolitik früherer Jahre blockiert. Trotzdem betreibt Taiwans Regierung keine Isolationspolitik, sondern greift auf andere Formen der Zusammenarbeit zurück.

So begann in der Folge die inoffizielle Diplomatie eine größere Rolle zu spielen.[4]

---

1 Vgl. Arnold, Hans (2000): Diplomatie. In: Woyke, Wichard (Hg.): Handwörterbuch Internationale Politik. Opladen. S. 58.

2 Bredo, Winfried von (2006): Die Außenpolitik der Bundesrepublik Deutschland. Wiesbaden. S. 44; vgl. Nohlen, Dieter (2001, Hg.): Kleines Lexikon der Politik. München. S. 20.

3 Vgl. Czempiel, Ernst-Otto (1981): Internationale Politik. Ein Konfliktmodell. Paderborn. S. 119ff.; Nohlen (2001): 20ff.

4 Rawnsley, Gary (2014): Taiwan´s Soft Power and Public Diplomacy, S. 161-174. In: Journal of Current Chinese Affairs, 43 (3). Im Internet: https://doi.org/10.1177/186810261404300307. Zugriff 13.11.2021.

@boris15/shutterstock

Oberstes Ziel dabei ist es, vorhandenen Spielraum diplomatischer Interaktion zu maximieren.

In den 90er Jahren leitete die taiwanische Regierung unter Präsident Lee Teng-hui (1923-2020) die so genannte „pragmatische Diplomatie“[5] ein. Aufgrund des Fehlens formeller diplomatischer Beziehungen zu den wichtigsten Ländern der Welt wird besonderen Wert auf die Beziehungen unterhalb der diplomatischen Beziehungen und auf mehr Präsenz in der Weltöffentlichkeit gelegt. Taiwan bemühte sich fortan um den Ausbau der inoffiziellen Beziehungen.

Mit der neuen pragmatischen Diplomatie verfolgte Taiwan gleichzeitig auch den Versuch eines „spill overs“ von den sogenannten „low politics“ zu den „high politics“.[6] Die Idee einer engen wirtschaftlichen und kulturellen Zusammenarbeit kommt aus dem Funktionalismus, wonach „low politics“, Politikbereiche mit geringen politischen Kontroversen, aber hohen Anreizen zur Kooperation,[7] den Weg und

---

5 Schubert, Gunter (2000): Taiwan seit 1945: Von der Entwicklungsdiktatur zur entwickelten Demokratie. In: Hermann-Pillath, Carsten / Lackner, Michael (Hg.): Länderbericht China. Politik, Wirtschaft und Gesellschaft im chinesischen Kulturraum. Bonn, S. 216; Maurer, Jürgen (1996): Taiwan in den Internationalen Beziehungen. Hamburg, S. 134; Neukirchen, Mathias (2003): Die Vertretung Chinas und der Status Taiwans im Völkerrecht. Unter besonderer Berücksichtigung der historischen Entwicklung und Haltung der Vereinten Nationen. Hamburg, S. 346, 349; Neukirchen, Mathias (2005): Taiwan: eigenständig, aber nicht souverän. In: Vereinte Nationen. Zeitschrift für die Vereinten Nationen und ihre Sonderorganisationen. 02/2005, S. 53.

6 Schucher, Günter (2004): Von der wirtschaftlichen und sozialen Integration zur politischen Entspannung? Zu den Perspektiven der chinesisch-taiwanischen Beziehungen. In: China aktuell. November 2004, S. 1211.

7 Vgl. Müller, Harald (1993): Die Chance der Kooperation: Regime in den internationalen Beziehungen, S. 10.

einen späteren Sprung in den Bereich der „high politics“ ebnen können. Kulturpolitik wirkt hier als Medium, Verbindungen mit Ländern aufzubauen, mit denen es keine diplomatischen Beziehungen gibt.

Pragmatische Diplomatie und Soft Power

Die wachsenden Aufgaben in den internationalen Beziehungen, die zunehmende Komplexität der Wechselbeziehungen stellen die internationale Diplomatie vor Herausforderungen. Infolgedessen kommt den "vermeintlich unverfänglichen" kulturellen Beziehungen eine immer größere Rolle zu. Begriffe wie Soft Power, Cultural Diplomacy, Wettbewerb der Narrative spiegeln die zunehmende politische und rhetorische Aufladung in der auswärtigen Kulturpolitik weltweit wider.[8]

Gleichzeitig vollzieht sich dadurch einerseits eine Aufwertung von Kulturpolitik und andererseits wird Cultural Diplomacy nicht zuletzt dadurch als Instrument außenpolitischen Handelns eingeordnet. Insbesondere dort, wo ungeklärte, politisch offene oder kontroverse Konstellationen vorherrschen, kann Cultural Diplomacy mit einem vielseitigen Instrumente-Kasten helfen, mit anderen Ländern in Kontakt zu kommen bzw. in Kontakt zu bleiben.

Das Verständnis von Soft Power steht im Gegensatz zu den traditionellen Ausdrucksformen politischer und militärischer Macht, mit deren Hilfe Druck auf Dritte ausgeübt werden. Soft Power ist eine Ressource im weiten Feld der Außenpolitik und bezeichnet die Fähigkeit, andere für sich einzunehmen und gründet auf der Überzeugungs- und Anziehungskraft seiner Akteure, die ihnen aus Sicht anderer Glaubwürdigkeit verleiht. Cultural Diplomacy bezeichnet im weitesten Sinne das Instrumentarium, um Soft Power zu kommunizieren. Es ist breit gefächert. Dazu gehören zum einen aktive Mittel wie ein am Dialog orientierter Einsatz der Diplomatie, das Werben für die eigenen Werte und politischen Strukturen sowie langfristige Investitionen in die Stabilität zwischenstaatlicher oder internationaler Beziehungen z.B. durch Entwicklungshilfe, Menschenrechts-, Kultur-, und Wissenschaftspolitik. Zum anderen gibt es eher passive Instrumente wie die Strahlkraft politischer, wirtschaftlicher, kultureller, mitunter auch sportlicher Leistungen sowie generell die Vorbildhaftigkeit des eigenen Handelns. Eine weitere Besonderheit von Soft Power besteht darin, dass sie nicht nur von Staaten und internationalen Organisationen ausgeübt werden kann, sondern auch zivilgesellschaftlichen Organisationen, internationalen Unternehmen sowie Einrichtungen im kulturellen Bereich zur Verfügung steht.[9]

---

8 Hier soll nicht der Versuch unternommen werden, die Konzepte von Soft Power oder Cultural Diplomacy neu zu definieren. Es stehen nicht die Definitionen im Vordergrund, sondern vielmehr das allgemeine Phänomen strategischen Kommunikation durch Kultur.

9 Nye, Joseph (2004): Soft Power. The Means to Success in World Politics. S. 5, 17.

Gemeinsames Ziel aller Soft Power-Instrumente ist der Aufbau und die Vermittlung eines positiven Images eines Staates.[10] Wie durch die Public-Relations-Abteilung eines Unternehmens kann ein Staat mit Hilfe seiner Soft Power das Vertrauen und Verständnis seiner Zielgruppen gewinnen. In diesem Zusammenhang wird auch zunehmend von „Nation Branding“ gesprochen.[11]

Das Spektrum ist weit gefasst und kann die Bereiche Politisches System und Ideologie, Internationale Hilfe, Offenheit und Engagement der Gesellschaft, Bildung, Tourismus und Kultur einschließlich Bücher, Filme, Musik, Tanz, Museen, darstellende Kunst, Design, Architektur sowie Esskultur umfassen. Auf die USA bezogen kennen wir den American Way of Life von Coca-Cola über Hollywood bis zu westlichen Werten. Übertragen auf Taiwan reicht der Taiwan Way of Life von Bubble Tea[12] über Ang Lee bis zum Leuchtturm für Demokratie und Menschenrechten in Asien. Insbesondere in Asien hat Taiwan bereits einen starken kulturellen Einfluss durch Hits der Popmusik – die auch in China erfolgreich ist – Fernsehshows oder Filmen und weltweit bekannten Marken wie HTC, Acer, Asus, Giant usw. [13]

Die Erfolge von Soft Power sind allerdings nur begrenzt messbar. Es ist möglich, die Anzahl der internationalen Besucher, die Taiwans Flughäfen passieren oder die Ticketverkäufe für einen Film, der in Taiwan gedreht und auf einem internationalen Filmfestival gezeigt wird, zu zählen. Es ist weitaus schwieriger, festzustellen, ob Personen ihre Einstellung gegenüber Taiwan aufgrund kultureller Erfahrungen geändert haben. Kultur ist schließlich höchst subjektiv. Was die eine Gruppe anspricht, kann für die andere Gruppe als Bedrohung der eigenen Kultur angesehen oder die sozialen Werte abgelehnt werden. Ein kulturelles Projekt kann anders interpretiert werden als beabsichtigt.[14]

Gleichwohl nimmt die Bedeutung von Soft Power weiter zu, was auch mit der Beschleunigung des digitalen Fortschritts zusammenhängt. Eine digitale Welt beinhaltet mehr Informationskanäle. Die Grenzen zwischen In- und Ausland sind - in offenen Gesellschaften - aufgehoben. Digitale Technologien befähigen Stakeholder,

---

[10] Vgl. Elter, Andreas (2008): Auswärtige Kulturpolitik und Propaganda in den USA. In: Aus Politik und Zeitgeschichte 11/2008. S. 32.

[11] Teslik,, Lee Hudson (2007):. Nation Branding Explained. Council on Foreign Relations.

[12] Vgl. Meerkamp, Frank (2020): Bubble Tea Diplomatie. In: Taiwan in Bewegung - Kulturpolitik.

[13] Pelaggi, Stefano (2019): Evolution and Dimensions of Taiwanese Soft Power and its Effectiveness in Europe. In: Tamkang Journal of International Affairs. S. 55.

[14] Rawnsley, Gary (2014): Taiwan´s Soft Power and Public Diplomacy, S. 161-174. In: Journal of Current Chinese Affairs, 43 (3). Im Internet: https://doi.org/10.1177/186810261404300307. Zugriff 13.11.2021.

Einzelpersonen und Verbraucher, mit der staatlichen Öffentlichkeitsarbeit in Konkurrenz zu treten.[15] Soft Power kann sich im Vergleich zur Hard Power die technischen Möglichkeiten besser zu Nutze machen und ermöglicht den schnellen Transfer von Daten, Wissen, Informationen und einen hohen Grad an Vernetzung. Dies öffnet neue diplomatische Räume.

"Kulturdiplomatie" als integraler Bestandteil der Außenpolitik

Kultureller Austausch ist ein essentieller Teil klassischer Außenpolitik. Im außenpolitischen Kontext begegnen wir heute einem erweiterten Kulturbegriff. Kultur erscheint als geeigneter Modus, bestimmte Bilder und Konzepte zu transportieren.

Der Begriff "Kultur" ist in Deutschland traditionell symbolisch aufgeladen. Gehen Kultur und Politik eine strategische Verbindung ein, werden ganz unterschiedliche Begriffe verwendet: während im angloamerikanischen Raum der Begriff "Cultural Diplomacy" sich stark durchgesetzt hat, ist hierzulande vielfach von Kulturdiplomatie oder Auswärtiger Kulturpolitik die Rede. Die Begriffe haben keine klare Kontur, die Grenzen der einzelnen Definitionen sind fließend und variieren im jeweiligen nationalen Verständnis.

In der Bundesrepublik Deutschland ist die Auswärtige Kulturpolitik die „Dritte Säule" und ein wichtiges Fundament der Diplomatie.[16] Es ist keine neue Erkenntnis, dass Politik aus mehr besteht als aus Gipfeltreffen. Die internationale Kulturpolitik ist eine sanfte Kraft. Sie legt ein breites Fundament für stabile bilaterale Beziehungen. Deutschland begreift sie im Sinne von Aufklärung, Freiheit und Demokratie. Wir brauchen kulturellen Austausch und Dialog, um einander besser zu verstehen.[17]

Die Kulturabteilung des Auswärtigen Amtes feierte 2020 den 100. Geburtstag. Willy Brandt hat hier besondere Impulse gesetzt und von der „Arbeit an der Weltvernunft" gesprochen. Die internationale Kulturpolitik bietet Zugänge, die wir an anderer Stelle nicht haben. Sie ist die Außenpolitik der Gesellschaften, die es mehr denn je zu fördern gilt.[18] Kulturdiplomatie ist ein wirksames Instrument, um Brücken zu bauen und das gegenseitige Verständnis zu stärken.[19]

---

15 Zaharna, R.S. (2018): Digitale Diplomatie als diplomatischer Ort: Emotion, Identität und Do-It-Yourself-Politik. In: Stanzel, Volker (Hg.), SWP-Studie 23, Die neue Wirklichkeit der Außenpolitik: Diplomatie im 21. Jahrhundert, S.64.

16 Maaß, Kurt-Jürgen (2016): Auswärtige Kulturpolitik - Dritte Säule der Diplomatie. Im Internet: https://www.goethe.de/de/kul/ges/20723017.html. Zugriff 13.11.2021.

17 Müntefering, Michelle (2019): Kulturpolitik ist eine sanfte Macht. Im Internet: https://www.auswaertiges-amt.de/de/newsroom/muentefering-stuttgarter-zeitung/2177780. Zugriff 13.11.2021.

18 Müntefering, Michelle (2019): Kulturpolitik ist eine sanfte Macht. Im Internet: https://www.auswaertiges-amt.de/de/newsroom/muentefering-stuttgarter-zeitung/2177780. Zugriff 13.11.2021.

19 Cummings, Milton C. (2003), Cultural Diplomacy and the United States Government – a Survey.

Besonders kleinere Staaten können davon profitieren. Grundsätzlich ist die Kulturdiplomatie für kleinere Länder noch wichtiger, um ihre Existenz und Identität zu behaupten. Sie ist dann nicht nur ein Zusatz zur klassischen Diplomatie, sondern ein wichtiger Kern der Außenpolitik. Kulturelle Beziehungen sind buchstäblich widerstandsfähiger als politische Beziehungen. Kulturelle und wissenschaftliche Beziehungen zeichnen sich durch ein niedriges Konfliktpotential aus. Es gibt kaum Hürden, es ist leicht Kontakt aufzubauen. Sie vermag zudem Blockaden aufzulösen, die u.a. durch historischen Zuschreibungen entstanden sind.

Moderne, netzwerkorientierte Außenpolitik schließt Kulturdiplomatie mit ein.[20] Kulturdiplomatie kann Räume schaffen, in denen gesellschaftliche Themen Ausdruck finden und Dialog auf der Grundlage gegenseitigen Respektes gefördert wird. Sie bringt Mehrwert und bespielt grundlegende Werte. Sie kann im Gegensatz zum Nullsummenspiel von Hard-Power-Beziehungen, wo Staaten sich auf Kosten anderer Staaten durchzusetzen versuchen, zu einer Win-Win-Situation durch Soft-Power-Beziehungen führen. Kulturdiplomatie verspricht keine kurzfristigen Gewinne, sondern erfordert Ausdauer. Cultural Diplomacy ist langfristig angelegt.

Moderne Kulturdiplomatie erfordert einen neuen Geist des Zuhörens und Lernens – der Reziprozität. Heutzutage interagieren viele nichtstaatliche Akteure miteinander und bauen Advocacy-Netzwerke in verschiedenen Themenfeldern auf. Während wir früher eine rein staatszentrierte Weltpolitik hatten, ergänzen wir diese heute um eine gesellschaftszentrierte Sichtweise. In der Folge kommt hier der Zivilgesellschaft eine stärkere Rolle zu.

Kulturdiplomatie gewinnt immer mehr an Bedeutung. Es gibt aber auch eine Schattenseite und Missbrauchsgefahr. Kulturdiplomatie wird zunehmend kompetitiver zwischen Staaten. Wir leben in einem Wettbewerb der Narrative.[21] Immer mehr Staaten vertreten sehr offensiv eine ganz andere Vorstellung vom Zusammenleben der Gesellschaften. Staaten gründen vermehrt Kulturinstitute weltweit. Gerade auch das Auslandsfernsehen führt einen intensiven Kampf um die Deutungshoheit internationaler Nachrichten. Es ist auch ein Instrument zur gezielten Desinformation in der nationalen Außenkultur- und Medienpolitik geworden. Als es nur wenige Auslandsfernsehsender gab, hatte die Deutsche Welle einen guten und relativ unangefochtenen Stand. Inzwischen konkurriert sie weltweit mit mehr als 30 Sendern.

Center of Arts and Culture. S. 1.

[20] Bagger, Thomas (2012): Stiftung Mercator, Bridging the Trust Divide, S.52.

[21] Müntefering, Michelle (2019): Kulturpolitik ist eine sanfte Macht. Im Internet: https://www.auswaertiges-amt.de/de/newsroom/muentefering-stuttgarter-zeitung/2177780. Zugriff 13.11.2021.

Authentizität und Glaubwürdigkeit von Kulturpolitik

„Südkorea hat coole TV-Serien und K-Pop, Japan coole Mangas, Hongkong hat coolen Kanto-Pop und China hat - einen uncoolen Konfuzius. In Wirtschaft und Politik glänzt die Volksrepublik als neue Weltmacht, aber seine moderne Kultur entfaltet über die eigenen Grenzen hinaus kaum Anziehungskraft."[22]

Vor zehn Jahren investierte China im Ausland Milliarden Dollar in Publizität – in Auslandsnachrichtensender nach dem Vorbild von Al-Jazeera. Das prominenteste und kontroverseste Instrument der chinesischen Kulturdiplomatie aber sind seine Konfuzius-Institute, die die chinesische Regierung gründet, um die chinesische Sprache und Kultur überall auf der Welt bekanntzumachen. Doch es gibt - politisch bedingt - Beschränkungen in Bezug auf die inhaltliche Ausgestaltung der Konfuzius-Institute .Dazu zählen bestimmte Themen, die für das offizielle China tabu sind, u.a. die drei Ts – Tibet, Tiananmen und Taiwan. China sei so viel mehr als nur Tibet, Taiwan und Tiananmen, und es gebe viel zu entdecken und zu diskutieren, auch ohne diese heiklen Themen anzuschneiden – so die Standarderklärung. Das hat mit Glaubwürdigkeit und Transparenz nichts zu tun. Denn diese Haltung führt dazu, dass man nicht das echte China sieht, sondern eine "korrigierte" Version des Landes. Inzwischen hat sich die Stimmung hierzulande gewendet – Konfuzius-Institute werden heute deutlich kritischer bewertet und Taiwan hat beschlossen, mit Sprachzentren im Ausland eine „freie und demokratische Alternative, Chinesisch zu lernen" anzubieten.[23]

Es bleibt auch für die jüngere Generation in westlichen Ländern eher abschreckend, wie China das Internet zensiert und Dienste wie Facebook, Instagram und Whatsapp nicht erreichbar sind. Und im Ausland stehen Apps wie TikTok unter dem Verdacht, es mit dem Datenschutz nicht so genau zu nehmen und Nutzerdaten dem chinesischen Staat zur Verfügung zu stellen.

Staatsdirigismus und Zensur sind eher imageschädlich. China scheint zu glauben, dass Soft Power hauptsächlich vom Staat und seiner diplomatischen Öffentlichkeitsarbeit erzeugt wird; doch ein Großteil der westlichen Soft Power entstammt der Zivilgesellschaft.

In der Welt der Kommunikationstheorie würde man vom „Untergraben der eigenen Botschaft" sprechen. Die Glaubwürdigkeit der Außenpolitik ist nur so stark wie die Gesellschaft, die die proklamierten Werte lebt und ihnen gerecht wird. Es muss eine Kongruenz zwischen Innen- und Außenpolitik geben.

---

[22] Kolonko, Petra (2019): Uncooler Konfuzius. In: Das Parlament Nr. 33-24, S. 13.
[23] Vgl. Friederike Böge (2021): Chinesisch lernen, nur demokratisch. In: FAZ vom 29.10.2021.

Taiwan muss zu den Dingen greifen, die China nicht anbieten kann. Die demokratischen Werte spielen eine grenzübergreifende Rolle für die asiatische Region. In einer Allianz gemeinsamer Werte kann Taiwan weltweit ein attraktiver Partner sein. Das ist Taiwans Kapital. Taiwan braucht einen langen Atem in den internationalen Beziehungen.

Dabei gilt: Eine authentische Kulturdiplomatie bewirkt Empathie bei den Menschen - im Idealfall ruft sie Solidarität und Unterstützung für Taiwans Positionen hervor.[24]

Identität und kulturpolitische Agenda – der demokratische Weg

Taiwan versucht sich im Schatten Chinas durch seine Kulturdiplomatie als demokratischer und moderner Staat zu etablieren. Cultural Diplomacy im taiwanischen Kontext dient der nationalen Markierung der Kultur im Interesse eines Distinktionsgewinns. Taiwan grenzt sich mit seinen Softpower-Ressourcen von China positiv ab. Dieses nationale Kulturverständnis ist die Grundlage der Cultural Diplomacy-Strategie Taiwans: Während der Präsidentschaft von Lee Teng-hui wurde mit dem Weißpapier für Kultur 1998 das erste programmatische Dokument zur Förderung der Kultur vorgelegt. Das Weißbuch konzentrierte sich auf die taiwanische Kulturplanung, aber auch auf den Einsatz von Kultur als Instrument der internationalen Politik.[25]

Taiwans demokratischer Weg offenbart eine Reihe wechselvoller und vielschichtiger historischer Narrative, kollektiver Erinnerungen, Werte und Entwicklung des nationalen Bewusstseins. Wenn man das Verständnis des modernen Taiwan im Ausland fördern will, stellen sich aber unweigerlich einige Fragen: Was macht das moderne Taiwan aus? Welche Bedeutung hat Taiwan bzw. seine Situation für die internationale Gemeinschaft? Dabei offenbart sich ein nationales Dilemma um die Auseinandersetzung mit der eigenen Identität.

Zwischen 2000 und 2008 unter der Präsidentschaft Chen Shui-bians war Teil der strategischen Agenda und Soft-Power-Strategie die historische Errungenschaft der Demokratie und die Lebendigkeit der politischen Gesellschaft Taiwans hervorzuheben.[26]

---

[24] Zillessen, Sophie-Caroline (2019): Im Internet: https://backend.univie.ac.at/fileadmin/user_upload/k_tsc_conference/documents/2019_10_culturaldiplomacy/files/conference_leaflet_2019_onlinversion.pdf. Zugriff 13.11.2021.

[25] The 1998 White Paper for Culture. Council for Cultural Affairs. Taiwan.

[26] Rawnsley, Gary (2014): Taiwan´s Soft Power and Public Diplomacy Taiwan's Soft Power and Public Diplomacy. Im Internet: https://doi.org/10.1177/186810261404300307. Zugriff 13.11.2021.

In der Regierungszeit unter Präsident Ma Ying-jeou (2008-2016) änderte sich die Ausrichtung. Auch wenn der Präsident die Bedeutung der Demokratie und eines unabhängigen Lebensstils weiter betonte, entschied sich die Regierung als Bewahrer der traditionellen chinesischen Kultur - unbeeinflusst durch die Kulturrevolution - aufzutreten. Teil der Strategie waren nun Ausstellungen zur traditionellen chinesischen Kalligraphie in der Welt. Die taiwanische Kultur in der Interpretation von Ma war „eine chinesische Kultur mit taiwanischen Merkmalen“.[27]

Das aktuelle Weißpapier 2018 unter Präsidentin Tsai zeigt erneut eine veränderte Strategie hinsichtlich der Kulturpolitik. Neben der Betonung einer Demokratisierung der Kultur wird als Anspruch die Inklusivität postuliert – gleiche kulturelle Rechte, Minderheitenrechte, Diversität und internationaler Austausch. Tsai Ying-wens Regierung stellt eine moderne, auf Vielfalt beruhende, taiwanische Identität, die sich unter anderem aus dem erfolgreichen demokratischen Transformationsprozess herausgebildet hat, vor.

Das politisch blaue Lager (KMT) und grüne Lager (DPP) repräsentieren jeweils unterschiedliche Konzepte nationaler Identität und leiten daraus unmittelbar unterschiedliche Kulturpolitiken ab. Jede neue Regierung hat deshalb - bisher - die Schwerpunkte der Kulturpolitik geändert. Solange Taiwan außenpolitisch nicht über Regierungswechsel hinweg mit einer Stimme spricht, kann tendenziell die Gefahr bestehen, dass Soft Power Potential verloren geht. [28,29]

Hinzu kommt, dass in der Vergangenheit der Fokus auf der Präsentation und weniger auf dem kulturellem Austausch lag. Aber auch in diesem Punkt hat Taiwan ein neues Denken und Bewusstsein entwickelt. Die Prinzipien der Gegenseitigkeit, insbesondere des gegenseitigen Lernens, sind die Basis von internationalem Kulturaustausch.[30] Hier gehen das Weißpapier 2018 und die Politik[31] in die richtige Richtung.

---

27 Rawnsley, Gary (2014): Taiwan´s Soft Power and Public Diplomacy Taiwan's Soft Power and Public Diplomacy. Im Internet: https://doi.org/10.1177/186810261404300307. Zugriff 13.11.2021.

28 Rawnsley, Gary (2014): Taiwan´s Soft Power and Public Diplomacy Taiwan's Soft Power and Public Diplomacy. Im Internet: https://doi.org/10.1177/186810261404300307. Zugriff 13.11.2021.

29 Ein Minimalkonsens zwischen DPP und KMT könnte die gesellschaftspolitische Polarisierung reduzieren und die Überzeugungskraft nach außen erhöhen.

30 Rawnsley, Gary (2014): Taiwan´s Soft Power and Public Diplomacy Taiwan's Soft Power and Public Diplomacy. Im Internet: https://doi.org/10.1177/186810261404300307. Zugriff 13.11.2021.

31 Vgl. Absichtserklärung für die Zusammenarbeit in Sachen Vergangenheitsbewältigung.

Deutsch-taiwanische Kulturbeziehungen

Deutschland unterhält aufgrund der sogenannten "Ein-China-Politik" keine diplomatischen Beziehungen zu Taiwan. Davon sind (mit Einschränkungen[32]) die guten wirtschaftlichen und kulturellen Beziehungen nicht betroffen.

@esfera/shutterstock

Da die Zusammenarbeit im wissenschaftlichen und kulturellen Bereich insgesamt weniger von der Spannung in der Taiwanstraße beeinträchtigt wird und die Wissenschaft ohnehin dem Prinzip der „Freiheit von Forschung und Lehre" verpflichtet ist, können die Kooperationen in diesen Bereichen zwischen beiden Ländern auch als „Motor inner- und zwischenstaatlicher Kontakte" angesehen werden.[33]

---

32 Es kommt immer wieder vor, dass sich die Botschaft der Volksrepublik China gegen die Teilnahme Taiwans an öffentlichen Veranstaltungen ausspricht. Einige Veranstalter haben auch eine imaginäre Schere im Kopf und folgen vorauseilend einer Selbstzensur, um potentiale Auseinandersetzungen mit China zu umgehen, wenn sie auch mit China zusammenarbeiten. Beim Asien-Pazifik-Forum in Berlin ist es Taiwan z.B. nicht möglich unter seinem Namen teilzunehmen. In anderen Fällen wurde eine Zusammenarbeit abgelehnt, weil man schon mit China zusammenarbeite. Das ist eine falsch verstandene Auslegung der Ein-China-Politik und Diskriminierung Taiwans.

33 Rose, Klaus (2006): Taiwan. Die Inselrepublik im Fokus deutscher Politik. S. 131.

Neben den Kontakten zur Bundesebene spielen die Beziehungen zu den Bundesländern eine wichtige Rolle. Auf diesem Gebiet sind die Kontakte noch zahlreicher und intensiver. Der deutsche Föderalismus kommt den Beziehungen zwischen Deutschland und Taiwan zugute. Taiwan betreibt regelrecht eine Außenpolitik mit den Ländern, eine eigene „Länderdiplomatie".[34]

Taiwan ist Deutschlands fünftwichtigster Handelspartner in Asien, umgekehrt ist Deutschland für Taiwan der bedeutendste Handelspartner in der Europäischen Union. Zum Vergleich: Das Handelsvolumen zwischen Taiwan und Deutschland ist höher als das Handelsvolumen zwischen Deutschland und Brasilien, Deutschland und Kanada oder Deutschland und Australien. Ungefähr 300 deutsche Unternehmen sind in Taiwan ansässig, etwa ebenso viele taiwanische Firmen betreiben Niederlassungen in Deutschland.[35]

Neben den engen wirtschaftlichen Beziehungen besteht zwischen Deutschland und Taiwan eine enge Zusammenarbeit im wissenschaftlichen und kulturellen Bereich. Beide Länder teilen gemeinsame Werte – demokratische Grundwerte, Menschenrechte, Rechtsstaatlichkeit, gemeinsame Erfahrungen und Interessen – z.B. wirtschaftlicher Aufstieg und Erfahrungen eines geteilten Landes. Das ist eine fruchtbare Grundlage eines komplexen Prozesses bilateraler Interaktionen, in dem kulturdiplomatische Netzwerke zwischen Ländern operieren.

Neben dem Deutschen Institut, der offiziellen deutschen Auslandsvertretung in Taiwan, also der Quasi-Botschaft, agieren in Taiwan insbesondere auf dem Gebiet des Kultur- und Bildungsaustausches das Goethe-Institut, der Deutsche Akademische Austauschdienst (DAAD) und die Deutsche Schule in Taipei. Das Zusammenspiel zwischen Auslandsvertretung, Auslandshandelskammer und Goethe-Institut in Taiwan sei so gut, wie an kaum einem anderen diplomatischen Dienstort.[36]

Es gibt eine ganze Reihe Kooperationen bzw. Bildungsabkommen, Förderprogramme und Memorandums of Understanding. Es existiert ein bilaterales Bildungsabkommen, das Studienabschlüsse gegenseitig anerkennt[37] sowie bilaterale Abspra-

---

[34] Schubert, Gunter (2001): The European Dimension of German-Taiwanese Relations – A Critical Assessment – In: China aktuell. August 2001, S. 987.

[35] Auswärtiges Amt (2020): Deutschland und Taiwan: Bilaterale Beziehungen. Im Internet: https://www.auswaertiges-amt.de/de/aussenpolitik/laender/taiwan-node/bilateral/200904. Zugriff 13.11.2021.

[36] Eberts, Martin (2018): Das Deutsche Institut Taipei im Jubiläumsjahr der Freunde Taiwans – zwischen alten Herausforderungen und neuen Chancen. In: Taiwan in Bewegung - Sechs Jahrzehnte Engagement für Taiwan: Eine Festschrift zum 60jährigen Jubiläum der Deutsch-Chinesischen Gesellschaft e.V. - Freunde Taiwans. S. 75ff.

[37] Vgl. N.N. (2005): Bildungsabkommen zwischen Taiwan und Deutschland. In: Taiwan heute. Nr.

chen zur Vertiefung der Kooperationen im Bildungsbereich sowie bilaterale Stipendien- und Austauschprogramme, die in Kooperation mit dem DAAD sowie mit der Deutschen Forschungsgemeinschaft (DFG) mit dem National Science Council (NSC) durchgeführt werden. Es gibt Forschungsaufenthalte von Wissenschaftlern in Deutschland und Taiwan als Individualförderung, Kooperationsprojekte sowie gemeinsame wissenschaftliche Konferenzen. Es gibt z.B. Kooperationsvereinbarungen zwischen der DFG, dem DAAD, der Alexander von Humboldt-Stiftung, den Forschungszentren Karlsruhe und Jülich mit dem NSC.

1963 wurde das Deutsche Kulturinstitut in Taipei von Dr. Joachim Wiercimok gegründet, der nach seiner Rückkehr in die DTG eintrat und sich dort weiterhin im Beirat für den Ausbau der Beziehungen auf dem Gebiet der Wissenschaft und Forschung einsetzte. Er war zunächst als Lektor vom DAAD entsandt und baute in Taipei eine stetig wachsende Kultureinrichtung auf.

Das deutsche Kulturzentrum wurde als erste europäische Kulturinstitution in Taiwan gegründet und war lange Zeit die einzige inoffizielle Vertretung Deutschlands in Taiwan bis zur Errichtung des Deutschen Wirtschaftsbüros im Mai 1981 durch den Deutschen Industrie- und Handelstag. Den Namen Deutsches Kulturzentrum behielt es bis zur Umbenennung in Goethe-Institut Taipei im Juni 2009.

Das Goethe-Institut betreibt kulturelle Programm-, Sprach und Informationsarbeit in Taiwan. Eine wichtige Säule bilden der kulturelle Austausch und die Programmarbeit in den Sparten Theater, Tanz, Film, Musik, Bildende Kunst und Literatur. Dabei initiiert das Goethe-Institut Projekte in Kooperation mit Künstlern und Kulturinstitutionen und schafft in diesem Kontext neue Dialogmöglichkeiten des interkulturellen Austausches. Wichtige Partnerinstitutionen in Taiwan sind in diesem Zusammenhang das Taipei Arts Festival, die Nationale Konzerthalle, das Nationaltheater, das Taipei Fine Arts Museum, das neu errichtete Opernhaus in Taichung und auch die beiden großen Universitäten der Künste in Taipei.

Das Interesse an kulturellen Formaten aus Deutschland ist groß, speziell Themenfelder wie die deutsche Vergangenheitsbewältigung, der Umgang mit der Digitalisierung und ihren kulturellen Auswirkungen und die sozialpolitische Rolle von Kultur, um Minderheiten eine Stimme zu geben, machen Deutschland zu einem gefragten Partner.[38]

---

2. S. 37.

[38] Maaß, Kurt-Jürgen (2016): Auswärtige Kulturpolitik - Dritte Säule der Diplomatie. Im Internet: Https://www.goethe.de/de/kul/ges/20723017.html. Zugriff 13.11.2021.

Insbesondere die Auseinandersetzung mit der Geschichte eröffnet neue diplomatische Optionen.[39] Taiwan und Deutschland haben, vertreten durch Prof. Shieh, Repräsentant Taiwans in Deutschland, und Dr. Thomas Prinz, 2018 bis 2021 Direktor des Deutschen Institut Taipei, im Dezember 2019 auf dem ehemaligen Gelände der Stasizentrale eine Absichtserklärung für die Zusammenarbeit in Sachen Vergangenheitsbewältigung unterzeichnet. Roland Jahn, der Bundesbeauftragte für die Unterlagen des Staatssicherheitsdienstes der ehemaligen DDR sowie Katrin Budde, Vorsitzende des Ausschusses für Kultur und Medien im Deutschen Bundestag, waren ebenfalls anwesend. Beide haben Taiwan bereits mehrere Mal besucht. Dies bedeutet nicht nur die institutionelle Vertiefung des Transformationsjustiz-Projekts, sondern auch das erste Mal, sowohl für Deutschland als auch für Taiwan, dass solch eine bilaterale Absichtserklärung zur Zusammenarbeit in der Vergangenheitsbewältigung unterzeichnet wurde.

Für die auswärtige Kulturpolitik in Deutschland ist vor allem die Kulturabteilung in der Taipeh Vertretung zuständig. Sie untersteht dem Ministry of Culture (MOC), das 2012 gegründet wurde. Seine Vorgängerinstitution war der Rat für Kulturelle Angelegenheiten (Council of Cultural Affairs - CCA). Als Bindeglied zwischen dem deutschen Kulturbetrieb und dem taiwanischen Kulturministerium dient die Kulturabteilung in Berlin vor allem als Vermittlerin. So gehört zu ihren Aufgaben die logistische Unterstützung von Projekten zwischen taiwanischen und deutschen Institutionen. Sie bietet Informationen über aktuelle Fördermöglichkeiten des Kulturministeriums an und baut ein Netzwerk für den kulturellen Austausch auf.

Bereits seit 1955 vergibt der DAAD Stipendien an taiwanische Studenten. Seit 1962 werden im Gegenzug deutsche Stipendiaten von Taiwan akzeptiert.[40] Das Informationszentrum des DAAD in Taipei hat die Aufgabe, den wissenschaftlichen Austausch zwischen beiden Ländern zu fördern. Es bestehen zwischen deutschen und taiwanischen Hochschulen zahlreiche enge Kooperationen. Es gibt über 200 Partnerschaften zwischen Universitäten und Forschungseinrichtungen.

Während die Zahl der taiwanischen Studierenden, die einen Studienaufenthalt im Ausland antreten, vor allem demographiebedingt stagniert und insbesondere traditionell beliebte Studienländer wie die USA und Großbritannien einen Rückgang der Bewerberzahlen verzeichnen, lässt sich ein starker Trend zu einem Studienaufenthalt in Deutschland bei taiwanischen Studienbewerbern feststellen.

---

[39] Marschall, Christoph von (2014): Taiwan zwischen Demokratie und Moderne Terror und Vergebung. Im Internet: https://www.tagesspiegel.de/kultur/taiwan-zwischen-demokratie-und-moderne-terror-und-vergebung/11164660.html

[40] Vgl. Friedrich, Stefan (2000): Die Beziehungen Deutschlands zur VR China sowie zu Taiwan, Hongkong und Singapur. In: Herrmann-Pillath, Carsten / Lackner, Michael (Hg.): Länderbericht China. Politik, Wirtschaft und Gesellschaft im chinesischen Kulturraum. Bonn. S. 674.

Deutschland ist für viele Taiwaner ein attraktives Ziel für die Weiterbildung. Traditionell ist das deutsche Recht für die juristische Ausbildung in Taiwan wichtig, da das deutsche Rechtssystem – insbesondere Zivilrecht – als Vorbild für das taiwanische System galt, so dass viele taiwanische Juristen in Deutschland studieren.[41]

Mehr als 20 deutsche Hochschulen werben auf der europäischen Bildungsmesse in Taiwans Hauptstadt Taipei um Studierende. Obwohl eine Vielzahl an europäischen Ländern ihre Stände auf der European Education Fair aufgebaut haben, ist Deutschland hier seit einigen Jahren am meisten nachgefragt. Deutschland ist auch wegen seiner technischen Studiengänge und geringer Studiengebühren beliebt.

Die deutschen Universitäten werben aktiv um Studierende aus Taiwan. Es geht ihnen um Diversität und um eine internationale Vernetzung und Forschungskooperationen mit Alumni, die nach dem Abschluss in ihre Heimat zurückkehren. Taiwan ist als Hochburg der Technologie-Industrie ein vielversprechender Forschungsstandort, an dem auch eine Reihe deutscher Unternehmen Entwicklungszentren betreiben.

Die Zahl der taiwanischen Studierenden in Deutschland hat sich in den Jahren zwischen 2007 und 2017 mehr als verdoppelt.[42] Den 2.604 taiwanischen Studierenden in Deutschland (2019) stehen 1.429 deutsche Staatsbürger gegenüber, die sich zu Studienzwecken in Taiwan aufhalten.[43]

Nichtregierungsorganisationen als wichtige Akteure

In Bezug auf Cultural Diplomacy verschwimmen die Grenzen zwischen staatlichen und nichtstaatlichen Akteuren zunehmend. Die Regierung und ihre Behörden sind nicht (mehr) die einzigen Stellen, die an auswärtiger Kulturpolitik beteiligt sind. NGOs werden im außenpolitischen Kontext zunehmend sichtbar und gewinnen an Einfluss.

Nichtregierungsorganisationen sind wichtige Akteure der Zivilgesellschaft im Bereich der Kulturdiplomatie. Ihnen wird besonderes Vertrauen entgegengebracht, we-

---

41 Vgl. Windel, Peter (2016): Taiwanisches und deutsches Recht - Eine Familiensaga. In: Taiwan in Bewegung - Sechs Jahrzehnte Engagement für Taiwan: Eine Festschrift zum 60jährigen Jubiläum der Deutsch-Chinesischen Gesellschaft e.V. - Freunde Taiwans. S. 65ff.; Wernicke, Stephan (2016): Standortfaktor Recht – Rechtssicherheit in der Republik China (Taiwan) im Rechtsvergleich. In: Taiwan in Bewegung - Sechs Jahrzehnte Engagement für Taiwan: Eine Festschrift zum 60jährigen Jubiläum der Deutsch-Chinesischen Gesellschaft e.V. - Freunde Taiwans. S. 70ff.

42 Vgl. Deutscher Akademischer Austauschdienst (DAAD) und Deutsches Zentrum für Hochschul- und Wissenschaftsforschung (DZHW): Wissenschaft Weltoffen (mehrere Jahrgänge). Im Internet: http://www.wissenschaft-weltoffen.de. Zugriff: 13.11.2021.

43 Vgl. auch den Beitrag des DAAD in dieser Publikation.

gen des ideellen Hintergrunds ihres Engagements und der Repräsentation öffentlicher, gemeinwohlorientierter oder in der klassischen Außenpolitik unzureichend berücksichtigter Interessen. Sie stehen im Dialog mit Regierung und Öffentlichkeit und sind nah am Bürger.[44] NGOs haben eine positive Reputation, sich mit ihrer Expertise in bestimmten Themenfeldern einzubringen. NGOs punkten auch durch ihre Unabhängigkeit, Flexibilität und ihre Präsentationsmöglichkeiten. Der Einfluss von NGOs ist in den verschiedenen Politikbereichen unterschiedlich hoch. Im Bereich der internationalen Politik und Menschenrechtsarbeit leisten NGOs aber unentbehrliche Botendienste sowie wichtige Beiträge im agenda-setting: die politische Agenda wird beeinflusst durch campaigning und eine gezielte Lobby-Arbeit.

Akteure der Zivilgesellschaft tragen auch zunehmend zu den kulturellen Beziehungen im Ausland bei. Gerade binationale NGOs spielen eine wichtige Rolle, bilaterale Beziehungen zwischen Staaten und Gesellschaften zu festigen. Traditionell wurde international Kulturdiplomatie in Taiwan von staatlichen Stellen durchgeführt. Mehr und mehr wird allerdings das große Potential zivilgesellschaftlichen Engagements erkannt.

Seit den 1980er Jahren haben sich NGOs in Taiwan rasant verbreitet. Innenpolitisch haben sie eine wichtige Rolle bei der Demokratisierung und Durchsetzung von Menschenrechten gespielt und die Zivilgesellschaft gestärkt. Außenpolitisch haben sie insbesondere die kulturellen Beziehungen zu anderen Ländern gefestigt. Dort, wo es keine offiziellen diplomatischen Beziehungen gibt, spielen NGOs eine größere Rolle. Der semi-offizielle internationale Status Taiwans eröffnet Spielräume, die von den NGOs genutzt werden. Die demokratische Transformation, wirtschaftliche Liberalisierung und gesellschaftliche Entwicklung haben ein für NGOs optimales Umfeld geschaffen.

Es gibt natürlich eine Vielzahl an NGOs, die sich mit verschiedenen Politikfeldern und Themen beschäftigen. Es gibt aber bisher erstaunlich wenige NGOs, die sich für die deutsch-taiwanischen Beziehungen einsetzen. Der eher semi-offizielle Status eröffnet Spielräume, die im Gegensatz zu offiziellen Regierungsorganisationen von NGOs genutzt werden können. Sie können Themen platzieren, die von der offiziellen Außenpolitik nicht abgedeckt werden (können).

Deutsch-Taiwanische Gesellschaft

Die Deutsch-Taiwanische Gesellschaft e.V. (DTG) wurde als Deutsch-Chinesische Gesellschaft e.V. 1957 gegründet und ist die älteste und größte taiwanbezogene

44 Meerkamp, Frank /Strässer, Christoph (2015): Lobbying im parlamentarischen Bereich. In: R. Speth, A. Zimmer (Hrsg.), Lobby Work, Bürgergesellschaft und Demokratie, S. 224.

NGO in Deutschland[45]. Die Gesellschaft bestand zunächst vor allem aus Abgeordneten des Deutschen Bundestages, denen eine langfristige Entwicklung der Beziehungen beider Länder ein Anliegen war. Sie vereinigt inzwischen Bürgerinnen und Bürger aus Kultur und Wirtschaft, Wissenschaft und Politik, die aus Deutschland oder aus Taiwan stammen.

Taiwan braucht eine starke Stimme der Unterstützung. Die Namensänderung der Gesellschaft ist ein Bekenntnis „schwarz auf weiß" und die Anerkennung der zivilgesellschaftlichen und demokratischen Erfolge der letzten 30 Jahre sowie ein Zeichen gegen die internationale Diskriminierung Taiwans. Die DTG setzt mit dem neuen Namen den Einsatz für freundschaftliche Beziehungen ungemindert fort, spiegelt zugleich klarer als bisher den Wandel in der taiwanischen Gesellschaft und der geopolitischen Situation.

Die DTG fördert das Verständnis für die Fragen Taiwans in Deutschland im Sinne des Völkerverständigungsgedankens. Sie tritt für Aufrechterhaltung, Pflege und Stärkung der vielfältigen Beziehungen zwischen Deutschland und Taiwan ein. Sie begleitet politische Prozesse, mobilisiert die Öffentlichkeit und stellt Sachinformationen bereit. Die DTG steht für eine zeitgemäße Taiwanpolitik. Neben Politik, Wissenschaft und Wirtschaft ist Kultur ein wichtiges Themenfeld.

Die DTG ist parteipolitisch neutral, parteiübergreifend aktiv und hält sich den Spielraum offen, den man bei Veranstaltungen sowohl mit staatlichen bzw. politischen als auch wirtschaftlichen sowie kulturellen Gesprächspartnern benötigt.

Die Gesellschaft unterstützt Taiwan, mischt sich aber nicht in die Innenpolitik Taiwans ein. Die Gesellschaft kann einen Beitrag zur Konfliktlösung leisten zwischen den sich gegenüberstehenden Parteien, indem sie Gespräche initiiert und moderiert. Aber als nichtstaatlicher Akteur kann sie auch offener und „undiplomatischer" agieren und Partei ergreifen. Als privater Verein, ohne offizielle staatliche Absichten, gelingt es ihr einfacher, Spielräume zu nutzen und Veranstaltungen durchzuführen. Sie wirft Themen auf, die nicht durch die offizielle deutsche Taiwan-Politik abgedeckt sind und versucht ein positives Taiwanbild[46] zu vermitteln und die politische Agenda zu beeinflussen. Die DTG agiert komplementär zur offiziellen deutschen China- bzw. Taiwanpolitik. Sie füllt eine Lücke. Die Gesellschaft versteht sich als Impulsgeber. Vorrangiges Ziel ist es, die deutsche Öffentlichkeit für die Situation Taiwans zu sensibilisieren, die Sichtbarkeit Taiwans in der internationalen Arena zu erhöhen. Dabei bietet die Gesellschaft eine Plattform an und lädt zum Dialog ein.

---

[45] Näheres zur Vereinsgeschichte vgl. Deutsch-Chinesische Gesellschaft e.V. - Freunde Taiwans (2018): Taiwan in Bewegung, Sechs Jahrzehnte Engagement für Taiwan, S. 32-50.

[46] Die DTG diskutiert auch kritische Themen, wie z.B. Todesstrafe, Arbeitssituation von Migranten, Lebenssituation Indigener etc.

Mit der vereinsinternen Gründung der Jungen Taiwan Initiative (JTI)[47] spricht die Gesellschaft speziell ein junges Publikum an.

Ein netzwerk-orientiertes Herausfiltern von gemeinsamen Interessen ist die Voraussetzung, um in diesem weiten Feld der Cultural Diplomacy als NGO erfolgreich zu sein. Gemeinsame Themen verbinden Menschen, verbinden Taiwan und Deutschland. Erst das geteilte Interesse verstärkt die Mission und damit den Nachrichtenwert: die Öffentlichkeit wird aufmerksam.

Die DTG hat ihr Netz an Kooperationspartnern und Multiplikatoren im Laufe der Jahrzehnte vergrößert und richtet Veranstaltungen zusammen mit der Taipeh Vertretung, dem Taiwan Verein und anderen zivilgesellschaftlichen Organisationen und Institutionen aus und verfügt über ein breites Spektrum von Veranstaltungsformaten, Aktivitäten und verschiedener Kooperationsmöglichkeiten:

---

47 Die JTI in den sozialen Medien:
Facebook facebook.com/JungeTaiwanInitiative
Instagram @jti_dtg
Twitter @JTIDTG

Die DTG organisiert regelmäßig Workshops zur Sensibilisierung von Politik und Zivilgesellschaft. Dazu zählen wiederkehrende Themenabende zur Aufnahme Taiwans als Beobachter in internationalen Organisationen wie der WHA (Weltgesundheitsversammlung/ World Health Assembly), ICAO (Internationale Zivilluftfahrtorganisation/ International Civil Aviation Organization) oder UNFCCC (Rahmenübereinkommen der Vereinten Nationen über Klimaänderungen / United Nations Framework Convention on Climate Change). Ergänzend werden Maßnahmen auf verschiedenen Ebene ergriffen, wie Advocacy von Entscheidungsträgern, Unterschriftenkampagnen, Öffentlichkeits- und Pressearbeit bis hin zur Organisation von öffentlichen Demonstrationen.

Veranstaltung mit dem Menschenrechtsbeauftragten der Bundesregierung, Christoph Strässer, in der Humboldt-Universität Berlin

Die DTG führt zahlreiche Vortrags- und Diskussionsveranstaltungen sowie Expertengespräche durch. Dazu zählen exemplarisch politische Veranstaltungen wie mit dem Menschenrechtsbeauftragten der Bundesregierung in der Humboldt-Universität, Veranstaltungen zum Thema Sicherheitspolitik in der Taiwanstraße oder den Entwicklungen in Hongkong sowie Wirtschaftsveranstaltungen wie "Taiwan – Wirtschaftspartner für Deutschland und Europa". Aus dem Themengebiet Presse und Gesellschaft berichteten zwei Auslandskorrespondenten vice versa über ihre Arbeit und Erfahrungen in Taiwan und Deutschland. Dies ermöglichte, die verschiedenen wechselseitigen Bilder, Erwartungen, Stereotypen, Klischees, Interessen und Ziele zu vergleichen und gegenüberzustellen.

Die Kulturveranstaltungen reichen von Kunstführungen durch Museen und Ausstellungen, über Vorträge bis hin zu literarischen Abenden mit Autoren und Comic-Künstlern. Die DTG hat traditionelle Salonabende ausgerichtet oder sich an der Ausrichtung von musikalischen Abenden beteiligt. Kultur kann politisch und unpolitisch sein und so sind es auch die Veranstaltungen der DTG.

2017 organisierte die Gesellschaft beispielsweise eine Lesetour durch sechs Universitätsstädte im deutschsprachigen Raum, Hamburg, Düsseldorf, München, Tübingen, Wien, Zürich. Das Projekt wurde vom taiwanischen Kulturministerium durch das Spotlight-Programm gesponsert und stellte das Thema "Transitional Justice" (Vergangenheitsaufarbeitung) in den Mittelpunkt.

Das deutsche Buch „Kriegsrecht“ von Dr. Thilo Diefenbach präsentiert eine Auswahl übersetzter Stücke taiwanischer Literatur. Während der Lesung wurde die taiwanische Literaturlandschaft vor, während und nach dem Kriegsrecht in Taiwan porträtiert sowie die historischen Hintergründe beleuchtet.

Zum ersten Mal wurde dieses facettenreiche Thema einem größeren Publikum vorgestellt. Der Lesung und dem Vortrag folgte eine intensive Diskussion zwischen dem Autor und dem Repräsentanten Taiwans, der gleichzeitig aus literaturwissenschaftlicher, historischer und politischer Sicht ein Experte auf diesem Gebiet ist. Im Anschluss fanden Diskussionsrunden mit dem Publikum statt. Umrahmt wurde das Veranstaltungsformat durch traditionelle taiwanische Musik durch taiwanische Künstler in Europa.

Der DTG gelingt es, Taiwan als facettenreiche, moderne Demokratie, die bereit ist, sich schwierigen und kontroversen Themen zu stellen, zu präsentieren.

Eine Erkenntnis der Lesereise war zudem, dass Taiwan als Thema an deutschen Universitäten deutlich unterrepräsentiert ist. Es gibt an den Sinologie-Instituten eine Taiwan-Lücke. Dafür gibt es unterschiedliche Gründe. Die Konkurrenz und Verdrängung durch Konfuzius-Institute ist sicherlich einer davon. Die Ansprechpartner der Universitäten haben jedenfalls das Gesamtkonzept der Veranstaltungsreihe gerne wahrgenommen. Es ersetzt aber nicht eine notwendige Ergänzung der offiziellen Lehrpläne.

In einer Zeit des generellen Wandels der Diplomatie wird mehr und mehr der digitale Raum für Interaktion und Meinungsäußerung zielorientiert genutzt. In diesem Kontext ist auch der aktive, bunte und informative Instagram-Account der Jungen Taiwan Initiative, der Jugendorganisation der DTG, zu erwähnen: digitale Kultur-Botschaften bringen Taiwan näher und öffnen das Thema für ein neues Publikum.[48]

Während der Corona-Pandemie haben wir gesehen, dass der erfolgreiche Umgang mit Covid-19 zu einer durchschlagenden Soft-Power-Ressource werden kann. So hat sich - nicht zuletzt auch durch die zunehmend aggressiver werdenden Töne aus Peking und die traurigen Entwicklungen in Hongkong - ein nie zuvor dagewesenes Aufmerksamkeitsfenster für Taiwan geöffnet.

---

[48] Vgl. Die Junge Taiwan Initiative (JTI) auf Instagram (2021). In: Taiwan in Bewegung. Band 4: Deutsch-taiwanische Kulturpolitik und politische Kultur.

Diese Dynamik sollte proaktiv genutzt werden durch Einbindung, Teilhabe, und interaktives Engagement, das langfristig angelegt ist und somit auch eine Glaubwürdigkeit in sich trägt. Gefragt sind innovative Kulturformate und neue, kreative Ansätze, die ansprechen und anregen und die politische Agenda unterfüttern.

Letztendlich finden nur erfolgreiche Ideen und Konzepte ihren Weg in Debatten und Diskussionen. Menschen werden in erster Linie erreicht durch Emotionen und interessante Diskussionen.

Gerade in einer Zeit zunehmender Herausforderungen und Provokationen ist es für Taiwan besonders wichtig, Fenster und Türen so weit wie möglich zu öffnen, um nachhaltige Begegnungen zwischen Taiwan und Deutschland in Politik und Zivilgesellschaft zu fördern.

Die Arbeit des Goethe-Instituts Taipei - Ein Standortbericht

Von Jens Rösler

Das Goethe-Institut Taipei wurde vor mehr als 50 Jahren im Jahr 1963 als deutsches Kulturzentrum gegründet. Dabei wurde das „Deutsche Kulturzentrum Taipei“ als erste europäische Kulturinstitution in Taiwan gegründet und übernahm für einige Zeit auch die Aufgaben der inoffiziellen Vertretung Deutschlands. Den Namen Deutsches Kulturzentrum behielt es bis zur Umbenennung in Goethe-Institut Taipei im Juni 2009. Vorangegangen war bereits im Jahr 2006 die vollständige Eingliederung in die interne Verwaltungsstruktur des Goethe-Instituts.

Beim Goethe-Institut Taipei handelt es sich um ein 3-Sparten Institut. Damit sind im internen Sprachgebrauch des Goethe-Instituts die drei Hauptarbeitsbereiche der kulturellen Programmarbeit, der Spracharbeit und der Informations- und Bibliotheksarbeit des Goethe-Instituts gemeint, die pro Standort im weltweiten Institutsnetz der aktuell 160 Institute jeweils unterschiedlich akzentuiert sein können.

Eine wichtige Säule bildet der kulturelle Austausch mit dem Gastland im Bereich der kulturellen Programmarbeit in den Sparten Theater, Tanz, Film, Musik, Bildende Kunst, Literatur. Dabei initiiert das Goethe-Institut Projekte in Kooperation mit Künstlern und Kulturinstitutionen im Gastland und schafft in diesem Kontext neue

Dialogmöglichkeiten des interkulturellen Austausches. Wichtige Partnerinstitutionen in Taiwan sind in diesem Kontext das Taipei Arts Festival, die Nationale Konzerthalle, das Nationaltheater Taipei, Taichung und Kaohsiung, das Taipei Fine Arts Museum und auch die beiden großen Universitäten der Künste im Norden und Süden Taipeis. Einen Schwerpunkt bildet die Theaterarbeit des Goethe-Instituts Taipei. Dabei formen neben deutsch-taiwanesischen Koproduktionen deutsche Gastspiele mit Theatern aus Deutschland neben den zahlreichen Workshops, Vorträgen und Meisterklassen zum Dokumentartheater, der Rolle des Dramaturgen oder der Tradition des deutschen Stadttheaters die Höhepunkte der Theaterarbeit. Zu Gast waren in den letzten Jahren die Kammerspiele, das Deutsche Theater Berlin und das Maxim Gorki Theater.

„Warten auf Godot" - Deutsches Theater Berlin zu Gast in Taipei

Während ausverkaufter Vorstellungen mit 1400 Besuchern pro Vorstellung und in deutscher Sprache mit chinesischen Untertiteln begeisterten die Gastspiele das taiwanesische Publikum. Schon hier zeigt sich, welch große Wertschätzung unsere taiwanesischen Freunde der deutschen Kultur entgegenbringen. Die Zusammenarbeit mit Taiwan im Bereich der kulturellen Beziehungen darf als Glücksfall gelten. Die taiwanesischen Partner sind bestens organisiert, verfügen über eine gute kulturelle Infrastruktur und treten mit Deutschland auf Augenhöhe in Dialog. Dabei wird der offene Dialog auch durch Meinungs- und Pressefreiheit im Gastland und an einer Gesellschaft, die sich an den Werten der offenen und pluralistischen Demokratie orientiert, stark erleichtert und forciert. Auch darf sich Taiwan glücklich schätzen, auf eine große kulturelle Tradition zurückzublicken, die auch nicht durch politische

Unbill wie die große proletarische Kulturrevolution beeinträchtigt wurde. All diese Faktoren machen Taiwan zu einem wertvollen Partner in der kulturellen Zusammenarbeit. Das Interesse an kulturellen Formaten aus Deutschland ist groß, insbesondere Themenfelder wie die deutsche Vergangenheitsbewältigung, der Umgang mit der Digitalisierung und ihren kulturellen Auswirkungen auf das Menschsein und die sozialpolitische Rolle von Kultur, um gesellschaftlich „leiseren" oder benachteiligten Gruppen - zum Beispiel Kindern, Frauen oder gesellschaftlichen Minderheiten - eine Stimme zu geben, machen Deutschland zu einem gefragten Partner.

„Vergessen und Erinnern. Entwicklungstrends der europäischen Geschichtskultur",
National Chiang Kai-Shek Memorial Hall

Diese Fragestellungen durchziehen die performativen und visuellen Künste in Taiwan wie in Deutschland und führen zu neuen Dialogmöglichkeiten. Taiwan hat in den letzten Jahren stark in seine kulturelle Infrastruktur investiert. Hervorragende neue Kultureinrichtungen wie das Nationaltheater Taichung und das Kaohsiung Performing Arts Centre sind errichtet worden. Dabei ist das Goethe-Institut Taipei ein gefragter Partner in der inhaltlichen Planung und Ausrichtung der Programme und diversifiziert diese auch zunehmend räumlich innerhalb Taiwans. Bei der Zusammenarbeit geht es nicht immer nur um Projekte, die auch ein finanzielles Bindeglied haben, sondern das Goethe-Institut Taipei ist auch als Partner im Wissenstransfer gefragt. Häufig dient es auch als Kompetenz- und Ressourcenzentrum, wenn renommierte taiwanesische Kultureinrichtungen ihre Programme mit Kulturprogrammen aus Deutschland planen. Dabei stützt sich das Goethe-Institut selbst auf seine Zusammenarbeit mit den Fachbeiräten in Deutschland, die in allen Kultursparten die Kulturlandschaft in Deutschland in ihrer aktuellen Entwicklung im Blick haben und Vorschläge zu geeigneten Programmformaten machen.

Eine weitere wichtige Sparte der Zusammenarbeit ist die Spracharbeit. Das umfasst die Sprachkurse und Prüfungen im Goethe-Institut Taipei selber, aber auch die bildungspolitische Zusammenarbeit mit dem Bildungsministerium Taiwans zur Förderung von Deutsch als Fremdsprache, mit dem taiwanesischen Germanisten- und Deutschlehrerverband und mit den 5 großen Deutschabteilungen der taiwanesischen Universitäten, aber auch mit den Sekundarschulen innerhalb Taiwans, in denen Deutsch unterrichtet wird, die 5 Schulen der Partnerschulinitiative und die 15 Goethe-Klassenzimmer.

Klassenzimmer

Die Förderung von Deutsch als Fremdsprache in Taiwan ist eine Erfolgsgeschichte. In den letzten Jahren ist die Zahl der Sekundarschulen, die in Taiwan Deutsch im Unterrichtsangebot haben, auf um die 90 gestiegen. Dabei erfreut sich Deutschland in Taiwan eines sehr guten Images als Land mit hohen Bildungsstandards, einer erfolgreichen Wirtschaftsstruktur und auch als ein Land, was in Krisenzeiten gegenüber schwachen Menschen, die auf der Flucht sind, ein freundliches Gesicht gezeigt hat und zeigt. In Kombination mit einem hohen Bildungsbewusstsein der konfuzianisch geprägten taiwanesischen Gesellschaft und auch dem guten Ruf Deutschlands als Bildungsstandort hat das in den letzten Jahren zu stetig steigenden Zahlen an Deutschlernern im Goethe-Institut Taipei selber geführt. Das Goethe-Institut Taipei möchte ein Leuchtturm für den Unterricht für Deutsch als Fremdsprache in Taiwan sein. Dieses Ziel verwirklicht es durch eine Kombination von verschiedenen Instrumenten. Zu nennen sind eine kontinuierliche Lehreraus- und Fortbildung, Stipendien zur Fortbildung, ein zentrales und standardisiertes Auditsystem für die Sprachkurse und die Prüfungen und die Kombination der Sprachkurse mit einem Angebot von Veranstaltungen der kulturellen Programmarbeit und der Informations- und Bibliotheksarbeit.

Bibliothek

Die Informations- und Bibliothekszusammenarbeit des Goethe-Instituts Taipei stellt sich zunehmend auf die Chancen und Herausforderungen der Digitalisierung ein. Ihr Ziel ist es, neben dem Angebot von Wissensressourcen im Schwerpunktthemengebiet der Literatur, der Künste und von Deutsch als Fremdsprache zunehmend Ideen zu entwickeln, wie die Digitalisierung neben der im Kulturaustausch weiterhin essentiellen analogen Begegnung mitgedacht werden kann. Dabei erfasst die Digitalisierung die Informations- und Bibliothekszusammenarbeit des Goethe-Instituts Taipei zunehmend selber. An einer „Wissensbar“ können zahlreiche Angebote des Goethe-Instituts zum Deutsch lernen oder zu weiteren kulturellen Themen mittels I-PAD und Apps abgerufen werden, mittels der Onleihe können die Nutzer ein diverses Angebot von Medien digital ausleihen und das E-Circle System ermöglicht eine digitale Ausleihe in der Bibliothek selber. Im Rahmen von Seminaren zum Wissensmanagement und kulturellen Aspekten der Digitalisierung ist das Thema ganz zentral für die Arbeit des Goethe-Instituts. Auch für die Informations-und Bibliotheksarbeit des Goethe-Instituts Taipei ist der Erfolg der Arbeit ohne die partnerschaftliche Zusammenarbeit mit taiwanesischen Institutionen undenkbar. Einer der wichtigsten Partner in diesem Bereich ist die „Taipei International Book Fair“. In partnerschaftlicher Zusammenarbeit mit der Frankfurter Buchmesse ist das Goethe-Institut Taipei seit vielen Jahren auf der „Taipei International Book Fair“ vertreten. Es gestaltet dabei in der Regel das deutsche Rahmenprogramm für den Auftritt auf der Buchmesse. In den letzten Jahren hat es zahlreiche Autoren aus Deutschland eingeladen zu Lesungen, Workshops und Vorträgen. Dabei liegt das Interesse der taiwanesischen Partner insbesondere auf hochwertigen Veröffentlichungen im Bereich der Graphik-Designkunst und der Kinder- und Jugendbücher. Im Jahr 2019 war Deutschland der Ehrengast auf der „Taipei International Book Fair" und das Goethe-Institut war in Zusammenarbeit mit der Frankfurter Buchmesse eingeladen, das inhaltliche Programm des Gastlandauftrittes zu gestalten. Renommierte deutsche Autor*innen waren zu Gast wie zum Beispiel Ferdinand von Schirach, Miriam Meckel und Ronen Steinke. Im Bereich der Informations- und Bibliotheksarbeit des Goethe-Instituts ist nicht zuletzt das Übersetzungsförderungsprogramm des Goethe-Instituts zu nennen, was in Taiwan und einer lokalen Bevölkerung mit stark ausgeprägter Lesetradition und Lesekultur großen Anklang findet. In den letzten Jahren wurden mit Unterstützung des Goethe-Instituts Taipei für den taiwanesischen Buchmarkt zahlreiche Publikationen vom Deutschen ins Chinesische übersetzt, darunter Franz Kafkas „Das Urteil und der Heizer", Stephan Thomes[1] „Fliehkräfte" und Richard David Prechts „Die Kunst, kein Egoist zu sein".

Taipei International Book Fair 2019 – Premierminister Kuno Chen zu Gast am deutschen Stand

Das Goethe-Institut Taipei arbeitet nicht nur lokal, sondern auch regional im Verbund mit den Goethe-Instituten der Goethe-Verwaltungsregion Ostasien. Dabei liegt der Sitz des Regionalinstituts in Seoul. Bei der regionalen Gliederung der Goethe-

[1] Beitrag "Das prekäre Glück, Taiwaner zu sein" in dieser Publikation.

Welt handelt es sich nicht nur um eine rein verwaltungstechnische Gliederung, sondern die Goethe-Institute in Ostasien arbeiten auch inhaltlich eng zusammen. So nahm das Goethe-Institut Taipei das vom Regionalinstitut Ostasien initiierte Filmprojekt „Die Zukunft der Vergangenheit" in Taiwan innerhalb des Taoyuan Filmfestivals auf. Im Fokus standen filmische Beiträge und Publikumsgespräche mit namenhaften Filmkritikern zum Thema „Vergangenheitsbewältigung" in Ostasien und Deutschland. Dabei fungiert das Goethe-Institut als neutrale Plattform in Themenfeldern der ostasiatischen Vergangenheitsbewältigung zu Themen, die häufig so sensibel sind, dass sie nicht allein von einem nationalen Kulturzentrum der jeweiligen Länder aufgenommen würden in ihren interkulturellen Aspekten. Dabei bleibt zu bemerken, dass insbesondere in Taiwan selbst das Thema Vergangenheitsbewältigung durch die wechselvolle Geschichte Taiwans eine große Rolle spielt und Deutschland ein geschätzter Partner ist.

Filmreihe zum Thema Vergangenheitsbewältigung in Ostasien und Deutschland beim Taoyuan-Filmfestival

Taiwan liegt geographisch weit entfernt von Deutschland, doch vielen Partnern im Kulturbereich ist bewusst, dass Deutschland auch kulturell und geistesgeschichtlich fest in Europa verankert ist. In diesem Sinne engagiert sich das Goethe-Institut Taipei auf diversen europäischen Feldern innerhalb Taiwans. Es liefert jährlich den deutschen Beitrag zum Europäischen Filmfestival Taiwan, engagiert sich mit einem Beratungsstand zu all seinen Angeboten im Rahmen der Europäischen Bildungsmesse Taipei und nimmt mit einem Stand im Rahmen des jährlichen Europatages teil. Darüber hinaus hat es mit Sponsorengeldern des Kulturdezernats der Stadt Taipei die Veranstaltung „Speak Dating“ im Kontext des Europäischen Tages der Sprachen initiiert. Dabei lernen taiwanesische Zielgruppen jeweils fünf Minuten eine europäische Sprache, bekommen einen Stempel in ihren europäischen „Sprachenpass“ und können „en passant“ kleine Preise gewinnen und mehr erfahren über die Kulturen der europäischen Länder.

Europäischer Tag der Sprachen – Speak Dating

Wenn man alle hier beschriebenen Arbeitsfelder zusammengefasst betrachtet, dann liegt die Stärke der bilateralen Kulturbeziehungen und die Strahlkraft des Goethe-Instituts Taipei ganz grundlegend begründet in dem großen Interesse und der großen Offenheit unserer taiwanesischen Freunde gegenüber Deutschland und den Deutschen in allen Facetten. Er wird deutlich, dass viele unserer taiwanesischen Freunde viel mehr wissen über Deutschland als ein „Durchschnittsdeutscher“ über Taiwan.

Es wäre wünschenswert, dass in Zukunft unsere deutschen Mitbürger noch mehr aus erster Hand erfahren über Taiwan und so die Basis dafür legen, dass die kulturellen Beziehungen zwischen taiwanesischen und deutschen Partnern noch weiter gestärkt werden können. Dazu trägt die Deutsch-Taiwanische Gesellschaft ganz maßgebend und dankenswert bei.

Seit der ersten Jahreshälfte 2020 suchte die Welt mit dem SARS-CoV-2-Erreger in beispielloser Weise eine schwere Gesundheitskrise heim und es ist noch nicht abzusehen, wie lange uns diese Krise global noch beschäftigen wird. Taiwan und die lokale Regierung handelten überlegt, effizient und mit einer beeindruckenden Ergebnisbilanz, die den erfolgreichen Schutz der Bevölkerung in den Mittelpunkt stellte. Dies wird im internationalen „Konzert" häufig übersehen. In diesem sicheren Umfeld konnte das Goethe-Institut Taipei als einziges Institut im weltweiten Netz seine oben beschriebenen Angebote unter Einhaltung von Schutzmaßnahmen ohne Unterbrechung für die Zielgruppen fortsetzen. Auch wenn der analoge Austausch zwischen Deutschland und Taiwan durch die Beschränkungen der internationalen Reiserouten aktuell eingeschränkt ist, entwickelt das Institut mit Partnern in Deutschland und Taiwan innovative digitale Projekte und auch digital-analoge Projekte, denen es an wirklicher Aura nicht mangelt. Diese bieten auch Entwicklungsmöglichkeiten für das Institut und die Partnernetzwerke in Taiwan und Deutschland. Ziel ist es, gestärkt aus dieser Krise hervorzugehen, ganz im Kern des Kulturbegriffes Vertrauen und Zusammenleben zu pflegen und das Feld des internationalen Kulturaustausches weiter zu bestellen. In diesem Sinne schaut das Goethe-Institut Taipei zuversichtlich in die Zukunft. Es freut sich, die Deutsch-Taiwanische Gesellschaft dabei an seiner Seite zu wissen.

„Wandel durch Austausch“ – der DAAD und der akademische Austausch zwischen Deutschland und Taiwan

Von Dr. Josef Goldberger

Der DAAD ist die weltweit größte Förderorganisation für den internationalen Austausch von Studierenden und Wissenschaftlern. Seit seiner Gründung im Jahr 1925 hat der DAAD über zwei Millionen Akademiker im In- und Ausland unterstützt. Er wird als Verein von den deutschen Hochschulen und Studierendenschaften getragen. Seine Tätigkeit geht weit über die Vergabe von Stipendien hinaus: Der DAAD fördert die Internationalisierung der deutschen Hochschulen, stärkt die Germanistik und deutsche Sprache im Ausland, unterstützt Entwicklungsländer beim Aufbau leistungsfähiger Hochschulen und berät die Entscheider in der Bildungs-, Außenwissenschafts- und Entwicklungspolitik.

Aufbau der Beziehungen mit Taiwan

In Taiwan blickt der DAAD auf eine langjährige Geschichte des fruchtbaren akademischen Austausches zurück. 1956, sechs Jahre nach der Neugründung des DAAD, konnten erstmals Studierende aus Taiwan durch den DAAD gefördert werden.[1] Der DAAD beauftragte in diesem Jahr über das deutsche Generalkonsulat in Hongkong den „Chinesisch-Deutschen Kultur- und Wirtschaftsverband“[2] mit der Vorauswahl von Stipendiaten. Zwischen 1955 und 1982 konnten derart 233 taiwanischen DAAD-Stipendiaten ein Studium in Deutschland ermöglicht werden.[3] Erst nach Gründung des DAAD Informationszentrums in Taipeh (kurz DAAD IC Taipeh) 2000 erfolgte die Studierendenauswahl durch das Informationszentrum.

---

1 Die Beziehungen des DAAD mit der Republik China reichen über Taiwan hinaus: Bereits 1935 förderte der DAAD erstmals den Studienaufenthalt einer Gruppe chinesischer Studierender in Deutschland. Aufgrund der politischen Entwicklungen musste dieses erste sehr erfolgreiche Austauschprogramm des DAAD mit der Republik China 1937 abgebrochen werden.

Vgl. Tian Zhengping 田正平, Wang Heng 王恆 (2016): Studie zum Graduiertenaustausch in der Repub lik China – Am Beispiel des Graduiertenaustausches der Tsinghua Universität mit deutschen Hochschulen. 民國時期的研究生交換研究 — 以清華大學和德國大學的研究生交換為中心. In: Social Science Front 2016, 8, S. 234-242.

2 Zu diesem Zeitpunkt nannte sich der 1933 gegründete Verband noch „Chinesisch-Deutscher Kulturverband“ (中德文化協會).

3 Vgl. Chinesisch-Deutscher Kultur- und Wirtschaftsverband 中德文化經濟協會: Jubiläumsausgabe zum 80. Jahrestag der Gründung des Chinesisch-Deutschen Kultur- und Wirtschaftsverbandes. 中德文化經濟協會成立八十週年紀念特刊. S. 84-86.

DAAD Lektorate in Taiwan

Neben der Förderung des Studierendenaustausches ist auch die Stärkung der Germanistik und der Rolle der deutschen Sprache im internationalen Austausch eine der Kernaufgaben des DAAD. Vom DAAD entsandte Lektoren übernahmen darüberhinaus im interkulturellen Austausch zwischen Taiwan und Deutschland immer wieder wichtige Aufgaben. So wurde das deutsche Kulturzentrum Taipei, das später im Goethe-Institut Taipei aufging, 1963 vom DAAD-Lektor Dr. Joachim Wiercimok gegründet.[4] 1966 wurde an der Fu-Jen-Universität das erste reguläre DAAD-Lektorat in Taiwan eingerichtet, das bis 2016 über fünfzig Jahre hindurch durchgängig besetzt werden konnte. Der erste DAAD-Lektor an der Fu-Jen-Universität war der deutsche Sinologe und Musikwissenschaftler Joachim Fritzen. 1989 wurde ein weiteres DAAD-Lektorat an der National Taiwan Universität eingerichtet, das 2000 in ein DAAD IC-Lektorat umgewandelt wurde. Die DAAD-Lektorin Dr. Susanne Scharnowski wurde auf diese Weise auch zur ersten Leiterin des DAAD Informationszentrums in Taipeh. Später wurde dieses IC-Lektorat an die National Cheng Chi University umverlegt, das in dieser Form bis heute besteht.[5] Dem Konzept der Informationszentren entsprechend, geht jeder Leiter eines Informationszentrums auch einer Unterrichtsverpflichtung an einer Hochschule nach. Zeitweilig wurde auch an der National Kaohsiung First University of Science and Technology[6] ein weiteres Lektorat durch den DAAD gefördert.

Aufgaben des DAAD Informationszentrums Taipeh

Ausdruck der besonderen Bedeutung Taiwans für die deutsche Akademia war die Gründung eines der ersten DAAD Informationszentren weltweit im Jahr 2000 in Taipeh. Hier wird kostenfreie Beratung für Eltern, Studierende, Doktoranden und erfahrene Wissenschaftler angeboten. Taiwanische Studierende, Graduierte und Wissenschaftler werden über Studium und Forschung in Deutschland sowie über Fördermöglichkeiten des DAAD und anderer deutscher Förderorganisationen beraten. Zudem unterstützt das IC deutsche Stipendiaten und Hochschullehrer während ihres Aufenthaltes in Taiwan und informiert deutsche Hochschulvertreter

---

4 Vgl. Meerkamp, Frank; Sophie-Caroline Zillessen (2018): 60 Jahre Deutsch-Chinesische Gesellschaft - Freunde Taiwans. In: Taiwan in Bewegung. Sechs Jahrzehnte Engagement für Taiwan: Eine Festschrift zum 60jährigen Jubiläum der Deutsch-Chinesischen Gesellschaft e.V. - Freunde Taiwans, herausgegeben von Deutsch-Chinesischen Gesellschaft e.V., S. 32–49, hier S. 35.

5 Zur Geschichte des DAAD IC Taipeh vgl. auch: Tung Peilan **董佩蘭**: Jubiläum: 20-Jahre DAAD Informationszentrum Taipeh. DAAD 台北德國學術交流資訊中心在台成立 20 年. Im Internet: https://www.daad.org.tw/de/2020/07/21/jubilaeum-20-jahre-daad-informationszentrum-taipeh. Zugriff: 01.10.2020.

6 Inzwischen wurde die Hochschule mit zwei weiteren Hochschulen zur National Kaohsiung University of Science and Technology (NKUST) zusammengeschlossen.

über die taiwanische Hochschul- und Forschungslandschaft. Deutsche Hochschulen werden beim Aufbau partnerschaftlicher Beziehungen durch den DAAD beraten und unterstützt. Von besonderer Bedeutung ist die Bewerbung von zahlreichen Stipendienprogrammen und Bearbeitung der Anträge bis hin zur Durchführung der Endauswahl der Stipendiaten. Neben klassischen Instrumeten zur Bewerbung der Stipendien und Studienberatung, wie Informationsbroschüren, Flyern, Newslettern, Hochschulvorträgen, E-Mail-, Telefon- und persönlicher Studienberatung setzt das DAAD IC Taipeh bei der Kommunikation mit seiner Zielgruppe auch auf Social Media wie Facebook und Youtube und veranstaltet Online-Vorträge. Der DAAD fördert die Teilnahme deutscher Hochschulen bei der jährlich in Taiwan stattfindenden European Education Fair Taiwan (EEFT) und veranstaltet wissenschaftliche Veranstaltungen und Konferenzen. Durch eine in Kooperation mit dem taiwanischen Wissenschaftsministerium (MoST) veranstaltete Serie von Info-veranstaltungen sollen taiwanische Promovenden und Nachswuchswissenschaftler für einen Forschungsaufenthalt in Deutschland gewonnen werden.

Das DAAD IC Taipeh: Links Mollien Tao (Öffentlichkeitsarbeit, Studienberatung), Mitte: DAAD IC Leiter Dr. Josef Goldberger, rechts Tung Peilan (Büroleitung und Studienberatung)

Stipendienprogramme

In Zusammenarbeit mit dem taiwanischen Ministry of Science and Technologie (MoST) und dem Ministry of Education (MoE) konnte der DAAD eine Reihe von bilateralen Stipendien- und Austauschprogrammen einrichten. Besonders erfolgreich sind die „Programme des projektbezogenen Personenaustauschs" (kurz PPP). Über diese Programme können Forschungsreisen binationaler Wissenschaftlerteams gefördert werden. Im „Taiwan Summer Institute Programme" hingegen werden Kurzforschungsaufenthalte von Jungwissenschaftlern, zumeist Master- und PhD-Studierende, an taiwanischen beziehungsweise deutschen Forschungseinrichtungen finanziert. Besonders viele Bewerbungen findet auch das von der privaten Tsung-Cho-Chang Foundation finanzierte und vom DAAD IC Taipeh seit 2011 verwaltete Stipendienprogramm für taiwanische Masterstudierende in Deutschland. Hinzu kommt eine Vielzahl weiterer DAAD Stipendien- und Forschungsförderprogramme, für die sich deutsche und taiwanische Studierende und Forscher bewerben können. Die Zahl der taiwanischen Studierenden, die vom DAAD unterstützt werden, ist zwischen 2003 und 2019 relativ konstant und macht zwischen 120 und 170 Personenförderungen im Jahr aus. Die Zahl der Förderungen des DAAD für deutsche Studierende im selben Zeitraum hat sich hingegen sogar mehr als verdreifacht (362 Personenförderungen im Jahr 2019). Derart versucht der DAAD auch mehr deutsche Staatsbürger für einen Studien- oder Forschungsaufenthalt in Taiwan zu begeistern.

DAAD-Förderstatistik Taiwan (alle Förderbereiche)

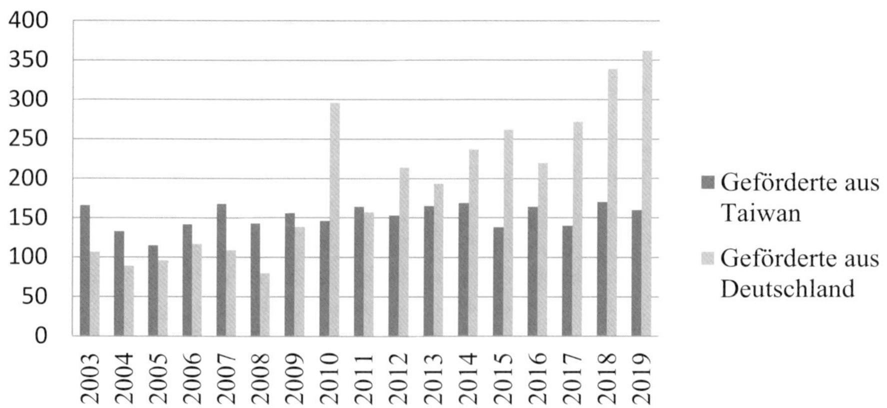

Anzahl der taiwanischen Studierenden in Deutschland

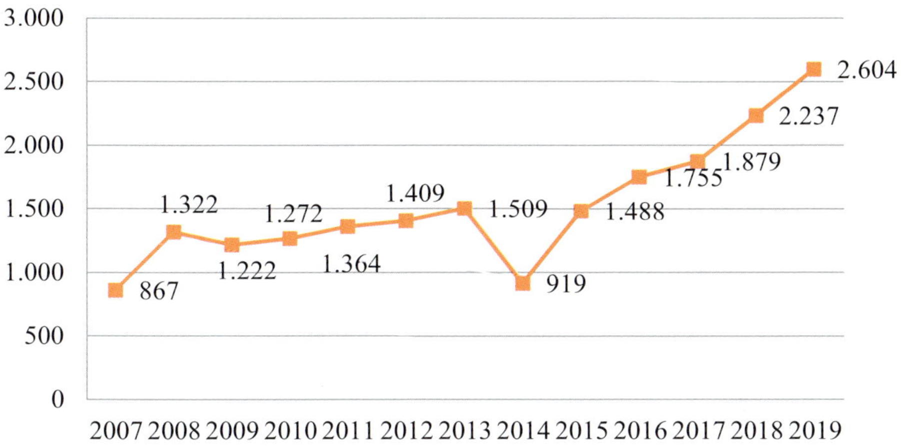

Quelle: Wissenschaft weltoffen (mehrere Jahrgänge)
Anmerkung: Der Einbruch der Studierendenzahlen im Jahr 2014 ist auf die statistische Fehlerfassung taiwanischer Studierender zurückzuführen: Viele Hochschulanmeldesysteme haben in diesem Jahr eine neue Meldesoftware eingeführt, bei der Studierende aus Taiwan als Staatsbürger der VR China erfasst worden sind. Dieser Fehler ist inzwischen weitestgehend behoben worden.

Während die Zahl der taiwanischen Studierenden, die einen Studienaufenthalt im Ausland antreten, vor allem demographisch bedingt rückläufig ist und insbesondere traditionell sehr beliebte Zielländer für einen Studienaufenthalt wie die USA und Großbritannien (auf sehr hohem Niveau) einen Rückgang der Bewerberzahlen verzeichnen, lässt sich ein starker Trend zu einem Studienaufenthalt in Deutschland bei taiwanischen Studienbewerbern feststellen. Die Zahl der taiwanischen Studierenden in Deutschland hat sich innerhalb von zehn Jahren bis 2019 mehr als verdoppelt,[7] die Zahl deutscher Staatsbürger, die sich in Taiwan zu Studienzwecken aufhalten, hat sich im selben Zeitraum sogar beinahe vervierfacht.[8] Die Zunahme der Austauschintensität ist auch im Trend zu kürzeren Studien- und Forschungsaufenthalten beispielsweise über Hochschulaustauschprogramme

---

7 Vgl. Deutscher Akademischer Austauschdienst (DAAD) und Deutsches Zentrum für Hochschul- und Wissenschaftsforschung (DZHW): Wissenschaft Weltoffen (mehrere Jahrgänge). Im Internet: . Zugriff: 01.10.2020.

8 Ministry of Education 教育部: Education Statistics 2020. The Republic of China. 中華民國 109 年版. 教育統計. Taipeh, 2020. S. 172-173.

Ministry of Education 教育部: Education Statistics 2011 Edition. The Republic of China. 中華民國 100 年版. 教育統計. Taipeh, 2011. S. 80-81.

begründet. Den 2.604 taiwanischen Studierenden in Deutschland (2019) stehen laut Zählung des taiwanischen Ministry of Education im selben Jahr immerhin 1.429 deutsche Staatsbürger gegenüber, die sich zu Studienzwecken in Taiwan aufhalten.[9] Jedoch nur 134 deutsche Studierende streben auch in einem regulärem Vollstudium in Taiwan einen Studienabschluss an, wohingegen die überwiegende Mehrheit (80 %) der in Deutschland studierenden Taiwaner beabsichtigt, einen akademischen Titel in Deutschland zu erwerben.

Traditionell besonders beliebt ist Deutschland bei Studierenden der Juristik; bis in die 90er Jahre waren entsprechend ein Drittel aller durch den DAAD geförderten Taiwaner Juristen.[10] Inzwischen hat sich dieses Bild gewandelt und man kann in allen Fachrichtungen an einer Vielzahl deutscher Hochschulen taiwanische Studierende antreffen. Die seit dem Wintersemester 2016 geltende Änderung der allgemeinen Zulassungsvoraussetzungen, aufgrund der taiwanische Schulabgänger direkten Zugang zu Bachelor-Studiengängen in Deutschland haben, führte zu einer deutlich höheren Nachfrage nach Bachelorangeboten. Die meisten Taiwaner entscheiden sich jedoch nach wie vor erst nach Absolvierung eines Grundstudiums in Taiwan für ein fortführendes Studium in Deutschland.

Hochschulkooperationen

Das 2005 unterzeichnete „Taiwanese-German Academic Links Agreement", das die bilaterale Anerkennung von Studienabschlüssen garantiert, ist der wohl wichtigste Meilenstein in der Entwicklung der taiwanisch-deutschen Hochschulkooperation. Noch dramatischer als die Steigerung der Studierendenzahlen nahm in der Folge die Zahl der deutsch-taiwanischen Hochschulkooperationen zu: Die Hochschulrektorenkonferenz (HRK) zählt gegenwärtig

[9] Ministry of Education 教育部 (2021): Education Statistics 2020. The Republic of China. 中華民國 109 年版. 教育統計. Taipeh. S. 172-173.

[10] Vgl. Zhang Hao (2000): Taiwanische Studenten in Deutschland in den 90er Jahren. In: 120 Jahre chinesische Studierdende an deutschen Hochschulen, herausgegeben von Christoph Kaderas und Meng Hong. DAAD-Forum: Studien, Berichte, Materialien 22, 54–60. Bonn: DAAD, Deutscher Akademischer Austauschdienst.

Studienwahl taiwanischer Studierender WS 2018/19

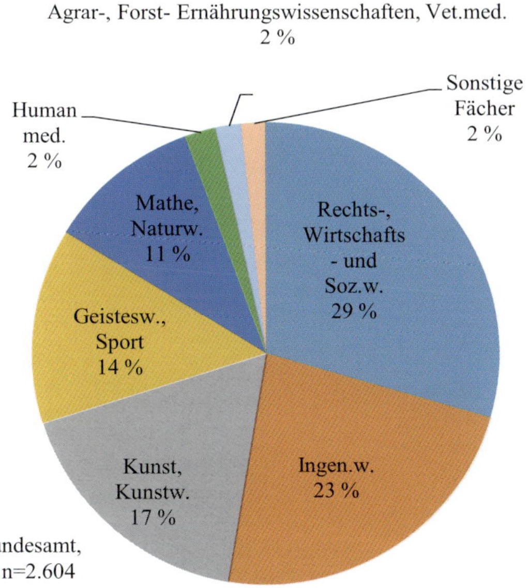

Quelle: Statistisches Bundesamt,
DZHW Berechnungen; n=2.604

Angestrebter Studienabschluss taiwanischer Studierender WS 2018/19

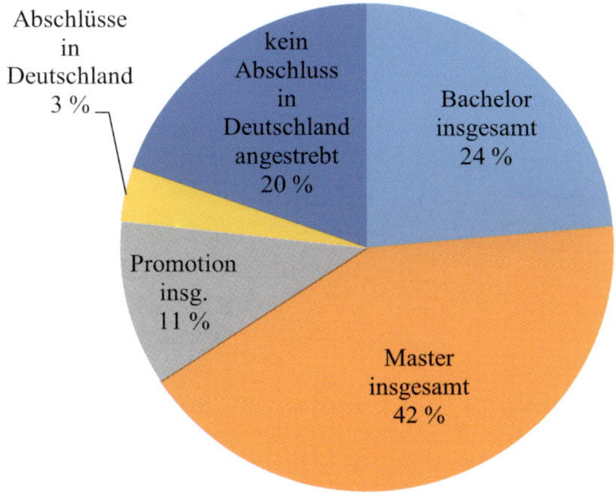

Quelle: Statistisches Bundesamt,
DZHW Berechnungen; n=2.604

309 Kooperationsvereinbarungen taiwanischer und deutscher Hochschulen.[11]

Die Zahl der Kooperationsvereinbarungen hat sich damit seit 2009 versiebenfacht. Mit keinem anderem Hochschulsystem Ostasiens weist Deutschland in Relation zur Gesamtbevölkerung eine höhere akademische Kooperationsintensität auf.

Ausblick

Taiwan ist mit einer der innovativsten und fortschrittlichsten Bildungs- und Forschungslandschaften Ostasiens ein langjähriger und zuverlässlicher Partner des DAAD und der deutschen Hochschulen. Taiwanische Studierende und Forscher sind an deutschen Hochschulen gerne gesehene Gäste, die in ihren Studienvorhaben als überdurchschnittlich erfolgreich und in ihrer Forschung als sehr gewissenhaft gelten. Gemeinsam wurde über die Jahre hinweg eine stabile Grundlage für viele weiter nachhaltige und fruchtbare akademische Kooperationen geschaffen. Die Steigerung der Zahl der Deutschen Studiernden, insbesondere der in regulären Kursen eingeschriebenen Deutschen mit der Absicht einen Studienabschluss in Taiwan zu erwerben, ist aus Sicht des DAAD ein erstrebenswertes Ziel. In Deutschland sind leider die vielfältigen Möglichkeiten ein Studium in Taiwan, etwa in englischsprachigen Studiengängen, zu absolvieren noch zu wenig bekannt. Der Großteil der deutschen Studierenden bewirbt sich gegenwärtig für Kurzprogramme und Sprachkurse an einer kleinen Zahl taiwanischer Hochschulen in und um den Großraum Taipeh. Durch geförderte Studienaufenthalte auch außerhalb der bekannten Einrichtungen und der großen Zentren kann das Interesse an Taiwan als Studien- und Forschungsstandort bei einer neuen Generation geweckt werden und das Verständnis für eine nur dem Anschein nach „fremde" Kultur geschaffen werden.

---

11 Vgl. Hochschulrektorenkonferenz (HRK): Internationale Hochschulkooperationen. Im Internet: https://www.internationale-hochschulkooperationen.de/staaten.html. Zugriff 01.10.2020. Eine vollständigere Liste des taiwanischen Ministry of Education zählt 2017 404 Kooperationsvereinbarungen zwischen deutschen und taiwanischen Hochschulen.

Vgl. Ministry of Education 教育部: Auflistung akademischer Kooperationsvereinbarungen.

學術交流統計總表. Im Internet: http://de-

part.moe.edu.tw/ED2500/cp.aspx?n=377F113E5F74099D&s=6BAAA64458113E78. Zugriff 01.10.2020.

Aus der Arbeit der Abteilung für Bildung der Taipeh Vertretung

Von Sabine Chin-ying Weng (翁勤瑛), *Leiterin der Bildungsabteilung*[1]

Die **Verstärkung der Bildungszusammenarbeit zwischen Taiwan und Deutschland** wurde 2018 in einer Absichtserklärung zwischen dem Bildungsministerium von Taiwan und der Kultusministerkonferenz dokumentiert. Darin bekräftigen beide Seiten, dass die Erklärung einen wichtigen Beitrag zur Intensivierung der freundschaftlichen Beziehungen zwischen Deutschland und Taiwan sowie zur weiteren Förderung der Bildungszusammenarbeit leisten soll. Schwerpunkte bilden die Stärkung des Schüleraustauschs und der Ausbau von Partnerschaften zwischen deutschen und taiwanischen Schulen sowie die Stärkung des Lehreraustauschs und die Zusammenarbeit in der Lehrerfortbildung. Auch in der beruflichen Bildung wird eine intensivere Kooperation angestrebt. Die Förderung der Partnersprache im jeweils anderen Land steht ebenso auf der Liste der gemeinsamen Absichten.

Derzeit bestehen über 20 aktive **Schulpartnerschaften** zwischen deutschen und taiwanischen Schulen, von denen die älteste 2017 ihr 30-jähriges Bestehen feierte. Dabei spielt es keine Rolle, ob an den Schulen die Partnersprache unterrichtet wird oder nicht. Viele Schülerinnen und Schüler konnten in den jährlichen Schüleraustauschen das jeweils andere Land kennenlernen, und es sind viele Freundschaften entstanden. Dabei ist es auch schon vorgekommen, dass so ein Austausch die spätere Studienwahl beeinflusste.

Zur Unterstützung des chinesischen Sprachunterrichts im Ausland gibt es ein Programm des Bildungsministeriums, mit dem qualifizierte **Sprachlehrkräfte und Sprachassistenten** aus Taiwan an Universitäten und private Schulen entsendet und bezuschusst werden. Mehrere deutsche Universitäten nehmen dieses Angebot bereits viele Jahre in Anspruch. So sind derzeit 6 Sprachlehrkräfte und 8 Sprachassistenten in Deutschland im Einsatz.

Wer den Stand seiner Chinesischkenntnisse genau wissen möchte, kann dies im „*Test of Chinese as a Foreign Language*“ prüfen und sich bescheinigen lassen. Der standardisierte und anerkannte Sprachtest wird in Deutschland einmal im Jahr in mehreren Städten angeboten. Die Teilnehmer erhalten bei Bestehen ein Zertifikat über ihren Sprachkenntnisstand.

---

1 Sabine Chin-ying Weng war Leiterin der Bildungsabteilung bis Juli 2021. Die Abteilung für Bildung repräsentiert Taiwan in allen schulischen, akademischen und bildungspolitischen Belangen und vertritt das taiwanische Bildungsministerium.

Hochschulpolitische Fragestellungen sowie die Themen Hochschulzusammenarbeit in Studium, Lehre und in der Promotionsphase standen auf dem Programm des **deutsch-taiwanischen Hochschulforums,** welches 2016 in Deutschland und 2019 in Taiwan stattfand. Die Gelegenheit zu einem Austausch zwischen Hochschulvertreterinnen und -vertretern der beiden Länder stieß auf reges Interesse und fruchtbaren Boden bei den teilnehmenden Hochschulleitungen. Organisiert wurden die Foren von der *Hochschulrektorenkonferenz* (HRK) und der taiwanischen Partnerorganisation *Foundation for International Cooperation in Higher Education of Taiwan* (FICHET) mit Unterstützung der Abteilung für Bildung der Taipeh Vertretung in der Bundesrepublik Deutschland und dem taiwanischen Bildungsministerium.

An vier renommierten deutschen Universitäten werden die Taiwanstudien im sog. *Taiwan Studies Project* in Lehre und Forschung vom Bildungsministerium von Taiwan finanziell gefördert und erhalten so ein stetig wachsendes Gewicht. 2018 wurde die **erste Juniorprofessur am Lehrstuhl Moderne Taiwan-Studien an einer deutschen Universität** eingerichtet. In einer Kofinanzierung des Bildungsministeriums von Taiwan und der Eberhard Karls Universität Tübingen wurde eine auf zunächst 6 Jahre geplante Juniorprofessur Moderne Taiwan-Studien geschaffen mit dem Ziel, sozialwissenschaftliche Lehre und Forschung über Taiwan aus gesellschaftlicher, politischer und kultureller Perspektive durchzuführen.

Zwischen deutschen und taiwanischen Hochschulen besteht eine stattliche Zahl an **Hochschulkooperationen**. Im Jahr 2019 wurde zudem eine Kooperation zwischen zwei Hochschulverbünden beider Länder besiegelt. Der deutsche Hochschulverbund HAWtech mit 6 Hochschulen und der taiwanische Hochschulverbund TAItech mit ebenfalls 6 Hochschulen beschlossen die Zusammenarbeit im Bereich Austausch von Studierenden und Lehrenden. HAWtech teilt dazu mit: „So sollen zukünftig Studierende beider Allianzen die Möglichkeit eines Studien- oder Praxisaufenthaltes erhalten, an Sommerschulen teilnehmen oder bei Studienreisen die Partnereinrichtungen kennenlernen. Auch Lehrende sollen sich in Forschung und Lehre vernetzen und in den Partnerhochschulen weiterbilden können.“[2]

Die Gesamtzahl der Hochschulen und Universitäten in Taiwan, die alle dem Bildungsministerium (Ministry of Education, MoE) unterstehen, liegt nach einer Ausbauphase in den Jahren 1995 – 2005 heute bei knapp 160. Sowohl aufgrund der zunehmenden Bedeutung der Internationalisierung weltweit als auch durch vermehrte Rekrutierung seitens der taiwanischen Bildungseinrichtungen ist die Zahl der internationalen Studierenden in den vergangenen Jahren merklich gestiegen. Im Jahr 2019 wurden insgesamt 130.417 Studierende aus dem Ausland (inklusive der Volks-

---

2 HAWtech (2019): Internationale Zusammenarbeit: HAWtech meets TAItech in Taiwan. Im Internet: https://www.hawtech.de/presse/pressemeldungen/details/news. Zugriff 28.09.2020.

republik China, Hongkong und Macau) in Taiwan verzeichnet. Dies beinhaltet ordentliche Studierende (63.530), Austauschstudierende (21.938), Kurzprogramme (10.630), Sprachstudenten (32.457) und Studierende in Overseas Youth Vocational Training Schools (1.862). Unter den Studierenden aus Europa liegt Deutschland zahlenmäßig hinter Frankreich an zweiter Stelle mit 1.429 Studierenden im akademischen Jahr 2019/2020 (davon 41 % Austauschstudium, 45 % Sprachstudium, 9 % Vollstudium, 5 % Kurzprogramme).[3]

Das Bildungsministerium von Taiwan vergibt in zwei Programmen **Stipendien** an ausländische Studierende und Graduierte für einen Studienaufenthalt in Taiwan. Im *Taiwan Scholarship Program* werden Vollstudien – BA, MA oder Ph.D. – jeder Fachrichtung an einer Universität in Taiwan gefördert. Im *Huayu Enrichment Scholarship* wird der Spracherwerb oder -ausbau der chinesischen Sprache für 6- oder 12 Monate an einem universitären Sprachzentrum in Taiwan gefördert. Diese Programme werden jedes Jahr erfolgreich und gerne wahrgenommen. Lesen Sie selbst:

„Auch wenn die Zeit in Taiwan wie im Nu vorrübergegangen ist, habe ich in den sechs Monaten mehr gelernt, als ich es mir hätte vorstellen können. Wer die Möglichkeit hat, sich um das Huayu Enrichment Scholarship zu bewerben, sollte die Chance auf jeden Fall nutzen, denn es bringt ein einmaliges und unvergessliches Erlebnis mit sich." (Sprachstudentin, 6-monatiger Aufenthalt)

„Insgesamt kann ich nach zwei Jahren Studium in Taiwan sagen, dass meine Zeit an der National Chengchi University ein voller Erfolg war. ... Es ist mir gelungen, eine 130 Seiten lange Masterarbeit komplett auf Chinesisch zu verfassen. Neben meinen Sprachfähigkeiten konnte ich auch meine Fachkenntnisse massiv ausbauen. Die Möglichkeit aus den Perspektiven verschiedener Länder Problemstellungen zu studieren erwies sich dabei als Schlüssel zum Erfolg. Auch wenn das Studium sehr anstrengend und zeitaufwendig war, möchte ich es um keinen Preis missen.
Am Ende komme ich zu dem Schluss, dass meine Zeit in Taiwan eigentlich viel zu kurz war, und ich gerne noch länger im Land geblieben wäre. Ich bin jedoch sehr dankbar für die großartige Gelegenheit, die mir Taiwan, meine Universität und meine Stipendiengeber ermöglicht haben." (Masterstudent in Taiwan)

Abgesehen von stark verbesserten Sprachkenntnissen oder einem Studienabschluss war das Ergebnis des Taiwanaufenthaltes bei der einen oder dem anderen der Stipendiatinnen und Stipendiaten auch eine deutsch-taiwanische Eheschließung.

Die Arbeit der Abteilung für Bildung ist ein hervorragender Baustein zur Stärkung der guten und ertragreichen Beziehungen zwischen den beiden Ländern.

---

3 Vgl. Ministry of Education. Statistics. Im Internet https://depart.moe.edu.tw/ed4500/News_Content.aspx?n=5A930C32CC6C3818&sms=91B3AAE8C6388B96&s=596D9D77281BE257.

Das European Research Center on Contemporary Taiwan – A CCK Foundation Overseas Center an der Universität Tübingen

Von Stefan Braig und Prof. Gunter Schubert

Das *European Research Center on Contemporary Taiwan* (ERCCT)[1] wurde 2008 in Kooperation mit der *Chiang Ching-kuo Foundation for International Scholarly Exchange* (CCK Foundation) an der Universität Tübingen gegründet, um der sozialwissenschaftlichen Beschäftigung mit dem heutigen Taiwan eine Plattform zu bieten. Hier sollen europäische Nachwuchswissenschaftler*innen, die sich in empirischen Forschungsprojekten mit Politik, Wirtschaft und Gesellschaft Taiwans sowie mit den vielfältigen Beziehungen zwischen Taiwan und der VR China beschäftigen, zusammenkommen, um ihre Forschungsvorhaben voranzutreiben. Entscheidend ist dabei die konstruktive Diskussion über diese Projekte in methodischer und theoretischer Hinsicht, sowohl untereinander als auch mit internationalen Taiwanforschern und taiwanischen Sozialwissenschaftlern, die regelmäßig als *Visiting Scholars* am ERCCT zu Gast sind. Der akademische Austausch und die Begegnung mit Taiwanerinnen und Taiwanern sind von zentraler Bedeutung für die Arbeit des Tübinger Zentrums und werden durch verschiedene Programme systematisch gefördert: im Rahmen des *Visiting Fellow*-Programms werden regelmäßig im Winter- und Sommersemester je zwei taiwanische Doktorand*innen für einen Monat eingeladen, im *Tutorial System* unterstützen die 20 Partnerinstitute des ERCCT in Taiwan die *ERCCT Fellows* organisatorisch und praktisch bei der Feldforschung im Land, und beim jährlichen *Taiwan-Europe Young Scholars Workshop* (gefördert auch von Taiwans *Ministry of Foreign Affairs*) kommen ebenfalls Nachwuchswissenschaftler*innen aus Taiwan und Europa für eine Woche in Tübingen zusammen, um ihre Projekte, häufig zu einem bestimmten Schwerpunktthema, zu diskutieren, persönliche Verbindungen zu knüpfen und Forschungsnetzwerke zu bilden.

Die *Fellows* des ERCCT promovieren zum Teil an der Universität Tübingen, zum Teil arbeiten sie als externe Doktorand*innen und *Postdocs* am Zentrum. Letztere können dabei das *Visiting Fellow Programme* oder *Short-Term Resident Fellow Programme* des ERCCT nutzen. Die Bandbreite der behandelten Forschungsthemen reicht dabei von den Möglichkeiten der Teilnahme Taiwans in internationalen Organisationen, der Umsiedlung der Bewohner einer Militärangehörigen-Siedlung in Taipei bis zum Beitrag der Presbyterianischen Kirche zur taiwanischen Nationalbildung und der innertaiwanischen Auseinandersetzung über die wirtschaftliche und soziale Integration der beiden Seiten der Taiwanstraße.

---

[1] Weiterführende Informationen zum ERCCT finden Sie auf der Website des Zentrums unter: https://uni-tuebingen.de/einrichtungen/zentrale-einrichtungen/european-research-center-on-contemporary-taiwan.

Zusammen mit europäischen und taiwanischen Partnern richtet das ERCCT auch internationale akademische Workshops und Konferenzen aus, so etwa zum Thema „Navigating Stormy Waters: Assessing the First Presidency of Tsai Ing-wen" im Dezember 2019 zusammen mit den Kollegen vom Taiwan Studies Programme der University of Nottingham oder den Internationalen Workshop zum Thema „The China Impact on Taiwan" im Juni 2012 gemeinsam mit dem Institute of Sociology der Academia Sinica. Und auch die *European Association of Taiwan Studies* war mit Ihrer Jahreskonferenz 2010 am ERCCT zu Gast und ist seitdem auch in das Tübinger Vereinsregister eingetragen.

Einen weiteren Aspekt der Tätigkeit des ERCCT bildet die Sichtbarmachung Taiwans in der universitären und außeruniversitären deutschen Öffentlichkeit. Hierzu dienen vor allem das jährliche *Taiwan-Dokumentarfilm-Festival*, bei dem im Tübinger Kino Arsenal (oder in Pandemie-Zeiten online) Dokumentationen aus Taiwan, meist mit thematischem Schwerpunkt auf einem bestimmten gesellschaftlichen Problemfeld, gezeigt und mit einem Gastregisseur diskutiert werden. Hinzu kommen gelegentlich weitere Kulturveranstaltungen wie Konzerte taiwanischer Musiker oder die im Oktober 2017 in Zusammenarbeit mit der DCG e.V. (nach Umbenennung

DTG) durchgeführte Lesung mit Diskussion, bei der Prof. Shieh Jhy-wey und Dr. Thilo Diefenbach über dessen Literatur-Anthologie „Kriegsrecht“ sprachen.

Das Tübinger Zentrum, das Prof. Dr. Gunter Schubert, Inhaber des Lehrstuhls für *Greater China Studies* an der Abteilung für Sinologie des Asien-Orient-Instituts der Tübinger Universität, gemeinsam mit Frau Jun.-Prof. Dr. Tseng Yu-chin (*Modern Taiwan Studies*) leitet, wurde in Anerkennung seiner Arbeit 2014 in den Rang eines von weltweit nur vier *Overseas*-Zentren der CCK Foundation erhoben.

Working Holiday Programm

@Alexis, Pixabay

Es gibt viele Gründe für einen Auslandsaufenthalt. Eine Zeit im Ausland zu verbringen steigert die sprachlichen Fähigkeiten, die sozialen Kompetenzen, baut Brücken zwischen verschiedenen Kulturen und Nationalitäten und sorgt dafür, sich selbst und die Welt noch einmal ganz anders kennenzulernen. Die Wege, die ins Ausland führen, sind vielfältig.

Ein Weg für junge Menschen zwischen 18 und 30 Jahren ist das Working-Holiday-Programm.

Nachdem Deutschland in der Vergangenheit bereits Working-Holiday-Programme mit Australien, Japan, Neuseeland, Südkorea und Hongkong (sowie ein Jugendmobilitäts-Programm mit Kanada) abgeschlossen hatte, gibt es seit Oktober 2010 auch ein Working-Holiday-Programm (sowie das entsprechende Working-Holiday-Visum) für Taiwan. Weitere Länder folgten.

Das „Working Holiday"-Visa Programm soll Jugendlichen aus Taiwan und Deutschland, die in erster Linie beabsichtigen in Deutschland bzw. Taiwan ihre Ferien (bis zu 12 Monate) zu verbringen, Gelegenheit zur Vertiefung ihrer Kenntnis über die Sprache, die Kultur und das Alltagsleben geben. Um die Reisekasse aufzubessern, können gelegentliche (Ferien-)Jobs angenommen werden.

Entsprechend der gegenseitigen Vereinbarungen können pro Jahr maximal 500 Working Holiday Visa ausgestellt werden. In den Jahren 2013-2017 haben beispielsweise 1.146 Taiwanerinnen und Taiwaner von diesem Angebot Gebrauch gemacht.[1]

Weitere Informationen für ein Working-Holiday-Visum für Taiwan finden sich auf der Homepage des Deutschen Instituts in Taipei.[2]

---

1 „Working Holiday"-Programm. Antwort der Bundesregierung auf eine kleine Anfrage, Drs. 19/2302.

2 Im Internet: https://taipei.diplo.de/tw-de/service/-/2443862.

Das Global Youth Trends Forum in den Jahren 2018 und 2019

Von Susanne Hester

Im Jahr 2018 hat zum ersten Mal eine Delegation aus Deutschland an dem seit 2012 jährlich stattfindenden Global Youth Trends Forum teilgenommen. Das Bildungsministerium lädt einmal im Jahr ausgewählte junge Erwachsene nach Taiwan ein, um über Zukunftsthemen zu diskutieren und den internationalen Dialog zu fördern. Jedes Land bereitet sich im Vorfeld der Veranstaltung auf eines der vorgegebenen Themen vor und präsentiert dieses vor den anderen Teilnehmern. Im Jahr 2018 lag der Fokus auf innovativer Bildungsförderung und im vergangenen Jahr wurde über Chancen und Herausforderungen von Smart Cities gesprochen. Neben der inhaltlichen Arbeit wird ein Kulturprogramm angeboten, das es den Teilnehmern ermöglicht, das Land Taiwan besser kennenzulernen.

Im Jahr 2019 fand das Global Youth Trends Forum vom 5.-11. November statt. Es kamen über 130 Teilnehmer aus 32 Ländern. Neben Delegationen u.a. aus Kenia, Guatemala, Neuseeland und natürlich Taiwan nahm wieder eine kleine deutsche Delegation bestehend aus Vertretern der Jungen Liberalen (Lars Rolle und Robert Moukabary) und der Jungen Union unter der Leitung von Susanne Hester teil.

Am ersten Abend wurde die Gruppe von ihrem taiwanischen Host, Bryant, einem Doktoranden der Informatik, über den Ningxia Night Market geführt. Auf den berühmten Nachtmärkten Taipehs treffen sich bis spät in die Nacht viele Menschen. An eine besondere Spezialität, das Stinky Tofu, hat sich die Gruppe gleich zu Beginn ihres Aufenthalts aber noch nicht herangetraut. Stattdessen gab es in einem der Restaurants ein traditionelles Reisgericht und anschließendem Bubble Tea.

An den folgenden zwei Tagen ging es in Reisebussen entlang der Westküste in Richtung Süden. Die mehrstündigen Busfahrten wurden genutzt, um sich besser kennenzulernen oder wie vereinzelt geschehen, um gemeinsam im Bus Karaoke zu singen. Die Teilnehmer waren sehr verschieden: ein junger Abgeordneter des malaysischen Parlaments war ebenso auf dem Forum zu Gast, wie der Gründer eines indonesischen Start-ups, dem Initiator eines weltweiten Leadership Forums aus Nepal, Leiterinnen einer kanadisch-taiwanischen Austauschorganisation und der Leiter des Buddhist-Youth Networks, um nur einige zu nennen.

Das Programm war sehr abwechslungsreich und zeitintensiv. Meist ging es am Morgen um 7 Uhr von Tainan aus zu einem der Programmpunkte. So wurde unter anderem ein Projektdorf in einem ursprünglich florierendem Reisanbaugebiet besucht, um dort mit den Einwohnern über deren erfolgreiches Konzept zur Wiederbelebung des Ortes zu sprechen.

Bevor es wieder nach Taipeh zurückging, besuchte die Gruppe eine Schule in Taichung und konnte sich in einem Austausch mit Schülern und Lehrern über Besonderheiten des taiwanischen Schullalltags informieren. In einem kurzen Workshop durften die Teilnehmer auch selbst etwas lernen. Sie gestalteten unter Anleitung einer taiwanischen Kunstlehrerin eine Karte mit chinesischen Schriftzeichen. Nach zwei erlebnisreichen Tagen und viel gutem Essen, näherte sich der Höhepunkt der Veranstaltung.

Vizepräsident Chen Chien-jen eröffnete mit einer eindrucksvollen Rede am Samstag den offiziellen Teil des Global Youth Trends Forums. Neben den Delegierten waren auch Diplomaten, zahlreiche Regierungsvertreter und circa 300 Studenten aus ganz Taiwan anwesend. Die Digitalministerin Audrey Tang regte während der anschließenden Podiumsdiskussion mit ihren unkonventionellen Ideen zum Nachdenken an. Am Samstagnachmittag sprachen die drei Berliner in ihren Panel Groups über Smart City-Modellprojekte in Deutschland. Gemeinsam mit den Teilnehmern aus Israel, Malaysia, Neuseeland und natürlich Taiwan wurde später über die Präsentationen diskutiert und die Ergebnisse auf dem Podium vorgestellt. Alles in allem war es eine außergewöhnliche Woche, die allen Teilnehmern noch lange in Erinnerung bleiben dürfte.

Die Erhängte 林投姐

Von Dr. Thilo Diefenbach

Der Titel dieser traurigen Sage lautet eigentlich: „Die junge Frau vom Pandanusbaum". Sie ist in mehreren Varianten überliefert, von denen ich hier die wichtigsten vorstellen will. Ich orientiere mich dabei an der Darstellung in Ho Ching-yaos 何敬堯 Geisterhaftes Taiwan 妖怪臺灣 (Taipeh 2017, illustriert von Chang Chi-ya 張季雅), S. 456-460.

Es handelt sich bei dieser Sage um originär taiwanisches Volksgut, nicht um eine der vielen vom Festland importierten Märchen und Legenden. Sie dürfte seit dem 19. Jahrhundert in Umlauf gewesen sein. Eine der ersten schriftlichen Versionen stammt aus der japanischen Zeit Taiwans (1895-1945); es handelt sich um eine Zeitungsnotiz aus dem Jahr 1931:

> Seit alten Zeiten ist die Geschichte von der jungen Frau vom Pandanusbaum und ihrer Rache verbreitet, vor allem Frauen und Kindern ist sie wohlbekannt. Schauspieltruppen führen die Legende öfters auf und erregen damit viel Aufmerksamkeit. Es ist allgemein bekannt, dass sie keine Erfindung und nicht erlogen ist.
>
> Ich habe diese Geschichte von einer gewissen Frau Chu 諸某叟 gehört, die bereits 83 Jahre alt ist. Ihr zufolge ereignete sich diese Geschichte vor etwa hundert Jahren in Sakkam 崁城 [heute im westlichen Zentralbezirk Tainans], und zwar ganz in der Nähe der heutigen Poststation, wo sich auch die Schule für Blinde und Stumme befindet. Damals war die Gegend noch unbesiedelt und unbebaut, nur Pandanusbäume standen dort in großer Zahl, und Menschen kamen eher selten vorbei. Dort erhängte sich die junge Frau, und als die Seele der unschuldig Verstorbenen dann erschien, nannten die Leute sie „die junge Frau vom Pandanusbaum".
>
> Ursprünglich war die junge Frau die Dienerin eines reichen Herrn aus berühmter Familie, die irgendwann ein Verhältnis mit einem jungen Mann aus der Stadt Chüanchou 泉州 [in Fukien 福建] einging, der Händler war und regelmäßig mit dem Schiff zwischen Taiwan und seiner Heimatstadt hin- und herfuhr. Mit der Zeit entwickelte sich eine tiefe Zuneigung zwischen den beiden Liebenden, und so beschlossen sie, heimlich zu fliehen – aber noch ergab sich keine passende Gelegenheit.

> Eines Tages veranstaltete der reiche Herr zur Feier seines Geburtstags ein großes Festmahl: Schausteller machten ihre Späße, Musiker spielten auf, und es wurde viel getrunken. Zahllose Gäste tummelten sich mitsamt ihrem Anhang über Tage und Nächte hindurch auf dem Anwesen. Da packte die junge Frau ihre Ersparnisse zusammen und nutzte zudem die Gelegenheit, Wertsachen ihres Herrn mitgehen zu lassen: Gold, Seidenstoffe, kostbaren Schmuck und feine Kleider. All dies überreichte sie dem jungen Mann aus Chüanchou, der sie um Unterstützung gebeten hatte. Dabei einigten die beiden sich auch auf einen Tag, an dem sie gemeinsam fliehen wollten.
>
> Am frühen Morgen des vereinbarten Tages entwich die junge Frau aus ihrem Haus und begab sich tief ins Pandanuswäldchen, um dort auf ihren Liebling zu warten. Sie war fest davon überzeugt, dass er sie abholen werde, und dann würden sie gemeinsam auf seinem Schiff in seine Heimat fliehen, um dort gemeinsam alt zu werden und die Reichtümer zu genießen.
>
> Wie hätte sie auch wissen sollen, dass der junge Mann schon lange verheiratet war und es einfach nur auf das Geld der jungen Frau abgesehen hatte. Nur aus diesem Grund hatte er ihr lauter leere Versprechungen gemacht. Kaum waren seine Taschen gefüllt, schon machte er sich davon wie eine Wildgans. Er ließ die junge Frau zurück, reiste allein nach Hause und spielte sich dort als Schwerreicher auf.
>
> Die junge Frau wartete tagelang auf ihn, wobei sie Hunger und Kälte erleiden musste. Schließlich begriff sie, dass der Mann sie zum Narren gehalten hatte. Voll Wut und Trauer erhängte sie sich am Ast eines Pandanusbaums und entschwebte, einsam und verlassen, hinab zu den Gelben Quellen [ins Jenseits]. Ihre vor Rachsucht ruhelose Seele ist jedoch immer noch nicht entschwunden und erscheint immer wieder in der Nähe des Ortes, an dem sie sich erhängte.[1]

Ho Ching-yao verweist darauf, dass die auf demselben Stoff basierenden Singspiele jener Zeit zwei wichtige Unterschiede zu der „Zeitungs-Version" aufweisen: Erstens trägt die junge Frau hier zumindest einen Familiennamen, nämlich Hu 胡, und zweitens ist sie keine Dienerin, sondern eine reiche Witwe. In der Zeitungsmeldung fehlt außerdem die Fortführung der Geschichte, die Ho folgendermaßen wiedergibt:

> Eines Tages begegnete ein reisender Akrobat, der ebenfalls aus Chüanchou stammte, dem Geist der jungen Frau. Die Erscheinung fragte ihn, ob er vielleicht ihren ehemaligen Liebhaber kenne, und der junge Mann erwiderte, dass dieser

[1] Aus „Drei-Sechs-Neun 三六九小報" vom 13. Juni 1931. Die Zeitung hieß so, weil sie nur an den Kalendertagen erschien, die auf 3, 6 oder 9 endeten.

ganz in seiner Nähe wohne. Daraufhin überreichte sie dem Akrobaten mehrere Goldstücke und bat ihn, sie zu dem Treulosen nach Chüanchou zu bringen. Nun sind die Welten des Lichts und des Schattens aber streng voneinander getrennt, und also fragte er sich, ob sie überhaupt gemeinsam reisen könnten. Da erklärte sie ihm, dass das durchaus möglich sei, solange sie einen Schirm benutze. So gelang die Reise, und die junge Frau rächte sich endlich, indem sie ihren früheren Geliebten und dessen zwei Söhne ermordete.

Diese Fortsetzung enthält ein wichtiges Element, das in dem Zeitungsbericht noch gar nicht auftauchte, heute aber gewissermaßen das entscheidende ikonographische Attribut der Erhängten ist: nämlich der Sonnenschirm. Für dessen Gebrauch gibt es zwei Erklärungen: Einmal könnte er zum Schutz gegen das Sonnenlicht dienen; zum anderen heißt es, der Geist könne tagsüber nicht umherwandeln, so dass er sich bei Tageslicht in dem Schirm verstecken müsse. Der Akrobat führt den Schirm auf der Reise also mit sich, und bei Anbruch der Nacht kann der Geist wieder hervorkommen.

In den 70er Jahren bearbeitete der Autor, Archivar und Journalist Liao Han-ch'en 廖漢臣 (1912-1980) die Sage neu und schmückte sie weiter aus. So gab er zum Beispiel der jungen Frau endlich einen Namen, nämlich Li Chao 李招娘, und sie ist diesmal keine Dienerin, sondern die Ehefrau eines reichen Mannes namens Ch'en Ming-t'ung 陳明通. Die beiden lieben sich sehr, aber dann stirbt er unvermittelt, und sie bleibt mit drei Kindern alleine zurück. Der junge Mann, der die junge Witwe schließlich um ihr Vermögen betrügen wird, heißt nun Chou A-ssu 周阿司, und er stammt nicht mehr aus Chüanchou, sondern aus Shantou 汕頭. Er nimmt ihr Geld und kauft damit nahe Tainan eine Plantage mit Kampferbäumen, deren Holz er nach Hongkong exportiert. Nachdem Chou sich dann endgültig abgesetzt hat, verliert Li Chao den Verstand, erwürgt zunächst eigenhändig ihre drei Kinder und erhängt sich anschließend selbst. Danach spukte ihr Geist in der Nähe der Pandanusbäume, gelegentlich versuchte sie bei fliegenden Händlern sogar Reisklöße 粽子 zu kaufen – die sie aber stets nur mit Totengeld (Opfergeld) 紙錢 bezahlen wollte.

Besorgt um Ruhe und Frieden in ihrer Heimat, entschlossen sich einige Angehörige der Oberschicht 仕紳, zu Li Chaos Gedenken einen Opfertempel 祠廟 zu errichten. Man gab ihr den Ehrennamen „Die junge Frau vom Pandanusbaum" und ließ dort für sie Weihrauch abbrennen.

Liaos Version geht aber noch weiter: Ein Fengshui-Meister namens Chou T'ien-tao 周天道 verrät dem Geist Li Chaos den Trick mit dem Sonnenschirm und setzt gemeinsam mit ihr nach Shantou über. Als Chou den Geist seiner ehemaligen Geliebten erblickt, verliert auch er den Verstand und erschlägt sowohl seine Frau als auch seinen Sohn mit einer Axt. Anschließend wird er von Li Chaos Geist erwürgt.

Ein Diplomat des Buches erzählt

Interview mit Peter Weidhaas

@Ahmad Ardity, Pixabay

Sie sind ein Urgestein der deutschen Buchszene. Sie waren 25 Jahre lang Chef der Frankfurter Buchmesse. Bereits 1975 haben Sie es geschafft, sowohl Verleger aus der Volksrepublik China als auch Verlage der Republik China (Taiwan) auf der Frankfurter Buchmesse zu präsentieren. Mit welchem „Kniff" ist Ihnen das gelungen?

Erst einmal hatte ich, als ich 1975 die Leitung der Buchmesse übernahm, das Problem geerbt, dass die Volksrepublik China, die bereits 1956 in Frankfurt ausgestellt hatte, seither für Jahrzehnte fern geblieben war. Mein Vorgänger Sigfred Taubert versuchte Jahr für Jahr, die Volksrepublik wieder zur Teilnahme zu bewegen. Zu meiner Überraschung erhielt ich eine Reaktion aus Peking: Man wolle zurückkehren, aber nur unter der Bedingung, dass wir Taiwan ausschlössen.

Nun hatten wir zu der Zeit nur einen kleinen religiösen Verlag aus Taiwan unter unseren Ausstellern, aber auch einen solchen von der Buchmesse auszuschließen, untersagten unsere Anti-Zensurregeln. Ich musste etwas tun. Aber die Bitte, mir dazu ein Gespräch in Peking zu gewähren, wurde abgelehnt. Darauf erfuhr ich, dass die deutsche Regierung in Peking eine Technikausstellung, eine so genannte *TechnoGerma* veranstalten würde. Ich bewarb mich dafür sogleich mit einer kleinen Ausstellung von Technik-Büchern und erhielt als Verantwortlicher umgehend eine Einladung nach Peking. Verantwortlich für mich und meine Mitreisenden war dort die Außenhandelsorganisation *Guozi Shudian*.

Die Leitung von *Guozi Shudian* empfing mich freundlich und machte mich mit vielen Sehenswürdigkeiten bekannt, der Großen Mauer, der Verbotenen Stadt und vielem anderen mehr. Auf diesen Ausflügen ergab sich dann immer wieder die Möglichkeit, mit den Verantwortlichen über das Problem der Teilnahme der Volksrepublik China und Taiwan an der Frankfurter Buchmesse zu sprechen. Als ich mich nach vierzehn Tagen in die Mongolei verabschiedete, hatten wir ein Abkommen getroffen, das den Verlegern der Volksrepublik und denjenigen von Taiwan die Teilnahme in Frankfurt möglich machte. Die Auflagen für Taiwan waren erträglich: Es durfte keine Nationalfahne am Stand gezeigt werden, außerdem führte der Katalog der Buchmesse die taiwanischen Verlage in einem eigenen Alphabet hinter denen der Volksrepublik unter der Kategorie „China" auf. Von diesem Jahr 1975 an stellten beide in der gleichen Halle auf getrennten Gemeinschaftsständen ihre Bücher aus, und so ist es bis heute geblieben.

Buchmessen verbinden Kulturen. Bücher öffnen den Blick und laden ein. Was fasziniert Sie persönlich an der taiwanischen Kultur?

Ich bin nach der Überwindung der Diktatur in Taiwan seit 1994 siebzehn Mal in Taiwan gewesen und habe dort viele Freunde gefunden. Unter anderem hat der Verleger Hao Mingh-yi (Rex How) meine vier Bücher in Taiwan in Chinesisch herausgebracht, und auch dafür gesorgt, dass sie in Peking in der Kurzform des Mandarin und schließlich auch noch in den USA auf Englisch erschienen. Eine langjährige tiefe Freundschaft verbindet uns bis heute. Rexens ruhige Ernsthaftigkeit, seine Verlässlichkeit und seine Treue war etwas, was mich mit Taiwan immer stärker verbunden hat. Nun ist Rex durch seine Behinderung nicht mit allen Taiwanern gleichzusetzen, aber er hat mir sein Land, die Mentalität der Menschen dort und ihr Verhalten näher gebracht, besonders ihre Fröhlichkeit, Aufgeschlossenheit und Engagiertheit.

Als langjähriger Freund Taiwans: Was empfehlen Sie dem Buchmessestandort Taiwan? Wo liegen die Stärken und die Zukunft des Buchmarktes in Taiwan?

Ich habe bei meinen Besuchen auf der Buchmesse in Taipei immer den Standpunkt vertreten und auch dafür gearbeitet, dass diese Buchmesse ein Zentrum des Buchhandels Südasiens, später vielleicht ganz Asiens, mit Blick auf den gesamten Buchhandel der Welt wird. Ich war und bin ein Verfechter der Teilnahme Australiens, Koreas und Thailands sowie – mit Schwerpunktthemen – Russlands, Spaniens, Polens, Griechenlands, auch Deutschlands, Großbritanniens und der USA und aller anderen Buchhandelsländer der Welt. Ich meine, es sollte mit Nachdruck an diesem Ziel weiter gearbeitet werden.

Die Fragen stellte Sophie-Caroline Zillessen.

Das Modell des Literarischen Colloquiums Berlin (LCB)

Von Chu Yu-hsun (朱宥勳)[1]

Ich hatte das Glück, zusammen mit einer anderen Schriftstellerin, Sabrina Lichun Huang, vom Kulturministerium Taiwans für ein einmonatiges Residenzprogramm des Literarischen Colloquiums Berlin (LCB) ausgewählt zu werden. Das LCB befindet sich im Südwesten Berlins am Wannsee, etwa eine halbe Stunde vom Stadtzentrum entfernt. Im März 2018, dem Monat, den ich hier verbracht habe, habe ich nicht nur den Blick auf den See genossen und die deutsche Kulturlandschaft erlebt, sondern auch festgestellt, dass das literarische Austauschmodell des LCB sich auch für Taiwan empfehlen würde.

Während dieses Monats hatte das LCB nicht nur Schriftsteller aus dem Ausland wie uns zu Gast, sondern auch viele aus dem deutschsprachigen Raum, darunter auch Übersetzer. Die Mitarbeiter des LCB sagten uns, dass ihre Institution lediglich den Raum für einen ungezwungenen Austausch der Stipendiaten zur Verfügung stelle. Diese sind zwar zu einer Lesung verpflichtet, um ihre Arbeit vorzustellen, aber ohne darüber hinausgehende Verpflichtungen. Sie können also, wenn sie das als nützlich und inspirierend empfinden, auch einfach gar nichts tun, meditieren oder sich ausruhen. Einen Tätigkeitsbericht müssen sie auch nicht abgeben.

Auf den ersten Blick scheint für das LCB in dieser Art von Freizügigkeit kein Vorteil zu liegen, weil deren Auswirkungen sich ja nicht sofort bemerkbar machen. Aber gerade darin können wir die Weitsicht dieses Konzepts erkennen. Die Kosten für eine solch erstklassige Stätte des literarischen Gesprächs sind sicher überschaubar, ihr immaterieller Wert aber ist sehr hoch.

Auf taiwanische Verhältnisse übertragen hieße das, einen Ort in einer ruhigen Gegend zu finden, die eine schöne Aussicht bietet, wo die Unterbringungskosten erschwinglich sind, und wohin man innerhalb einer halben Stunde Fahrzeit von der Innenstadt Taipeis aus hingelangt, also zum Beispiel New Taipei City oder Taoyuan. Besonders günstig wäre ein freistehendes Haus mit einer historischen Aura – so wie die alte Villa des LCB am Berliner Wannsee eben. Vollständige Einrichtung, genügend Wohnraum für etwa zehn Personen, eine einfache Selbstversorgerküche, ein Veranstaltungsraum für Seminare und ein kleines Verwaltungsteam wären die Grundlage.

---

[1] Chu Yu-Hsun, geboren 1988, studierte Soziologie und taiwanische Literatur. Als vielversrechender junger Autor nahm er 2018 am Residenzprogramm des Literarischen Colloquiums Berlin (LCB) teil. Wir drucken hier mit freundlicher Genehmigung seinen 2018 erstmals in Apple Daily erschienen Text auf Deutsch ab.

Literarisches Colloquium Berlin © Tobias Bohm

Sobald wir über eine solche Einrichtung verfügen, können wir Schriftsteller und Übersetzer aus der ganzen Welt nach Taiwan einladen, zugleich unseren eigenen Schriftstellern und Übersetzern Kurzbesuche ermöglichen, kleine gemeinsame Veranstaltungen organisieren und so den Austausch befördern. Wenn wir sieben oder acht Personen pro Monat einladen können, werden wir fast 100 Gäste pro Jahr haben, was ausreicht, um Dutzende von Länder auf dem Wege der Literatur besser mit Taiwan bekannt zu machen. Um dem Ziel des Programms gerecht zu werden, können

Schriftsteller in Taiwan auszugsweise Übersetzungen aus ihrem Werk auf den Weg bringen oder – wenn auch sicher nur in kleinerem Umfang – sogar mit ihren Kollegen oder mit unserer Hilfe am Ort erarbeiten. Solche Übersetzungen können als Werkproben für die Verlagsbranche und die akademische Welt in Taiwan dienen und dort den Appetit auf mehr aus der der internationalen Literaturszene anregen.

Mit einem solchen Dreh- und Angelpunkt würden wir es einerseits taiwanischen Schriftstellern, Übersetzern und Lesern ermöglichen, sich mit den Gästen, ihren Texten und Gedanken auseinanderzusetzen, ohne immer gleich ins Ausland reisen zu müssen, andererseits ließe sich umgekehrt die Qualität der taiwanischen Literatur überzeugender für eine künftige internationale Verbreitung vermitteln.

Das taiwanische Kulturministerium hat die Aufstellung „nationaler Teams" angekündigt, die die kulturellen Potenziale der Insel konzentrierter zur Geltung bringen sollen, und die Bereitschaft signalisiert, dafür in den Ausbau internationaler Kommunikationsnetze zu investieren. Was für uns und das Projekt eines Literaturhauses zum jetzigen Zeitpunkt ein guter Anknüpfungspunkt sein könnte: „Globalisierung" bedeutet schließlich nicht nur, etwas zu verkaufen, sondern dauerhafte Beziehungen zu knüpfen.

Das Leben ist eine Insel – Literatur @Taiwan

Vom Literarischen Colloquium Berlin e.V.

Taiwan: Eine Insel im westlichen Pazifik, so groß wie Baden-Württemberg, bewohnt von 23 Millionen Menschen. Eine bewegte Geschichte trifft auf eine komplexe gesellschaftliche und politische Gegenwart, wobei die literarische Gegenwart ebenso reich ist wie die kulturellen Traditionen.

Die taiwanische Literatur war schon immer ein wichtiger Schatz der chinesischsprachigen Literatur. Im August 2009 unterzeichneten der Rat für kulturelle Angelegenheiten (Council for Cultural Affairs - CCA) und das Literarische Colloqium Berlin (LCB) ein Memorandum of Understanding (MoU) zum "Literarischen Austausch zwischen Taiwan und Deutschland", um die Sichtbarkeit der taiwanischen Literatur international zu erhöhen.

In Kooperation mit dem Kulturministerium, seinem Vorgänger, dem Council for Cultural Affairs Taiwans (CCA), und der Taipeh Vertretung in Berlin lädt das Literarische Colloquium Berlin (LCB) seit 2010 Autor innen aus Taiwan ein, um sie und ihre Texte dem Berliner Publikum vorzustellen.

In den Jahren 2010 bis 2012 waren insgesamt neun taiwanische Schriftsteller·innen für jeweils einen Monat im LCB zu Gast, um den europäischen Lesern ein besseres Verständnis für die Vielfalt und Tiefe der taiwanischen Literatur zu vermitteln und die Möglichkeiten für die Übersetzung taiwanischer Werke ins Deutsche zu verbessern. Das Kulturministerium führt den Vertrag mit dem LCB fort und seit 2015 werden nach wie vor jedes Jahr zwei bis drei taiwanische Schriftsteller für den Aufenthalt im LCB ausgewählt. Bis 2020 haben bereits weitere 17 Schriftsteller am Residenzprogramm teilgenommen und auch in den Jahren ab 2021 wird diese Zusammenarbeit fortgeführt.

In ihren Texten beschäftigen sich die jungen Autor·innen mit vielfaltigen Themen: Die kontroverse Geschichte Taiwans, Liebe und Beziehungen in der Zeit der sozialen Medien, Frauenrechte, Formen des queeren Schreibens oder eben die eigenen Träume, Wünsche und Belange waren zentrale Themen der Literaturabende am Wannsee und im Taiwan Kultursaal.

Das LCB definiert sich nicht nur als Literaturhaus, sondern auch als kultureller Begegnungsort sowohl für die deutschsprachige als auch für die internationale Literaturszene. Mit der Beherbergung von jährlich mehr als 50 Autor·innen und Übersetzer·innen aus aller Welt spielt dabei das Gästehaus am Wannsee eine entscheidende Rolle. Durch das vom Kulturministerium Taiwans geförderte Residenzprojekt wird die Erweiterung des Fokus der internationalen Residenzprogramme des Hauses und dabei ein kontinentübergreifender Dialog der Kulturen ermöglicht. Während der Residenz werden die Stipendiat·innen nicht nur Teil der LCB-Community, sondern knüpfen auch Kontakte zu den literarischen Akteuren Berlins und Deutschlands und nehmen an weiteren Veranstaltungen und Festivals teil.

Für das LCB und für das Berliner Publikum bietet das Residenzprogramm außerdem eine hervorragende Möglichkeit zur Erweiterung des eurozentrischen Weltblicks und zum Kennenlernen der jungen Stimmen der taiwanischen Gegenwartsliteratur. Wir bedanken uns herzlich bei allen Kooperationspartnern für die Zusammenarbeit und freuen uns auf die kommenden literarischen Begegnungen.

Culture Challenges - Culture Connects: Interviews mit Kulturschaffenden im deutsch-taiwanischen Kontext

Wie lebt es sich in einem fremden Land, in einer fremden Kultur? In diesem Kapitel stellen wir in einer kleinen Collage kurze Ausschnitte verschiedener Lebensläufe im Spannungsfeld zweier Kulturräume vor.[1]

Im Blickpunkt stehen hier Kulturschaffende, Künstlerinnen und Künstler im deutsch-taiwanischen Kontext. Wir haben Deutsche in Taiwan und Taiwaner in Deutschland befragt. Bei diesen Kurzinterviews sollte der interkulturelle Ansatz beleuchtet werden: was passiert, wenn man längere Zeit in einer anderen Kultur lebt? Wie nimmt man die fremde Kultur wahr und wie beeinflusst sie das Leben von Kulturschaffenden? Spielt die jeweils „andere Kultur“ mit ihren anderen Werthaltungen und Handlungsmustern eine Rolle in der beruflichen Sozialisation?

Rolf-Peter Wille

Der gebürtige Braunschweiger Rolf-Peter Wille kam 1978 mit seiner heutigen Frau Lina Yeh nach Taiwan und blieb bis heute. Beide hatten Klavier an der Musikhochschule Hannover studiert. Nach einem Studienaufenthalt in New York wurde Wille 1987 Professor an der Taipei National University of the Arts. Neben seiner Lehrtätigkeit trat er häufig gemeinsam mit seiner Frau auf, als Piano-Duo veröffentlichten sie zahlreiche Alben. 1990 wurde beiden den Nationale Kulturpreis verliehen. 2018 erhielt Wille in Taiwan die Staatsbürgerschaft. Anfang 2020 wurde er pensioniert. Aktuell unterrichtet er noch sechs Schüler.

Sie leben nun schon einige Zeit auf Taiwan. Was fasziniert Sie hier besonders?

Als ich 1978 mit 24 Jahren nach Taiwan kam, hatte ich eigentlich vor, nur ein Jahr zu bleiben. Damals war meine Faszination mit der „Andersartigkeit" Taiwans am größten. Diese zeigte sich weniger durch einen exotischen Anstrich. Das Straßenbild

[1] Die Interviews führten Klaus Bardenhagen (Taipei), weitere Informationen zu seiner Arbeit unter https://intaiwan.net, und Sophie-Caroline Zillessen (Berlin). Die Reihe wird fortgesetzt. Weitere Informationen unter: www.deutsch-taiwanische-gesellschaft.de.

Taipehs wird z.B. nicht von chinesischer Architektur geprägt, als einziges Gebäude fiel mir schon im Anflug auf Taipeh das Grand Hotel auf. Wirklich exotisch waren nur kleine Inseln, wie Tempel oder Nachtmärkte.

Viele Einzelteile des Lebens sind westlich importiert, aber östlich zusammengesetzt und anders gehandhabt. Mein Kulturschock damals kam daher, Bausteine meiner persönlichen Gepflogenheiten gänzlich anders geschichtet zu sehen. Also westliche Kultur in einem fantastischen Spiegelkabinett, scheinbar kaleidoskop-artig durcheinandergewirbelt. Dazu ein anderes Raum-Zeit-Gefühl, eine kunterbunte Raumaufteilung, mit Wolkenkratzern neben Hundehütten.

In Erinnerung blieb mir ein Abend in gemütlicher Runde auf der Dachterrasse meiner Schwiegereltern. Während wir vor dem illegalen Dachaufbau saßen, den sie als Wohnraum nutzten, tauchte ein Besucher auf. Als er wieder ging, erfuhr ich, dass er gerade die Botschaft überbracht hatte: Der Aufbau muss abgerissen werden. Davon ließ sich aber niemand aus der Ruhe bringen, was mir sehr imponierte. „Das muss eine höherstehende Kultur sein“, dachte ich mir. Doch als bald darauf der Börsenboom losging, war es vorbei mit der Gelassenheit. Fromme Mönche zockten ebenso auf dem Aktienmarkt wie Lehrer, die Toilettenpausen vortäuschten, um schnell noch mehr Aktien zu ordern. Das war völlig durchgedreht. So bezieht sich hier nichts auf das andere, es herrscht eine Gleichzeitigkeit von Gegensätzen.

Menschen wechseln unmittelbar von einem Extrem in andere, zeigen ein ganz anderes Gesicht. Schüler von mir, eben noch nett und schmeichelnd, springen als Hilfskräfte plötzlich ganz anders mit ihren Kommilitonen um. Vieles ändert sich ruckartig, es gibt kaum Platz für Übergänge, wie die Sonne hier auch so schnell untergeht. Es wird wenig Bedacht auf Ästhetisches gelegt, doch im Zwischenmenschlichen viel Wert auf Harmonie. Wenn Gruppen beisammen sind, sondert man sich nicht ab und diskutiert auch nicht, nur um zu gewinnen. Man ist darauf bedacht, dass jeder etwas davon hat.

Durch die Verbreitung der Smartphones hat sich vieles abgeschliffen. Früher haben Ausländer mehr Aufsehen erregt, Leute stellten neugierige Fragen. Das ist bei Jüngeren heute ins Gegenteil umgeschlagen. Verschanzt hinter dem Verteidigungsmechanismus Maske, Brille, Handy schotten sie sich ab.

Kultur verbindet. Was können wir voneinander lernen? Wie bereichert die taiwanische Kultur Ihre Arbeit?

Zum einen haben meine Erlebnisse in Taiwan mich zum Schriftsteller gemacht. Ich habe viele Kurzgeschichten geschrieben, die meine Frau übersetzt hat. Sie sind in

Magazinen und Zeitungen erschienen, und auch als Taschenbücher. Zunächst handelten sie etwa satirisch von Musikwettbewerben, allmählich habe ich mich dann von meinem Sujet entfernt und über Taiwan aus Sicht eines Ausländers geschrieben. Auf Deutsch stehen viele dieser Geschichten im Netz unter wille.blogspot.com.

Zum anderen musste ich mein eigenes Verständnis für deutsche Kultur vertiefen, weil meine Klavierstudenten oft sehr wenig über westliche Kultur wissen, etwa über christliche Religion als Grundlage der europäischen Musik. Viele klassische Musik beruht auf Literatur, da muss auch mal rezitiert werden. Es reicht nicht, nur die Noten zu sehen. Damit meine Schüler die Hintergründe verstehen, und damit ich es im Unterricht einfach und überzeugend darstellen kann, bin ich immer wieder gezwungen, meine eigene Kultur mit nicht-europäischen Metaphern zu beleuchten und neu zu durchdenken.

In den letzten Jahren hat sich in Taiwan viel getan. Es hat sich eine moderne, lebhafte Demokratiekultur entwickelt. Wie erleben Sie persönlich diesen Prozess in Taiwan?

Ich habe hier einiges an Wandel miterlebt, habe Chiang Ching-kuo noch mit großem Pomp vor dem Grand Hotel aus dem Wagen steigen sehen und später auf der Verlobung des Sohnes von Präsident Chen Shui-bian gespielt. Die politischen Umschwünge hatten auch Auswirkungen auf die Mentalität, vor allem auf die Mündigkeit der unteren Klassen. Früher herrschte in einer breiten Schicht die Haltung vor, dass man in der Hierarchie nicht aufmuckte und alles über sich ergehen ließ. Das erinnerte mich an den literarischen Charakter des Herrn Chabuduo, dem auch alles recht war. Das lag nicht nur an der fehlenden Demokratie. Aber mit der Demokratisierung ist es schnell umgesprungen. Die gleichen Leute, oder ihre Kinder, trauten sich nun am lautesten zu protestieren – und nicht die Akademiker.

Inzwischen ausgestorben ist in Taiwan eine Schicht von Gelehrten, die als Eliten aus China gekommen waren. Das waren echte Charaktere, unglaublich gebildet – nicht wie heutige Akademiker, die vor allem im Büro sitzen und an endlosen Konferenzen teilnehmen. Überhaupt ist der Unibetrieb immer bürokratischer geworden, der Verwaltungskram nahm überhand. Eine Karriere wie meine, bei der ich neben der Lehrtätigkeit auch immer auftreten konnte, wäre heute schwierig.

Besonders positiv für mich war, dass ich dieses Jahr in Taiwan zum ersten Mal in meinem Leben bei einer Wahl abstimmen konnte. Als ich Deutschland verließ, war ich noch sehr jung, und in Taiwan war ich dann als Ausländer bis 2018 nicht wahlberechtigt. Dank einer Gesetzesänderung und meiner Auszeichnungen konnte ich die Staatsbürgerschaft annehmen, ohne die deutsche aufgeben zu müssen.

Stephan Thome

Schriftsteller Stephan Thome kam 1997 als Sprachstudent das erste Mal nach Taipeh. Von 2005 bis 2011 lebte er dort und war u.a. am Institut für Chinesische Literatur und Philosophie der Academia Sinica und der National Taiwan University tätig. In dieser Zeit entstand sein 2009 veröffentlichtes Romandebüt „Grenzgang". Seit 2014 lebt er wieder in Taipeh. 2021 wurde der Roman „Pflaumenregen" veröffentlicht – sein erster, der in Taiwan angesiedelt ist. Ebenfalls erschienen ist „Gebrauchsanweisung für Taiwan".

Sie leben nun schon einige Zeit auf Taiwan. Was fasziniert Sie hier besonders?

Fasziniert war ich zunächst, weil in dieser anderen Kultur vieles fremd war, wenn auch nicht befremdlich. Zuvor hatte ich ab 1995 ein Jahr in Nanjing gelebt – und der Kulturschock in China war brutal, das ganze Land eine einzige Baustelle. Taiwan erfüllte dann, mit seinen Tempeln und den intakten Traditionen, viel eher, was ich mir von „China" erwartet hatte. Und ich war frei, so zu leben, wie ich wollte. In Nanjing mussten alle ausländischen Studieren in einem Wohnheim leben, dessen Zugang genau überwacht wurde.

Inzwischen ist Taiwan mein zweites Zuhause, an dem ich vieles schätze: Die lebendige Demokratie. Den alles in allem gelassenen Umgang mit der Bedrohung aus China. Das stetige Bemühen, ein noch besseres Taiwan zu schaffen. Das Essen. Die Freundlichkeit und Höflichkeit im öffentlichen Umgang. Abstand nehmen, die Körpersprache, die Begrüßung beim Betreten von Geschäften – erst als ich selbst nach Tokio reiste, wurde mir klar, wie stark vieles von Japan beeinflusst ist. Generell liegt in Taiwan wenig Aggression in der Luft. In Deutschland ist der Ton rauer, Leute sind stärker darauf bedacht sich abzugrenzen, auf eine oft mürrische und bisweilen regelrecht rüde Weise.

Außerdem haben viele Taiwaner noch die Fähigkeit, sich begeistern zu lassen, statt abgeklärt auf alles herabzuschauen. In Deutschland verbreitet ist die Attitüde, zunächst mal das Haar in der Suppe zu finden – um zu beweisen, dass man ein kritisch denkender Mensch ist. Aber damit verbaut man sich auch vieles. In Taiwan, ob bei Buchmessen oder Konzerten, herrscht dagegen eine genuine Begeisterungsfähigkeit, die ich ansteckend finde und die auch anreisenden Künstlern immer wieder positiv auffällt.

Kultur verbindet. Was können wir voneinander lernen? Wie bereichert die taiwanische Kultur Ihre Arbeit?

Kommt drauf an. Im Moment schreibe ich einen Roman, der in Taiwan spielt und mit dem ich versuche, der komplexen und vielschichtigen taiwanischen Identität auf die Spur zu kommen.[2] Es ist die Geschichte einer Familie, die als Mikrokosmos gesellschaftliche und historische Entwicklungen abbildet. Dafür nehme ich pausenlos Anregungen auf und versuche, das Land besser zu verstehen. Bei anderen Projekten spielt das weniger eine Rolle. Insgesamt ist das Leben in einer anderen, fremd-vertrauten Kultur bereichernd, anregend und inspirierend. Man lernt immer etwas, auch wenn Kultur kein Kaufladen ist, aus dem man sich das eine herauspickt und das andere stehen lässt.

In den letzten Jahren hat sich in Taiwan viel getan. Es hat sich eine moderne, lebhafte Demokratiekultur entwickelt. Wie erleben Sie persönlich diesen Prozess in Taiwan?

Er interessiert mich sehr. Ich gehe relativ oft zu politischen Veranstaltungen oder Demonstrationen, vor allem im Wahlkampf. Die Rituale, das anfeuernde Rufen, die spürbare Leidenschaft finde ich faszinierend. Die Menschen beziehen kollektiv Position und bekennen sich. Es geht um Streitthemen, die die Menschen im Innersten betreffen und berühren. Politikverdrossenheit sieht anders aus. Selbst am politischen Prozess teilzuhaben, ist für mich auch ein Gradmesser dafür, wie sehr ich inzwischen hier zu Hause bin. Innenpolitisch sehe ich Taiwan auf einem sehr guten Weg, insbesondere was die Entmachtung der alten Eliten und die Beteiligung der Jugend am politischen Diskurs angeht. Gäbe es die Regierung in Peking nicht, müsste man sich wenig Sorgen machen.

---

[2] In der Zwischenzeit ist der Roman „Pflaumenregen“ (2021), Suhrkamp Verlag, ISBN-13: 978-3518430118 erschienen.

Chang Nai Wen (張乃文)

Chang Nai Wen lebt seit 18 Jahren in Deutschland. Sie wurde als erste asiatische Studentin für das Schauspieltheater-Regiestudium an der Theaterakademie Hamburg aufgenommen und war als taiwanische Regisseurin an den Sprechtheatern des deutschsprachigen Raums zu sehen. Diese Erfahrung brachte sie dazu, die Politik um sie herum zu hinterfragen und zu überlegen, wie man ein Umfeld schaffen kann, das weniger hierarchisch und mehr auf Zusammenarbeit und Vielfalt ausgerichtet ist. 2008 gründete sie in Berlin "SdF - Sisyphos, der Flugelefant", eine unabhängige projektbasierte transkulturelle Gruppe, die sich auf partizipative und interaktive Kreation spezialisiert hat. 2010 wurde sie zur Teilnahme am Lincoln Center Theater Directors Lab in New York eingeladen, was sie dazu inspirierte, die Idee der Zusammenarbeit zwischen internationalen Regisseur:innen zu verfolgen. 2011 wurde sie Mitbegründerin des internationalen Regiekollektivs "World Wide Lab". Als Künstlerin bevorzugt Nai Wen einen kreativen Prozess, der zum Dialog anregt und unterschiedliche Perspektiven offenlegt.

Du lebst nun schon einige Zeit in Deutschland. Was fasziniert Dich hier besonders?

Auf jeden Fall so eine vorherrschende Tendenz, im Gespräch, in Gedanken, im Umgang miteinander und im Alltag alles irgendwie strukturiert oder eingeordnet hinkriegen zu wollen. Das hilft manchmal, auf Konfliktsituationen mit Sachlichkeit statt mit persönlichen Empfindungen zu reagieren. Strukturiert ist zum Beispiel hierzulande auch die Auseinandersetzung mit der Nazi-Vergangenheit, in Gestalt vieler Gedenkstätten, mit umfangreicher, gut geordneter Dokumentation. Interessant ist, was passiert, wenn in Deutschland jemand in eine nicht sofort strukturierbare Situation gerät, wenn die Emotionen die Überhand gewinnen, und man sie trotzdem gerne unter Kontrolle bekommen möchte. Da durchdringt dann eine gewisse Kälte die Situation, die nicht unbedingt den Gefühlen der betroffenen Menschen entspricht. Solche Momente faszinieren mich besonders, weil sie mich herausfordern, das unmittelbar Wahrgenommene zu hinterfragen, gewissermaßen über den gut sortierten Schein hinaus die Menschlichkeit zu sehen.

Kultur verbindet. Was können wir voneinander lernen? Wie bereichert die deutsche Kultur Deine Arbeit?

Der einzelne Punkt ist Teil eines Gedankengebäudes. Erst die Kenntnis dieses Gedankengebäudes ermöglicht es, den einzelnen Punkt, das einzelne Phänomen, richtig einzuordnen. Das beschreibt in etwa, wie ich die beiden Kulturen in mir wahrnehme. Meine Erfahrung in Taiwan hat mich gelehrt, dass der Raum zwischen den Menschen und der Raum um den besonderen Punkt herum – also den, der gerade zur Debatte steht – sehr wichtig ist. Ohne ein Bewusstsein von diesem gesellschaftlichen oder kulturellen Raum nützt es nichts, wie sehr man Recht hat oder ob man „auf den Punkt" kommt. Meine deutsche Prägung dagegen fordert mich ständig heraus, diesen auf Anhieb genau zu bezeichnen. Man könnte auch sagen: sofort den „roten Faden" zu finden, der zu ihm führt. Ohne ihn ist man alles und nichts. So versuche ich, in meiner Arbeit beides zusammenzubringen – das „Raum Geben" einerseits, den speziellen Punkt in seinem Zusammenhang sichtbar werden zu lassen andererseits. So können wir voneinander lernen. Es geht dabei nicht um ein „Entweder oder" sondern um das „Sowohl als auch."

In den letzten Jahrzehnten hat sich in Taiwan viel getan. Es hat sich eine moderne, lebhafte Demokratiekultur entwickelt. Wie erlebst Du persönlich diesen Prozess in Taiwan mit Blick von außen?

Vor 20 Jahren hörte ich den Patriarchen meiner Familie noch sagen: „Die Tugend einer Frau liegt darin, ihre Talente nicht nach außen zu tragen." Vor 12 Jahren kandidierte die erste Frau für die Präsidentschaft in der jungen taiwanischen Demokratie. Seit vier Jahren regiert die erste Präsidentin Taiwan. Wenn sie ihre Talente nicht nach außen getragen hätte, wäre sie nicht gewählt worden. Dies zeigt einerseits, dass sich die Kultur des sich Nicht-Äußerns, besonders als Frau, verändert hat, und fordert andererseits auch ein anderes Miteinander. Als ich im Oktober nach Taiwan zurückgekommen bin, gab es die Pride Parade. Da gingen die LGBTQI+ Communities und ihre Unterstützer:innen auf die Straße und sprachen sich für die Gender-Diversität aus. Mehr und mehr Kunstschaffende aus den Indigenous Communities bekamen Preise in der letzten Zeit im Bereich Musik, Film und Darstellende Künste. Die vielfältigen Stimmen, auch diejenigen seit Jahrzehnten marginalisierter Gruppen, sind jetzt endlich hörbarer. Die Frage ist: Wie schaffen wir Raum für die aus kolonialen und diktatorischen Zeiten entstandenen Traumata? Wie nehmen wir die komplexe politische Situation Taiwans wahr, ohne gleichzeitig von ihr vereinnahmt zu werden? Wie begegnen sich verschiedene Communities auf Augenhöhe? Wie kommen Menschen mit ihren unterschiedlichen Perspektiven zueinander? Wie wird dein Zuhause auch mein Zuhause, auch wenn wir nicht immer miteinander einverstanden sind? Diese Fragen sind aber nicht nur aktuell für Taiwan. Besonders für die

BIPoC Communities (= Black, Indigenous people and People of Color) in Deutschland sind sie gerade hoch aktuell.

Lin Yu-Han (林友寒)

Lin Yu-Han ist im Jahr 1998 nach seinem Master in Architektur in den USA (Harvard GSD) nach Deutschland gezogen. Zunächst lebte und arbeitete er in Hamburg; 1999 erfolgte der Umzug nach Münster, seit 2003 führt er als selbstständiger Architekt gemeinsam mit seinen Partnern dort ein Architekturbüro.

Sie leben nun schon einige Zeit in Deutschland. Was fasziniert Sie hier besonders?

Was mich in Deutschland besonders fasziniert ist die Ruhe die ich hier (emp)finde. Die Verlässlichkeit, Vertrauenswürdigkeit, der Anstand und die Fairness. Es ist eine Gesellschaft, in der Vernunft und hohe Arbeitsethik, aber auch ein Verständnis für die Verletzlichkeit des Menschen sehr geschätzt werden.

Kultur verbindet. Was können wir voneinander lernen? Wie bereichert die deutsche Kultur Ihre Arbeit?

Kultur basiert immer auf Kommunikation. Wir Künstler und Architekten können unsere Wahrnehmung des Lebens mitsamt aller möglichen Gefühle – von Schmerz bis Glück – kommunizieren. Nur auf dieser Basis sind wir dann auch berechtigt und befähigt, uns künstlerisch mitzuteilen. Architektur als Beruf benötigt also ein Verständnis von Leben und ist zugleich von einer guten baukonstruktiven Fähigkeit abhängig. Das Niveau des Bauwesens in Deutschland und Taiwan ist annährend gleich, und die Erwartungen von Architekten sind ähnlich. In Deutschland gibt es allerdings ein stärkeres Zusammenwirken aller Beteiligten, um große Herausforderungen wie etwa diejenigen des Umweltschutzes gemeinsam zu bewältigen und Standards voran zu treiben. Dieses Zusammenwirken für eine bessere Zukunft findet in Deutschland auf einem höheren gesellschaftlichen Niveau als in Taiwan statt und ist inspirierend.

In den letzten Jahrzehnten hat sich in Taiwan viel getan. Es hat sich eine moderne, lebhafte Demokratiekultur entwickelt. Wie erlebst Du persönlich diesen Prozess in Taiwan mit Blick von außen?

Ich bin in einer Diktatur während eines Krieges geboren. Nicht ein einziges Mal während meiner ersten 18 Lebensjahre habe ich unseren Präsidenten als „Vaterfigur" empfunden. Die Bemühungen der derzeitigen staatlichen Verwaltung in Sachen Gleichberechtigung, Soziale Gerechtigkeit, politische Korrektheit, faire Behandlung und Freundlichkeit ist eine wirklich inspirierende Erfahrung. Von außen betrachtet sehe ich in letzter Zeit so viele hoch entwickelte demokratische Länder, in denen das Vertrauen in die eigene Demokratie verloren gegangen ist. Das macht die jetzige Regierung in Taiwan umso beeindruckender.

Damur (Shih-Shun) Huang (黃世舜)

I grew up in Taipei, Taiwan, and moved to Belgium in 2007 to study at the Royal Academy of Fine Arts Antwerp. One year later, I changed to L'École nationale supérieure des arts visuels de La Cambre, where I graduated in fashion design. My career as an unconventional fashion designer began even before I completed my studies. In 2011, I followed my intuition and moved to Berlin, where I launched my own label in 2015. I called it #DAMUR, after my chosen first name (from the French d'amour: "of love"), as Europeans struggled to pronounce Shih-Shun correctly.

The #DAMUR collections have already been seen on catwalks in Paris, Berlin, Shanghai, Copenhagen and Taipei. DAMUR is a privately held company and a startup member of the McKinsey Berlin Experience Studio, which has allowed me to establish valuable contacts with industry experts and consultants. While I have remained loyal to my textile partners in Taiwan, my designs are produced mainly in Germany and Poland.

In January 2019, the #DAMUR collection titled #ThisisTRANS received the Premium Young Talents Award in recognition of our efforts to challenge gender clichés with fashion. Just recently we have launched our first upcycle collection #kiosk, a collection made from Berliner 2nd hand clothes and stock fabrics.

You have been living in Germany (Berlin) for quite a long time by now. What are you fascinated by the most in Berlin?

Berlin is a vibrant and ever-changing city with many personalities clashing. #DAMUR is growing together with the city's air of freedom: the smell of Mauerpark grass blended with Kitkat's sweat and an occasional molly, cigarette or oat milk on top. All this is dressed with the vivid creativity from high international young talents around.

In most other major cities in Europe today, you need to have a lot of money to build a (high-end) fashion brand but the value here is contrary. In Berlin, you need to be cool enough to stand out of the crowd. A Berliner is very open for being odd and I think high-end street wear is a Berliner's style.

I believe Berlin is the place to be: to deliver a relevant message, to provoke, to question established standards, and to initiate a cultural movement locally to connect globally.

Culture connects. What can we learn from each other? To which extent does German culture enrich or inspire your work?

I don't think the German culture is the inspiration of my work nor my creative process in particular. But I do like being structured, well-organized and well-planned in my daily work flow, in my office and at home. The very precise, detail-oriented and somehow too-politically-correct German style do inspire my managing style in business. However, like yin and yang, I see myself within a generation of hybrid cultures: where I come from is not always more relevant than when I live and where I am located. I have been living in Berlin since October 28, 2011 – I think the magic and beauty of Berlin does enrich my life experience and personality, but Berlin cannot categorize a German city at all. If you see some German culture in my work, please do let me know!

In the last years there's been much progress in Taiwan. A very modern and vivid democracy has evolved. Personally, how do you witness or experience this process in Taiwan from outside?

I left Taipei in the summer of 2007, I have witnessed the progress between generation X to Millennial to generation Z. The Taiwan IT industry pushes the development faster than ever, together with economic, culture and politics. Of course, Taiwan will always be Taiwan in the global position, the complex issues of many are never easy to be solved. With different generations, the priorities change. The steady but seamless revolution is indeed our golden pound to show our global performance despite a complicated political framework. I am very proud to be a Taiwanese, not particularly because we only have 23 million citizen or the unique position in politics, but we have survived against all odds and we always look forward to seeing the greater future with kindness.

The unbelievable success in handling COVID-19 in Taiwan is the best example of our future modern and vivid democracy.

Chih-Yin Huang-Niemand (黃稚尹)

Nach ihrem Examen im Fach Dirigieren und Klavier an der Taipei National University of the Arts kam Chih-Yin Huang-Niemand 1995 nach Deutschland. Sie studierte an der Hanns-Eisler-Musikhochschule Orchsterdirigieren, schloss dort mit „hervorragend“ ab. Nach verschiedenen Stationen unter anderem beim Deutschen Filmorchester Babelsberg, Stella Musical Theater Berlin und den Berliner Symphonikern ist sie seit 2002 freischaffende Dirigentin und Klavierpädagogin. Ihre Klavierschüler schneiden regelmäßig bei Landes- und Bundeswettbewerben hervorragend ab. Der brandenburgische Ministerpräsident Dr. Dietmar Woidke ehrte Chih-Yin Huang-Niemand 2015 für „ihre außerordentliche Hingabe, mit der sie jungen Talenten die wunderbare Welt der Musik eröffnet“, 2016 erhielt sie eine Auszeichnung auf kommunaler Ebene für ihr ehrenamtliches Engagement zur Bereicherung der regionalen Kulturlandschaft. Sie ist verheiratet mit einem deutschen Musiker, hat drei Kinder – und seit einem Jahr einen deutschen Pass.

Sie leben nun schon einige Zeit in Deutschland. Was fasziniert Sie hier besonders?

Ich bin in der Welt der Musik zu Hause und habe mich über die Musik der deutschen Kultur angenähert. Ich habe hier unglaublich viel gelernt: es reicht nicht aus, nur die Sprache zu lernen, man muss hier leben, um die Kultur zu verstehen – und die westliche Musik.

Als ich nach Deutschland kam, war ich noch sehr jung. In Deutschland wird viel diskutiert. Auch innerhalb des Lehrer-Schüler-Verhältnisses. Das war früher für mich in Taiwan undenkbar. Heute schätze ich diese Offenheit sehr.

Man muss sich während des Studiums hier durchboxen, man ist auf sich gestellt und muss sich selber „organisieren“ - das ist für viele Taiwaner erst einmal eine Herausforderung.

Die Deutschen sind meistens gut organisiert, sie arbeiten oft enorm effektiv, das fasziniert mich.

Außerdem sind sie in der zwischenmenschlichen Kommunikation vergleichsweise direkt. Das irritiert am Anfang, aber dafür sind die Deutschen sehr ehrlich. Und die deutsche Sprache! Manche deutsche Wörter finde ich genial: z.B. das Wort angriffslustig. Die einzelnen Wortteile sind auf den ersten Blick völlig gegensätzlich, bekommen in der Verbindung jedoch eine ganz neue Bedeutung.

Kultur verbindet. Was können wir voneinander lernen? Wie bereichert die deutsche Kultur Ihre Arbeit?

Von meinem Arbeitsgebiet der Musikpädagogik aus betrachtet: ich habe während meiner Ausbildung zwei ganz unterschiedliche pädagogische Ansätze kennen- und schätzen gelernt.

In der Musikausbildung geht es immer einerseits um technische Perfektion und andererseits um den musikalischen Ausdruck. In Taiwan, in Asien generell, neigt man dazu, Technik überzubewerten. Die Stücke werden auswendig gelernt. Taiwaner sind sehr fleißig, das ist auch eine Stärke. Man ist hervorragend, wenn man technisch perfekt spielt. Aber ich habe es hier anders gelernt – und im Laufe der Jahre auch verstanden: der musikalische Ausdruck ist der entscheidende Funke. Technik ist nicht alles. Es geht um das Verhältnis von technischem Können und musikalischem Klang.

Natürlich wäre es perfekt, wenn man beides 100%ig hätte. Aber wir sind keine Roboter. Zu viel Roboter-Feeling ist nicht gut – dann fehlt der Zauber des Klanges.

Kunst muss nicht perfekt sein. Sie muss lebendig sein, sie muss etwas erzählen, sie muss unser Herz berühren.

Und auch das habe hier in Deutschland gelernt: es reicht nicht, ein Lied von Schumann zu spielen. Man muss sich beschäftigen mit dem Komponisten, mit seinem Leben. Wann hat er das Stück geschrieben? In welcher historischen Epoche? In welcher Gemütsverfassung war er, als er das Stück komponiert hat? Welche Wechselwirkungen oder Verflechtungen gibt es?

Wenn man Bach verstehen möchte, muss man in Deutschland gelebt haben. Da reicht es nicht, die deutsche Sprache zu lernen. Sprache ist der Schlüssel zur Musik. Sprache ist der Kern der Musik. Ich sage immer, wenn man ein Stück nicht versteht, dann muss man es erst einmal singen.

In meiner täglichen Arbeit profitiere ich sehr davon, beide Ausbildungskonzepte zu vereinen, Gegensätzliches zu verbinden. Ich bin dankbar dafür, durch beide „Schulen" habe ich eine Empathie erworben, die es mir ermöglicht, mich sehr gut in meine Schüler hineinversetzen zu können.

In den letzten Jahren hat sich in Taiwan viel getan. Es hat sich eine moderne, lebhafte Demokratiekultur entwickelt. Wie erleben Sie persönlich diesen Prozess in Taiwan?

Von Berlin aus schaue ich mit einem deutschen und einem taiwanischen Auge in meine Heimat.

In beiden Ländern gibt es Vor- und Nachteile. In Taiwan weht der Wind immer mal wieder aus wechselnden Richtungen... 20 Jahre lang habe ich meinen taiwanischen Pass nicht abgeben wollen, nun habe ich einen deutschen Pass. Für mich ist Deutschland mein Zuhause. Hier lebt meine Familie, hier habe ich wunderbare Freundschaften geschlossen sowie eine erfüllende und wertvolle Arbeit gefunden. Taiwan wird immer meine Heimat bleiben, da ich in diesem Land meine Wurzeln habe und meine Eltern, Familie und Freunde auch dort wohnen.

Es ist mir ein Anliegen, die Schätze der taiwanischen Musik - klassische Stücke sowie Volkslieder - dem deutschen Publikum näherzubringen. Taiwaner können ruhig ein bisschen selbstbewusster sein und stolz sein auf diese Melodien. Ich erlebe immer wieder bei unseren Konzerten - insbesondere in der Taipeh Vertretung in Berlin – wie begeistert meine deutschen Musikerkollegen und das deutsche Publikum von Musikstücken aus Taiwan sind. In dieser Richtung möchte ich in Zukunft gerne noch weiter arbeiten, ein deutsch-taiwanisches Orchester ist der perfekte interkulturelle Austausch.

Der taiwanische Film im Wandel der Zeit – eine faszinierende Reise

Von Achim Kehlenbach[1] *und Cheng I-wen* (鄭伊雯)[2]

Die Anfänge des taiwanischen Kinos reichen bis in die japanische Besatzungszeit zurück. Damals wurden auf der Insel nicht nur japanische Filme vorgeführt, sondern es gab auch Japaner, die nach Taiwan kamen, um vor Ort Filme zu drehen und sie Besatzern wie Einheimischen zu zeigen. Der erste von Taiwanern produzierte Film erblickte 1925 das Licht der Welt. Nach dem Zweiten Weltkrieg und dem verlorenen Bürgerkrieg siedelten sich mit dem Rückzug der Nationalisten aus China und ihrer Machtübernahme in Taiwan zahlreiche führende Köpfe der Filmindustrie aus China und Hong Kong in Taiwan an und hauchten dem taiwanischen Film damit neues Leben ein.

Thematisch waren diese frühen Jahre von politischer Propaganda geprägt. Viele Filmemacher stellten sich in den Dienst der Politik. Gleichzeitig kamen mit der aufblühenden Faszination der Taiwaner für das Kino auch Filme im einheimischen Dialekt, dem Taiwanischen, auf. So trugen die 1950er- und 1960er-Jahre maßgeblich zur Entwicklung der Filmindustrie auf der Insel bei. Statistiken zufolge wurden in diesen zwei Jahrzehnten fast 2000 Filme in taiwanischer Sprache produziert, bisweilen sogar bis zu 120 Filme in einem einzigen Jahr. Leider sind viele Produktionen aus dieser Zeit aufgrund der Anfälligkeit der Originalfilmrollen verloren gegangen. Allerdings hat es das Taiwan Film Institute (TFI) geschafft, einen Teil dieser Filme digital zu restaurieren, sodass wir heute wieder in den Genuss dieser frühen Werke kommen können.

---

1 Achim Kehlenbach verschlug es aus dem Ruhrgebiet für mehr als zehn Jahre nach Taiwan, wo er sich in die Insel und ihre Menschen verliebte, u.a. für den taiwanischen Auslandsrundfunk arbeitete und sich mit den Sprachen der Ureinwohner und taiwanischer Musik beschäftigte. Inzwischen unterrichtet er hauptberuflich an einem Berufskolleg am Niederrhein und träumt von Bergwanderungen in seiner zweiten Heimat.

2 Cheng I-Wen ist Vorsitzende des Taiwan-Vereins Deutschland e.V. und versucht den Deutschen auf verschiedene Art und Weise taiwanische Kultur nahezubringen. So organisiert sie seit 2014 ehrenamtlich Vorführungen taiwanischer Filme in Deutschland und gelegentliche Konzerte. Als ehemalige Reisejournalistin hat sie mehrere Bücher über Deutschland verfasst. Zudem hat sie an verschiedenen Schulen Chinesisch unterrichtet.

In den 1960er-Jahren blühte die taiwanische Filmindustrie weiter auf. Mit der Gründung der Central Motion Picture Corporation (CMPC) nahm nun eine zentrale Organisation im Besitz der Regierungspartei das Ruder in die Hand und gab die neue

@ballardinix, Pixabay

Richtung vor. So kam als Antwort auf die Spannungen mit China und die Atmosphäre des Kalten Kriegs ein neues Genre auf: der „gesunde Realismus" (健康寫實 jiànkāng xiěshí). Dabei wurden typische Familienmelodramen mit ideologischen Botschaften gewürzt. Diese neue Gattung erfreute sich auch an den Kinokassen großer Beliebtheit.

In den 1970er-Jahren waren zwei Genres besonders populär: im alten China angesiedelte Heldenepen (武俠片 wǔxiápiàn) und Kungfu-Filme (功夫片 gōngfupiàn) nach erfolgreichem Hongkonger Vorbild. Diese Filme waren voller meisterhafter akrobatischer Kampfszenen. Durchtrainierte Körper und ein starker Staat waren im Einklang mit dem damaligen ideologisch verordneten patriotischen Geist, der auf der Insel nach dem Austritt Taiwans aus den Vereinten Nationen im Jahre 1971 wehte. Die Propagandamaschine lief auf vollen Touren und versuchte, die Stimmung im Volk durch Appelle an die nationalistischen Gefühle zu steuern, unter anderem durch patriotische Kriegsfilme. Ideologisch gefärbtes Kino wurde damit zum Mainstream. Daneben heimsten jedoch taiwanische Kinderfilme auf Filmfestivals internationale Anerkennung ein, und mit romantischen Literaturverfilmungen (文藝愛情片 wényì àiqíngpiàn) brachten kreative Filmstudierende frischen Wind in die Filmwelt der Insel.

In all diesen Filmen wurde – auch aufgrund der Sprachpolitik auf der Insel – fast ausschließlich Hochchinesisch gesprochen, und der Anteil der taiwanisch-sprachigen Produktionen ging dramatisch zurück. Erst in den 1980er-Jahren änderte sich diese Situation. Eine neue Generation von Regisseuren und Filmschaffenden löste eine cineastische Revolution aus, die das taiwanische Kino maßgeblich prägen und taiwanische Filme auf Filmfestivals in aller Welt tragen sollte. Um ganz nah am Leben der Menschen zu sein, beauftragte die CMPC talentierte Drehbuchautoren wie Hsiao Yeh 小野 und Wu Nien-jen 吳念真 damit, in großem Stil heimische literarische Werke für Filme zu adaptieren. Dabei sollte der Schwerpunkt auf aktuellen sozialen Phänomenen liegen und ein genaues Bild der Lebensumstände vermitteln, unter denen die Menschen auf der Insel aufwuchsen. In Anlehnung an die Vorbilder in Frankreich und Deutschland nannte sich diese Strömung bald „Nouvelle Vague" (新浪潮 xīn làngcháo).

„The Sandwich Man"

Im Gegensatz zu den nach sehr formelhaften Vorgaben produzierten Heldenepen, Kungfu-Filmen und romantischen Literaturverfilmungen der 1970er beschritt diese „Neue Welle" in allen Bereichen neue Wege: bei der Themenwahl, den Drehbüchern, den Geschichten, den Charakteren, der Darstellungsform, der Aufnahmetechnik, der Kameraführung, dem filmischen Stil, der Ästhetik. Alles begann 1982 mit einer Auftragsarbeit der CMPC an die vier jungen Regisseure Tao Te-chen 陶德辰, Edward Yang 楊德昌, Ko I-Chen 柯一正 und Chang Yi 張毅. Ihre vier Kurzfilme, in denen sie Gesellschaft und Politik so darstellten, wie sie diese wahrnahmen, wurden zum Spielfilm „In Our Time" (光陰的故事) zusammengefügt. Im selben Jahr zeigte auch Hou Hsiao-Hsiens im modernistischen Stil gedrehter Film „The Sandwich Man" (兒子的大玩偶) das neue Gesicht des taiwanischen Kinos.

Es folgten zahllose Werke wie „Papa, Can You Hear Me Sing?" (搭錯車), „Die Jungen von Fengkuei" (風櫃來的人), „That Day, on the Beach" (海灘的一天), „A Flower in the Raining Night" (看海的日子), „Old Mao´s Second Spring" (老莫的第二個春天), „Jade Love" (玉卿嫂), „Ah Fei" (油麻菜籽), „Geschichten einer fernen Kindheit" (童年往事), „Kuei-Mei, a Woman" (我這樣過了一生), „Taipei Story" (青梅竹馬), „Terrorizers" (恐怖份子), „Liebe wie Staub im Wind" (戀戀風塵) oder „Osmanthus Alley" (桂花巷). Ein Großteil dieser Filme wurde von der CMPC finanziert und gedreht und verband zwei Eigenschaften, die diese neuen Filme ausmachten – Realismus und Moderne.

Mit der Aufhebung des Kriegsrechts im Jahr 1987 öffneten sich Gesellschaft und Politik zusehends. Hou Hsiao-Hsien gelang mit seinem 1989 gedrehten Film „A City of Sadness" (悲情城市) ein besonderer Durchbruch. Zum ersten Mal wagte sich ein Regisseur an ein politisches Tabuthema: den Zwischenfall vom 28.2.1947, bei dem nach Schätzungen rund 20.000 Andersdenkende getötet wurden. Der Film betrachtet die damaligen Ereignisse aus der Perspektive einiger Bewohner eines kleinen Bergbaustädtchens im Norden der Insel.

Die Regierung war bestrebt, die Entwicklung der taiwanischen Filmindustrie voranzutreiben. Dies geschah durch die Gründung des Filmentwicklungsfonds, die Bereitstellung von Fördergeldern und die Ermutigung an Filmschaffende, den Sprung auf die große Bühne internationaler Filmfestivals zu wagen. Trotz dieser Bestrebungen verzeichnete die heimische Filmindustrie in den 1980er-Jahren einen graduellen Niedergang. Ein möglicher Grund dafür waren Fehler in der Filmpolitik, die sich zu sehr auf die Produktion von technisch und künstlerisch anspruchsvollen Filmen für den internationalen Festivalmarkt versteifte und die Erwartungen des durchschnittlichen Kinogängers vernachlässigte. Nach 1989 öffnete man den heimischen Markt zudem stärker für ausländische Filme und so verdrängten Produktionen *made in Hollywood* die taiwanischen Filme auch in kommerzieller Hinsicht. So wurden auf der Insel ab 1996 jährlich nur noch zwischen 15 und 20 Filme gedreht, die gerade einmal ein bis zwei Prozent der Einspielergebnisse ausmachten.

Doch auch in dieser dunklen Phase gab es immer wieder kleine Lichtblicke. So gewann Edward Yang im Jahr 2000 für sein letztes Werk „Yi Yi" (一一) als erster taiwanischer Regisseur bei den Internationalen Filmfestspielen von Cannes die Goldene Palme für die beste Regie. Seine Geschichte spielt in Taipei und nimmt den Zuschauer mit auf eine Reise durch den schlichten Alltag in all seinen Facetten: Familienbeziehungen, Liebe, Freundschaft, Leben und Tod. Der Film besticht durch das Ineinanderfließen verschiedenster Handlungsstränge. Bei vielen internationalen

Kritikern gilt der Film als einer der besten des 21. Jahrhunderts. Ein weiterer Höhepunkt war der Oscar für den in Taiwan geborenen und aufgewachsenen Ang Lee 李安. Mit „Tiger and Dragon" (臥虎藏龍) gewann er in der Kategorie „bester ausländischer Film".

Das Jahr 2001 stellte sowohl von der Zahl der taiwanischen Produktionen als auch vom Erfolg an den Kinokassen einen Tiefpunkt dar. Nicht einmal zehn Filme aus heimischer Produktion schafften es über das ganze Jahr betrachtet in die Lichtspielhäuser der Insel und kein einziger davon knackte bei den Einnahmen die Marke von einer Million Taiwan-Dollar (ca. 33.000 Euro). Ab 2007 sorgte die weltweite Finanzkrise dafür, dass nur der Film „Secret" (不能說的秘密), bei dem Jay Chou 周杰倫 für Drehbuch und Regie verantwortlich zeichnete, von kommerziellem Erfolg gekrönt war. Ein Jahr später sorgte Wei Te-Sheng 魏德聖 dann jedoch für einen Paukenschlag. Sein Film „Cape No. 7" (海角七號) ist mit einem Einspielergebnis von 530 Mio. NT-Dollar (ca. 17,5 Mio. Euro) der bis heute erfolgreichste taiwanische Film aller Zeiten. Er traf auch durch seine Darstellung der taiwanischen Identität beim Publikum einen Nerv, da im Film die verschiedensten Sprachen und Dialekte vereint sind, von Japanisch über Hochchinesisch und Taiwanisch, Hakka und austronesische Sprachen der taiwanischen Ureinwohner.

@Rudy and Peter Skitterians, Pixabay

Dass dieser Regisseur auch bereit ist, unorthodoxe Wege zu beschreiten und keine Scheu vor großen Investitionen hat, zeigte er mit der bis dato teuersten taiwanischen Produktion, „Seediq Bale“ 賽德克·巴萊 (oder „Warriors of the Rainbow“), einem insgesamt rund viereinhalbstündigen Epos, das 700 Mio. NT-Dollar (gut 20 Mio. Euro) kostete. Der Film handelt vom Aufstand eines Ureinwohnerstammes gegen die japanischen Besatzer im Jahr 1930 und ist größtenteils in der Ureinwohnersprache Seediq gedreht. 2011 nahm er am Wettbewerb um den Goldenen Löwen bei den 68. Internationalen Filmfestspielen von Venedig teil. Bei den Dokumentarfilmen kann der 2013 gedrehte Film „Beyond Beauty: Taiwan From Above“ (看見台灣) den Rekord für das kommerziell erfolgreichste Werk in diesem Genre für sich in Anspruch nehmen.

Die Zahl der in Taiwan produzierten Filme mag in den letzten drei Jahrzehnten zurückgegangen sein, doch unter den in dieser Zeit entstandenen Werken finden sich zahlreiche echte cineastische Perlen. So waren und sind Filmemacher von der Insel auf der Berlinale gern gesehene und oft ausgezeichnete Gäste. Den Anfang machte Ang Lee 1991 mit dem Goldenen Bären für „Das Hochzeitsbankett“ (喜宴). Tsai Ming-liang wurde gleich zweimal ausgezeichnet: 1997 mit dem Spezialpreis der Jury für „Der Fluss“ (河流) und 2005 mit dem Alfred Bauer-Preis für „The Wayward Cloud“ (天邊一朵雲). Mit silbernen Bären geehrt wurden Lin Cheng-shengs „Betelnut Beauty“ (愛你愛我) im Jahr 2001 (beste Regie) und Mark Lee Ping Bin 2016 für die beste Kamera in „Crosscurrent“ (長江圖). 2020 kehrte dann Tsai Ming-liang nach 15 Jahren Abstinenz wieder nach Berlin zurück und nahm mit „Days“ (日子) am Wettbewerb teil. Doch auch in anderen Kategorien der Berlinale, wie „Panorama“, „Forum“ oder „Berlinale Shorts“ trifft man immer wieder auf preisgekrönte Filme aus Taiwan.

So wie die taiwanische Gesellschaft sich in den letzten Jahrzehnten durch Freiheit und Vielfalt ausgezeichnet hat, so ist man auf der Insel auch auf die Filme und die darin gezeigten Bilderwelten stolz. Freiheit und Vielfalt gelten auch für die Wahl der Themen und des Genres. Egal was die Filmemacher erzählen wollen, sie brauchen sich nicht vor politischem Zwang oder Druck zu fürchten. Bunte Themen und viele spannende Geschichten – das ist es, was man vom taiwanischen Kino auch in Zukunft erwarten darf.

Taiwanische Kinolandschaft in Deutschland: Kultur neu präsentiert

Von Jaye Lin (林婕穎),[1] *Cheng I-wen* (鄭伊雯) *und Achim Kehlenbach*

Taiwan ist eines der innovativsten und facettenreichsten Filmländer der Welt. Sicher deshalb, weil sich hier eine vielgestaltige Kultur und bewegte Geschichte mit einer jungen und dynamischen Demokratie vereinen. Zweifellos sind Filme ein gutes Medium, um davon einen Eindruck zu bekommen.

Da Filme aus Taiwan nur selten den Weg in die deutschen Kinos finden, mussten sich Cineasten bislang meistens auf die Berlinale begeben, um Filme made in Taiwan sehen zu können. Um an diesem Zustand etwas zu ändern, hat ein taiwanischer Verein in Düsseldorf im Jahre 2014 beschlossen, in einem Programmkino den Dokumentarfilm „Beyond Beauty: Taiwan From Above" vorzustellen. Diese erste Veranstaltung fand großen Anklang und ebnete den Weg für weitere Events dieser Art.

Im gleichen Jahr rührte Regisseur Wei Te-Sheng in Taiwan die Werbetrommel für seinen neuen Film „Kano" und zeigte während der Sonnenblumenbewegung den Film den jungen Leuten im damals gerade besetzten Parlament. Diese Geste stieß in der taiwanischen Diaspora weltweit auf ein positives Echo, sodass sich der Regisseur Wei in der Folge vor Einladungen zur Vorführung seines Films in Nordamerika und Europa kaum retten konnte. Nach rund 20 Veranstaltungen in den USA und Kanada besuchte der Regisseur auf einem kleinen Abstecher nach Europa unter anderem auch Düsseldorf.

Seitdem lädt der Taiwan-Verein Deutschland e.V. jedes Jahr Regisseure von der Insel ein, die ihren Landsleuten, deutschen Filmfans und Studierenden der Ostasien-

[1] Geboren und aufgewachsen in Taiwan, Taipeh. Literatur- und Kunststudium an der Universität Göttingen und Soochow Universität in Taipeh. Seither freie Kuratorin und Copywriter in Berlin. Seit Juni 2019 künstlerische Leitung für vielfältige Kunst- und Kulturprogramme. Initiatorin des Taiwan Film Festival 2020 in Berlin.

wissenschaften im Anschluss an die Filme persönlich Rede und Antwort stehen. Dieser kleinen aber feinen Tradition ist es zu verdanken, dass zusammen mit dem Auftakt 2014 bereits zwölf Filme gezeigt werden konnten:

Beyond Beauty: Taiwan From Above (看見台灣); Kano (Kano); Panay/Wawa No Cidal (太陽的孩子); The Gangster´s Daughter (林北小舞); 52 Hz, I love You (52HZ 我愛你); Tears (眼淚); Awakened Civil (暴民); Sunflower Occupation (太陽，不遠); On Happiness Road (幸福路上); Father (紅盒子); Our Youth. In Taiwan (我的青春在台灣); Long Time No See (只有大海知道)

Der Film Long Time No Sea auf Deutschland-Tournee im Kino Babylon, Berlin 2019

Somit gibt es nun in Deutschland neben den Filmfestspielen in Berlin eine zweite Gelegenheit, cineastische Meisterwerke aus Taiwan im Kino-Format zu erleben.

Seit 2018 findet in Berlin jährlich das Taiwan Film Festival statt, das die gemeinnützige Organisation Impression Taiwan durchführt. Das Team arbeitet überwiegend ehrenamtlich und besteht aus mittlerweile rund 15 Personen, vom Studierenden aus unterschiedlichsten Fachbereichen bis hin zum Berufstätigen. Das Ziel des Filmfestivals ist es, eine kulturelle Brücke zwischen Taiwan und Deutschland aufzubauen und neue Einsichten in das taiwanische Kulturverständnis zu ermöglichen. Durch weitere Projekte und Kooperationen mit lokalen und internationalen Partnern leistet Impression Taiwan darüber hinaus einen wichtigen Beitrag zur Berliner Kulturszene, wie es dem Anliegen des Vereins entspricht.

Eröffnungskonzert des Taiwan Film Festival 2020 online im Kultursaal der Taipeh Vertretung, auch im Live-Stream auf Facebook

Impression Taiwan: Helfen Sie uns, ein vielfältiges Festival zu gestalten!

Das Filmfestival wird von Impression Taiwan mit dem tatkräftigen Engagement vieler filmbegeisterter Menschen getragen. Der Erfolg des gemeinnützigen Vereins hängt von der finanziellen Unterstützung durch Sponsoring ab. Nur so ist es möglich, jedes Jahr wieder ein hochwertiges Programm zusammenzustellen und zu präsentieren. Auch für Spenden ist der Verein jederzeit sehr dankbar. Weitere Informationen finden Sie auf der Website: www.impressiontaiwan.org Für individuelle Absprachen sind wir unter impression.taiwan@gmail.com erreichbar.

Spendenkonto: Impression Taiwan e. V.
Bank: Berliner Sparkasse
BIC: BELA DEBE XXX
IBAN: DE96 1005 0000 0190 8620 25

TAIPEILOVE*
Die Geschichte hinter dem international ausgezeichneten Dokumentarfilm über gleichgeschlechtliche Liebe in Taiwan

Von Lucie Liu

Taiwan hat am 24. Mai 2019 die gleichgeschlechtliche Ehe legalisiert. Es ist damit das erste Land in Asien, das diesen Schritt in Richtung universeller Menschenrechte gegangen ist. Über die Entwicklungen vor Ort, die Situation von schwulen und lesbischen Menschen in Taiwan und die gesellschaftlichen, kulturellen und traditionellen Hindernisse, Vorurteile und Erwartungen habe ich einen Dokumentarfilm gedreht. TAIPEILOVE* ist der erste und einzige Film weltweit, der sich diesem Thema widmet. Im Folgenden werde ich auf den Entstehungsprozess, die rechtlichen Hintergründe der Legalisierung und die derzeitige Lage eingehen. Mehr Informationen zu dem Film finden Sie auf der Facebook[2]- und Instagramseite[3] von TAIPEILOVE*.

Entstehung TAIPEILOVE*

Im Oktober 2016 habe ich zum ersten Mal die Pride Parade in Taiwan besucht, sie ist die größte in ganz Asien. Während dieser bin ich auf einen jungen Koreaner und einen jungen Japaner getroffen. Beide haben mir eröffnet, dass sie jedes Jahr die Pride besuchen, da es sich dabei um die einzigen Tage des Jahres handelt, in denen sie wirklich sie selbst sein können. Beide kommen aus Ländern in denen die gleichgeschlechtliche Ehe nicht legalisiert ist. Deren Aussagen und die darauffolgende Recherche haben mir die Vorreiterrolle Taiwans in Bezug auf Lesben- und Schwulenrechte vor Augen geführt und mich dazu inspiriert einen Dokumentarfilm zu drehen, um Menschen in Asien und insbesondere Europa nahezulegen, welche Rolle Taiwan einnimmt und dass es dafür Anerkennung verdient.

Protagonist:innen

Sarah, Kevin und David bilden den Kern des Dokumentarfilmes. Aus ihrer Perspektive wird die Geschichte erzählt. Mit ihr werden Stimmen aus Politik und Gesellschaft verknüpft. Die Suche nach Protagonist:innen hat sich als komplex herausgestellt. Mit über vierzig Personen habe ich mich in Parks, Cafés und Märkten getroffen, um mit ihnen über ihre Homosexualität und ihre damit verbundene Geschichte zu sprechen. Dabei bin ich auf sehr traurige Einzelschicksale getroffen: Ein junger

2 Im Internet: https://www.facebook.com/taipeiloveTheDocumentary.
3 Im Internet: https://www.instagram.com/taipeilove_thedocumentary/?hl=en.

Mann wurde von seiner Familie nach seinem Coming-Out aus seinem Zuhause verbannt gefolgt von völligem Kontaktabbruch durch die Eltern. Eine andere junge Frau ist mit einem Mann verheiratet, obwohl sie lesbisch ist – auf Wunsch der Familie.

Filmdreh – Abendessen mit Sarah

So traf ich auch auf Sarah, Kevin und David. Nach dem Kennenlernen mit Sarah war schnell klar, dass sie und ihre Geschichte den Film tragen werden. Die 26-jährige Krankenschwester geht offen mit ihrer Sexualität um, ist dabei sehr stur und liebenswert. In Reaktion auf ihr Coming-Out schlug ihre Mutter sie und bestellte zum nächsten Familientreffen zwei Männer, um einen Exorzismus an Sarah durchzuführen. Sarahs zwei Tanten erzählen in TAIPEILOVE* über die Familiensituation und ihren eigenen, liberalen Umgang mit Sarahs Sexualität. In einem überraschenden Telefonat während der Dreharbeiten kommt auch Sarahs Mutter zu Wort.

Im generationellen und geschlechtlichen Gegenüber stehen Kevin und David, beide sind 45 Jahre alt und seit 13 Jahren ein Paar. Ihre Geschichte liest sich anders als die von Sarah. Während Kevin sehr schweigsam mit seiner Homosexualität umging und später ein ruhiges, allerdings sehr klares Coming-Out hatte, indem er einfach seinen

Partner mit nach Hause brachte, wurde David von seinen Lehrern verprügelt und gemobbt. Er äußert sich nach wie vor nur sehr vorsichtig zu seiner Sexualität.

An den Reaktionen der Familien wird deutlich, wie unterschiedlich der Umgang in der Gesellschaft mit Homosexualität in Taiwan ist. Im Rahmen meiner Interviews habe ich festgestellt, dass sich diese Problematik insbesondere auf Nichtwissen und damit verbundene Vorurteile stützt. Kevin und David berichten, dass deren sexuelle Aufklärung wenig bis kaum vorhanden war. Dies zeigt sich auch deutlich darin, welche Bevölkerungsgruppen insbesondere LGBT Rechte ablehnen.

> *„Über 80%-90% der jüngeren Generation unterstützt LGBT Rechte, wohingegen sich unter den 50 bis 60 Jährigen 60% dagegen aussprechen. Allerdings findet sich diese Problematik nicht nur in generationeller Unterscheidung. Auch der städtische und ländliche Raum unterscheiden sich stark. Insbesondere im konservativ geprägten Süden und auf dem Land sprechen sich viele Menschen gegen die gleichgeschlechtliche Ehe aus.“*[4]

Mit dem 2004 verabschiedeten Gender Equity Education Act (性別平等教育法) änderte sich diese Situation. Das Bildungsministerium sieht neben Vorgaben für Schulen, deren Curriculum und den Umgang mit sexueller Belästigung auch vor, dass Schüler:innen Sexualkunde erhalten sollen, die Homosexualität inkludiert. Dieses verabschiedete Gesetz führte auch dazu, dass Schüler:innen über deutlich mehr Wissen zu dem Thema verfügen als die Generation vor ihnen.

> *„Ich konnte während meiner Gymnasialzeit nicht über Homosexualität sprechen. Aber ich merke, dass Menschen, die jünger sind als ich, alle wissen, was Homosexualität ist. Das überrascht mich wirklich.“*[5]

Die persönlichen und sehr intimen Interviews mit Sarah, Kevin und David werden von Expert:inneninterviews gerahmt. Dazu zählen Victoria Hsu (Anwältin und Mitbegründerin von TAPCPR), Jennifer Lu (Lesbenrechtsaktivistin), Yu Mei-nu (MdP, Fokus auf LGBT- und Frauenrechte), Wayne Lin (ehemaliger Vorsitzender der Tongzhi Hotline) und Chi Chia-wei (Taiwans ältester Schwulenrechtsaktivist). Die Expert:innen schaffen Einordnung und geben rechtlichen und geschichtlichen Kontext.

---

4 Politikerin Yu Mei-nu in TAIPEILOVE*.

5 Protagonistin Sarah in TAIPEILOVE*.

TAIPEILOVE* gibt damit eine ausführliche Einführung in die Lebensrealitäten schwuler und lesbischer Taiwaner:innen, zeigt, dass sich deren Kampf für Anerkennung in Vielem mit dem in anderen Ländern überschneidet und unterstreicht Taiwans Vorreiterrolle im Kampf für Menschenrechte.

Geschichtlicher Hintergrund

Taiwan ist bereits sehr progressiv im gesamtasiatischen Kontext was LGBT-Rechte betrifft. Gleichgeschlechtlicher Sex ist legal, Diskriminierung aufgrund von sexueller Orientierung in der Schule und am Arbeitsplatz sind verboten und es ist möglich sein legales Geschlecht zu ändern.[6] Dabei waren die Jahre 2017 bis 2019 ausschlaggebend für die rechtliche Lage gleichgeschlechtlicher Paare in Taiwan. Der Legalisierung und Implementierung der gleichgeschlechtlichen Ehe am 24. Mai 2019 gingen zwei zentrale Ereignisse voraus.

Das Verfassungsgericht veröffentlichte am 24. März 2017 eine Interpretation der Verfassung, in der festgelegt wurde, dass eine Form der gleichgeschlechtlichen Ehe innerhalb von zwei Jahren legalisiert werden müsse. Passierte das nicht, würde sie automatisch im Gesetz verankert und homosexuelle Paare hätten genau die gleichen Rechte wie heterosexuelle Paare.

6 Nylander, Johan (2016): Could Taiwan be first in Asia with same-sex marriage? Im Internet: https://edition.cnn.com/2016/07/03/asia/taiwan-same-sex-marriage/index.html. Zugriff 08.07.2020.

Gaypride Taipei

Im Rahmen dieser zwei Jahre passierten kaum nennenswerte öffentliche Bekundungen. Der Legislativ-Yuan[7] wurde wenige Monate vor Ablauf der Frist tätig, auch in Reaktion auf ein taiwanweites Referendum. Dieses fand fünf Monate vor Ablauf der Frist im November 2019 zeitgleich zu landesweiten Wahlen statt. Die Bevölkerung sprach sich dabei gegen die Legalisierung der gleichgeschlechtlichen Ehe aus. Bei einer Wahlbeteiligung von über 10 Millionen stimmten sieben Millionen Wählende gegen die gleichgeschlechtliche Ehe.[8] Im Folgenden wurde die gleichgeschlechtliche Ehe mit Hilfe eines separaten Gesetzes legalisiert und nicht, wie in der Entscheidung am 24. März 2017 festgelegt in einer Verfassungsänderung.

Die aktuelle Situation gleichgeschlechtlicher Paare in Taiwan ist dementsprechend gut, allerdings nicht optimal. Zum einen haben sie die Möglichkeit zu heiraten, was im gesamtasiatischen Raum einzigartig ist, allerdings gibt es Einschränkungen in der Anerkennung. Falls ein:e Taiwaner:in eine:n Partner:in aus dem Ausland heiraten möchte, so muss die gleichgeschlechtliche Ehe im Herkunftsland derer legalisiert sein. Gleichgeschlechtliche Paare aus dem Ausland können nicht in Taiwan heiraten, wenn nicht in beiden Herkunftsländern, die gleichgeschlechtliche Ehe legalisiert ist. TAPCPR (Taiwan Alliance to Promote Civil Partnership Rights), eine Organisation,

---

7 Beim Legislativ-Yuan handelt sich um das Parlament. Er ist darüber hinaus einer der fünf Staatsräte („Yuans“).

8 Hioe, Brian (2020): What Now, One Year After the Legalization of Gay Marriage in Taiwan? https://newbloommag.net/2020/05/17/gay-marriage-one-year/. Zugriff 20.07.2020.

die Teile der LGBT Community rechtlich berät, arbeitet derzeit an eine Verbesserung der Situation für gleichgeschlechtliche transnationale Ehen. Darüber hinaus ist das Adoptionsrecht noch nicht vollständig dem Standard in heterosexuellen Ehen angepasst. Gleichgeschlechtliche Paare können nur dann Kinder adoptieren, wenn ein Teil des Paares ein leiblicher Elternteil des Kindes ist. Taiwan verfügt derzeit über keine klare Regelung bezüglich Leihmutterschaft innerhalb des Landes. Somit sind diese Themen noch offen und der Weg zur völlig gleichberechtigten gleichgeschlechtlichen Ehe geebnet.

Rezeption

Der Dokumentarfilm feierte am 27. Juni 2019 in Berlin im delphi lux Kino Premiere. Ehemaliges Bundestagsmitglied und zentraler Wegbereiter der gleichgeschlechtlichen Ehe in Deutschland Volker Beck sowie Professor Jhy-Wei Shieh, Repräsentant von Taiwan in Deutschland gaben aus ihrer jeweiligen Perspektive Grußworte. Weiter wurde der Film in Taipeh, Kaohsiung, London, San Diego, Yangon, Genf, Freiburg, Tübingen und Seoul gezeigt. Dort gewann er einen Preis für den besten Dokumentarfilm. Für 2020 waren Screenings in London, Wien und Berlin[9] geplant. TAIPEILOVE* und seine Entstehungsgeschichte wurden in über zwanzig Medien rezipiert, in Deutschland dabei unter anderem von Süddeutscher Zeitung, Tagesspiegel, ZEIT CAMPUS, RBB, der Freitag und Tagesspiegel. All diese Artikel lassen sich in der Onlinepressemappe von TAIPEILOVE* finden.[10]

9 In Berlin wurde der Film auf dem Taiwan Impression Film Festival gezeigt.
10 Im Internet: https://bit.ly/30ojTHD.

Ten Years On: How Café Philo Reshapes the Cultural Landscape of Taiwan?

Von Wu Feng-wei (吳豐維)

Anyone who is familiar with Taiwan's political history understands that freedom of speech and thought is never the norm but a rarity. In the colonial period (1895-1945) under the Japanese Empire, the Taiwanese people have very limited political freedom. Even under such grim conditions, in the 1920's, Taiwanese intellectuals and social elites nevertheless have the audacity to found the Taiwanese Cultural Association (台灣文化協會) to shoulder the responsibility of cultural enlightenment and the reclaiming of Taiwan's cultural subjectivity. In order to do that, they lectured, published and organized. In the post-war Taiwan, the chains and shackles put on people's mind are no less harsh. Under the draconian martial law by the KMT administration for almost forty years (1949-1987), people are not allowed to speak their mind and are used to merely listen and obey. Even so, free-spirited individuals and rebellious minds still dare to defy the dictatorship of the regime. What did they do? Likewise, they lectured, published and organized. Looking back on the past century, they are the genuine pioneers of the free and independent Taiwanese mind.

In the 1990's, Taiwan turns the new page and enters a gradual process of democratization. In the past 25 years, we already have three peaceful transitions of presidential power. According to the textbook definition of democracy, Taiwan's democracy is consolidated. We can now proudly proclaim that Taiwan is a liberal constitutional democracy through and through. However, the Taiwanese mind has not been fully liberated. The whole education system is still like a giant cram school. The history education and language policy are outdated and hegemonic. The media is stuffed with tabloid journalism and political propaganda. NGOs and social movements are struggling and withering. The prevailing idea is materialism rather than idealism, and the general public couldn't care less about the common good. All in all, it is not hyperbolic to say that Taiwan's civil society is still underdeveloped, in the sense of its vitality and critical awareness. The tyranny of dictators may be long gone, but the tyranny of mediocrity and thoughtlessness is still stifling and constraining the imagination of the younger generation.

Café_Philo - @Solomon203, CC BY-SA 4.0 via Wikimedia Commons

In order to turn around the predicament, like the aforementioned predecessors, many Taiwanese intellectuals and activists believe a continuing cultural enlightenment from the bottom up is the way out. In the August of 2010, a group of young people kicked off a cultural experiment in Taipei, an experiment that is still going on to date. They founded a public forum called "Café Philo" (which is actually the name of the café where they held these events) for people to freely and openly exchange ideas about issues ranging from environmental protection, animal rights, human rights, media reform, history, literature, philosophy, to culture and art. But the public forum is better known for its Chinese name "Philosophy on Friday" (哲學星期五), for in the early days, most of the events are only held on Friday nights.

The format of Café Philo is open in its nature: no entrance fees, no qualifications required, no issues off-limit. People can join its sessions without any requirement whatsoever. The vibe in the session is basically welcoming and equalitarian. The organizers would choose a topic for the night in advance and invite two or three invited speakers who are experts on the subject matter. Before the invited talk begins, the moderator would ask the audience to briefly introduce themselves, to tell everybody who they are and what their preliminary thoughts on tonight's topic are or what they expect to hear from the talk. A round of self-introduction usually takes 20 to 30 minutes, depending on the size of the audience. A record was set by a talk by Su Bing (史明), the late visionary of the independence movement of Taiwan, for the talk was so popular and it ended up attracting too many people and it took more than an hour for everyone to introduce herself/himself. The self-introduction part can be a little boring and lengthy, but it has a symbolic meaning to every participant: you are part of the dialogue and your opinion matters. Right after the invited talk, the floor is open for questions, and the audience can contribute their ideas and engage in friendly debates with each other.

This kind of free and equalitarian public forum is fresh and interesting to most people. Therefore, in a couple of years, Café Philo becomes much more well-known and well-attended, and more people and organizations approach for possibilities for collaboration and even organizing something similar to Café Philo in their own city. The founding organizers of Café Philo think the timing is ripe to replicate its model to other places in Taiwan and even abroad. Therefore the original Café Philo is transformed to Café Philo@Taipei and other branches can dub their respective name after Café Philo. It could be the name of a city, such as Café Philo@NY, or the name of the host university, such as Café Philo@CCU. In the past ten years, Café Philo has held public forums in at least fifty cities worldwide, including Kaohsiung, Taichung, Yilan, Hualien and Hsinchu, and in places beyond Taiwan, such as New York, Boston, Pittsburgh, Bay Area, and even Munich. After years of cross-border collaboration, Café Philo has turned itself to a global family. In 2018, there are nearly 150 events in total held by the Café Philo family worldwide.

Among these branches, Café Philo@Taipei is undoubtedly the flagship and the prototype. Although each branch operates independently, both financially and administratively, no strings attached to the Café Philo family, but the Café Philo family has a set of general guidelines set up by Café Philo@Taipei: free and open to all, no government and business funding involved, volunteer-based organization, and no politicians may participate as speakers or moderators. Although there is no chain of command or any administrative hierarchy in the Café Philo family, all of the branches must subscribe to its rigid guidelines. These guidelines ensure that Café Philo can operate with very little budget, yet on a regular basis, and still maintain its independence and critical character.

Ten years on, Café Philo undoubtedly changes the cultural landscape of Taiwan. First of all, it popularizes a certain kind of "salon culture" in Taiwan. In the past, there are very few free public lectures in Taipei, and people are not used to the idea of joining public discussion or engaging in friendly back-and-forth debates with each other. But nowadays, free public lectures are literally everywhere, in any café or bookstore, and generally speaking, people are not afraid to speak their mind in front of the public. I believe the 1000 plus sessions held by Café Philo@Taipei over the ten years contribute a great deal to the culture change.

Secondly, Café Philo changes the way younger people see themselves in Taiwan's society. If we break down the participants of Café Philo@Taipei, I would say half of them are under the age of 25, most of them are college students and even high school students. The vibe in Café Philo is a sharp contrast to their daily life. In their school life, obedience and conformity are virtues, but in here, we celebrate independence, difference and disagreement. Many younger people feel themselves empowered and liberated.

Thirdly, Café Philo is more or less like an incubator of NGOs and grassroots activism. It provides a free megaphone for the often neglected or marginalized social initiatives, such as the movement to abolish death penalty in Taiwan, or other environmental issues. Before Taiwan's legalization of same-sex marriage in 2019, Café Philo@Taipei provided its platform to groups and movements advocating for equal rights for the LGBTQ community on a regular basis.

If anyone asks me what Café Philo is, I would say, it is an interface. It is an interface between people who come from different cultural backgrounds, different professions, different education backgrounds, different age groups, and even different value systems. It is an interface that a plural society needs. Hope you find an interface like this in your neighborhood. Just like we always say, find a Café Philo nearby where you live, if there isn't any, start one by yourself.

Radio Taiwan International bleibt auf der Kurzwelle

Von Andreas Bündig

Die Ausgabe von „Taiwan in Bewegung“ 2018 war noch nicht erschienen, als der Titel meines Beitrages:

„Hier ist RTI, Sie hören das einstündige, deutschsprachige Programm von Radio Taiwan International“ bereits seine Aktualität verloren hatte. Aber zum Glück nicht ganz, es ist täglich ein halbstündiges Programm geblieben. Was war geschehen? Die Antwort darauf ist wohl in der jüngeren Geschichte von RTI zu finden. Der Sender war dem GIO, Government Information Office, also dem Informationsamt der Regierung, untergliedert. Nach dessen Auflösung am 20. Mai 2012 fand der Sender im Kulturministerium Taiwans Unterschlupf und musste sich zwangläufig den neuen Gegebenheiten anpassen und diese bedeuteten eben auch das Thema Einsparungen. Das war nicht neu für RTI, denn bereits 2001 wurde die Sendezeit von täglich zwei Stunden auf eine Stunde verkürzt, im Juli 2006 endeten die Direktübertragungen aus Taiwan aus Kostengründen und es folgte der Abbau der Antennenanlagen für das Zielgebiet Europa am Standort Tainan. Allerdings waren die Programme bereits 2001 im Netz als Livestream bzw. zum Teil on demand zu hören. Auf der Kurzwelle bediente man sich kostengünstig angemieteter Sender in Europa.

Am Personal war das Sparpotenzial mit genau genommen einer Festanstellung (!) ausgereizt und so erhielt die Redaktion den Auftrag, ihre Beiträge auf eine halbe Sendestunde pro Tag zu reduzieren. Mit dem Bekanntwerden bei der Hörerschaft im deutschsprachigen Raum erfolgte natürlich ein Aufschrei in Form von Briefen und Petitionen an die Intendanz der Sendeanstalt, aber es half nichts. Mit dem Frequenzwechsel von der Sommer- zur Winterzeit 2018 war das einstündige Programm von RTI Geschichte.

Für die ohnehin verhältnismäßig kleine Deutschredaktion bedeutete das in erster Linie ein Immenses an Mehrarbeit, denn es galt, die Programm- und Informationsstruktur an eine halbe Sendestunde pro Tag so anzupassen, dass möglichst wenig verloren ging. (Wer schon einmal in die Lage versetzt wurde, komplexe Zusammenhänge in wenigen Sätzen darstellen zu müssen, wird das nachvollziehen können …) Gleichzeitig musste der Auftritt im Internet überarbeitet und erweitert werden.

Nach fast zwei Jahren wäre es an der Zeit gewesen, der Leiterin der Deutschredaktion stellvertretend für ihr kleines, engagiertes Team die Hand zu schütteln und danke zu sagen für die gelungene Transformation, wie das heute so schön heißt. Die Termine für die Hörertreffen in Ottenau und Berlin standen fest, die Delegation aus

Taipei stand in den Startlöchern zur Reise nach Deutschland, dann kam ES, das Virus, und die Welt war und ist erst einmal eine andere. Aber aufgeschoben ist nicht aufgehoben und so hoffen wir auf die persönlichen Begegnungen zu den Hörertreffen und/oder Urlaubsreisen des einen oder anderen nach Taiwan im nächsten Jahr.

Was ist nun fest zu halten? Die freie und lebendige, täglich aktuelle Berichterstattung aus Taiwan bleibt uns auch auf der Kurzwelle erhalten und damit haben sich die Verantwortlichen in Taipei glücklicherweise auch dafür entschieden, dass RTI das Schicksal so vieler anderer Auslandsrundfunkdienste erspart bleibt, die sich von der terrestrischen Aussendung ihrer Programme verabschiedet haben und in den Brei des WWW eingegangen sind.

Auch in diesem Jahr finden wieder Versuche für Direktübertragungen durch geeignete Sendeanlagen in Taiwan statt, die durch Frequenzbeobachtungen der Hörerinnen und Hörer, nicht nur in Deutschland, eifrig unterstützt werden.

Nun wird sich mancher fragen, ob es denn sinnvoll ist, eine vermeintlich überholte Technik zu erhalten, wo es doch Internetradio gibt und kurzwellentaugliche Empfänger schon eher die Seltenheit sind. Sicher ist es nicht zum Nachteil, sich des besten aus zwei Welten zu bedienen und sicher ist es von Vorteil, einen Plan B zu haben. Das Internet kann man beschneiden, manipulieren oder abschalten - Radiowellen nicht.

Besuchen Sie Radio Taiwan International.
Infos unter: http://german.rti.org.tw

Mei Hong Lin, eine Europäerin aus Taiwan, mutig und leidenschaftlich

Von Ditta Rudle[1]

Seit sieben Jahren entfacht die Choreografin Mei Hong Lin[2] mit ihrer Compagnie TANZLIN.Z im Musiktheater Linz Begeisterungsstürme. Ein Porträt der Choreografin aus Taiwan.

Mei Hong Lin
©National Taichung Theater

Mei Hong Lin erzählt Geschichten, leidenschaftlich und mutig. Wörter benötigt sie kaum dafür, der Körper der Tänzer*innen drückt alles aus, Gedanken, Gefühle, Handlung. Seit der Saison 2013/14 ist sie Ballettchefin am Linzer Landestheater und hat als Nachfolgerin von Jochen Ulrich das Publikum mit fliegenden Fahnen erobert. Der international renommierte Choreograf Ulrich, der 2012 einem Krebsleiden erlegen ist, hat Lin selbst als Nachfolgerin empfohlen, sie hat mit ihm gearbeitet, in Innsbruck und auch in Linz.

Mutig darf man Lin nennen, weil sie keine Scheu vor alten Mythen und Märchen, aber auch nicht davor hat, bekannte Ballette großer (alter) Meister neu einzurichten und nicht mehr Märchen im traditionellen Gewand zu zeigen. Lins

1 Im Internet: www.tanzschrift.at.

2 Anmerkung der Redaktion: Meihong Lin ist in der Ära der Diktatur und des weißen Terrors aufgewachsen. Während des Kriegsrechtes wurde die taiwanische Kultur unterdrückt und verboten. Es gab zu jener Zeit nur die Ausbildung in chinesischem Tanz. Erst später nach der Demokratisierung Taiwans konnten sich die reichhaltigen, verschiedenen Kulturen entfalten und sich zu einer stolzen einheimischen taiwanischen Kultur entwickeln.

Themen sind bewegende Erzählungen über Menschen von heute, die das Publikum berühren, weil es sich selbst darin erkennen kann.

Beispiele gefällig? „Schwanensee" etwa, das von Marius Petipa und Lew Iwanow zur Musik von Peter Iljitsch Tschaikowsky im 19. Jahrhundert geschaffene Ballett schlechthin. Immer wieder wird es neu choreografiert und alt erzählt. Von George Balanchine bis John Cranko, von Kenneth McMillan (für die Deutsche Oper Berlin) bis John Neumeier („Illusionen – wie Schwanensee"), Rudolf Nurejew hat dem „Schwanensee" sogar zweimal seinen Stempel aufgedrückt, in Wien und in Paris, und Matthew Bourne zieht den männlichen Schwänen ziemlich schmutzige weiße Röcke an und lässt sie mit behaarten Waden watscheln. Mei Hong Lin kennt sie alle und lässt sich nicht beeinflussen und schon gar nicht abhalten, ihren eigenen Schwanensee zu zeigen. Auch vor „Romeo und Julia" (Musik Sergej Prokofjew, bekannteste Choreografie von John Cranko) hat sie keine Scheu. Wenn sich einige Romeos und viele Julias auf der Bühne tummeln, so geht es nicht um eine uralte Liebesgeschichte, sondern um das Innenleben zweier junger Menschen, die von Gefühlen und Hormonen verwirrt sind. Die Eltern verbieten das Zusammensein. Das kennt man doch! Statt in den traditionsreichen Handlungsablauf hineinzurutschen, konzentriert sich die Choreografin auf das Schicksal, die Gefühle, Ängste und Sehnsüchte, der beiden, die als Stellvertreter*innen für alle Menschen agieren. Sie verzichtet auch auf Prokofjew und lässt ihre exzellente Compagnie im aktuellen Klangdesign des

Romeo + Julia, Im Sarg die Toten, davor die Kämpfenden. © Dieter Wuschanski

Komponisten Serge Weber tanzen. „Jeder von uns ist Romeo, jede Julia", dieses Motto könnte für jedes Stück von Mei Hong Lin gelten. Mit tief humanistischer Einstellung stehen immer Menschen im Mittelpunkt, Menschen wie Du und Ich. Und weil sie nicht nur eine Künstlerin, sondern auch eine Frau ist, stehen ihr Frauenschicksale besonders nahe.

Von asiatischer Zurückhaltung und Verschlossenheit ist auf der Bühne nichts zu spüren, sie scheut sich nicht, laut und grell zu sein. Schrilles Gelächter, das schnell ins Heulen kippen kann, aggressive Akrobatik (den Tänzer*innen wird ein breites Spektrum an Bewegungskönnen abverlangt) und offen geäußerte Gefühlsausbrüche bieten dem Publikum ein aufrüttelndes Erlebnis. Erfindungsreich und listig setzt Lin auch ihren Humor ein: „Vieles kann man mit Ironie und Humor noch deutlicher ausdrücken", sagt sie. Romantische Sentimentalität in Tutu und Spitzenschuhen ist ihr fremd, auch wenn die Tänzerinnen diese manchmal tragen. Mei Hong Lin ist, zumindest auf der Tanzbühne, eine Realisten, die eine klare (Körper-)Sprache spricht und von ihren Tänzer*innen tanzen lässt. Das wird immer wieder mit Preisen honoriert, zuletzt hat sie mit TANZLIN.Z für die Produktionen „Die kleine Meerjungfrau" und „Schwanensee" den österreichischen Musiktheaterpreis erhalten.

Die Brautschminkerin © Dieter Wuschanski

Doch auch wenn sie längst Europäerin geworden ist, vergisst sie ihre asiatischen Wurzeln nicht. Für das einprägsame, erschütternde Tanzstück „Die Brautschminkerin", schöpft Mei Hong Lin aus der Geschichte Taiwans und verwendet auch Bewegungsmuster, die sie einst in ihrer Heimat erlernt hat. „Meine asiatische Seele kann ich sicher nicht verleugnen –kann ich doch gar nicht, so wie ich aussehe. Aber nach 30 Jahren fühle ich mich schon als Europäerin." So sind auch Lins Choreografien ganz dem musikalischen Tanztheater verpflichtet, mit nur sporadisch aufblitzenden asiatischen Erinnerungen. „Wenn manche Anklänge an den asiatischen Tanz, an asiatische Philosophie oder gewisse Bilder in meinen Choreografien stecken, so mache ich das nicht absichtlich, das ist meine Denkweise. Wenn ich über Gewalt oder Zärtlichkeit, über Gefühle erzähle, dann kann ich meine asiatische Herkunft nicht ablegen." Für „Die Brautschminkerin" ist sie in Deutschland mit dem Theaterpreis „Der Faust" ausgezeichnet worden; nach der Neueinstudierung in Linz 2017 ist dieses aus der asiatischen Seele geborene Tanzstück vom Magazin „Die deutsche Bühne" als beste Tanzproduktion des Jahres nominiert worden.

Nach der Ausbildung im klassischen chinesischen Tanz in Taiwan studierte Lin an der Accademia Nazionale di Danza in Rom und später Tanztechniken und Choreografie an der Folkwanghochschule (jetzt Universität) in Essen. Die erste Sprosse ihrer Karriereleiter hat sie in der Saison 1991/92 in Plauen erklommen. Von da an ging es stetig höher auf der Leiter: Ballettleiterin am Theater Dortmund, Choreografien für Oper, Operette, Ballett und Schauspiel für die Theater von Augsburg über Dresden und Leipzig bis Innsbruck. Und immer wieder ein Preisregen, Operninszenierungen und Choreografien machen sie auch international bekannt. Ab der Spielzeit 2004/05 ist sie Direktorin des Tanztheaters am Staatstheater Darmstadt und zugleich Direktorin der Lan Yang Dancers, einer Kindertanztruppe in Taiwan, die als erste und einzige bereits vor drei Päpsten aufgetreten ist. Nach zehn Jahren – der Umzug nach Linz, wo Lin die von Ulrich geprägte Compagnie übernimmt, was nicht ganz einfach war. Doch Ulrich hat ihr nicht nur die Compagnie überlassen, sondern auch ein von ihm zur Liebe für Tanz und Ballett erzogenes Publikum. Behutsam hat sie die Compagnie zu der ihren, TANZLIN.Z, gemacht. Jetzt besteht das Ensemble aus 20 Tänzerinnen und Tänzern aus allen Himmelsrichtungen, natürlich auch aus Taiwan. Von Beginn an zeigte sich das Linzer Publikum offen für „die Neue". Die gegenseitige Liebe ist gewachsen – keine Premiere ohne Jubelrufe. Mei Hong Lin liegt daran, die Menschen zu erreichen, sie wirft ihnen nicht einen mehr oder weniger mundgerechten Brocken vor, der ohne Fragen gefressen werden muss. Mit Einführungsgesprächen und Probenbesuchen für ihr Publikum will sie das Verständnis für den Tanz im Allgemeinen und ihre Choreografien im Besonderen wecken und vertiefen. Wohlig zurücklehnen kann man sich in den roten Stühlen im Musiktheater selten, Mei Hong Lin bietet ihren Choreografien nie das Platte und Erwartete, immer hält sie eine Überraschung bereit und nichts, keine noch so alte Geschichte, noch so hochgelobter Meister der Choreografie, können sie das Fürchten lehren. Auch nicht der Jadeberg der Ballettliteratur, Igor Strawinskys „Le Sacre du Printemps“, uraufgeführt in der Choreografie von Waclaw Nijinskij 1913. Anders als die zahlreichen Choreografen vor ihr – die lange Liste der Namen erspare ich den Leser*innen – erzählt sie nicht von einem uralten heidnischen Opferritual, sondern von den Opfern eines unmenschlichen Regimes. Sie versetzt die Zuschauer*innen in eine psychiatrische Klinik, in der durch die NS-Folter entmenschte Wesen um ihr psychisches Überleben kämpfen. Nach diesem düsteren, verschreckenden Abend im Herbst 2019 hat sich die Tanzbühne im Frühjahr 2020 wieder aufgehellt. Kurz nur, wie man weiß, doch als Hommage an den Tanz. „Cinderella“ träumt zur Musik Prokofjew nicht davon, von einem Prinzen aufs weiße Pferd gehoben zu werden, sondern davon, zu tanzen. Heiter und hell ist diese letzte Premiere vor Corona, sogar auf Spitze im Tutu getanzt.

Die Proben für die nächste Premiere, Ende September 2020, haben bereits begonnen und auch dafür macht es sich Mei Hong Lin nicht leicht. Zur Originalmusik des Klavierwerks von Modest Mussorgskis „Bilder einer Ausstellung“. Die Bilder von Viktor Hartmann, die Mussorgski beeindruckt haben, sind verschollen, Lin muss ihre eigenen Bilder tanzen lassen.

Als Mei Hong Lin 2013 nach Linz gekommen ist, hat sie ein nagelneues Haus betreten, das Musiktheater am Volksgarten ist eben erst fertiggestellt worden. Mit dem großen Saal und der kleineren Black Box bietet das Haus auch technisch alle Möglichkeiten. Dennoch zieht es die Direktorin immer wieder fort, allein, als Choreografin zu Opern- und Tanzhäuser und mit der Compagnie zu Gastspielen. Taiwan ist immer wieder ein sommerliches Reiseziel von TANZLIN.Z, wo die Compagnie im neuen National Kaohsiung Centre for the Arts in Taiwan zwei Mal „Die Brautschminkerin“ gezeigt hat. Auf dem Rückflug ist die Compagnie in Wien gelandet, wo ebenfalls, und das ist eine Sensation, ein Gastspiel stattgefunden hat. TANZLIN.Z hat 2019 mit Johann Kresniks Tanztheater „Macbeth“ das ImPulsTanz Festival eröffnet. Der Meister selbst hat sein Stück in Linz einstudiert und den Tänzer*innen Höchstnoten gegeben. Es war seine letzte Arbeit, kurz darauf ist er 80jährig in seiner Heimat Klagenfurt verstorben. TANZLIN.Z ist die erste Compagnie eines österreichischen Landestheaters, die vom internationalen Festival ImPulsTanz nach Wien eingeladen worden ist. Wenn das nicht Auszeichnung genug ist!

Taiwan lauschen – Konzeption und Praxis des HoHaiYan Künstlervereins e.V.

Von Tsai Tsaiwei (蔡采崴)[1]

Über den Verein

2012 wurde der HoHaiYan Künstlerverein zur Förderung von Musik und Darstellender Kunst aus Taiwan e.V. in Deutschland gegründet. Er engagiert sich für den Kulturaustausch zwischen Europa und Asien, und besonders zwischen Deutschland und Taiwan. Dazu finden Veranstaltungen statt, die die darstellende Kunst – und hier besonders Konzerte mit Musik und Künstlern aus Taiwan – in den Mittelpunkt stellen. Insbesondere die Vielfältigkeit der Kultur Taiwans wird dem Publikum in Deutschland und Europa nahegebracht. Die Bezeichnung „HoHaiYan" geht auf einen Ausdruck der indigenen Amis- und Paiwan-Ethnien in Taiwan zurück. Er bedeutet „Begrüßung" oder „Willkommen" und wird oft als Konjunktion in Liedern und Tänzen verwendet, unterstreicht also im Vereinsnamen gleichermaßen die Gastfreundschaft der Taiwaner sowie das künstlerische und musikalische Engagement des Vereins. Außerdem ähnelt der Ausdruck phonetisch dem hochchinesischen Wort für „Schöner Ozean", das auf die Insel am Rande des Pazifiks hindeutet.

Charakteristik der Musik aus Taiwan

Die Insel Taiwan liegt im Schnittpunkt vielfältiger geographischer Gegebenheiten, Kulturen und ethnischer Gruppen: Euroasien und Pazifikbecken, Oyashio und Kuroshio, Han-Taiwaner und austronesische Sprachfamilie. Kolonialherrschaft und Immigranten verschiedener Abstammung, eine Vielfalt ethnischer Gruppen der Ureinwohner brachten vor dem Hintergrund einer wechselhaften Geschichte eine einmalige Mischung am Rande Asiens und des Pazifiks hervor. Neben Mandarin werden Holo, Hakka sowie Ureinwohner-Sprachen auf der Insel Taiwan gesprochen. Daher

[1] Geschäftsführerin vom HoHaiYan Künstlerverein e.V., M.A. Kunstgeschichte der Ludwig-Maximilians-Universität München.

speist sich auch deren Musik aus vielen stilistischen Quellen, worauf das neue Logo von 2020 hinweist: Der Schriftzug „HoHaiYan" erscheint in verschiedenen Farben mit hoher Sättigung und deutet so auf die Vielfältigkeit der Insel in Natur wie Kultur hin. Die Hintergrundfarben in zwei welligen Türkis-Farbenschichten symbolisieren die prägenden geographischen Elemente der Insel: auf ihr das Gebirge und um sie herum der Ozean.

In der Praxis verbindet auch ein Konzert mit taiwanischer Musik immer Komponenten verschiedener Herkunft. Denn sie spiegelt die variierenden ethnischen Gruppen, die vielfältige Immigrationsgeschichte sowie das Erbe der Kolonialherrschaft auf der Insel wider. Bei einem Liederabend zum Beispiel wird stets in mehr als einer Sprache gesungen, indem Lieder in Mandarin, Holo, Hakka, unterschiedlichen Sprachen der Ureinwohner, ganz selten auch in Japanisch, zum Vortrag kommen können. Ein Musikprogramm, ja selbst einzelne Kompositionen können Melodien verschiedener Herkunft in sich vereinen.

Es geht bei diesem stilistischen Neben- und Miteinander nicht nur um die Polychromie in der taiwanischen Kultur, sondern auch um die Interaktion zwischen Westen und Fernem Osten. Da die Mitwirkenden vorwiegend in klassischer Musik ausgebildet wurden, finden HoHaiYan-Konzerte zum großen Teil in klassischer Orchester-Besetzung statt. In diesem Fall können die Pentatonik der traditionellen chinesischen Musik oder Sequenzen aus der Musik der austronesischen Völker in klassischem Arrangement wiedergegeben werden. Um nur ein Beispiel zu nennen: Der vielseitige Pianist Yi-Chih Lu (盧易之) versteht es sehr geschickt, taiwanische Volkslieder zu einem klassischen Klavierstück zu arrangieren. Dadurch und in seiner Interpretation können die Liedermelodien an ein Scherzo Chopins erinnern. Musikstücke, inspiriert vom Stoff aus der Heimat, klingen in klassischer Besetzung völlig neu und behalten dennoch einen exotischen Charme. Als Hauptvertreter und Hauptvertreterin der taiwanischen Klassik gelten Tyzen Hsiao (蕭泰然) (1938-2015), von der jüngeren Generation Ching-Ju Shih (石青如) (*1967) – beiden gemein ist eine unverkennbar emotionale, sanfte, romantische Stimmung in ihrer Musik.

Unter den HoHaiYan-Musikern findet sich aber auch ein Spezialist für den Tango: Der Komponist und Bandoneonist Ruei-Ran Wu (吳睿然), der zugleich Bandleader des Wiener Ensembles „Twango“ ist, hat mehrere taiwanische Volkslieder mit Besetzung von Bandoneon, Violine, Kontrabass und Klavier zu einer Musikgattung „Taiwanischer Tango“ verschmolzen. Auf diese Weise werden ältere Lieder mit neuem Leben erfüllt. Musiker wiederum, die traditionelle chinesische Instrumente beherrschen wie Erhu, Ruan und Bambusflöte vermögen in Kombination mit Gitarre und Schlagzeug ein Jazz-Ensemble taiwanischen Stiles zu bilden, schließlich ist beiden – traditioneller chinesischer Musik und Jazz – ein improvisatorischer Charakter in der Musik eigen. Besonders erwähnenswert ist hier das hervorragende Jazz-Ensemble „Sizhukong“ 絲竹空 (Taipeh), das in seiner Arbeit die Einflüsse aus Ost und West nicht verleugnet.

Erschaffung einer öffentlichen Plattform

Seit Gründung des Vereins veranstaltet er alljährlich zahlreiche Konzerte in Deutschland und Österreich unter dem Stichwort „Taiwan“. Mit seinen intensiven Aktivitäten fungiert der Verein als Plattform, auf der herausragende taiwanische Künstler zusammentreffen, um Musik aus ihrer Heimat darzubieten. Die großartige Mezzosopranistin I-Chiao Shih (石易巧), Solistin am Theater Ulm, ist ein unverzichtbarer Bestandteil der HoHaiYan-Liederreihe. Die Mitwirkenden kommen nicht nur aus Deutschland, sondern aus ganz Europa und auch aus den USA. Es hängt davon ab, wo sie ihre Ausbildung machen oder Engagements haben. An der Liederreihe waren Sänger aus Deutschland, Österreich Italien, Frankreich und England beteiligt. Bei Gelegenheit wurden auch Künstler oder Ensembles direkt aus Taiwan eingeladen, darunter solche, die in Europa ihre Ausbildung genossen haben.

Einladungen ergehen nicht nur an verheißungsvollen Nachwuchs, sondern auch an international renommierte Meister. Wen-Sinn Yang (楊文信), Professor für Cello an der Musikhochschule München, ist bereits zweimal mit Uraufführungen in HoHaiYan-Konzerten aufgetreten. Der Violinist Nai-Yuan Hu (胡乃元), Gewinner des ersten Preises in der „Queen Elisabeth Music Competition“ wird 2021 zu einer kammermusikalischen Deutschland-Tournee aufbrechen und steht bereits auf dem Zeitplan des Vereins. Man kann rundheraus sagen: für hochqualifizierte taiwanische Musiker aus der ganzen Welt stellt HoHaiYan die einzige und obendrein sehr erfolgreiche Plattform in Europa dar. Ihre Existenz hat die Zusammenarbeit von Interpreten untereinander und die von Interpreten mit Komponisten ermöglicht. Zahlreiche Uraufführungen schmücken die Bilanz der HoHaiYan-Konzerte. Ihr Wert liegt nicht allein in der Präsenz taiwanischer Musik und ihrer Interpreten in Deutschland. Nicht zuletzt vermitteln sie nämlich auch Anregungen für die Weiterentwicklung dieser Musik und wirken somit auf die Insel zurück.

Förderung von taiwanischer Musik in der Praxis

Dem Vereinsziel entsprechend soll in erster Linie die künstlerische Qualität gewährleistet sein. Man muss versuchen, mit allen möglichen Mitteln dem Publikum nahe zu kommen. Die bekannten Konzerthäuser selbst sind eine effektive Werbung, verfügen diese doch über Webseiten, gedruckte Monats- und Saisonprogramme. Schon im Gründungsjahr gelang es dem Verein, im Münchner Gasteig auftreten zu dürfen. Seither stand ein HoHaiYan-Programm Jahr für Jahr auf dem dortigen Spielplan. HoHaiYan Ensembles sind mehrmals im Konzerthaus Berlin, in der Glocke Bremen, Liederhalle Stuttgart, Meistersingerhalle Nürnberg, Berliner Philharmonie und Laeiszhalle Hamburg aufgetreten. Im Sommer 2019 hatte der Verein die Gelegenheit, einen Klavierduoabend mit Professorin Lina Yeh und Professor Rolf-Peter Wille in der Elbphilharmonie Hamburg, dem modernsten Konzerthaus Deutschlands, veranstalten zu können. Initiativen in Richtung weiterer bedeutender Kulturzentren wie Stadthalle Heidelberg, Historisches Kaufhaus Freiburg, Alte Börse Leipzig, Stadthaus Ulm, Tuchfabrik Trier, E-Werk Erlangen stehen auf der Agenda.

Darüber hinaus sucht der Verein nach Möglichkeiten zur Zusammenarbeit mit anderen Institutionen und hat sich dabei als Mitveranstalter präsentiert, seien es Universitätsinstitute – Sinologie, Taiwan-Forschung –, Museen, Bürgerhaus, Kirchengemeinde, Botschaft und Konsulate, Vereine, lateinamerikanisches Kulturzentrum,

Musikbar oder Teehaus. Um nur ein Beispiel zu nennen: 2018 fand ein Taiwanischer Liederabend anlässlich des sechzigjährigen Bestehens der „Deutsch-Chinesischen Gesellschaft e.V. - Freunde Taiwans“ in Berlin statt.

Wie üblich kommuniziert der Verein über soziale Medien, mit denen er Musikliebhaber, Einrichtungen des kulturellen Lebens oder ein online-Stadtportal erreicht, pflegt Kontakte mit Musikschulen und -instituten, Asien-Interessierten, Sozialeinrichtungen, Tanzschulen, Vereinen, Kommunen und der lokalen, kulturell aufgeschlossenen Gesellschaft. Presseberichte sind sicher ein besonders wirksames Mittel, um bekannt zu werden. In den Metropolen ist aber die Konkurrenz der Events um Aufmerksamkeit der Presse groß – in kleineren Orten klappt es erfahrungsmäßig besser.

Ein Schlusswort – als Beitrag zur Weltkultur

Zusammenfassend kann der Verein durch seine intensiven Aktivitäten Folgendes erreichen: erstens, Künstler und Musik aus Taiwan in Europa bekannt zu machen; zweitens, das Kulturleben in Deutschland und Österreich zu bereichern; drittens, taiwanische Musik zu beleben und weiter zu entwickeln. Unser Wunsch ist es, dass die HoHaiYan-Aktivitäten, von einer nationalen Kultur ausgehend, schließlich Teil einer Weltkultur werden. Aufgrund der häufigen und schnellen Kommunikation im globalen Dorf tendiert alles zum interkulturellen Zusammentreffen verschiedener Kulturen – und dabei entstehen außergewöhnliche Funken! Aus verschiedenen Gründen ist die wunderbare Insel am Rande des Pazifiks bisher leider noch zu wenig bekannt, vor allem auf der kulturellen Ebene. Dennoch hat jedes Konzert mit Taiwan-Musik immer wieder positive Resonanz erfahren. Es besteht also auch hier ein Fünkchen Hoffnung. Bis zum Ziel bleibt aber noch viel zu tun.

Website: https://www.hohaiyan-arts.com
Facebook: https://www.facebook.com/hohaiyan.arts

Spendenkonto:
HoHaiYan e.V.
Oberbank AG,
IBAN: DE72 70120700 1041 0409 97,
BIC: OBKLDEMX

LOVER - Gedanken zum Musiktheater

Von Christian Jost[1]

Lover für gemischten Chor und Schlagzeug
Auf Gedichte von E.E. Cummings und Chinesische antike Lyric

Unsere Zeit rast und das Leben wird immer schneller. Die Mitglieder des U-Theatre Taiwan halten trommelnd die Zeit an. Ihr Spiel ist spirituell, kraftvoll und wunderschön. Mit dem Rundfunkchor Berlin schwebt die menschliche Stimme voller Poesie und klanglicher Dichte. Es inspirierte mich sehr, diese beiden Ensembles zusammenzubringen und kompositorisch in einem neuen Werk zu vereinen. Einem Werk über die Liebe, aus gigantischen Trommeln, rituellen Gongs und dem schwingenden Atem der menschlichen Stimme.

Als ich die Kunst des U-Theatre Ensemble im Jahre 2012 in Taiwan kennengelernt habe, war ich auf der Stelle wie elektrisiert und sehr schnell fest entschlossen, in irgendeiner Form von Zusammenarbeit mit diesem wunderbaren Ensemble und Menschen zu treten. Da ich zu diesem Zeitpunkt ohnehin auf der Suche nach einem innovativen neuen Werk für den Rundfunkchor gewesen bin, keimte der sehr ungewöhnliche Gedanke in mir auf, diese beiden faszinierenden Welten womöglich zusammenbringen zu können.

Teil meiner Arbeit als „Composer in Residence" des Taiwan Philharmonic, dem National Symphony Orchestra in Taipei im selben Jahr, oblag dem Kennenlernen verschiedenster taiwanesischer Musik-Ensembles und Tanzkompanien. Dabei war mir

[1] Der Komponist und Dirigent Christian Jost hat in den letzten 20 Jahren die zeitgenössische Musik entscheidend mitgeprägt. 2003 mit dem Siemens Förderpreis ausgezeichnet, wurden seine bisher zehn abendfüllenden Opern und eine Vielzahl großer symphonischer Werke von so bedeutenden Opernhäusern und Orchestern, wie der Oper Zürich, den Berliner Philharmonikern, dem Grafenegg Festival, dem Theater an der Wien, dem Konzerthaus Orchester Berlin, der Flämischen Oper Antwerpen/Gent, der Komischen Oper Berlin und dem Grand Theatre de Geneva, dem Taiwan Philharmonic und dem Shanghai Symphony Orchestra zur Uraufführung gebracht und zählen heute zum Repertoire europäischer Bühnen und internationaler Orchester.

sehr wichtig einen Blick für die jeweilige musikalische Ästhetik eines Ensembles zu entwickeln und deren Besonderheit im Sinne einer globalen Verortung zu verstehen. U-Theatre erschien mir hier ein kongenialer Partner, dessen künstlerisches Herz in kontemplativen Trommelrhythmen schlägt. Ein Ensemble welches sich gleichsam in eine einzige ritualisierte Bewegung im Erzeugen rhythmischer Patterns verwandelt und welche sich fast „trancehaft" zu steigern und zu verebben vermag. Eine Truppe die auf den Impuls des jeweils eingeteilten Schlagmann/frau agiert und nie zuvor mit einem Dirigenten gearbeitet hatte, noch einer ausgeklügelten Partitur folgen musste. Die Rhythmen des U-Theatre entstammen aus einem gemeinsamen Atmen und nicht aus der detaillierten Vorgabe einer auskomponierten Partitur.

Der Rundfunkchor Berlin hingegen hat seiner Jahrhunderte alten Chorgesangstradition folgend, das Erarbeiten komplexester Partituren in seine DNA aufgenommen und dies im Verbund eines mitatmenden Dirigenten.

Genau hier eröffnete sich mir die Linie, der schmale Weg, auf dem beide Ensembles miteinander agieren konnten.

Das Singen wie das Trommeln sind ganz nah am Körper und benötigen einen inneren kollektiven Focus bevor jeder Ton, jede Phrase und Linie erklingen kann. Bei aller Diversität war es mir wichtig diesem gemeinsamen Atmen, dem gemeinsamen Herzschlag zu folgen, denn nur so war es möglich, dass beide Ensembles ihre jeweilige

Identität nicht nur behalten, sondern diese auch überzeugend in das neue Werk einbringen könnten.

Die Liebe als zentrales Motiv meines Werkes ‚Lover", schien mir als das geeignetste Thema eine Ebene zu finden, auf der diese beiden unterschiedlichen Welten gemeinsam zusammenfinden könnten. Das in sechs Sätze konstruierte Werk beinhaltet drei Gedichte des amerikanischen Lyrikers Edward Estlin Cummings als zentrale Bausteine, sowie zwei antike chinesische Gedichte, welche die Eckpfeiler der Gesamtkomposition bilden. „Lover" ist ein in Gänze ausnotiertes Werk, welches keine Möglichkeit zur Improvisation bietet. Dies war mir wichtig, da mein Werk somit eine neutrale, aber verbindliche Ebene bildet und somit als einzige wirkliche gemeinsam zu erkundende Sprache fungiert. Da beide Ensembles eine grundsätzlich verschiedene Arbeits- und Herangehensweise besitzen sich einem neuen Werk zu nähern, bzw. es zu erarbeiten, schien es desto wichtiger, mit dem Werk „Lover" verbindliche Parameter zu installieren.

All dies verkürzt zusammengenommen ließ ein genuines Werk entstehen und eine sich einmalige Genese einer künstlerischen Produktion entfalten. Natürlich waren unendlich viele Steine aus dem Weg zu räumen. Monatelanges einstudieren der U-Theatre Mitglieder in Taipei und dichte Probentage des Rundfunkchores in Berlin hinterließen ihre Spuren, welche erst im Zusammenführen beider Ensembles nach einer zweijährigen Entstehungszeit im Frühjahr 2014 im Kraftwerk in Berlin ihren vorläufigen Höhepunkt, die Uraufführung von „Lover" erlebten. Erst im Moment dieser Uraufführung erzählte sich das eigentliche Wesen des Werkes und der Produktion überhaupt; die Synthese einer Kulturen übergreifenden, künstlerischen Produktion ist keine Einbahnstraße. Ein echter Dialog kann nur gleichberechtigt im Austausch funktionieren und wenn jede Seite die Möglichkeit erhält, das Beste von sich einzubringen. Dies mag womöglich nach einer banalen Erkenntnis klingen, doch in dieser Erkenntnis liegt eine hohe Komplexität an Fingerspitzengefühl und dessen Bereitschaft, respektvoll ein künstlerisches Terrain zu bereiten, auf dem zwei extrem unterschiedliche Welten zu einem Höchstmaß an Einheit gelangen können. Auch wenn die Komposition zum größten Teil in Berlin entstanden ist, so ergab es sich, dass sich die Konzerte mit „Lover" in Taipei und Hong Kong im Februar 2016, wie ein Nachhause kommen anfühlten.

Komponieren heißt, einen Sehnsuchtsort in Klänge zu fassen. Was immer dieser Sehnsuchtsort während der Komposition für mich gewesen sein mag - vielleicht war es auch die hohe Luftfeuchtigkeit und ungewohnte Wärme in Taipei und Hong Kong im März 2016, welche den Aufführungen einen besonderen Reiz verleiteten – ich erlebte das Gefühl aller Beteiligten, das diese Konzerte uns zum Teil einer eigenen, besonderen Welt gemacht hatten. Vielleicht war es aber auch nur die Tatsache, einer tieferen Verinnerlichung des Werkes durch die vorangegangen Aufführungen in Berlin.

Wie dem auch sei, etwas Neues über kulturelle Grenzen hinweg zu generieren und dieses Neue in ein großes gemeinsames Ganze münden zu lassen, erscheint gerade in Zeiten einer weltweiten Pandemie, als ein Geschenk vergangener Tage, welches wir hoffentlich in naher Zukunft wieder zu beleben vermögen.

Wo sich der Duft der weiten Welt mit dem Duft der Heimat vermischt - Taiwan bei Bayerns Seefestival AMMERSEErenade

Von Doris M. Pospischil

Es ist noch nicht lange her, dass sich das kleine Klassikfestival AMMER-SEErenade [1] im idyllischen Fünfseenland im Südwesten von Bayerns Metropole München etabliert hat. Als junges Musikfest geplant, das sich zum Ziel setzte, jüngere Menschen für alte und neue Kompositionen zu interessieren und zu begeistern, ist die Idee der AMMERSEErenade 2014 mit ihrem hohen Qualitätsanspruch und der Mischung aus regionalen und internationalen Künstlerinnen und Künstlern vom Start weg auf fruchtbaren Boden gefallen.

Seitdem ist die musikalische Spätsommerwoche zwischen Kultur und Natur, die das Publikum an ungewöhnliche Konzertorte wie Bootshaus oder Konzertscheune rund um den Ammersee führt, zum beliebten Treffpunkt für jung und alt geworden. Und die junge Talentbühne *Happy Classic Hour®* mit der Festivalausstellung *Art & Music* in der Steinway-Lounge in einem umgebauten Kuhstall macht ebenso von sich reden wie der Tag der offenen Haus- und Hofkapellen *Zwischen Himmel & See*, der immer am letzten August-Sonntag zu Kleinkonzerten in 24 kleine Kirchen und Kapellen am idyllischen Ammersee einlädt.

Bayern und Taiwan – eine lange Freundschaft

Sophie Wang

„Klassik für Alle mit Highlights aus aller Welt". Landrat a.D. Karl Roth vom Landkreis Starnberg, hat das Profil der AMMERSEErenade in einem seiner Grußworte für das Musikfest in den drei Landkreisen Starnberg, Landsberg am Lech und Weilheim-Schongau auf einen Nenner gebracht. Er ist es auch, der unbewusst den Blick des Festivalveranstalters schon im ersten Festivaljahr auf Taiwan lenkte. Die

[1] Im Internet: www.ammerseerenade.de.

langjährige freundschaftliche Verbindung seines Landkreises zur Stadt New Taipeh City zieht ob seiner gewissen „Exotik“ die Aufmerksamkeit nicht nur im Fünfseenland auf sich. Auch in München schätzt man die bayerisch-taiwanische Freundschaft im Süden des Landes.

Warum und seit wann die europäische klassische Musik in Taiwan geliebt und gepflegt wird? Keiner kann diese Frage so recht beantworten. Die gegenwärtige taiwanische Musikszene ist lebendiger denn je. Musikalische Früherziehung, Sammler, Komponisten, Virtuosen und große Philharmonien bilden eine facettenreiche Welt, in der fernöstliche und westliche Traditionen verschmelzen. Sie ist inzwischen ein wichtiger wirtschaftlicher, sozialer und politischer Faktor und produziert ihre Stars, von denen inzwischen eine reiche Auswahl den Weg an den Ammersee gefunden hat. Mit großem Enthusiasmus hat Simon Ho früh erkannt, dass das kleine, aber feine Festival AMMERSEErenade mit seiner Nähe zur Weltstadt München eine wunderbare Bühne für Taiwans Künstler bietet. Dem früheren Leiter der Kulturabteilung bei der Taipeh-Vertretung in Berlin ist die Weitsicht zu verdanken, die deutsch-taiwanischen Kulturverbindungen gerade im Süden Deutschlands auf eine breite Basis zu stellen. Sei es im Rahmen der Partnerschaft mit dem Landkreis Starnberg oder beim Starnberger Fünf Seen Filmfestival oder dem Klassikfestival AMMERSEErenade. Hier haben die jungen Kulturbotschafter der Insel der 1.000 Geigen jedenfalls immer die Herzen der Konzert- und Ausstellungsbesucher erobert.

Academy of Taiwan Strings in Herrsching am Ammersee

Taiwan und Barock-Sopranistin Szu-Yun Cheng

Taiwans junge Kulturbotschafter

Große Bühne und großer Applaus für das großartige Streichorchester Academy of Taiwan Strings, den deutsch-taiwanischen Meistergeiger Lorenz Chen aus der Schule von Julia Fischer und Ana Chumanchenco, für Taiwans wunderbare Vorzeigegeigerin Sophie Wang und ihre Violine aus dem Besitz der CHIMEI-Foundation, die gleich zwei Mal zu Besuch am Ammersee waren, und für die Jungpianistin und Preisträgerin zahlreicher, auch internationaler Wettbewerbe, Wei-Ting Chou aus Hsinchu, die am renommierten Berliner Julius Stern Institut studiert. Wie kreativ der binationale Austausch beim gemeinsamen Arbeiten sein kann, das haben Hsiao-Shu Chen und Meng-Hsuan Chin (Milly) bei einem Künstlerworkshop in Vorbereitung auf die Festivalausstellung *Art & Music* erfahren. Drei Wochen lang war Schondorf am Ammersee das spannungsreiche Zentrum künstlerischen Suchens und Schaffens, gespeist aus dem Ideenpool Asiens und Europas, eingefangen mit Pinsel und Farbe.

Dieses Konzept fand auch Anwendung auf die *German-Taiwan Summer Academy* der AMMERSEErenade 2017, bei der die jungen Akademisten gemeinsam konzertierten, professionelles Coaching erhielten und dabei den See und die Natur des Voralpenlandes von seiner schönsten Seite kennenlernten. Die große klassische Musikkultur Europas als internationale Sprache, die keine Grenzen kennt - das war die

Botschaft der Summer Academy unter der Leitung des Deutsch-Taiwaners Viktor Töpelmann. Die international ausgezeichnete Sopranistin Szu-Yun Cheng gestaltete gemeinsam mit I-Ting Wu und ihrer chinesischen Zither Guzheng das Konzert „Klassik zwischen Bayern und Taiwan“ ganz nach der historischen Aufführungspraxis des 18. Jahrhunderts in der Barockkirche von Hechenwang.

Malerworkshop im Atelier Schondorf

Bayerns Landtagspräsidentin Ilse Aigner nahm die kreativen, menschlichen Begegnungen von Künstlerinnen und Künstlern aus den verschiedenen Kulturkreisen bei der AMMERSEErenade zum Anlass, Taiwans Präsidentin Tsai Ing-wen für die Generation großer künstlerischer Begabungen zu beglückwünschen. „Es sind diese Begegnungen, die Fremdes überwinden und das genaue Hinhören auf die Inhalte schärfen.“ Zwei Länder, zwei Kulturen und eine Welt. Am Ammersee ist sie Wirklichkeit geworden.

Pas de Deux mit Taiwan

Von Dieter Jaenicke[1]

Seit über 40 Jahren bin ich im Bereich der internationalen performing arts, vor allem im zeitgenössischen Tanz unterwegs. Spätestens Anfang der neunziger Jahre war es Zeit, sich auch in Südost-Asien umzuschauen. Damals gab es drei große Referenzen für den zeitgenössischen Tanz in Asien: Kazuo Ono in Japan, Chandra Lekha in Indien und Lin Hwai Min (林懷民) und das Cloud Gate Dance Theatre in Taiwan. Auf Einladung der taiwanischen Regierung konnte ich in eine erste Research-Reise nach Taiwan unternehmen. Ich lernte ein Land kennen und lieben, das Respekt für Tradition, Freiheit und die Offenheit für zeitgenössische Künste in einer großartigen Balance repräsentiert. Ich besuchte unzählige Studios und Theater, Museen und Galerien, sprach mit vielen Künstler*innen, war fast jeden Abend auf den phantastischen Nachtmärkten unterwegs, habe Dinge gegessen, von denen ich nicht die geringste Ahnung hatte, was es war, und wurde so unglaublich gastfreundlich betreut, wie ich es auf einer offiziellen Reise noch nie zuvor erlebt hatte.

Als Folge dieser Einladung begann mit der Präsentation von Lin Hwai Mins „Songs of the Wanderers" (流浪者之歌) auf dem Sommertheater-Festival Hamburg, dessen Künstlerischer Direktor ich damals war, eine fast 30-jährige Zusammenarbeit mit Künstler*innen aus Taiwan. „Songs of the Wanderers" war der Türöffner. Es ist das Schlüsselstück des 20. Jahrhunderts für die Tanzszene Südost-Asiens: tief in spirituellen Praktiken des Buddhismus und östlichen Tanz- und martial-arts-Traditionen verankert und zugleich mit westlichen zeitgenössischen Tanz-Vorstellungen verbunden, hat es einen eigenen Weg des Tanzes in die Gegenwart begründet, hat Hunderte von Tanz-Künstler*innen in ganz Asien beeinflusst und Tausende von Menschen in aller Welt begeistert. Wo immer das Cloud Gate Dance Theatre mit diesem und vielen anderen Stücken auftrat, reiste eine Vorstellung von Taiwan mit als einem Ort, an dem Jahrtausende alte chinesische Tradition und eine moderne Idee von künstlerischer Freiheit eine großartige kreative Verbindung eingegangen sind. Es folgten

[1] Dieter Jaenicke ist seit 40 Jahren international in leitenden Funktionen im performing arts Bereich tätig. Er war unter anderem Intendant von HELLERAU – Europäisches Zentrum der Künste Dresden, von 2012-2016 und von 2017-2020 Direktor der internationalen tanzmesse nrw Düsseldorf, der weltweit größten Plattform für den zeitgenössischen Tanz.

Einladungen an viele weitere Tanz-Compagnien aus Taiwan: Dance-Forum Taipeh, Horse, U-Theatre und andere.

An meiner nächsten künstlerischen Station in Deutschland, im Europäischen Zentrum der Künste HELLERAU in Dresden wurden zeitgenössische Künste aus Taiwan Marksteine in unserer Programm-Gestaltung: Zum ersten Mal brachten wir das Cloud Gate Dance Theatre und den georgischen Rustavi-Chor zusammen. Von ihm stammen die Gesänge, die das musikalische Set von „Songs of he Wanderers" bilden. Einige Tage gemeinsamer Proben reichten, um eine atemberaubend schöne und bewegende Life-Begegnung der Tänzer*innen von Cloud Gate und der Sänger von Rustavi auf der Bühne zu realisieren. Die Produktion ging anschließend nach London und zu anderen Orten der Welt. Als deutscher „Match-maker", wie Lin Hwai Min mich nannte, wurde ich in Taipeh und Tiflis/Georgien Zeuge, wie die Künste internationale Freundschaften initiieren können, wie die Männer aus Georgien mit ihren mächtigen Stimmen und die grazilen Tänzer*innen aus Taiwan zu Freund*innen wurden.

Mit „Rice" (稻禾) produzierten wir ein weiteres Stück von Lin Hwai Min und Cloud Gate. Dazu schmuggelte ich einige Kilo Reis aus Taiwan nach Deutschland, und wir versuchten, in HELLERAU damit ein kleines Reisfeld zu pflanzen. Der Reis hat sich trotz aller Bemühungen bei uns nicht so wohl gefühlt, und das Reisfeldchen im Hochbeet sah etwas mickrig aus, fand aber begeistertes Lob unserer Gäste aus Taiwan. Mit „White Water/Dust" (白水/微塵) zu Musik von Satie und Schostakowitsch wurde die Cloud Gate Trilogie in HELLERAU abgeschlossen.

„Taiwan Today" hieß ein großes Projekt, mit dem wir zeitgenössische Kunst-Positionen aus Taiwan über die ganze Saison 2014/15 im Europäischen Zentrum der Künste HELLERAU vorstellten: Tanz-Compagnien, zeitgenössische Musiker*innen und Sound-Designer*innen, eine Chor-Werkstatt des Dresdner Kammerchors mit dem Taipeh Male Choire und eine Ausstellung junger Kunst-Positionen aus Taiwan mit vier Kurator*innen (drei aus Taiwan, einer aus Frankreich) unter Leitung der charismatischen I-Wei Li (李怡衛). Unter dem Titel „Schizophrenia Taiwan 2.0" (分裂-台灣 2.0) wurden die Gegensätze in der taiwanischen Gesellschaft zwischen Zentrum und Peripherie, zwischen Ost und West künstlerisch thematisiert: von interaktiver Medienkunst über Installationen und verstörenden Videos bis zu künstlerisch-politischen Statements und einem dunklen Raum, der die Illusion vermittelte, sich inmitten einer heftigen Drogenparty junger Taiwaner*innen zu befinden. Eine künstlerische Selbst-Entblößung und Reflexion, die nur eine freie Gesellschaft erlaubt und sich erlaubt.

Auch als Direktor der internationalen tanzmesse nrw in Düsseldorf – der weltweit größten Plattform für den zeitgenössischen Tanz – konnte ich Künstler*innen aus Taiwan einen großen Raum geben. Das Cloud Gate 2 Ensemble mit „13 Tongues“ (十三聲) von Cheng Tsung-Lung (鄭宗龍), inzwischen Künstlerischer Leiter von Cloud Gate Dance Theatre, hatte einen vielbeachteten Auftritt, und der junge Choreograph und Tänzer Liu Kuan-Hsiang (劉冠詳) brillierte mit einer bewegenden Performance über den Tod seiner Mutter. Im Jahr 2020 hätten wir gerne dem taiwanischen Choreographen Po-Cheng Tsai (蔡博丞) und seiner Compagnie B.Dance einen – mit Sicherheit spektakulären – Auftritt auf der tanzmesse ermöglicht, haben wir es doch hier mit einem der größten Talente der jüngeren Generation taiwanischer Choreographen zu tun. Corona hat es leider verhindert, dass die tanzmesse stattfinden konnte.

Während der tanzmesse 2018 ereignete sich etwas Bemerkenswertes: Während die Vertreter Festland-Chinas und Taiwans wort- und blicklos aneinander vorbeigingen, entschlossen sich die Compagnien TAO-Dance (陶身體劇場) aus Beijing und Cloud Gate Dance aus Taipeh, zusammen zu proben und gegenseitig ihre Vorstellungen zu besuchen. Daraus entwickelte sich eine Zusammenarbeit, die ein Jahr später im Performing Arts Center in Kaohsiung mit einem gemeinsamen Tanz-Projekt Premiere hatte, mit anschließenden Stationen in Taipeh, Beijing, Shanghai und Nanjing. Künstler*innen sind oft die besseren Botschafter*innen, sie können oft als erste oder letzte miteinander kommunizieren, wenn ihre Politiker*innen schon versteinert sind. Auch darin sind Taiwans Künstler*innen sehr gut und sehr wichtig.

Zhao Zhuping - Maskenbildnerin der Stars

Von Kevin Chen (陳思宏)[1]

Als mein Kurzfilm Kung Bao Huhn (2010) im deutschen Fernsehsender 3sat ausgestrahlt wurde, sah ihn auch zufällig der Wirt des Mulan-Restaurants mit seiner Familie.

Ein paar Tage darauf kehrte ich bei ihnen ein und aß die vom Wirt besonders herzhaft zubereitete Nudelsuppe mit Fleischklößchen. Die Wirtin erzählte mir, dass sie meinen Film im Fernsehen gesehen hatte; sie stellte mir ein paar Fragen zum Make-up und bemerkte beiläufig: „Ich habe nämlich früher auch beim Film gearbeitet.“ Und ihre Tochter fügte hinzu: „Meine Mutter hat sogar noch Filme gemacht, als sie mit mir schwanger war. Alle glaubten, es würde ein Junge, nur (die Schauspielerin) Gui Yalei war sicher, dass es ein Mädchen wird.“

Ich sah, wie sich der Ausdruck der sonst eher zurückhaltenden Wirtin belebte, sobald die Rede auf ihre Vergangenheit beim Film kam. In ihrem Blick konnte ich erkennen, wie sich ein Vorhang auftat, ein Projektor ansprang und sich langsam Filmmusik in ihren Ohren einnistete, und vor meinen Augen begann sich ein nostalgischer Film abzuspulen, den nur wenige kennen.

In den letzten Jahren hatten es China-Restaurants in Berlin nicht leicht, viele taiwanische mussten nach und nach dicht machen. Das Mulan[2] ist eines der wenigen, die jetzt noch authentische Taiwan-Küche bieten. Wang Jinghua, der Chef, Zhao Zhuping, die Chefin, ihre Tochter Wang Jialing und der Sohn Wang Jiawei, allesamt so herzlich wie unaufdringlich, halten den Betrieb unter großen Anstrengungen am Laufen.

Da viele unserer in Berlin lebenden Landsleute für ihre Veranstaltungen das Mulan auswählen, begebe ich mich für meine Reportagen oft dorthin. Wenn ich dann sehe, wie mir die Wangs lächelnd ihre prallen Teigtaschen auftragen, dann lasse ich mir ihre Delikatessen dankbar auf der Zunge zergehen, dankbar, dass sie sich so mühsam noch behaupten und für uns Berliner Taiwaner, wenn wir bei unserer heimischen Küche Trost suchen, immer noch eine Schüssel heimelig warmer Nudelsuppe haben, so scharf gewürzt, dass wir uns schnäuzen und Tränen aus den Augen wischen müssen und sich unsere Poren, wenn wir schließlich den Boden der Schüssel erblicken, lächelnd öffnen.

---

[1] Aus dem Buch Kevin Chen (2011): Rebellious Berlin. Chiuko Publishing Co., Taipei.

[2] Das taiwanische Restaurant wurde in der Zwischenzeit geschlossen.

„Wär´s möglich, dass wir einen Termin ausmachen und Sie mir in aller Ruhe Ihre Geschichte erzählen?"

Am Telefon sagte Zhao Zhuping, höflich-zurückhaltend, wie es ihre Art ist: „Selbstverständlich. Ich fürchte nur, meine Geschichte ist zu banal. Sie werden da nichts finden, worüber es sich zu schreiben lohnt."

Ich wählte einen Samstagnachmittag, um mir von ihr im Mulan ihre Geschichte erzählen zu lassen. Zuerst fragte ich sie, in welchem Jahr sie nach Berlin gekommen sei. Wusste sie von der Existenz der Mauer? Damals war es nicht einfach, ins Ausland zu reisen. Hatte sie, bevor sie hierher kam, irgendwelche Vorstellungen von Europa?

Sie holte ein Album mit Privatfotos hervor, und ihre Augen leuchteten. „1982 kam ich mit meiner Tochter nach Berlin, da arbeitete mein Mann bereits seit drei Jahren hier in einem China-Restaurant und ich wollte wieder mit ihm zusammenleben. Das war aber nicht meine erste Auslandsreise, ich hatte nämlich schon, als ich zwanzig war, [den Regisseur] Bai Jingrui nach Südkorea begleitet, wo der Film Ein verborgener Traum gedreht wurde. Ich war die Maskenbildnerin. Später reiste ich für Außenaufnahmen mit dem Team in die USA und kam auch nach Europa, so dass ich, als ich mich hier niederließ, von Europa schon eine ungefähre Vorstellung hatte."

Sie hatte also die Maske in „Ein verborgener Traum" gemacht, war mit zwanzig Maskenbildnerin für Zhen Zhen, Xie Xian und andere Stars gewesen. Das war in der Blütezeit des künstlerisch ambitionierten taiwanischen Films, und nun lebte die Maskenbildnerin für diesen Liebesfilm, der seinerzeit die ganze Insel verzückte, zu meiner Überraschung in Berlin und saß hier vor mir.

Die Protagonistin des Films, Fei Yunfan, sollte in Italien zu Hause sein; man brauchte eine verschneite Landschaft und die Crew begab sich für Aufnahmen ins [für Taiwan] näher gelegene Südkorea.

Damals stürzte sich Zhao Zhuping in die Welt des Films. Dank ihrer überragenden Fähigkeiten als Make-up Künstlerin erhielt sie ohne Umschweife die Gelegenheit, als Maskenbildnerin für die Stars mitzuwirken und sie zu Dreharbeiten ins Ausland zu begleiten.

So begann, glänzend besetzt, der Film ihres Lebens abzulaufen, und ich, der ich ihrer Geschichte lauschte, kam aus dem Staunen einfach nicht mehr heraus. Rasch spulte der Film zurück in die Ren'ai-Avenue der 70er Jahre, als die sechzehnjährige Zhao Zhuping dort zusammen mit Freundinnen einen Schönheitssalon mit Massage, Kosmetik und anderen Serviceangeboten eröffnete. Mit Hilfe von Freunden, die ein gutes Wort für sie einlegten, bewarb sie sich beim Sender CTV als Maskenbildnerin, aber weil sie die im Theater erforderliche Maske leider noch nicht ganz perfekt beherrschte, ging sie erst einmal bei Li Xings Maskenbildner Jia Lushi in die Lehre. Als Assistentin kam sie dann ins Team für den Film „Woher weht der Wind?“, in dem die legendäre Tang Baoyun die Hauptrolle spielte.

Sehr bald sprach sich unter den Stars Zhao Zhupings Geschicklichkeit herum, Angebote flatterten ihr ins Haus, und sie wurde Bai Jingruis feste Maskenbildnerin. Damit begann eine intensive Maskenbildner-Tätigkeit. In Filmen wie „Ahornlaub-Liebe“ und „Heiter, wolkig, zeitweise Schauer“ sowie in „Spätnachrichten“ und anderen Filmen war sie für die Maske zuständig. Auf der Pressekonferenz zum Film Spätnachrichten präsentierte sich die Regisseurin Li Meimi zusammen mit den Schauspielerinnen Hu Huizhong und Gui Yalei und dem Schauspieler Qin Xianglin, aber auch mit Zhao Zhuping und allen Kollegen, die nicht vor der Kamera gearbeitet hatten. Damals, erzählt sie, bestand für alle, die hinter den Kulissen tätig waren, so gut wie nie die Gelegenheit, an die Öffentlichkeit zu treten. Auch beim Filmpreis Golden Horse gab es keinen Preis in der Kategorie beste Maske. Als sie dann auf dem Podium mit den Schauspielern und allen anderen Mitwirkenden der Presse gegenüberstand, wurde die harte Arbeit hinter den Kulissen endlich öffentlich gewürdigt.

Abstrakte Attribute wie „frisch und elegant“, „hässlich und verschlagen“, „von Narben übersät“ oder „von mannhafter Ausstrahlung“, wie sie in Drehbüchern auftauchen, musste sie mit Hilfe ihrer Schminkkünste konkret zum Ausdruck bringen, Gesichter wurden zur Leinwand für ihre Pinsel; dieses junge Mädchen, das von klein auf ein so besonderes Interesse an allem verspürt hatte, was „schön“ ist, hatte schließlich ihren Weg gefunden, und aus einer einfachen Friseuse war eine professionelle Maskenbildnerin geworden.

Das Fotoalbum in Zhao Zhupings Händen enthielt mehr oder weniger die Goldene Partyzeit des Films der 70er Jahre. Als ich dort all die Stars auf dem roten Teppich glitzern sah, konnte ich mit meiner Begeisterung nicht mehr an mich halten, für sie alle hatten meine ältere Schwester und ich in unserer Kindheit geschwärmt. Ein Foto zeigte Zhao Zhuping zusammen mit Ling Bo bei den Dreharbeiten zum „Traum der Roten Kammer“ im Studio. Sie war immer ein Fan von Ling Bos Filmen gewesen und hätte sich nicht träumen lassen, dass sie eines Tages für sie, die den Liang Shanbo so unsterblich spielte, die Maske machen und eine Drehpause nutzen könnte, in der dieses kostbare Foto von ihr und Ling Bo entstand.

Auch als die „Fünf Tiger“ von der Hongkonger Pop-Gruppe „The Wynners“ zu Aufnahmen zu „Making It“ nach Taiwan kamen, war sie für die Maske zuständig und ließ sich vergnügt zusammen mit den fünf ausgelassenen Hongkonger Stars fotografieren.

Langsam blätterte sie die Seiten um; hier waren Deng Guangrong, Weng Qingyu, Chen Shali, Hu Yinmeng, ja sogar der Comedian Wei Longhao und der Bildhauer Zhu Ming, und neben neben ihnen die junge Zhao Zhuping. All die Stars an ihrer

Seite wirkten locker und entspannt, es waren ja keine offiziellen Pressefotos, wie man sie an Journalisten verteilt, sondern Privatfotos unter Kollegen. Sie, mit einem feinen Lächeln und ein wenig befangen, war die Maskenbildnerin, der diese Stars vertrauten.

Als sie weiter blätterte, erblickte ich Lin Qingxia.
Damals zog Bai Jingrui mit einer großen Crew zu Dreharbeiten nach Europa. Innerhalb von anderthalb Monaten schloss er die Außenaufnahmen zu Am anderen Ende der Welt, Träume in einem fremden Land und Auslandsstudenten ab, Zhao Zhuping als Maskenbildnerin war immer dabei. Während der Drehpausen reiste sie mit den Team-Kollegen durch Europa, kostbare Fotos, auf denen sie zusammen mit ihnen zu sehen ist, belegen das. Zu einer Zeit, als normale Sterbliche nur schwer als Touristen ins Ausland reisen konnten, fuhr sie mit Xia Lingling, Lin Qingxia, Qin Xianglin und anderen Filmgrößen nach Rom und Venedig. In der Schweiz gelangte sie zusammen mit Lin Qingxia aufs Bild, selbst deren Mutter geriet ihr vor die Linse, unschätzbar wertvolle Fotos, die uns die Erinnerung an sie erhalten. Bildschön und edel sieht Lin Qingxia auf diesen Fotos aus, man mag sich kaum von diesen Albumseiten trennen.
Diese in Europa gedrehte Trilogie vom Leben chinesischer Studenten im Ausland verarbeitete Bai Jingruis Erlebnisse aus seiner Zeit als Student in Italien. Sie hinterließ uns unvergessliche Bilder aus der Geschichte des taiwanischen Films. Zugleich beinhalten sie Zhao Zhupings schönste Erinnerungen aus ihrem Arbeitsleben.

Plötzlich verspürte ich den Impuls, zum Stift zu greifen und ein Drehbuch zu verfassen, in dem ich über diese Reise schreiben und die anderthalbmonatigen Dreharbeiten durch die Augen einer Maskenbildnerin betrachten würde. Dass man damals mit so viel Aufwand zu Filmaufnahmen ausreisen konnte, zählt zweifellos zu den wichtigen Kapiteln in Taiwans Filmgeschichte. Es gab ja seinerzeit keine lästigen Paparazzi, die Schauspieler konnten sich ganz auf ihre Arbeit konzentrieren und sich, keinen Einflüssen von außen ausgesetzt, so zeigen, wie sie waren.
Mit dem Goldstaub auf ihren Pinseln verhalf die Maskenbildnerin diesen Blütejahren des künstlerisch ambitionierten Films zu ihrem Glanz; all diese Traumfabrikanten, Regisseure und Schauspieler trugen Kleidung, wie sie in den 70er Jahren der letzte Schrei war.

Wenn man dann in Roms Straßen auf Bai Jingruis Ruf „Kamera! Action!“ wartete, hatte die Maskenbildnerin den Gesichtern der Akteure bereits einen 3D-Lichtschein gegeben, so dass die Stars dann, auf Zelluloid gebannt, auf ewig frisch und jung in der silbernen Milchstraße der Filmwelt weiterleben konnten.
Außer jenen Stars, die heute noch nostalgische Gefühle in uns wecken, gehörte auch der Bildhauer Zhu Ming zum Aufnahmeteam, Werke von ihm kamen auch im Film vor. Man sollte wirklich etwas drehen, das diesen Leuten vom Film, die uns so

schöne Träume bescherten, den gebotenen Respekt erweist und gleichzeitig an diese glänzende Epoche des taiwanischen Filmes erinnert, eine Epoche unschuldiger Träume, die für immer vergangen ist. Wie sang noch Cai Qin:
Tritt aus dir heraus, träume silberglänzende Träume / Tritt aus dir heraus, träume den Traum deiner Träume!

Mit achtzehn tauchte sie in die Welt des Films ein und erlebte, bis sie dreißig war, eine erstaunliche cineastische Vita. Einmal machte sie die Maske für drei Filme gleichzeitig, und einige der Assistentinnen, die bei ihr ausgebildet wurden, bestreiten noch heute ihren Lebensunterhalt in der taiwanischen Filmszene. Darüber hinaus verhalf sie vielen weiblichen Stars bei bedeutenden Anlässen zu passendem Make-up und einer schönen Frisur. Es war ein vielgestaltiges, abwechslungsreiches Leben.

In dieser Zeit lernte sie im Studio Wang Jinghua kennen, der für Verwaltungsaufgaben zuständig war. Die beiden verliebten sich, heirateten und bekamen eine Tochter. Als Wang Jinghua Gelegenheit erhielt, in Berlin eine Stelle als Koch anzutreten, entschloss er sich, sich dort erst einmal allein ins Zeug zu legen und Frau und Kind nachzuholen, wenn das Leben in ruhigeren Bahnen verliefe. Mit dreißig entschied sich seine Frau, in Taiwan alles hinter sich zu lassen und mit der Tochter ins damals noch von der Mauer eingeschlossene West-Berlin zu fliegen. Vor der Abreise entsorgte sie komplett einen ganzen Stapel von Drehbüchern, sie wären zu schwer gewesen, unmöglich, sie nach Berlin mitzuschleppen, sollte ihr Ruf in der Filmwelt doch in Taipei zurückbleiben! In diesen zwölf Jahren beim Film hatte sie das Antlitz all der großen Stars aus nächster Nähe betrachten können, sie hatte nun genug von der hektischen Glitzerwelt. Jetzt sehnte sie sich nach einem Leben in Ruhe und Geborgenheit und nach der Wärme eines Familienlebens.

Seit 1982 führt sie ein einfaches und zufriedenes Leben in Berlin; sie zog zwei Kinder auf und half ihrem Mann im Betrieb. Als ein neuer Vermieter kam, mussten sie ihr erstes Restaurant, das Taifeng, aufgeben; sie sahen sich nach einer anderen Lokalität um und eröffneten dort das Mulan. Nach dem Fall der Mauer 1989 ging die Zahl der Leute, die auswärts essen, rapide zurück, ein chinesisches Restaurant zu betreiben wurde schwierig, und auch das Mulan machte schwere Zeiten durch, doch jetzt bietet es wie zuvor an jedem Tag der Woche den Gästen seine Dienste an. In diesem schlichten Restaurant steht in der vierköpfigen Familie einer für den anderen ein und hält so den Betrieb in gemeinsamer Anstrengung am Laufen. Früher war Zhao Zhuping eine professionelle Maskenbildnerin beim Film, jetzt bereitet sie in einem Lokal ihre Spezialitäten zu: Leckerbissen wie gefüllte Hefeklöße, Rettichfladen, Sesambällchen und andere Snacks. Die Make-up-Künstlerin rührt nun im Nudelteig, wie eh und je in der Lage, uns atemberaubende Hochgenüsse zu verschaffen.

Wenn ich höre, was sie zu erzählen hat, wird mir bewusst, dass sie eine Stylistin für die erste Schauspieler-Generation in Taiwan war. Wie gern hätte ich von ihr ein bisschen Klatsch aus der Welt des Films gehört, musste sie doch ein paar Geheimnisse aus erster Hand kennen, wenn man bedenkt, wie nah sich Maskenbildnerin und Stars zu kommen pflegen. Doch sie forderte mich nur auf, noch einmal bei den Mulan-Maultaschen zuzugreifen, die sie eigenhändig zubereitet hatte, und erhob sich dann vom Tisch, um mir einen Tee zu bringen. Keine einzige Klatschgeschichte kam ihr über die Lippen, eine Art von Anstand, der unserer Generation schon fremd geworden ist.

Beim Filmen geht es um Projekte des Abbildens; Zhao Shuping stellte mit Hilfe der Schminktechnik das Schöne dar; Liebe, Hader und alles Romantisch-Sentimentale fielen nicht in ihr Fach. Kein Tratsch, kein Getuschel. In ihrer Erinnerung behalten alle Stars die schlichten, reinen, unverfälscht schönen Gesichter, mit denen sie zu ihr zum Schminken kamen.

An dem Tag, an dem ich ihre Geschichte hörte, erwähnte ich, dass Lin Qingxia kürzlich ihre Autobiographie herausgebracht habe. Ich hatte einen Freund gebeten, mir das Buch aus Taiwan mitzubringen. Wenn ich es ausgelesen hätte, würde ich ins Mulan gehen, es ihr geben und so eine Verbindung wiederherstellen zu dem, was da eine alte Freundin mit ihren eigenen Worten erzählte.

Hingerissen betrachtete ich die Bilder, auf denen sich Lin und Zhao zusammen hatten fotografieren lassen, ein chinesischer Jahrhundertstar die eine, eine bedeutende Maskenbildnerin aus der taiwanischen Filmindustrie die andere. Schade, dass die Verbindung schon so lange abgebrochen war!

Die beiden Frauen aus Taiwan sind nun zu einem schlichten Leben zurückgekehrt, haben ihre Familie, die eine in Hongkong, die andere in Berlin. Beide haben die besten Jahre ihrer Jugend dem taiwanischen Film geschenkt.

Ich werde wohl kaum Gelegenheit finden, Lin Qingxia persönlich kennenzulernen, doch kann ich, der ich im Restaurant Mulan gesessen und zugehört habe, zu der, die mir das alles erzählt hat, sagen:
„Es war mir ein großes Vergnügen, Sie kennenzulernen, Frau Zhao. Dank für all Ihre Filme, ich danke Ihnen!“

Taiwan Budaishi – Fünf Generäle in Bad Liebenwerda

Von Angela Pingfen Hsu und Sinan Ertugrul

Im September 2020 hat die Kultur Taiwans einen Auftritt an einem ungewöhnlichen Ort erlebt: im Mitteldeutschen Marionettentheatermuseum Bad Liebenwerda, welches das Erbe von mehr als 250 Jahren der Wandermarionettenspieler aus den regionalen „Komödiantennestern" bewahrt. Im September 2020 öffnete das Museum die Türen zu einer neuen Dauerausstellung „Kaspers Welten", in der ein lustiger, freigeistiger und unterhaltsamer Gesell die Regie übernommen hat und allen Autoritäten der Hölle und der Erden mitsamt ihren dröhnenden Drohgebärden gehörig auf der Nase herumtanzt. Das Museum folgt seinen Spuren vom Mittelalter bis in die Neuzeit, von Böhmen bis nach Sizilien, von der Jahrmarktbühne bis ins Wiener Volkstheater – und eben bis zu Kaspers Verwandten in ferneren Weltregionen: Hier geht es um sehr viel ältere Traditionen, die auch stärker religiös geprägt sind als die europäischen. Und natürlich gibt es auch hier lustige Figuren: den Chú Tễu des vietnamesischen Wasserpuppentheaters, den Semar des indonesischen Wayang-Theaters oder den Karagöz des türkischen Schattenspiels.

Mitteldeutsches Marionettentheatermuseum und Lubwartturm in Bad Liebenwerda. Foto: LKEE/Franke

Am 18. September 2020 hat Professor Jhy-Wey Shieh, Repräsentant von Taiwan in Deutschland, als Geschenk seiner Regierung fünf Puppenfiguren der sogenannten „Tiger-Generäle" an das Museum überreicht. Sie wurden eigens für das Liebenwerdaer Museum in Taiwan handgefertigt und gehören zur Tradition des Budaishi,

Tigergeneral, Schenkung der Taipeh Vertretung in Deutschland an das Mitteldeutsche Marionettentheatermuseum

des taiwanischen Handpuppenspiels. Zu diesem Anlass konnte – mit der Unterstützung der Taipeh Vertretung und des Landkreises Elbe-Elster – eine Sonderausstellung mit weiteren Figuren des Budaishi eröffnet werden. Sie stammen aus der Sammlung von Dr. Shun-chi Wu (Berlin), der sie seit den 1970er-Jahren zusammengetragen hat. Sie dokumentieren eine Puppenspieltradition, die sich mit der Beziehung zwischen Himmel und Erde, Göttern, Menschen und kulturellen Werten beschäftigt. Bereichert wird die Sonderausstellung mit Fotografien von Sinan Ertugrul, die den Alltag Taiwans zeigen. Außerdem können Besucher der Ausstellung Taiwan Budaishi im Veranstaltungsraum des Museums den Film „Father" anschauen: das intime Porträt des weltbekannten taiwanischen Puppenspielmeisters Hsi-huang Chen von Li-chou Yang, einem der wichtigsten Dokumentarfilmer Taiwans. Der Film zeigt eindrucksvoll die Breite und Kunstfertigkeit des Budaishi, aber auch die Herausforderungen, vor denen diese uralte Tradition heute steht. Zur Vernissage erklang die improvisierte Musik „WEN. Beiguan", eine traditionelle Puppentheater-Musik, die von zwei Musikern, Tseng Hsien Wen und Liu Shi Cheng, gespielt wurde.

Die Kuratorin der Ausstellung, Angela Pingfen Hsu begrüßte „die Puppenliebhaberinnen und Puppenliebhaber" bei der Eröffnung der Ausstellung und bemerkte unter anderem:

Ich bin eine Taiwanerin und seit 2014 auch eine Berlinerin. Der Satz „Ich bin ein Berliner" ist durch die Rede des amerikanischen Präsidenten John F. Kennedy im Juni 1963 legendär geworden. Sicher in Anspielung darauf hat Miloš Vystrčil, der

Senatspräsident Tschechiens, unlängst während eines Besuches in Taiwan „Wo shi Taiwan ren“ („Ich bin ein Taiwaner“) gesagt. Beide meinten sie dasselbe – ein Bekenntnis zur freien Welt, der jeder Demokrat in gemeinsamem Geist als ihr Bürger angehört, an welchem Ort des Erdballs auch immer.

Die Fünf-Tiger-Generäle, die wir hier in der Ausstellung als Puppentheaterfiguren zeigen, haben eine Gardetruppe der Shu-Han-Dynastie befehligt, unserer Zeitrechnung nach im zweiten Jahrhundert, das die Europäer mit dem Römischen Reich verbinden. Als Beispiel für Loyalität und Treue im Dienste ihrer Sache und ihres Volkes genießt die „Avantgarde“ der fünf Generäle im Fernen Osten noch immer Verehrung.

Unsere Sonderausstellung „Taiwan Budaishi“ möchte Ihnen nicht nur die Kunst der Handpuppen aus Taiwan vorstellen, sondern auch die Werte von Freiheit und Demokratie, die Taiwan und Deutschland miteinander teilen.

Sinan Ertugrul schreibt über seinen Beitrag zu der Ausstellung:

Mein Interesse an der chinesischen Sprache und der taiwanischen Kultur haben mich 2019 zu einem Workshop geführt, den Angela Hsu zum Thema Business und Marketing in Berlin veranstaltet hat. Bei einem anschließenden Gespräch ist unser gemeinsames Interesse an Kunst zum Vorschein gekommen, woraufhin sie mir von der geplanten Ausstellung über taiwanische Handpuppen Taiwan Budaishi erzählte. Daraus resultierte unsere Zusammenarbeit als Kuratoren und Vermittler zwischen der taiwanischen und der deutschen Seite. Die Planung dauerte insgesamt anderthalb Jahre. Den Ausgangspunkt der Ausstellung bildeten die fünf handgefertigten Puppen, welche die taiwanische Regierung dem Museum in Bad Liebenwerda geschenkt hat. Gemeinsam haben Angela und ich das Konzept erweitert und weitere Kunstformen miteinbezogen: Mit einem Konzert, Filmvorführungen und traditionellen taiwanischen Süßspeisen wollten wir dem Publikum einen breiteren Eindruck von der Kultur der Insel geben.

Im Rahmen der Ausstellung ist bis Ende Januar 2021 auch eine Ausstellung von einigen meiner Fotografien zu sehen, die ich zwischen 2017 und 2019 auf drei Reisen nach Taiwan gemacht habe. Mein besonderes Augenmerk liegt hierbei auf Menschen in Alltagssituationen, auf der lokalen Kultur und dem urbanen Raum. Aufgrund meiner wiederholten Besuche und der relativ überschaubaren Größe des Landes war es mir möglich, die vielen unterschiedlichen Regionen zu erkunden und ihre Vielfalt zu erleben – von den Millionenstädten an der Westküste über die Naturparks im Süden bis hin zu Gebirgen und Wäldern in der Mitte und im Osten der Insel.

In der Hauptstadt Taipeh bin ich im letzten Jahr in eine große Demonstration mit mehreren zehntausend Menschen für Solidarität mit der Bürgerrechtsbewegung in Hong Kong geraten, wovon auch einige Fotos in der Ausstellung zu sehen sind. Die besonders schwierige und angespannte politische Situation im südpazifischen Raum ist allgegenwärtig in Taiwan. Der Wunsch nach internationaler Anerkennung und mehr Selbstbestimmung wurde mir umso deutlicher, je mehr ich mit Einheimischen ins Gespräch kam. Unser Wunsch ist es, dass die Ausstellung und meine Fotos ein Bewusstsein dafür stärken, dass Taiwan ein selbstbestimmtes und demokratisches Land ist und bleiben muss.

Prof. Dr. Jhy-Wey Shieh, Repräsentant von Taiwan in Deutschland, und Elbe-Elster-Landrat Christian Heinrich-Jaschinski präsentieren die Tigergeneräle. Die fünf Tigergeneräle Ma Chao, Guang Yu, Zhao Yun, Zhang Fei und Huang Zhong waren die tapfersten Befehlshaber des Herrscher Liu Bei, dem Begründer des Shu-Reiches. Sie lebten während der Zeit der Drei Reiche (208 – 280). Die Figuren wurden von der Ho Lo Fang Werkstatt für traditionelle Handpuppen, Taiwan, eigens für das Museum angefertigt. Foto: LKEE/Rösler

@Sinan Ertugrul

Lee Mingwei: 禮 Li, Gifts and Rituals

Von Lee Mingwei (李明維), Clare Molloy[1] und Stephanie Rosenthal

27th March to 12th July 2020

In 2020 the Gropius Bau in Berlin presented the first major European retrospective of one of Taiwan's most significant living artists, Lee Mingwei (b. 1964 Taichung, lives and works in Paris and New York City). The exhibition Lee Mingwei: 禮 Li, Gifts and Rituals, opened digitally in the first wave of the COVID19 pandemic. The artist responded intuitively and sensitively, creating two digital works that spoke to the situation. In a time of staying-at-home and widespread loneliness, Lee Mingwei reconfigured his early work The Dining Project (1997/2020) to offer visitors the opportunity to share a one-on-one online teatime with him - offering the gift of connection. Drawing on the concept of his live artwork, Sonic Blossom (2013/2020), which tests the possibilities of giving and receiving something as immaterial and intimate as song, he created Invitation for Dawn (2020). The work brought together classically trained opera singers and members of the public via video call. The singers performed a capella from a repertoire of three songs that for them signal an "invitation for dawn" - a sign of hope in times of global crisis.

Lee Mingwei's ability to respond to a moment of uncertainty by offering artworks that landed with grace is testament to 30 years of artistic practice in which he has explored art's potential to be a transformative gift. In a historic period in which public life changed so suddenly and people mandated to keep their distance from one another, when the exhibition could finally open in mid-May 2020 at the Gropius Bau, its performances and installations were a source of connection and comfort to many. Particularly the work The Mending Project (2009/2020) found great resonance as a participatory process and as a metaphor.

In this interview, conducted by the director of the Gropius Bau, Dr. Stephanie Rosenthal, Lee Mingwei shares fascinating insights into central works in his oeuvre including The Mending Project, and Guernica in Sand (2006/2020) as well as the key influence of the Confucianist principle of li to his approach.

The full length interview can be read in the exhibition catalogue, which is published by Silvana Editoriale.

---

1 Clare Molloy is the assistant curator at the Gropius Bau and was the co-curator of the Lee Mingwei retrospective.

An Exchange That Happens in Different Directions

An Interview between Lee Mingwei and Stephanie Rosenthal[2]

STEPHANIE ROSENTHAL: When we began thinking about your exhibition, significant words and terms were exchanged as part of our discussions. Three of those words that interconnect are "faith", "chance" and "impermanence". Let's start with chance: how does this play out in your work?

LEE MINGWEI: When I think about the idea of chance, it's the main thread that runs through everything I do and, in a sense, through everything that anyone does. I say this for a specific reason: if you imagine a family lineage, you are at the very end of that line. Your parents are the previous dot on that line, your grandparents before that, and so on. Eventually you reach a point where one of your ancestors is "in between" – which is to say that they are human and non-human. Continuing our dot-to-dot logic, you soon realise that one of your ancestors could be a creature between mammal and amphibian. You can trace that dot all the way back to a single cell. One of your amoeba ancestors could have been eaten by another amoeba, but that didn't happen; one of your insect ancestors could have been destroyed by a drop of rain or a falling meteorite, but that didn't happen. The chance of us having actually survived really is a miracle. For me, that says a lot about chance and faith: we are all at the mercy of both.

And faith? When making art or presenting exhibitions, are you drawing attention to your faith in the fact that your ideas will find their form at the right time? Or is faith something that simply operates in the background of your work?

I think it is both; faith and chance are the essences of my work. I ask faith and chance to help me create artworks, which makes the works much more complex than I alone could imagine. This is a more vulnerable and challenging position for me. All of my projects are like two people dancing the tango. When one person moves in one way, the other has to move with them. We really don't know where we'll be ten steps from now; however, I do have a bigger picture. The real step in this tango is that of depending on faith and chance.

It seems that faith and chance play an important role in the how and when the first seed of an idea is realised. Equally, you don't seem to want to force the work's timeframe. Do you think about your projects years before they come into being?

---

2 The full-length interview between Lee Mingwei and Stephanie Rosenthal can be found in the exhibition catalogue Lee Mingwei: 禮 Li, Gifts & Rituals, published by Silvana Editoriale.

Yes, that is exactly the case. The seed of the project often comes from my personal experience. I only notice this seed if an experience has such power that it never goes away; it holds onto my spirit and soul so strongly that it drifts within the subconscious. When the project shifts into my conscious mind, I think, "Oh, there's something. Could this be a worthwhile story to share with people?" Sometimes they are so delicate they're not ready to be shared.

We have been thinking about Arnold van Gennep's concept of rites of passage together. Originally he wrote in French. There are the rites de séparation, letting something go; the rites de marge, which are about the in between, the liminal; and the rites d'agrégation, in which one approaches a new state. I have always been most interested in the rites de marge as the most creative space because it takes place in a liminal space, where one has already let go of something but has not yet reached the new state. It's the space where you reach beyond your own experience, an entirely unknown space that is difficult to put into words. You spoke about knowing something but not wanting to put it into words: that's the rites de marge. Artworks allow you to be in that space.

I realise that if I apply words to these very delicate states too early, that it somehow cages and kills the magic. I really need to pay attention to precisely when these states of mind are ready to be shared – verbally or conceptually, with myself or with friends.

It's interesting what happens when you have to put an idea into words. I also feel that you can write a text in your head and on the page it can read differently. On the one hand language can free ideas by making them concrete. On the other it can hinder them from unfolding. There can be fluidity between the two poles. Some ideas simply fall into place and some ideas resist the linear order of language. What does it mean to you to put ideas into words?

Sometimes I do need words to solidify these very ephemeral things because they can be too fluid – to the point where there's almost nothing there. On the other hand, in this fluidity there can be something that I need to protect, something I don't want to cage. I have such admiration for poets because they are magicians; they are the ones who know when and how words become the magic ingredients of the imagination. I'm slightly scared of words because they can cage ideas. However, poets or writers can liberate with words.

Do you use exhibitions and the new environment of the institution to grow the seed of an idea that you've had a long time ago, in order to realise a new work at a later stage? Can art institutions provide such a space for rites of transition (rites de marge)?

My last travelling survey show was from 2014-2016, which was six years ago. Everything has changed – even I have changed, but there is a steady stream of consciousness running through my practice, which you can see alongside my new work. I think this Gropius Bau show has already become a pivotal point of reflection for me: reflecting on myself, on my work and on Europe. When I was living in America I was truly American-Taiwanese. Now, after having lived in Paris since 2015, I'm very interested to see how this exhibition will be received and responded to by an audience in a European context. I can already feel another artwork in a fluid, nascent state; this will come into being later, and is inspired by the collective effort and energy at the Gropius Bau.

The site of the Gropius Bau is incredibly politically and historically charged. During the Nazi period, the headquarters of the Gestapo were located next door. Across the road was Hermann Göring's Haus der Flieger, where the House of Representatives (Abgeordnetenhaus) is today. Next to that building was the Ministry of Aviation, the home of the Luftwaffe. In 1945 the Gropius Bau was extensively bombed; you can still see World War II shrapnel damage and bullet holes. In the late 1970s and early 1980s, restorers left the building's injuries so that they remained tangible. The building bears witness to the injury and trauma of its own history and, in turn, to all of our histories. Due to the building's history, we are engaged with the concepts of care and repair. Repairing relationships is the focus of several of your works, particularly Guernica in Sand, 2006/2020. What influenced you to create this work for the first time?

Guernica in Sand is a project, superficially, about East and West. It's my homage to two different traditions and practices. One is the history of Western painting – recreating Picasso's iconic modernist painting Guernica, 1937. It is also my homage to the practice in Buddhist temples of creating mandala sand paintings. People can see it as a political statement or not. Guernica was a very direct response to the bombing of the Spanish town, Guernica, which was carried out by the Luftwaffe in collaboration with the Italian Aviazione Legionaria. They used a campaign of carpet bombing and set a precedent for intensive destruction during World War II. Within one day the city was brutally flattened. Picasso was, to put it mildly, angry and overwhelmed with sadness and he created this painting in a very short time while he was in Paris. He said that until Spain became democratic, the painting would not be shown there. The creation of sand mandala in Tibetan-Buddhist practice takes weeks and involves four to eight monks making extremely delicate sand paintings. They are heavenly and extremely defined depictions of where Buddha lives. At the end, a ceremony to brush the sand painting together takes place; it is not destroyed, but transformed into something else. On one single day in the middle of the exhibition's run, from noon until sunset, I try to finish the last part of Guernica in Sand. Simultaneously, one person in the audience is allowed to walk onto the sand. Then a second person takes over and this continues until the day's end. We conclude the performance as a group of six. Each of us has a broom and we brush the sand, gesturing towards the middle of the work, and then we leave Guernica in Sand in this state for the remainder of the exhibition. I remember when I was presenting this work at the Mori Art Museum, one guest said accusingly, "Why are you destroying the greatest painting in the world?" I could feel and see her anger. She only saw the destruction; she didn't see the transformation. This work has a political backdrop, but I wish to talk about us as humanity: how do we move on after destruction?

Presenting and performing Guernica in Sand at this site and in Berlin feels like part of a process of healing. How do you approach care, repair and healing in your other works?

Care and repair are present in The Mending Project, 2009/2020 and even in Sonic Blossom, 2013/2020. The process of healing is part of the work. I want to be careful with the word "healing", as I don't assume that people are broken or damaged. For example, sometimes people are so moved by the gift of song that they cry, but not necessarily because they are broken – and if they are heart broken, that's also perfectly fine. I don't want to suggest that the singers are superior or can cure us. Being the mender in The Mending Project is incredibly healing for me, personally, because of the beautiful stories that people share.

In terms of the link between crafts and mending, and the related shifts in meaning, we could also discuss the Japanese tradition of kintsugi. Is this an approach that interests you?

In Taiwan we actually also have a technique for mending ceramics known as juci. It's not as elaborate as the mending in Japan, where cracks in ceramics are mended with gold. The repairs to Taiwanese ceramics are rougher: rice glue is used and cracks are nailed together. The idea is that when something is broken and you have a personal relationship to it – to a piece of clothing or a bowl – then the repair makes it even more beautiful and also functional. Kintsugi and juci are similar traditions in this sense – this way of thinking is deeply embedded in East Asian cultures.

That undermines the capitalist ideal of the consumption of goods. Currently an awareness is re-emerging that questions this "ideal" and instead celebrates the repair of objects. Another facet of The Mending Project or Sonic Blossom is the way you consider them to be gifts – the gift of repair or the gift of song. Many philosophical traditions make us aware of the underlying power relations of gift giving. By giving something, someone is indebted to you. How do you feel about this?

As someone from a Confucian society, I have a very different relationship to gifts. One of the five virtues of Confucianism is li, which could be translated as "rite", "ritual" or "gift". So when we say liwu, which means "the object of the rite", it means we always prepare a gift when going anywhere. In Confucianism, the gift is a way of me gratefully saying, "thank you". It's not about what you can do for me in return. It's the same with Sonic Blossom: the person who is offered the song has the right to say, "I don't want a song to be sung for me," or they could openly receive a Schubert song. Usually, the gift is quickly reciprocated back to the singer and, within a few seconds, the singer is also emotionally moved – sometimes they can't finish singing because the gift is returned in such a powerful way.

Berliner Kunstauswahl vor taiwanischem Publikum

Von Robert Kuchling

Das gemeinsame Kunstprojekt „Berlin Melting“ verbindet Galerien, Künstler, Menschen und Welten.

Alles begann 2018 in der Vertretung Taiwans in Berlin. Während einer Vernissage lernte ich Ying-Tung Tseng kennen. Der Künstler und Betreiber des Asir-Art-Museums Tainan stellte aus und beindruckte mich. Zu allererst mit seiner Kunst: durchkomponierte Reliefs jeder Größe, die riesige Berge und alte Münzen darstellen oder einfach als Plattform für seine Reflexionen dienen. Harmonie, Tiefe und Mystik der Werke zogen mich in ihren Bann. Und dann im Gespräch: Herr Tseng steckte einen an mit seiner Lebensfreude und Offenheit. Nach drei Stunden kamen wir zu dem Schluss, dass dies der Anfang sein würde für gemeinsame Projekte.

Vernissage 29.3.2019 „Creation of Earth“ in Galerie Kuchling, Berlin
R.Kuchling 1.v.l., Taiwan Vertreter Prof. Dr. Shieh 3.v.l., Angela Pingfen Hsu 4.v.l., Ying-Tung Tseng 5.v.l.

Unterstützt durch die Kuratorin Angela Pingfen Hsu realisierten wir in den folgenden zwölf Monaten zwei erfolgreiche Solo-Shows in meiner „Galerie für frische Kunst" und brachten so taiwanische Gegenwartskunst in das Herz von Berlin.

Würde sich Taiwan und die dortige Kunstszene aber auch für eine Auswahl unserer Künstler interessieren? Die Kooperation mit Tainan war als Austausch konzipiert. Darum suchten alle Partner gemeinsam zwei Künstler aus dem Portfolio meiner Galerie aus, die sowohl erfolgreich in Berlin waren als auch einen Eindruck der Vielfalt unserer Kunstmetropole ermöglichten.

Mit viel Glück konnten Vorbereitung, Eröffnung, Medienarbeit und besonders der Besuch von Kunstinteressierten und Sammlern im Januar 2020 stattfinden. Also noch vor dem Ausbruch der Corona-Pandemie, die zwar Taiwan gar nicht betroffen hat, aber doch alle Vorbereitungen erschwert hätte. Die Werke von Eduard Bigas (Katalane in Berlin lebend) und Seeman Khawam (Syrer in Beirut arbeitend) wurden in einer wunderbaren und hoch professionellen Ausstellung dem Publikum in Tainan präsentiert.

Mit großer Freude beobachtete ich, dass es vielen Besuchern jetzt so ging wie mir bei meiner ersten Begegnung mit taiwanischer Kunst: Wurden sie erst einmal durch die Sinnlichkeit und Ästhetik des Kunstwerks ergriffen, erschloss sich ihnen auch die Symbolik sowie der intellektuelle und kulturelle Überbau – spätestens über das begleitende Gespräch. Gute Kunst wird eben überall erkannt und genossen.

Positiv überrascht wurde ich von der Sammelleidenschaft in Taiwan. Käufer von Werken aus der Ausstellung gaben uns Gelegenheit, ihre privaten Sammlungen zu besuchen, die ob ihrer Vielfalt und Auswahl bestachen. Dem aktuell darniederliegenden Berliner Kunstmarkt würde Besuch aus Tainan und Taipeh sehr gut tun!

Vernissage 18.1.2020 „Berlin Melting" im Asir Art Museum, Tainan
Angela Pingen Hsu 1.v.l., R.Kuchling 2.v.l. , Eduard Bigas 3.v.l., Ying-Tung Tseng 4.v.l.

Ich betreibe die „Galerie für frische Kunst" inzwischen im zehnten Jahr. Die Erfahrung von „Berlin Melting" übertraf alle Erwartungen und bisherigen positiven Erfahrungen, sogar die unserer Ausstellung zur Biennale in Venedig 2017. Es ist darum Vernunft- und Herzenssache zugleich, die Brücke nach Tainan weiter auszubauen. Nachfolgende Projekte sind fest zugesagt und für 2021 in Vorbereitung: Im Januar zeigen beide Städte gleichartige Ausstellungen; im Herbst dann wird „Berlin Melting #2" erneut versuchen, die taiwanischen Kunstliebhaber zu überraschen.

Kunst verbindet Menschen

Von Angela Hsu (許萍芬)[1]

Als die USA 1979 ankündigten, die politischen Beziehungen zu Taiwan abbrechen zu wollen, begann für Taiwan eine schwere Zeit in der Weltpolitik. Seitdem gibt es zwei Chinas – die Republik China und die Volksrepublik China. Präsident Chiang Ching Guo rief damals ein Projekt mit dem Namen „Made in Taiwan„ ins Leben, um das weitere Wirtschaftswachstum sicherzustellen. Ich erinnere mich, wie dies zur Geburtsstunde des Namens „Taiwan" wurde, der von da an zu sehen und zu hören war. 40 Jahre später nennen wir uns selbst Taiwaner. Taiwan bezeichnet unsere Identität. Dies ist der Name, unter dem wir Freundschaft mit der Welt schließen und unsere Zukunft aufbauen wollen.

Ist Wirtschaft der eine Arm der Weltpolitik, so denke ich: Kunst ist der andere. Für mich ist Kunst wie ein Lächeln, eine überall verständliche Sprache. Kunst verbindet Menschen. Dass Menschen zusammenarbeiten, ist die Zukunft.

Aufgrund meines Hintergrunds habe ich begonnen, mich mit Kunst- und Kulturaustausch zu beschäftigen. Ich wünsche mir, dass Deutsche und Europäer mein Land mit den Augen und den Werken der dortigen Künstler kennenlernen können. Ich erinnere mich, wie ich eine Werkreihe des einheimischen Künstlers Tseng Ying Tung vorstellte und über die Meeresbrise und den Besuch der Berge in Taiwan sprach. Als eines der mir liebsten Komplimente empfand ich es, dass die Leute nach

---

1 Hsu (MBA, BA, aktuell in Berlin lebend) arbeitete bereits in Werbeagenturen und förderte Kunst für Wohltätigkeitsorganisationen als Verantwortliche für Unternehmen. Seit 2016 ist sie als Kuratorin und Künstleragentin in Berlin tätig.
Jüngste Ausstellungen:
- 17 Besuche in den Bergen auf Formosa 2017 Berlin
- Shan Mu Hua Niao - Taiwanischer Kunst- und Kulturmonat 2018 Berlin
- Fünf Elemente und die Schöpfung der Erde, 2019 Berlin
- Berlin Melting 2020, Tainan
- Taiwan Budaixi, 2020, Bad Liebenwerda

der Ausstellung zu mir kamen und zum Ausdruck brachten, dass sie Taiwan wirklich besuchen wollen. Für mich ist dies der Beginn einer tiefen Freundschaft.

Berlin ist eine Kunsthauptstadt in Europa. Ich bin stolz darauf, eine Plattform für meine Landsleute aufzubauen. Nach einigen Jahren habe ich Berliner Künstler nach Taiwan gebracht. Dieser erfolgreiche Austausch führte zu Geschäftsbeziehungen zwischen Galerien und zu einem nachhaltigen Modell des Kulturaustauschs. Wie gesagt: Kunst gleicht einem Lächeln, mit dem eine Freundschaft beginnt. Es ist nicht nur ein schönes, sondern auch ein starkes Lächeln. Stark genug für eine vielversprechende Zukunft. Ich bin so stolz, dass Deutsche anfangen, über Werke aus Taiwan in ihren Kunstsammlungen zu sprechen, und dass es in umgekehrter Richtung nicht anders verläuft. Mittlerweile kann man sagen: Das schlichte „Made in Taiwan“ hat sich zu einem neuen Begriff fortentwickelt – „Taiwan Excellence“!

Taiwan und das Künstlerhaus Bethanien[1]: eine fruchtbare Partnerschaft

Von Valeria Schulte-Fischedick[2,3]

Seit 2013 verbindet das Künstlerhaus Bethanien eine fruchtbare Partnerschaft mit dem Kulturministerium Taiwans, vor Ort aufs Beste unterstützt durch die Taipeh Vertretung in der Bundesrepublik Deutschland und ihren außergewöhnlichen Botschafter, Prof. Dr. Shieh. Auch die Künstler*innen, die jeweils für sechs Monate als Stipendiat*innen im Künstlerhaus zu Gast sind, werden gleichsam zu informellen

---

1 Das Künstlerhaus Bethanien blickt auf eine lange, erfolgreiche Geschichte der Förderung junger Nachwuchskünstler*innen auf internationalem Niveau zurück. Die künstlerische Ausrichtung des Programms ist breit gefächert. Es umfasst: Bildende- und Video-Kunst, Literatur, Architektur oder Design. Dafür bietet es eine weltweit einzigartige Kombination aus Studio-und Ausstellungsräumen sowie bestens ausgestatteter Werkstätten. Weitere Unterstützung wird in der Erstellung von Ausstellungskatalogen und Künstlerbüchern angeboten. Zusätzlich werden - neben technisch, kuratorisch und PR-unterstützten Einzelausstellungen und öffentlichen Open Studios-Veranstaltungen - individuelle Programme von Studio Visits und professionellem Coaching arrangiert.

Das denkmalgeschützte Gebäude des Künstlerhauses, das seit 1974 eine feste Größe in der Berliner und internationalen Kunstszene ist, liegt im Herzen Berlins im Szenekiez Kreuzberg. Die Arbeit des Hauses wird unterstützt durch das Land Berlin, Senatsverwaltung für Kultur und Europa sowie namhafte internationale Partner. Die Künstler*innen werden in Abstimmung mit den Partnern ausgewählt, wobei der Schwerpunkt auf Diskursorientiertheit und herausragender Originalität der Positionen liegt.

Die Teilnehmer des Internationalen Atelierprogramms erhalten die Möglichkeit, innerhalb eines festgesetzten Zeitraums Projekte zu erarbeiten und zu realisieren sowie die eigene künstlerische Position innerhalb des Berliner Kunstkontextes zu reflektieren und zu festigen. Insbesondere zeichnet sich die Arbeit des Künstlerhauses durch eine individuelle Betreuung und das Vernetzen der Stipendiaten mit der Berliner Kunstszene aus.

Die im Rahmen internationaler Stipendien geförderten Künstler*innen erhalten für den Zeitraum ihres Aufenthalts einen monatlichen finanziellen Zuschuss aus Sponsormitteln. Darüber hinaus sind die Übernahme der Atelierkosten, eine Materialkostenpauschale sowie die Präsentation des Abschlussprojekts durch das Stipendium des Sponsors gesichert. Die Projekte der Stipendiat*innen werden in den Ausstellungsräumen des Künstlerhauses öffentlich vorgestellt. Ferner besteht die Möglichkeit einer projektbezogenen Publikation, bei deren Erstellung das Künstlerhaus seine Dienste zur Verfügung stellt.

2 Kunsthistorikerin und Kuratorin, lebt und arbeitet in Berlin, Deutschland. Aktuell für das Internationale Atelierprogramm im Künstlerhaus Bethanien, Berlin, verantwortlich. Zuletzt Leitung der Galerie Opdahl, Berlin. Diverse Ausstellungsprojekte, Veröffentlichungen in Kunstzeitschriften und Katalogen.

3 Textauszüge aus:
Valeria Schulte-Fischedick:
- „Non-Fiction Fiction – Über die „Forgotten Histories" von Chia-Wei Hsu", in: be # 22, 2015, S. 156-159.
- „Preface", in: Wu Chi-Tsung - Far From East, 2017, S. 2.
- „Preface", in: Yunyi Liu - Landscaping from History, 2018, S. 2.

Botschafter*innen ihres Landes. Nicht selten vermitteln ihre Werke einem Berliner wie internationalem Publikum die Geschichte und komplexe politisch-kulturelle Lage des Inselstaates.

So nehmen sich beispielsweise Hsu Chia-Weis Video-Essays und Multimedia-Installationen spezifische Orte dieses Landes und seine von unterschiedlichen kulturellen Einflüssen, vom Zweiten Weltkrieg und dem Kalten Krieg geprägte Historie vor. Punktuellen Tiefenbohrungen gleich arbeitet sich der Künstler durch historische und kulturelle Sedimentschichten und trifft dabei auf die merkwürdigsten „vergessenen“ Geschichten.

Auf der 55. Venedig Biennale 2013 – in Teilen 2014 auch im Künstlerhaus Bethanien zu sehen – erzählte Hsu in zwei aufwendig inszenierten Videos (Marshal Tie Jia – Turtle Island, 2012, und Marshal Tie Jia – Jingsi Village, 2013) von der Froschgottheit Marshal Tie Jia. Die Titel beziehen sich auf zwei Orte: In der chinesischen Stadt Jingsi befindet sich der Teich, in dem Marshal Tie Jia der Legende nach vor mehr als 1000 Jahren geboren wurde; das vor dem chinesischen Festland gelegene Turtle Island diente ihm als Exilort. Zu seiner Verehrung befand sich dort ein kleiner Tempel, der nach dem Rückzug Chiang Kai-sheks nach Taiwan durch einen Bunker ersetzt wurde. Hsu lässt nun mithilfe eines Greenscreens den alten Tempel als Illusion auf der Insel wiederauferstehen. Die temporäre Wiederbelebung eines heiligen Ortes mit filmischen Mitteln mischt sich mit Re-enactments von Austreibungsritualen und Ming-Oper, in die Hsu die lokale Bevölkerung mit einbezieht. Die Multimedia-Präsentation enthält neben dem nachgebauten Tempel einen Brief des Künstlers an die Gottheit und die Dokumentation von dessen Antwort per Tisch-Orakel. Mythen und Legenden stehen gleichberechtigt neben alter und neuer Geschichte.

Hsu setzt formale und filmische Mittel leise und präzise ein, arbeitet mit langsamen Kamerafahrten und hypnotischen Einstellungen, verwendet Originalton und lässt Bilder für sich sprechen. Komplexe Geschichte, Mythologie und Gegenwart verdichten sich zu einer Art poetischem Realismus, der das Dokumentarische traumwandlerisch erweitert, die Fakten in der Fiktion aber umso nachdrücklicher durchscheinen lässt. Palimpsestartig erscheint darin immer noch eine weitere historische Ebene, eine weitere überschriebene Erinnerung. Das Bild der kleinen Insel Turtle Island wird zur Metapher: Taiwan wird in Hsus Verortungen – Erzählungen von den Rändern her – als Schmelztiegel und Brennpunkt internationaler Weltgeschichte erkennbar. In subjektiv ausgewählten Fragmenten und kleinen, inselartigen Partikeln lässt Hsu Chia-Wei das große Ganze sichtbar werden.

2017 hatte das Künstlerhaus Bethanien die Ehre, Wu Chi-Tsungs Ausstellung Far from East zu präsentieren: Wu wählt in seinem vielschichtigen Werk subtile und poetische Formen, worin Kunsttraditionen seines Landes mit dem verschmelzen,

was man als eine zeitgenössische Sprache bezeichnen könnte. Ausgebildet in Kalligraphie arbeitet Wu ohne Pinsel, obwohl er sich nach eigenen Worten "innerlich immer noch als Maler fühlt". So interpretiert der Künstler beispielsweise das chinesische Shan Shui, das normalerweise mit Tinte und Pinselstrichen ausgeführt wird, neu, indem er mit einer lichtempfindlichen Emulsion beschichtetes, zerknittertes Reispapier verwendet und es dann dem Sonnenlicht aussetzt – ein experimenteller Prozess, der dem Unerwarteten Raum lässt, Licht und Schatten setzt und auf diese Weise vertraute Landschaftsdarstellungen fernöstlicher Kulturen neu definiert.

Was Gayatri Chakravorty Spivak im Hinblick auf die dominante westliche Wissensproduktion als "subalterne" Stimmen bezeichnet, gilt möglicherweise auch für die traditionellen Kunstformen. Der manchmal laute, hyperventilierende Klang der globalen Kunstsprache macht ihre Stimmen nahezu unhörbar. Wu setzt dagegen seine persönlich situierte Sprache. Diese respektiert sowohl ihre Wurzeln als auch den Wandel, den die Kultur seines Landes – neben anderen Einflüssen durch die Kolonialisierung – erfahren hat. Wie Wu sagt: "Der Ferne Osten ist nicht mehr fern, und Osten ist nicht mehr Osten". Ohne in alte Dichotomien zurückzufallen, reflektiert Wu in seinem sowohl kunstvollen als auch sehr poetischen Werk über den Ausspruch, dass "eine Linie zu ziehen bedeutet, zugleich den unsichtbaren Teil zu definieren".

Grüne Pflanzen, eine Böschung, ein Ufer, ein Strand. Beschauliche Naturaufnahmen möchte man meinen, wie sie Liu Yunyi in ihrer Fotoserie Landscaping from History (2018) erfasst. Der Locus amoenus kippt hier allerdings unvermittelt in einen Locus terribilis um. Bunkerfragmente fallen ins Auge, die Natur dient hier nicht der Erbauung oder ist sich selbst überlassen, die Fauna wird vielmehr zur Abwehr von Fallschirmspringern missbraucht und zur tödlichen Waffe umfunktioniert.

Liu Yunyi nimmt die in der jüngsten Geschichte vielfach umkämpfte Kinmen Insel in Taiwan an der Grenze zum chinesischen Festland zum Ausgangspunkt ihrer visuellen Annäherung. Kinmen Island teilt das Schicksal vieler anderer geostrategisch relevanter Orte dieser Welt, die kriegerisch in wechselnden Richtungen überrannt und dem Erdboden gleichgemacht wurden. Die Insel wird so zur Metapher historischer Kontingenz und menschlicher zerstörerischer Kraft. Letztere kommt auch in den botanischen Zeichnungen von Liu Yunyi zum Tragen, in denen sich Organisches mit Martialischem mischt. Aus den feingezeichneten Pflanzenstudien spricht nicht zuletzt die jeweils von neuem zum Scheitern verurteilte menschliche Annahme der Beherrschbarkeit der Natur und damit der Welt. Die Künstlerin erweitert das nicht selten liebliche klassische Genre und fügt ihm eine abgründige Melancholie hinzu, die über ein reines Memento mori hinausgeht. Letztendlich erobert die Pflanzenwelt die Bunkerreste und Abwehrfallen mit der Zeit wieder zurück, die kriegerische Camouflage weicht einer wilden Überwucherung... bevor der zerstörerische Rhythmus möglicherweise von neuem beginnt.

Wu Chuan-Lun widmete 2017 seine Aufmerksamkeit einer ursprünglich kulturellen Besonderheit Deutschlands – dem Deutschen Schäferhund, den es inzwischen in vielen anderen Ländern und dort in speziellen Züchtungen gibt. Der Hund – so lernten wir in der Ausstellung von Wu Chuan-Lun, ist nicht nur ein „Liebhabermodell“, sondern wird in den Kontext bestimmter, nicht selten auch skurriler Ideologien des jeweiligen Landes einbezogen. Yang Chi-Chuan wiederum richtet 2020 den erzählenden Blick in eine Zukunftswelt und erfindet mit Plastoniki gleich eine neue Spezies...

Wir erleben ein Land – noch bevor wir es besuchen – durch die vielfältigen Geschichten, die uns Kunst, Filme, Literatur und Musik über die Menschen und ihre Kultur erzählen. Wir freuen uns auf viele weitere künstlerische Erkundungen und faszinierende Einblicke in das Land Taiwan und seine Menschen.

„Erbe der Menschheit“

Von Dr. Ursula Toyka-Fuong[1]

Vor 93 Jahren wurde nach einer der national und international bedeutendsten kulturpolitischen Entscheidungen der jungen Republik China der Alte Palast (Gu Gong) der Öffentlichkeit als Museum zugänglich gemacht. Heute gilt die Sammlung der chinesischen Kaiser als das umfassendste Zeugnis der chinesischen Kunstgeschichte. So war es ein Höhepunkt der interkulturellen Begegnung zwischen Ost und West, als 2003 im Alten Museum (Berlin) und 2004 in der Kunst- und Ausstellungshalle der Bundesrepublik Deutschland (Bonn) erstmals in Deutschland 365 originale Meisterwerke dieser einzigartigen Sammlung zu bewundern waren, die im Nationalen Palastmuseum in Taipeh (NPM) bewahrt werden. Nahezu eine halbe Million Besucher sahen die „Schätze der Himmelssöhne“, und auch das rege Echo der Medien spiegelte das große Interesse der deutschen Öffentlichkeit. Begleitende sinologisch-kunsthistorische Fachsymposien und ein populärkulturelles Rahmenprogramm vertieften zum einen den internationalen wissenschaftlichen Dialog und ermöglichten zum anderen, ein breites Publikum aller Generationen an die faszinierende aber vielen wenig bekannte chinesische Hochkultur heranzuführen.

Diese Hoffnung hatte der Gründungsdirektor des NPM, Dr. Chiang Fu-tsung, selbst in den Vorkriegsjahren einer der ersten nach Deutschland eingeladenen chinesischen Forscher, der Verfasserin gegenüber zum Ausdruck gebracht, als sie 1980 nach lehrreichen Forschungsjahren im dortigen Museum auf dem Gebiet der ostasiatischen Kunstgeschichte nach Deutschland zurückkehrte, wo sie mit Ausstellungen der zur Verfügung gestellten Kunstrepliken und Vortragsreihen zur chinesischen Kunstgeschichte Interesse zu wecken suchte. Schließlich gelang es, die Ausstellungshalle der Bundesrepublik Deutschland in Bonn (KAH) im Rahmen ihrer neuen Ausstellungsreihe „Die großen Sammlungen der Welt“ für das Projekt zu gewinnen. Doch es bedurfte eines Jahrzehnts bis zu seiner Verwirklichung, währenddessen auf Taiwan mehrere Museumsdirektoren aufeinander folgten. Hüben wie drüben führte der wechselvolle Verlauf der jüngeren Geschichte dazu, dass die Leihverhandlungen immer wieder auf schier unüberwindliche Hindernisse stießen. 2001 konnte der Ausstellungsvertrag unterzeichnet werden, nachdem der Deutsche Bundestag ein europäisches Gesetz zur garantierten Rückgabe von Exponaten an deren Leihgeber unterzeichnet hatte, der deutsche Staat eine unbegrenzte Garantie im Falle von Beschädigungen von Exponate verbriefte, eine zusätzliche Ausstellung neben Bonn auch in Berlin sowie eine Gegenausstellung der Stiftung Preußischer Kulturbesitzes (SPK) in Taipeh zugesagt wurden. Letztere wurde die erste großformatige Ausstellung

[1] Beitrag zur Jubiläumspublikation von 2018. Taiwan in Bewegung - Sechs Jahrzehnte Engagement für Taiwan: Eine Festschrift zum 60jährigen Jubiläum der Deutsch-Chinesischen Gesellschaft e.V. - Freunde Taiwans. S. 179ff.

deutscher Kunst und Antiquitäten in Ostasien, der 2005 eine weitere Ausstellung der SPK in Japan folgte.

Zunächst aber gewährte Taipeh der Kuratorin für Berlin und Bonn eine mehrwöchige Archivrecherche und eine umfangreiche Auswahl an Exponaten zur Bearbeitung durch Kunsthistoriker/innen und Fachexpert/innen beider Seiten in einem repräsentativen Ausstellungsbuch. Ein Team deutscher Sinolog/innen übersetzte chinesische Inschriften auf Gemälden, Gefäßen und anderen Präziosen als bleibendes Referenzmaterial in deutscher Sprache. Das Gesamtprojekt gelang dank des engagierten Einsatzes Vieler, konstruktiver bilateraler Zusammenarbeit beider großer Häuser, der Unterstützung beidseitiger Institutionen und Stellen, vor allem aber dank der großzügigen Leihbereitschaft des Museums in Taipeh. Dort fand (als ‚Morgengabe' der Fortuna) die Kuratorin in einer anthologischen Textsammlung des Kaisers Gaozong (Regierungsära Qianlong, 1736 -1795) sieben Miniaturporträts des berühmten Sammlerkaisers, die seine äußere Erscheinung für jedes Jahrzehnt zwischen seinem 20. und 80. Lebensjahr dokumentieren. Zwei der Bildnisse durften damals in Deutschland der Weltöffentlichkeit bekannt gemacht werden, und vieles spricht inzwischen dafür, dass ihre für China ungewöhnliche Bildform von europäischen Herrscherdarstellungen im Kleinformat inspiriert war. Heute ist die Fortführung des Kulturaustausches längst eine Aufgabe jedes Einzelnen geworden. Als jüngstes Beispiel sei erwähnt, dass eine dankbare damalige Ausstellungsbesucherin und bekannte Wissenschaftlerin ihre Familienbibliothek mit kostbaren Bänden des 18. -20. Jhds. nach Taiwan vermachte, wo am 16.12.2017 die „Sabrina-Kowalewski-Bibliothek" eröffnet wurde und fortan in repräsentativem Rahmen an der Cheng-kong-University in Tainan Zugänge zum Erbe deutscher und europäischer Kultur erschließt.

Schätze der Himmelssöhne - „Das Unmögliche machen wir wahr"

Rückblick: Beispiel erfolgreicher Kulturpolitik

Von Ingrid Fuchs[1]

Endlich ist es geschafft: Nach zehn Jahren zähen Ringens und Verhandelns der Bonner Bundeskunsthalle mit dem Nationalen Palastmuseum in Taipeh konnte am 5. November 2002 in Taipeh der Vertrag über die Ausstellung „Schätze der Himmelssöhne" unterzeichnet werden. Erstmalig werden in Deutschland – in Berlin und Bonn - Meisterwerke der Sammlung der chinesischen Kaiser aus dem Palastmuseum zu sehen sein.

Diese Sammlung hatte eine lange Odyssee hinter sich, als sie im 1965 erbauten Nationalen Palastmuseum in Taipeh wieder ausgestellt wurde. Chinas Kaiser - unumschränkte Herrscher über Jahrtausende - häuften in ihrer großen Sammelleidenschaft die besten Kunstschätze an und horteten sie in Palästen und Schatzkammern, streng abgeschirmt von der Öffentlichkeit. Bei jeder Hauptstadtverlegung zogen die Kunstsammlungen mit, im 15. Jahrhundert kamen sie nach Peking. Bis zur Vertreibung des letzten Kaisers Pu Yi (1906-1967, Regierungszeit 1908-1911) aus der Verbotenen Stadt im November 1924 blieben sie dort. 1925 wurde in Peking das Palastmuseum gegründet und ein Teil der Kunstschätze zum ersten Mal öffentlich ausgestellt. Doch als die Japaner in Nordostchina einfielen, wurden seltene Jaden, kostbare Porzellane, rituelle Bronzegefäße, Gemälde, Kalligrafien und kostbare Dokumente 1933 in 19.557 Kisten verpackt, diese zunächst nach Shanghai verschickt und dann weiter über Berg und Tal, stets auf der Flucht vor Zerstörung, an immer andere Orte gebracht. Erstaunlicherweise überstanden die meisten Gegenstände diese Reise unversehrt. 1948 konnte ein Teil der Sammlung in Nanking wieder ausgestellt werden. Doch dann näherten sich die Kommunisten der Republikhauptstadt, und wieder wurden die besten Stücke in fliegender Eile eingepackt. Chiang Kai-shek (1887-1975) nahm die Schätze, rund 650.000 Objekte, mit nach Taiwan. Seitdem wird die Volksrepublik China nicht müde, ihre Herausgabe zu fordern. In Taiwan wurde die Sammlung laufend erweitert und umfasst nun repräsentative Werke aus allen Epochen der Geschichte der chinesischen Kultur, angefangen von der frühen Steinzeit (ca. 10.000 bis 5.000 v. Chr.) bis zur Moderne.

Die Kuratorin der Ausstellung, Dr. Ursula Toyka-Fuong, die durch ihr großes Verhandlungsgeschick maßgeblich am Zustandekommen der Ausstellung in Deutschland beteiligt war, verbrachte viele Wochen im Archiv und Magazin des Palastmuseums, um aus diesem großen Schatz vierhundert Exponate auszuwählen, darunter

[1] Taiwan heute - Januar/Februar 2003, S. 2ff.

Stücke, die bisher weder ausgestellt noch publiziert worden sind. Gemälde und Kalligrafien werden einen großen Teil der Ausstellung ausmachen.
[...]

Warum hat es nun zehn Jahre gedauert, bis diese Ausstellung nach Deutschland geholt werden konnte? Die Idee dazu wurde zum ersten Mal 1992 ernsthaft zwischen Chao Tsing-min und Wilfried Gatzweiler diskutiert. Chao trat damals den Posten des Pressechefs der Vertretung Taipehs in Bonn an. Gatzweiler, der heutige Verwaltungsdirektor der Bundeskunsthalle, war noch beim Deutschen Beamtenbund tätig, sagte aber sofort Hilfe zu und schrieb an den damaligen Oberbürgermeister der Stadt Bonn. Der antwortete nach längerer Zeit, dass eine solche Ausstellung nicht in das Programm des städtischen Kunstmuseums passe und die Bundeskunsthalle der geeignetere Ansprechpartner sei. Also schrieb Gatzweiler einen zweiten Brief, diesmal an die Bundeskunsthalle. Als er dann ein halbes Jahr später dort seinen Dienst antrat, fand er sein eigenes Schreiben vor, das er nun selbst bearbeiten konnte. Dr. Wenzel Jacob, Direktor der Bundeskunsthalle, und Wilfried Gatzweiler traten mit Taipeh in Kontakt. Die Reaktionen auf den Vorschlag, Schätze des Palastmuseums in Bonn auszustellen, waren wenig positiv. Davon zeigte sich Chao Tsing-min jedoch überhaupt nicht beeindruckt, sondern ging unter dem Motto: „Das Unmögliche machen wir wahr!" in die Offensive.

Endlich, 1996, war man in Taipeh grundsätzlich zu einer Ausstellung bereit. Allerdings galt es, noch eine politische Hürde zu nehmen: Es musste sichergestellt werden, dass niemand - auch nicht die VR China - Zugriff auf die Exponate nehmen konnte. Eine rechtliche Grundlage, einen solchen Zugriff zu verhindern, gab es jedoch in Deutschland noch nicht, und mit einer einstweiligen Verfügung hätte so ziemlich jeder eine Beschlagnahmung bewerkstelligen können. Alle Überlegungen, wie eine Sicherung zu gewährleisten sei, endeten in einer Sackgasse. Es wurde deutlich, dass auf dem Wege einer völkerrechtlichen Erklärung eine solche Ausstellung nie zustande kommen würde. Das Risiko, dass nicht alle Ausstellungsstücke nach Taipeh zurückkehren könnten, war einfach zu groß.

1998, kurz vor dem Ende der Legislaturperiode, in der letzten Phase der Regierung Kohl, wurde im Deutschen Bundestag das „Gesetz zur Umsetzung von Richtlinien der Europäischen Gemeinschaft über die Rückgabe von unrechtmäßig aus dem Hoheitsgebiet eines Mitgliedstaates verbrachte Kulturgüter und zur Änderung des Gesetzes zum Schutz deutschen Kulturgutes gegen Abwanderung (Kulturgutsicherungsgesetz)" verabschiedet. In dieses Gesetz ist auf Initiative der Bundeskunsthalle der zusätzliche Paragraph 20 aufgenommen worden, der garantiert, dass Kulturgut, das nach Deutschland eingeführt wird, grundsätzlich unberührt von möglichen anderen Besitzansprüchen in jedem Falle an den Leihgeber zurückgeführt wird und damit auch dem Zugriff der Justiz entzogen ist. In der letzten Bundesratssitzung der

Legislaturperiode stimmten die Länder diesem Gesetz zu. Dass dieser Kraftakt in Bundestag und Bundesrat so kurz vor den Wahlen überhaupt gelungen ist, war auch der engagierten Unterstützung der Mitglieder des Parlamentarischen Freundeskreises Bonn-Taipeh und der Deutsch-Chinesischen Gesellschaft e. V. zu verdanken.

Nachdem nun diese - scheinbar - letzte Hürde genommen war, stellte Taipeh neue Forderungen. War bislang immer die Rede davon gewesen, eine Ausstellung in der Kunst- und Ausstellungshalle der Bundesrepublik Deutschland in Bonn zu machen, sollte nun zusätzlich eine Ausstellung in Berlin stattfinden. Aus dieser Forderung ergaben sich neue Probleme: Wo in Berlin konnte die Ausstellung gezeigt werden und wer sollte das bezahlen? Während noch über diese Fragen nachgedacht wurde, kam eine weitere Bedingung auf den Tisch: Eine in Güte und künstlerischem Rang vergleichbare Ausstellung aus Deutschland sollte im Gegenzug in Taipeh gezeigt werden. Die Bundeskunsthalle ist jedoch ein „leeres Haus", d.h. sie hat keine eigene Sammlung. Sie ist darauf angewiesen, dass sie von anderen Häusern, Kultureinrichtungen oder Sammlungen Exponate für eine Gegenausstellung bekommt. Der damalige Direktor des Deutschen Historischen Museums in Berlin, Prof. Dr. Christoph Stölzl, erklärte sich bereit, die Gegenausstellung in Taipeh zu veranstalten und die Ausstellung aus dem Palastmuseum in Berlin zu zeigen. Dr. Jacob von der Bundeskunsthalle und Prof. Stölzl unterzeichneten 1999 in Taipeh mit dem damaligen Direktor des Palastmuseums Prof. Chin Hsiao-yi erste Vereinbarungen zur Realisierung der Ausstellungen. Die Zeitungen in Taiwan waren voll mit Überschriften wie „Kulturgüter aus dem ehemaligen chinesischen Kaiserpalast kommen im Jahre 2001 nach Bonn und Berlin" oder „Raritäten aus dem ehemaligen chinesischen Kaiserpalast - Vereinbarungen über Ausstellungen in Deutschland". Ausführliche Diskussionen und viele Gespräche wurden geführt, dann schied Prof. Stölzl aus der Leitung des Museums aus und wurde Kultursenator in Berlin. Sein Nachfolger hatte jedoch kein Interesse an der geplanten Ausstellung, und so begann die Suche nach einem Partner für die Bundeskunsthalle von neuem.

Es fand sich dann der Träger „Staatliche Museen Preußischer Kulturbesitz" in Berlin. Zunächst war vorgesehen, die Ausstellung in Berlin im Gropiusbau, den die Bundeskunsthalle sozusagen als Außenstelle mitbetreibt, zu veranstalten. Der war jedoch für den vorgesehenen Zeitraum nicht mehr frei. Nach langem Hin und Her bot sich die Möglichkeit, die Ausstellung im Alten Museum auf der Museumsinsel in Berlin zu zeigen.

Nun war nur noch die Frage der Finanzierung zu lösen. Während die Finanzierung für die Bonner Ausstellung von Anfang an gesichert war, blieb sie für Berlin noch offen. Die Stiftung Preußischer Kulturbesitz verfügt über keinerlei Mittel, Ausstellungen dieser Art zu finanzieren. Endlich wurden die Gelder über den Hauptstadtkulturfonds zur Verfügung gestellt, um wenigstens die Hauptkosten in Berlin abzudecken. Das Restrisiko liegt weiterhin bei der Bundeskunsthalle.

Es gab weitere Verzögerungen: Eine sehr umfangreiche und bürokratische Diskussion entspann sich über die Frage, ob juristisch auch alles genügend abgesichert sei. Ein Rechtsgutachten wurde angefertigt. Die Vorschriften und die Schutzgarantien in Versicherungsfällen mussten genauestens erörtert und erläutert werden, denn in diesem Falle garantiert die Bundesrepublik Deutschland - nicht etwa eine private Versicherung - für alle Eventualitäten nach dem Prinzip „von Nagel zu Nagel", d.h. die Exponate sind vom Zeitpunkt des Abhängens vom Nagel im Gebermuseum bis zu ihrer Wiederaufhängung dort versichert. Langwierige Erörterungen ergaben sich überdies sowohl in Deutschland als auch in Taipeh im Hinblick auf den Titel der Ausstellung.

Letztlich konnten alle Probleme gelöst werden, und so fand der zehnjährige Prozess der Ausstellungsplanung mit der Unterzeichnung des historischen Vertrages in Taipeh durch Prof. Dr. Tu Cheng-sheng, Generaldirektor des Palastmuseums, Dr. Jacob, Direktor der Bundeskunsthalle, und Prof. Dr. Günther Schauerte, stellvertretender Generaldirektor der Staatlichen Museen Preußischer Kulturbesitz zu Berlin ein richtiges Happy-End.

Dass das Unmögliche wahr werden konnte, dazu haben viele beigetragen, ganz besonders aber die „Väter" der Ausstellung - Chao Tsing-min, der sich immer wieder bei Regierungsstellen und einflussreichen Leuten in Taipeh für das Zustandekommen der Ausstellung eingesetzt hat, und Wilfried Gatzweiler, Verwaltungsdirektor der Bundeskunsthalle, der sich nie entmutigen ließ.

Meissener Porzellan in Taiwan – eine ganz besondere Beziehung

Von Dr. Tillmann Blaschke

1710 gründete August der Starke (1670-1733), per Dekret die Porzellanmanufaktur Meissen, die älteste Porzellanmanufaktur Europas. Meissener Porzellan ist aus Leidenschaft entstanden. August der Starke, Kurfürst von Sachsen, war der „Maladie de Porcelaine“ verfallen, es dürstete ihn nach dem „weißen Gold“. Der Alchemist Johann Friedrich Böttger (1682-1719) erfand für ihn 1708 das erste europäische Porzellan.

Die Gekreuzten Schwerter sind seit 1722 das unverwechselbare Markenzeichen Meissener Porzellans. Sie stehen für kompromisslose Qualität, höchste Handwerkskunst und ein kulturelles Erbe, das für MEISSEN bis heute Verpflichtung ist: Für den reinsten Rohstoff aus dem manufaktureigenen Kaolin-Bergwerk, für den weltweit größten und ältesten Schatz an Formen, Modellen, Vorlagen und Dekoren aus allen Epochen, für zehntausend Farbrezepturen aus dem eigenen Farblabor der Manufaktur. Und nicht zuletzt für die Manufakturisten, die mit ihrem unübertroffenen handwerklichen Geschick, ihrer Erfahrung und Hingabe jedem Stück MEISSEN seine einzigartige Schönheit verleihen.

Anlässlich der Frankfurter Frühjahrsmesse im Jahr 2000 besuchten die Eigentümer der taiwanischen Firma Opulent - die Familie Luan - erstmals den Messestand der Manufaktur Meissen. Es war für beide Seiten eine schicksalhafte Begegnung aus der eine wunderbare, mittlerweile 20-jährige Beziehung entstanden ist.

Bei MEISSEN ist die Leidenschaft für Porzellan bis heute die Basis allen Schaffens.

Diese Leidenschaft für Porzellan teilt auch die Familie Luan mit uns. Sie beschränkt sich nicht nur auf die geschäftliche Seite, sondern wird von Familie Luan täglich gelebt. In der großen privaten Sammlung an Meissener Porzellan, die Herr Luan über die Jahre aufgebaut hat, zeigt sich dies äußerst eindrucksvoll. Sammler vertrauen seinem Rat und dem Wissen um die Herstellung und die Geschichte jedes einzelnen Objekts. So hat es Familie Luan perfekt verstanden, die Liebe zum Meissener Porzellan auch an die unterschiedlichsten Sammler in Taiwan weiterzugeben.

Das Porzellan hat seinen Ursprung in China und ist ein zentraler Bestandteil der Kunst und Kultur des Landes. Die Porzellan-Tradition und das sehr umfangreiche Wissen zur Porzellanherstellung wird seit Jahrhunderten beständig gepflegt. Qualität wird mit Kennerblick wahrgenommen und geschätzt. Dies durften wir bei vielen

Begegnungen vor Ort selbst erleben. So werden auch die Meissener Objekte ausgiebig bewundert und Erklärungen zur Entstehung des Meissener Porzellans werden dankbar und sehr interessiert aufgenommen.

Die Porzellanmanufaktur Meissen hat in seiner Geschichte immer wieder mit unterschiedlichen Designern der jeweiligen Epochen gearbeitet. Angefangen im Meissener Barock, das den Grundstein für eine Formensprache des europäischen Porzellans legte, über ikonische Blumenmalereien und das „Zwiebelmuster", die Dekorgeschichte schrieben, bis hin zu den größten Tierplastiken aus Porzellan. In jeder Epoche brachte die Manufaktur Meissen einige der bedeutendsten Porzellankünstler ihrer Zeit hervor, deren Meisterwerke, heute wie damals, in reiner Handarbeit in der Manufaktur entstehen. In ihnen wird die Stilvielfalt erlebbar, ebenso wie die unbändige Kreativität und gestalterische Neugier, die das Schaffen in Meissen bis heute befeuert.

Der Fundus an 700.000 Modell- und Arbeitsformen, die in einem aufwendigen Produktionsverfahren gefertigt werden, ist das substanzstarke Fundament der Manufaktur. Dieser weltweit größte und älteste Bestand an Modellformen ist über mehr als 300 Jahre gewachsen. Das Meissen-Formenarchiv bildet zusammen mit dem Meissen-Farblabor das Herz der Manufaktur. Insgesamt 10.000 Farbrezepturen beinhalten alle historischen, wie neuformulierten Prachtfarben. Diese Fülle an Qualitätsfarben garantiert die besondere Leuchtkraft und Originaltreue von Meissener Porzellandekoren. 6.000 Dekore und Stilmotive runden den Schatz der Manufaktur ab.

Die Produktgestaltung liegt in den Händen der Manufakturkünstler. Sie halten die Handwerkskunst hoch und stellen sie in einen immer neuen Kontext.

Dabei haben in den letzten 20 Jahren auch die Wünsche und Ideen der Sammler aus Taiwan unsere Maler und Gestalter zu neuen Höchstleistungen inspiriert. Im Rahmen von jährlich stattfindenden Ausstellungen reist jedes Jahr ein Meistermaler nach Taiwan und stellt dort vor Ort persönlich die neuesten Kreationen vor. Es ist ein unvergessliches Erlebnis für die Maler/innen, die einmal in Taiwan waren. Wir durften erleben, dass die Porzellankünstler dort wie „Superstars" gefeiert werden.

Bis ein Maler zum Meistermaler wird und eigene Dekore entwickeln darf, vergehen viele Jahre. Porzellankunst kommt in Meissen von Können: mehr als drei Jahre dauert die Ausbildung zum Porzellanmaler und Bossierer. Bis zur Meisterschaft braucht es noch viele weitere Jahre des Lernens. Wenn heute ein Objekt aus der Kollektion „Limitierte Meisterwerke" in monatelanger Handarbeit geschaffen wird, ist dies das Ergebnis jahrzehntelanger Erfahrung und nur möglich, da das Wissen um die Porzellanherstellung stets von einer Generation an die nächste weitergegeben wird.

Unsere taiwanischen Partner sind über die Jahre nicht nur enge und wichtige Geschäftspartner für Meissen geworden, sondern sie sind auch kulturelle Brückenbauer, die die kulturpolitischen Beziehungen zwischen Deutschland und Taiwan enorm bereichern. Die Familie Luan besucht die Manufaktur mindestens zweimal im Jahr. Es ist zur schönen Tradition geworden, dass Frau Chien und Herr Luan dann auch die Meistermaler als Dankeschön für die geleistete Arbeit einladen. Dies ist etwas Einzigartiges und die Mitarbeiter wissen dies sehr zu schätzen. Diese außergewöhnliche Geste ist einer der vielen Gründe, warum sich beide Seiten so gut verstehen und seit gut 20 Jahren die unterschiedlichen kulturellen Blickwinkel zur Inspirationsquelle werden.

Auf diesem Weg ein ganz besonderes Dankeschön an Familie Luan. Bessere Botschafter kann sich die Porzellanmanufaktur Meissen nicht wünschen! Unsere Hochachtung gilt Ihrem Engagement und dem ganz persönlichen Einsatz, um MEISSEN in Taiwan weiter zu positionieren. Mit Freude sehen wir den nächsten Jahren der Zusammenarbeit entgegen und freuen uns auf neue gemeinsame Projekte.

Unsere Freunde in Taiwan – Städtepartnerschaft Landkreis Starnberg - Neu Taipeh City

Von Barbara Beck

Ich möchte diesen Beitrag mit Fragen beginnen, die mir immer wieder gestellt werden:

Muss ein Landkreis mit 130.000 Einwohnern eine Freundschaft zu einer Stadt mit 3,9 Millionen Einwohnern haben? Zu einer Stadt, die man nicht mal schnell besuchen kann, da sie ziemlich weit weg ist - auf Taiwan? Muss das wirklich sein? Mein persönliches Fazit: Es muss vielleicht nicht sein, aber es ist toll, dass wir diese Freundschaft haben. Unsere Freundschaft ist ungewöhnlich, aber wertvoll, weil sie Raum für Kontakte und Austauschmöglichkeiten gibt, die sonst niemals möglich wären. Länder und Menschen sind vernetzt wie nie zuvor, wirtschaftliche, politische, soziale und kulturelle Verflechtungen gehören zum Tagesgeschäft. Hier als Landkreis den verschiedensten Akteuren eine Plattform zu bieten, finde ich großartig. Das ist etwas ganz Besonderes. Das Kennenlernen fremder Länder, Menschen und Kulturen wird insbesondere für unsere junge Generation immer wichtiger. Die Kinder und Jugendlichen wachsen in einer Welt auf, die einerseits so grenzenlos ist, in der aber andererseits wieder so viele Grenzen gezogen werden. Partnerschaften und Freundschaften in Regionen, die einen anderen kulturellen Hintergrund haben, dienen der Völkerverständigung, sie sind Garant für Frieden in der Welt und aus meiner Sicht in unserer globalisierten Welt unverzichtbar.

Wie ist es zu der Freundschaft gekommen?

Kaum zu glauben, aber wirklich zufällig. 40 Jahre ist das jetzt her. 1980 hat eine Fallschirmspringer-Delegation aus Taiwan an den Weltmeisterschaften in Altenstadt/Schongau teilgenommen. Den Abend haben sie im Starnberger Restaurant Ming, einem der ersten chinesischen Restaurants in der Region, verbracht. Zufällig war dort zur gleichen Zeit *Landrat Dr. Rudolf Widmann*. Dr. Widmann war ein Fan der chinesischen Küche und außerdem ein recht geselliger Mensch. So kam man also ins Gespräch, man verstand sich prächtig und am Ende des Abends kam es zu einer Einladung nach Taiwan. Ernst hat das niemand genommen, bis dann ein paar Wochen später eine offizielle Einladung folgte. Und so kam es 1981 zur ersten offiziellen Reise nach Taiwan.

Dem ersten Besuch in Taiwan, im Landkreis Taipei (der seit 2010 zur regierungsunmittelbaren Stadt Neu Taipeh City erhoben worden ist), folgten weitere und natürlich auch Gegenbesuche. 1985 wurde eine Urkunde ausgetauscht, die zum Ausdruck bringt, dass zwischen den beiden Landkreisen freundschaftliche Beziehungen bestehen und Kontakte insbesondere auf kulturellem, wirtschaftlichem und touristischem Gebiet hergestellt und vertieft werden sollen.

Schulpartnerschaft

1997 ist aufgrund unserer Kontakte, die Partnerschaft zwischen dem *Landschulheim Kempfenhausen* und der *San Min High School* in Neu Taipeh City ins Leben gerufen worden. Im jährlichen Wechsel besuchen sich Schulklassen und können in Deutschland oder Taiwan in völlig andere Lebenswelten eintauchen. Sie gehen dort in die Schule und leben in den Familien. Die Schüler lernen über Grenzen hinaus zu denken, offen zu sein für Neues und wie wichtig es ist, sich in der Welt zu vernetzen. Wir lassen uns nach den Reisen immer von den Erfahrungen erzählen. Die Schüler sind sehr beeindruckt und können kaum glauben, was sie alles erleben, wie anders die Schüler in Taiwan aufwachsen. Auf einer Urlaubsreise bekommt man solche Einblicke sicher nicht. Zum Jubiläum wurde gemeinsam eine stattliche Linde gepflanzt als Symbol für Wachstum und Langlebigkeit der Schulpartnerschaft.

Internationales Jugendcamp

Alle zwei Jahre veranstaltet der Landkreis Starnberg ein internationales Jugendcamp. Dazu werden junge Menschen aus allen Partnerregionen des Landkreises und der Kommunen im Landkreis eingeladen. In unserer Jugendherberge in Possenhofen (wunderbar, direkt am Starnberger See gelegen) herrscht dann ein wildes Sprachgewirr aus deutsch, italienisch, ungarisch, polnisch, französisch, englisch und chinesisch. Unter dem Motto „Culture mix – be part of it“ lernen sich die Kinder und Jugendlichen kennen und genießen eine unbeschwerte Zeit miteinander. Und nebenbei lernen sie die anderen Kulturen kennen. Dabei ist immer wieder festzustellen, wie groß das Interesse der Jugendlichen aus Taiwan an unseren bayerischen Bräuchen, Tänzen und Traditionen ist. Sie saugen alles wissbegierig auf und präsentieren mit Stolz und Anmut ihre eigenen Tänze und Lieder. Zu erleben, wie unkompliziert, offen, tolerant und wissbegierig die junge Generation ist, ist eine wahre Freude.

Kulturaustausch

Auch im kulturellen Bereich kommt es immer wieder zu ganz besonderen Veranstaltungen. Hier bei uns finden Konzerte oder Ausstellungen von Künstlern aus Taiwan statt. Künstler, Musiker oder Musikgruppen werden in Kulturprogramme eingebunden. Und auch für unsere Künstler ergeben sich Auftritts- und Ausstellungsmöglichkeiten in Taiwan. Taiwan ist aufgrund unserer Kontakte seit einigen Jahren Gastland auf dem Fünf Seen Filmfestival, einem internationalen Festival des mitteleuropäischen Films bei uns im Landkreis Starnberg.

April 2018: Delegationsreise nach Taiwan

Der letzte offizielle Besuch in Taiwan lag schon einige Zeit zurück (2010). 2018 war es endlich wieder soweit. Eine offizielle Landkreis-Delegation unter Führung des *damaligen Landrats Karl Roth* ist nach Taiwan gereist. In Neu Taipeh City wurden wir von *Mayor Eric Chu* empfangen. Sozialer Wohnungsbau, Abfallwirtschaft und Tourismusentwicklung standen auf der Agenda unseres Treffens. Trotz des enormen Größenunterschiedes stellten wir fest, dass die Probleme und Schwierigkeiten in etwa die gleichen sind. Daher war das Interesse auf beiden Seiten groß, wie mit diesen Themenstellungen vor Ort umgegangen wird. Mitglied unserer Delegation war auch der Kulturpreisträger des Landkreises Starnberg: *Professor Rudens Turku*. Der international anerkannte Geiger hat in Neu Taipeh City Meisterkurse an der Highschool und an der Universität gegeben. Sein Konzert mit dem dortigen Symphonieorchester der Universität war ein ganz besonderes Erlebnis und hat uns eindrucksvoll vor Augen geführt, wie wertvoll und vielseitig unsere Freundschaft ist.

Hualien - erste Kontakte

Ich möchte Ihnen jetzt noch von der Anbahnung eines weiteren Kontaktes, einer neuen Freundschaft in Taiwan, erzählen. Sind Sie verblüfft? Warum? Jeder hat doch mehrere Freunde. Und so hat der Landkreis Starnberg jetzt zwei auf Taiwan. Neben Neu Taipeh City, auch noch den Landkreis Hualien. Hualien liegt im Osten Taiwans. In dem rund 4.628 Quadratkilometer großen Landkreis leben etwa 330.00 Einwohner. Der Landkreis ist in 13 Verwaltungsbezirke unterteilt. Genau genommen passt er damit besser zu uns als das große Neu Taipeh City. Aber diesen Vergleich möchte ich gar nicht herstellen. Mit Neu Taipeh City verbindet uns eine langjährige gute Freundschaft. Was sich aus den ersten Kontakten mit dem Landkreis Hualien entwickelt, werden wir sehen. Der Anfang ist auf jeden Fall sehr vielsprechend und wie beim ersten Mal beinahe zufällig entstanden.

Auf unserer privaten Anschlussreise durch Taiwan stand nämlich eigentlich nur eine kurze Stippvisite in Hualien auf dem Programm. Aber es sollte alles anders kommen. Zuerst haben uns Mitarbeiter des Landratsamtes die Strukturen ihres Hauses und der Region vorgestellt. Dann wurden wir von *Magistrat Fu Kun-Chi* und seiner Gattin empfangen. Es war ein sehr herzlicher Empfang, dem ein eindrucksvolles Abendessen folgte. Mit Englisch, Hand und Fuß oder unserer guten Freundin *Charlotte Han (Ehrenpräsidentin des Chinesisch-Deutschen Kultur- und Wirtschaftsverbandes*, die uns auf der ganzen Reise begleitet hat) entspannen sich anregende Gespräche. Schnell stellte sich heraus, dass wir uns gut verstehen. Bei der Weiterfahrt im Reisebus kam dann völlig unerwartet per Handy die Frage, ob man nicht eine Freundschaftsurkunde unterzeichnen möchte, um die festgestellten Sympathien ausbauen zu können. Am nächsten Tag haben *Landrat Karl Roth und Magistrat Fu Kun-Chi* sowie die mitreisenden Kreisräte des Landkreises Starnberg die Urkunde unterzeichnet. Gefeiert wurde die Unterzeichnung mit einem Fest, dem viele Bürger aus Hualien beiwohnten. Am meisten beeindruckt haben uns dabei die indigenen Völker Taiwans, die den Festakt mit traditionellen Tänzen begleiteten. Die Urkunde bildet nun die Basis für weitere Kontakte und Austauschmöglichkeiten.

Diese Reise ist nun gute zwei Jahre her. Seit dem ist wieder viel passiert: Vertreter des *Bildungsministeriums* aus Hualien waren bei uns und haben sich bei einem Besuch im *Christoph-Probst-Gymnasium in Gilching* über das deutsche Schulsystem informiert. Eine kleine Delegation aus dem Staatlichen Beruflichen Zentrum Starnberg war in Neu Taipei in der Tung Hai Senior High School. Zwischen den beiden beruflichen Schulen wurde eine Schulpartnerschaft vereinbart. Der Austausch war bereits geplant, wurde jetzt allerdings durch das Geschehen rund um die Conrona-Pandemie eingebremst. So bedauerlich das ist, hat die Corona-Pandemie aber auch eines ganz deutlich gezeigt: Auf gute Freunde kann man sich verlassen! Auf unsere „alten" Freunde in Neu Taipeh genauso wie auf unsere „neuen" Freunde im Landkreis Hualien. In der Phase der Pandemie, als die Beschaffung von Schutzausrüstung das größte Problem war, hat man im fernen Taiwan alles unternommen, um uns zu helfen. Trotz Exportverbot von medizinischer Ausrüstung, haben unsere Freunde Wege gefunden, uns zu unterstützen und haben immer wieder Pakete mit unterschiedlichster Schutzausrüstung zu uns geschickt. Das war wirklich großartig. Das werden wir unseren Freunden nie vergessen.

Sie merken es, unsere Freundschaft und die Kontakte nach Taiwan sind vielfältig und lebendig, sie machen allen Beteiligten großen Spaß und in der Not hat sich gezeigt, dass man sich aufeinander verlassen kann.

Aufgrund der weiten Entfernung finden lediglich nicht allzu oft offizielle Delegationsreisen nach Taiwan statt. Aber das macht gar nichts. Entscheidend ist, dass die Freundschaft von den unterschiedlichsten Seiten bespielt, genutzt und gelebt wird.

Die Junge Taiwan Initiative (JTI) auf Instagram

Von der Jungen Taiwan Initiative der Deutsch-Taiwanischen Gesellschaft e.V.

Aufgrund des sehr erfolgreichen Starts unserer Facebook-Seite haben wir uns Anfang 2020 dazu entschlossen auch auf der Social-Media-Plattform Instagram möglichst bald aktiv zu werden. Dies geschah mit dem Ziel noch mehr (junge) Menschen für Taiwan zu begeistern. So ging die JTI nach einer mehrwöchigen Planungsphase am 3. Juni 2020 offiziell auf Instagram online.[1] Mit einem primären Fokus auf die "Softpower" Taiwans hebt sich das Konzept unseres Instagram-Profils deutlich von unserem Facebook-Konzept ab. In bestimmten Kategorien werden nämlich an ausgewählten Wochentagen jeweils Fotobeiträge mit kurzem Text über taiwanische Musik, Filme, die taiwanische Küche sowie Reiseziele in Taiwan geteilt. So sieht ein typischer Post für Montag einen taiwanischen Filmtipp vor, dienstags wird dann ein Reiseziel in Taiwan vorgestellt, freitags dagegen wird eine taiwanische Spezialität geteilt. Mit diesem Konzept konnte die JTI innerhalb des ersten Jahres über 500 Follower*innen erreichen.

Auch wenn sich das anfängliche Konzept der Instagram AG als sehr erfolgreich erwies, führten wir ein halbes Jahr nach dem offiziellen Launch eine Umfrage zur Optimierung unserer Strategie durch. In dieser befragten wir unsere Follower*innen über die Story-Funktion des Instagram-Accounts u.a. bezüglich ihrer Wünsche für künftige Inhalte, über die Qualität unserer Posts und was sie sich in Zukunft mehr wünschen würden. Mithilfe dieses wichtigen Feedbacks wurde unsere Instagram-Strategie um die Kategorie "Politik und Geschichte Taiwans" erweitert. In entsprechenden Beiträgen berichten wir nun auch über historische Ereignisse in Taiwan, aktuelle Nachrichten sowie über politische Angelegenheiten des Landes (darunter auch über die deutsch-taiwanischen Beziehungen).

[1] Im Internet www.instagram.com/jti_dtg bzw. @jti_dtg.

JTI PRESENTS
JTI PICKS VOL.2
FIND OUR PLAYLIST ON SPOTIFY
JUNGE TAIWAN INITIATIVE
JTI picks vol.2
jti_dtg
Today we are presenting you our second JTI playlist [JTI picks vol.2]. As days are getting cooler, we thought it would be a nice idea to introduce you to some songs of famous Taiwanese artists that fit perfectly to wrapping yourself up in a blanket whilst enjoying the soft tones of our favorite Taiwanese sounds. You can find the playlist on Spotify by entering 'Junge Taiwan Initiative', by searching for 'JTI picks vol.2' or by clicking on the Arena link in our bio. Enjoy!
#9m88 #魏如萱 #田馥甄 #taiwanmusic #mandopop #宇宙人 #盧廣仲 #刻在你心底的名字 #李英宏 #陳以恆 #舒米恩
18 Wo.
30. SEPTEMBER 2020
Kommentar hinzufügen ...
Posten

taipeilove*
A DOCUMENTARY ON THE TAIWANESE GAY AND LESBIAN COMMUNITY AND ITS STRUGGLE FOR SAME-SEX MARRIAGE, EQUALITY AND ACCEPTANCE.
jti_dtg
Online
jti_dtg +++ VERANSTALTUNGSTIPP +++
Am 16. Dezember um 19:00 Uhr veranstalten wir ein Online-Screening des Dokumentarfilms @taipeilove_thedocumentary , der den Kampf Taiwans für die gleichgeschlechtliche Ehe und die gesellschaftliche Akzeptanz von Homosexualität thematisiert. Wusstest du schon, dass Taiwan das erste Land Asiens ist, das die gleichgeschlechtliche Ehe im Mai 2019 legalisiert hat? Im Anschluss an das Online-Screening wird die Regisseurin Lucie Liu für ein Q&A zur Verfügung stehen. Der Politikwissenschaftler und Taiwanexperte Frédéric Krumbein wird vor Beginn des Filmes einen inhaltlichen Input geben.
8. DEZEMBER 2020
Kommentar hinzufügen ...
Posten

陽明山
Yangmingshan National Park
jti_dtg
jti_dtg 陽明山國家公園 Yangmingshan National Park is one of the nine national parks in Taiwan and the one closest to a major city.
Taipei's mountainous backyard is easily accessible, mountain filled and perfect if you want to get out of the city. With an area of almost 114 square kilometers, this is home to different flowers and plants which is one of the reasons people visit the area as seasons change.
Before you go, bear in mind that this is one of the most visited places for tourists and locals alike, with large numbers flocking there on weekends.
#cityescape #yangmingshan #taipei #traveltuesday #jti-dtg #taiwan #travel
15. DEZEMBER 2020
Kommentar hinzufügen ...
Posten

JTI PRESENTS
Travel Tuesday
jti_dtg ·
忘憂谷
Especially in summer, when Taipei is all hot and humid, many are drawn to the north eastern coast around the port city of Keelung. With its various hiking trails and its astonishing views on the endless blue of the Pacific ocean, one might forget the worries of the day. This is why we decided to share with you some photos 忘憂谷, the 'valley of forgetting worries'. From here you have a wonderful you on the offshore Keelung islet.
Have you ever been to the Keelung North Coast? Let us know what your favorite place is! #taiwan #taipei #travel #taipeitravel #現在玩台北 #基隆北海岸 #台北景點 #北海岸景點 #北海岸一日遊 #忘憂谷 #photography #iseetaiwan #amazingtaiwan
16. JUNI 2020
Kommentar hinzufügen ...
Posten

jti_dtg ...

-
There is no better way to start the day than with a traditional Taiwanese breakfast.
It is said that breakfast is the most important meal of the day. In Taiwan it could possibly be the best meal of the day! Breakfast shops are widespread and the menus contain a wide variety of dishes. For example: 蘿蔔糕, known as radish cake
The Taiwanese style radish cakes made from white radish shreds are a simple, super delicious breakfast dish. With a thin, crispy outer layer and a soft inside, they are often topped with chilli sauce for an extra taste kick.

#taiwan #taiwanesebreakfast #taiwanfood #flavourjourney

31. JULI 2020

Kommentar hinzufügen ... Posten

jti_dtg ...

36 degrees and a humidity level of 70 percent. Just a normal summer day in Taipei City. Who will not crave a shaved ice in this kind of weather? While having its origins in Japan, for decades the traditional ice dessert has been a must-eat for everyone trying to combat Taiwan's summer heat (cue 消暑). You can either enjoy your 剉冰 (coll. cuà/tsuà bing ㄘㄨㄚˋㄅㄧㄥ) with sweetened green or red beans, Tapioca pearls or Taro slices or with some refreshing fruits like Mango.

Which one is your favourite?

32 Wo.

jti_dtg #taiwan #nightmarket #taiwanesefood #taiwangermany

19. JUNI 2020

Kommentar hinzufügen ... Posten

DAAD-STIPENDIUM FÜR EIN SPRACHSTUDIUM IN TAIWAN
Bewerbungsfrist: 15. Oktober 2020
自由廣場
jti_dtg
Taipei, Taiwan
jti_dtg [Huayu Einrichment Scholarship (HES) für ein Sprachstudium in Taiwan]
Du würdest gerne mal in in Taiwan leben und Chinesisch lernen? Das DAAD-Stipendium macht es möglich! Gefördert werden Aufenthalte für 6 oder 12 Monate. Dabei spielt keine Rolle ob du Anfänger*in oder Fortgeschrittene*r bist! Das akademische Jahr beginnt am 1. September eines Jahres und endet am 31. August des Folgejahres. Bewerbungsschluss ist der 15. Oktober 2020 für Förderbeginn ab September 2021. Die Auswahlgespräche finden dann im Dezember in Bonn statt. Wir drücken allen Bewerber*innen die Daumen! Weitere Infos findet ihr über den Link in unserer Bio. // Hat
6. AUGUST 2020
Kommentar hinzufügen ...
Posten

TAIWAN'S DIPLOMATIC ALLIES
Central and South America:
• Guatemala
• Honduras
• Paraguay
• Haiti
• Nicaragua
• Saint Vincent and the Grenadines
• Saint Kitts and Nevis
• Saint Lucia
• Belize
Europe:
• Holy See
Africa:
• Eswatini
Oceania:
• Tuvalu
• Nauru
• Marshall Islands
• Palau
jti_dtg
jti_dtg [ANNOUNCEMENT] We have decided to include more educational content on topics like news and politics from Taiwan and the East Asia region. We start the new series talking about Taiwan's Allies! Do you know who they are? Swipe through the post to learn more!
•
•
#taiwan #jti #politics #news #education #eastasia #worldnews #china #internationalrelations
7 Wo.
16. DEZEMBER 2020
Kommentar hinzufügen ...
Posten

Deutsch-taiwanesischer Schüleraustausch am Beruflichen Schulzentrum Waldkirch

Von Alexandra Rägle und Dr. Uwe Maier

30-jähriges Jubiläum des deutsch-taiwanesischen Schüleraustauschs

Das Jahr 2017 bot ein besonderes Ereignis für das Berufliche Schulzentrum in Waldkirch: das 30-jährige Bestehen des deutsch-taiwanesischen Schüleraustauschs mit der Shu-Te Home Economics and Commerical High School aus Kaoshiung.

Als erste deutsche Berufsschule besiegelte das BSZ Waldkirch 1987 eine offizielle Partnerschaft mit einer nationalchinesischen Schule in Taiwan. Die berufliche Partnerschule Shu-Te Senior High School ist mit ihren ca. 5.000 Schülerinnen und Schülern[1] die zweitgrößte Schule Taiwans und befindet sich im Süden der Insel, in Kaoshiung, einer Industrie- und Hafenmetropole und mit zwei Millionen Einwohnern die zweitgrößte Stadt des Inselstaates.

Seit dem ersten Austausch 1987 kamen dank der intensiven Kontakte bisher 25 Schüleraustauschbegegnungen zustande. Dem Landkreis Emmendingen ist der interkulturelle Austausch im Bereich Bildung ein großes Anliegen und er unterstützt das BSZ in seinen partnerschaftlichen Aktivitäten. Es ist wichtig, solche Begegnungen bereits in jungen Jahren zu ermöglichen, da diese eine Bereicherung der persönlichen Entwicklung darstellen und sowohl die interkulturellen Kompetenzen der Schüler*innen und auch die Bindung zwischen unseren beiden Ländern stärken.

Für die Vermittlung interkultureller Kompetenzen und den Austausch im Bereich Berufsbildungssysteme und Wirtschaft wurde diese lang gepflegte deutsch-taiwanesische Partnerschaft des BSZ Waldkirch mit der Shu-Te High School am 10. Mai 2007 von der Stiftung „Wirtschaft und Erziehung“ mit dem Berufsschulpreis in Düsseldorf ausgezeichnet.

---

[1] In den ersten Jahren der Schulpartnerschaft gingen auf die Shu-Te Senior High School noch über 8.000 Schüler.

Anlässlich des 30-jährigen Bestehens des deutsch-taiwanesischen Schüleraustausches wurde eine große Jubiläumsfeier in der Kollnauer Festhalle veranstaltet. Das abwechslungsreiche Programm, in dessen Rahmen die Lehrer*innen und Schüler*innen des aktuellen Austauschs auf ehemalige Teilnehmer*innen der vergangenen drei Jahrzehnte trafen, bot dem Publikum eine große Bandbreite an Musik, Tanzdarbietungen und Ehrungen. Wie in den vergangenen Jahrzehnten auch, so wurden auch bei dieser Abschiedsfeier sowohl deutsche als auch taiwanesische Beiträge vorgeführt. Besonders beeindruckend waren die Tanzaufführungen der deutschen Tanzgruppe und die selbstgeschneiderten Kostüme und sorgfältig einstudierten Musikstücke und Choreographien der taiwanesischen Schülerdelegation.

Zu den zahlreichen Ehrengästen zählten u.a. der Repräsentant von Taiwan aus der Taipeh Vertretung in Berlin, Prof. Dr. Jhy-Wey Shieh, der Landrat des Landkreises Emmendingen Hanno Hurth, der Schulpräsident des Regierungspräsidium Freiburg Thomas Hecht, BSZ-Schulleiterin Barbara Berhorst, die ehemaligen Schulleiter Hr. Maier und Hr. Kleinböck, der taiwanesische Schulleiter der Shu-Te High School Mr. Mow-Lin Chen.

Schulleitungen 2018

Zur Geschichte des Austauschs

Stolz blicken wir auf die intensive und erfolgreiche Zusammenarbeit der letzten Jahre zurück. Der erste Besuch der Taiwanesen in Waldkirch fand im Herbst 1985 mit der damaligen Schulleiterin Frau Pei-Yu Chang, deren Ehemann, dem Sohn Dr. Inning Y.H. Chu und dem heutigen Chairman Fu-Peng Lee statt. Ziel war es, das deutsche Berufsschulwesen mit seinem bekannten dualen Ausbildungssystem kennen zu lernen. Vermittelt hatte die Gäste der seinerzeitige Sonderschulleiter Anton Hensler, der mit dem ehemaligen Schulleiter des Beruflichen Schulzentrums Waldkirch, Karl Maier, zur Jagd im oberen Elztal ging.

Am Ende des Besuchszeitraums 1985 hatte der damalige Schulleiter Karl Maier die Gäste und das Lehrerkollegium (damals noch ca. 20 Lehrkräfte) zu Kaffee und Kuchen in die Aula gebeten, um die taiwanesischen Gästen gebührend zu verabschieden. Dort sprach Frau Chang, die damalige Schulleiterin Shu-Tes, eine offizielle Gegeneinladung aus und lud die Waldkircher Schule nach Kaohsiung ein. Was zunächst lediglich als freundliche Geste wahrgenommen wurde, stellte sich später als ernst gemeinte Einladung heraus. Als treibende Kraft hinter dem Taiwanaustausch motivierte Johannes Dilger genügend Kolleginnen und Kollegen für den Gegenbesuch nach Kaoshiung, der im März 1986 stattfand. Die deutsche Delegation bestand aus Karl Maier, Johannes Dilger, Helmut Kleinböck, Heinz Giesin mit Ehefrau sowie aus weiteren externen Gästen wie Anton Hensler mit Ehefrau, Frau Berner (SL'in Hauswirtschaftsschule EM) und Herr Klapper (Stv. Schulleiter Kfm. Schule Emmendingen), um die angekündigte Besucherzahl zu erfüllen.

Bereits zwei Jahre später wurde am 8. Mai 1987 im Landratsamt Emmendingen die Schulpartnerschaftsurkunde unterzeichnet – als erste Partnerschaft zwischen einer deutschen und einer taiwanesischen Schule – in Anwesenheit von Landrat Dr. Volker Watzka. 1988 fand der Gegenbesuch u.a. mit Landrat Dr. Watzka, fünf Kreistagsfraktionssprechern, dem Waldkircher Bürgermeister Richard Leibinger und etwa zehn weiteren Lehrern nach Taipeh/Kaohsiung statt.

Im Herbst 1989 kam erstmals eine taiwanesische Delegation, die sowohl aus fünf Lehrern und als auch aus 25 Schülerinnen mit den Schwerpunkten Musik und Gesang bestand nach Waldkirch. Von den insgesamt vier Wochen lebten die Schulpartner die ersten zwei Wochen in Feldbetten im heutigen Lehrerzimmertrakt und kochten in der Hauswirtschaftsküche. Die deutschen Kolleginnen und Kollegen wurden in dieser Zeit für zwei Wochen mit ihren Schreibtischen ausquartiert; danach wechselten die Gäste in Familien. 1990 flogen Waldkircher Schüler/innen nach Taiwan. So nahm der Schüleraustausch seinen Lauf.

Die Direktoren der SHU-TE Senior High School bauten diese einzigartige Partnerschaft mit dem Beruflichen Schulzentrum Waldkirch mit großem persönlichem Engagement weiter aus. Viele gegenseitige Besuche begannen, die die beiden Schulen aus Asien und Europa auch in den Herzen der Menschen immer enger zueinander führten. Mittlerweile verbinden die beiden Schulen viele Jahre der Zusammenarbeit, Kooperation und Freundschaft.

Dass der Taiwanaustausch am Beruflichen Schulzentrum in Waldkirch so lange Bestand und sich eine herzliche und enge Partnerschaft mit der Shu-Te High School entwickeln konnte, liegt an mehreren Faktoren. Unabdingbar hierfür war und ist die Unterstützung der Schulleitungen (seit 2016 mit Barbara Berhorst als neuer Schulleiterin), welche auch stets durch ihre Teilnahme an den Begegnungen den Stellenwert dieses besonderen Austauschs gewürdigt und geschätzt haben.

Ein zweiter wesentlicher Faktor ist die Organisation und die Betreuung des Schüleraustauschs durch engagierte Lehrkräfte. Neben dem Koordinationsteam, das auch stets als Ansprechpartner fungiert, wurde der Taiwanaustausch tatkräftig durch engagierte Kolleginnen und Kollegen mitunterstützt, ohne deren Hilfe das umfangreiche Programm des Austauschs nicht möglich wäre.

Ein dritter – aber der wohl wichtigste Faktor von allen – ist die Beteiligung der Schülerinnen und Schüler an diesem einzigartigen Schüleraustausch. Ohne dieses Interesse und die Bereitschaft der Schüler (und ihrer Eltern) am Austausch teilzunehmen, hätte sich der Schüleraustausch nie so weit entwickeln können.

Taiwan zu Gast in Waldkirch

Eingeleitet wird der alle zwei Jahre stattfindende Austausch durch einen Besuch unserer taiwanesischen Partner im Oktober/November. Die taiwanesischen Schülerinnen nehmen, zusammen mit ihren deutschen Austauschpartnern, am Unterricht teil. Da weder am BSZ das Fach Chinesisch noch an der Shu-Te High School Deutsch unterrichtet werden, erfolgt die allgemeine Verständigung auf Englisch. Trotz anfänglicher Sprachhemmungen findet meist sehr schnell eine erfolgreiche – durch Gestik und Mimik begleitete – Kommunikation statt.

Sie werden in deutschen Gastfamilien untergebracht, um einen direkten Einblick in den Alltag ihrer Austauschpartner zu erhalten. So lernen unsere Besucher auf ihren gemeinsamen Ausflügen in die Region nicht nur die Menschen, sondern auch die Kultur und Natur des Gastlands kennen. Je nach Zeitpunkt des Besuchs finden unterschiedliche Programmpunkte statt, wie beispielsweise der Besuch der Vogtsbauernhöfe in Gutach im Schwarzwald, eine Stadtrallye durch Freiburg im Breisgau oder ein Besuch im Europa Park Rust. Ein traditioneller Programmpunkt ist die obligatorische Schwarzwaldfahrt, in deren Verlauf weder die weltweit bekannten Kuckucksuhren, der Aufenthalt am Titisee - einem natürlichen See im Südschwarzwald und beliebtem Ziel vieler Touristen - noch das Kosten der typischen Schwarzwälder Kirschtorte fehlen dürfen.

Falls es der Zeitpunkt und die Wetterlage ermöglichen, so bietet sich den Gästen aus Taiwan noch ein ganz spezielles Highlight: Schnee! Wie sehr sich ihre taiwanesischen Austauschpartner darüber freuen können, erstaunt die meisten deutschen Schüler*innen und regt gleichzeitig des Öfteren zu gemeinsamen Schnellballspielen an.

Abgerundet wird der Besuch stets mit einem eindrucksvollen Kulturabend, bei dem die taiwanesischen Besucher ein atemberaubendes Programm aus den Bereichen Musik, Tanz, Kosmetik und Mode bieten.

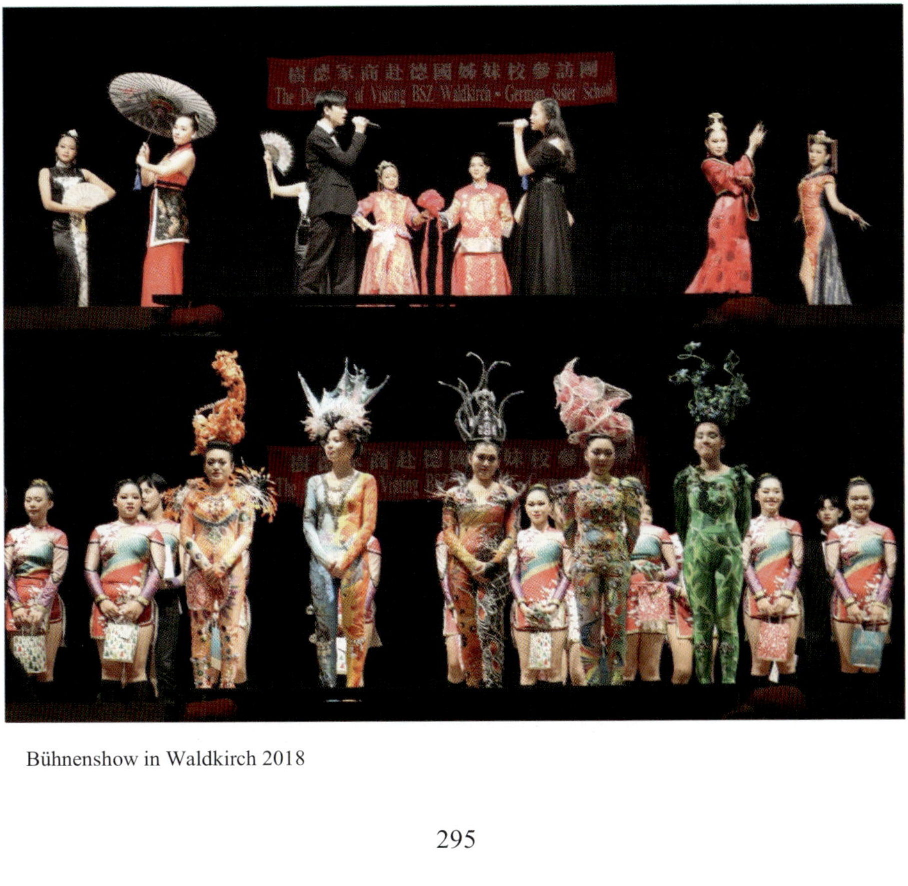

Bühnenshow in Waldkirch 2018

Waldkirch zu Gast in Taiwan

Der Gegenbesuch erfolgt im darauffolgenden Jahr, meist um die Osterferien herum. Die Schülergruppe umfasst meist eine Größe von 22-26 Schülerinnen und Schülern, begleitet von vier Lehrerinnen und Lehrern. Sie erleben in Gastfamilien die konfuzianische Gastfreundschaft und den Alltag der Taiwanesen. Sie nehmen am Unterricht teil und erhalten Einblicke in Sprache und Kultur, beispielsweise bei einer Kalligraphie- oder Chinesisch-Stunde für Anfänger. In einem Land, in dem über 90% der Bevölkerung dem Buddhismus angehört, stehen auch Besuche buddhistischer Tempelanlagen, wie beispielsweise dem Fong-Kuang Tempel, sowie zahlreiche andere Sehenswürdigkeiten auf dem Programm. Darüber hinaus lernen die deutschen Schülerinnen und Schüler auch typische Alltagsorte und Insider-Tipps kennen, wie die typischen „night markets“. Als besonders beeindruckend werden die vielfältigen und häufig anzutreffenden Essensstände an den Straßen wahrgenommen.

Über 800 taiwanesische und deutsche Schülerinnen und Schüler haben bisher an dem Austauschprogramm teilgenommen, in dessen Verlauf Sprachbarrieren fielen, Neugierde auf fremde Kulturen geweckt wurde und vor allem viele, teils intensive Freundschaften und sogar Partnerschaften entstanden.

Stets durften die Schülerinnen und Schüler des BSZ einen überaus herzlichen Empfang an der taiwanesischen Partnerschule erleben. Sie sammelten dabei unvergessliche Eindrücke und Erlebnisse im Umgang und Austausch mit den taiwanesischen Schülerinnen, die aus den Bereichen Musik, Tanz, Mode und Kosmetik stammen. Die kulturellen und sprachlichen Unterschiede, auf die die jungen Besucher des Elztals in diesem fernen Land treffen, prägen diesen Austausch und verleihen ihm seinen ganz besonderen Reiz.

Die deutschen Schüler und Lehrer des BSZ (in der Mitte: Hr. Kleinböck, links dahinter: Hr. Maier und Hr. Dilger, rechts daneben: Hr. Büsch, Hr. Schmidt und Fr. Rägle) mit selbst bemalten chinesischen Papierschirmen (2012).

Mein Auslandssemester in Taipei

Von Nathalie Böhme

Nun bin ich schon seit einiger Zeit zurück aus Taiwan und noch jetzt schweife ich ständig mit den Gedanken ab und träume von den ganzen Abenteuern, die ich dort erlebte.

Mein Name ist Nathalie. Das Wichtigste, was man über mich wissen sollte ist, dass ich sehr abenteuerlustig bin und mir nichts entgehen lasse. So ist auch mein Abenteuer in Taiwan entstanden. Während meines Studiums „Tourismus-Management" kam irgendwann die Frage auf, in welchem Land ich mein Auslandssemester absolvieren möchte. Nach vielen Überlegungen und Abwägungen erstellte ich für mich eine Liste, mit den Universitäten in den Ländern, in denen ich wohl am meisten über mich selbst und andere lernen kann. Darunter war auch die Ming Chuan Universität in Taipei. Da ich bisher niemanden kannte, der zu Studienzwecken in Taiwan war, kam ich zum Schluss, dass Taiwan meine erste Wahl für einen Auslandsaufenthalt darstellte. Nach meiner Anmeldung an der Universität stand ich schon nach kurzer Zeit im Kontakt mit den Austauschverantwortlichen, die mir die Zusage erteilten. Innerhalb weniger Tage wurden mir alle Dokumente zugeschickt und ich bekam sogar einen chinesischen Namen, welcher meine Vorfreude ungemein steigerte. Außerdem habe ich jeden Tag über das Land, welches mir so unbekannt war gelesen, Videos angesehen und mich zuhause auf mein „Abenteuer Taiwan" vorbereitet.

Erste Eindrücke

Nach nur wenigen Wochen ging es dann los. Angekommen, voller Freude und Aufregung wurde ich vom Flughafen abgeholt und zu dem Studentenwohnheim, wo ich die nächsten sechs Monate unterkommen sollte, gebracht. Schon im ersten Moment, nach der Einreise, war die vorhandene Gastfreundlichkeit der Taiwaner sehr bemerkenswert. Uns wurden die Zimmer gezeigt und direkt darauf haben sich Studenten, die sich freiwillig gemeldet haben uns willkommen zu heißen, uns zum Abendbrot ausgeführt, um uns in ihre Kultur einzuführen. Das erste Abendbrot, es war köstlich.

Die Gerüche so anders von dem was man aus Deutschland gewohnt war und jeder, dem man begegnete, war daran interessiert einen kennenzulernen. Doch dies war nicht das einzige Mal, dass Taiwan mich überraschte, denn die Freundlichkeit war nicht nur auf Besucher gerichtet, sondern gleichermaßen auf die eigenen Bewohner. Prioritätssitzplätze für Ältere, Schwangere oder kranke Menschen waren in allen öffentlichen Verkehrsmitteln und in der Stadt zu finden. Einreihung am Bahnhof um in den Zug zu steigen, war Normalität und die Müllabfuhr spielte jeden Tag Beethoven, um auf sich aufmerksam zu machen. So viel Erlebtes war am Anfang so fremd, doch wurde es nach ein paar Monaten zu etwas, was man nie mehr vergessen wird.

Kultur und Abenteuer

Auch die vielen verschiedenen unbekannten Lebensmittel, die man - wo man auch hin ging - finden konnte, waren ein Traum. Eines meiner Rituale war es, jeden Donnerstag ein taiwanisches Frühstück zu essen. Dazu gehörten unter anderem „Dan Bing“, Tee-Eier, Sesamfladenbrot mit Ei und natürlich Sojamilch. Am Abend war ich oft auf einem der zahlreichen Nachtmärkte mit Freunden unterwegs und genoss Baozi, Jiaozi (gefüllte Teigtaschen) und natürlich alles andere, wie die frischen Säfte, gebackenes Hühnchen, gebratener Reis mit den schönsten Meeresfrüchten. Außerdem gibt es in Taiwan nicht nur wundervolle einheimische Speisen, sondern hier fließen auch die verschiedensten Küchen aus aller Welt zusammen.

Von dem guten Essen abgesehen war Taiwan auch nicht nur kulturell einmalig. Auch das Land selbst kann sich mehr als sehen lassen. Auf zahlreichen Reisen durch das Land konnte ich Ureinwohner im Taroko Nationalpark kennenlernen, in heißen

Quellen in Beitou schwimmen gehen und durch die Alishan Berge wandern. Wo man auch hinsah, waren Tempel zu besichtigen. Eine andere Erfahrung. welche ich sammeln konnte, war ein einwöchiger Aufenthalt auf der Insel Xiaoliuqiu. Xiaoliuqiu, auch als Schildkröteninsel bekannt, ist zirka 20 Minuten von Kaohsiung mit dem Schnellboot entfernt und ein Ausflug dorthin unbedingt empfehlenswert. Die Insel ist zwar klein, und man kann so ziemlich alles innerhalb weniger Tage erleben, doch vor Ort habe ich mich nach drei Tagen spontan entschieden, länger zu bleiben, da ich so begeistert war. Die Insel ist umgeben von wunderschönen Stränden und somit der perfekte Erholungsort. Außerdem ist das besondere dieser Insel, dass sie eine der größten Populationen an Meeresschildkröten beherbergt. Natürlich habe ich dies schon vor meiner Anreise gehört, doch habe ich mir nicht mal in meinen Träumen vorstellen können, was ich vor Ort erleben würde. Sobald ich ins Wasser ging, die Taucherbrille aufgesetzt hatte und das Gesicht unter Wasser hielt, wurde mir eine neue Welt eröffnet. In den Riffen kurz vor der Insel konnte man, wohin man auch schwamm, riesige Schildkröten beobachten. Eine beeindruckte mich besonders. Sie war mit Seetang bewachsen und schätzungsweise über einen Meter groß. Ihr Kopf schien größer als meiner und obwohl die Menschen die Lebewesen oft nicht gut behandeln, hatte sie keinerlei Angst vor mir, sondern aß genüsslich das Seegras.

Ich zähle die Tage

Noch immer denke ich daran zurück, wie eine alte Dame mir ihr Mittagessen im Zug gab und mir sagte, ich solle mich neben sie auf einen der Prioritätssitzplätze setzen, weil es mir nicht gut ging. Gerne denke ich daran zurück, wie viele tiefe Freundschaften aus aller Welt ich geschlossen habe, wie ich Wanderungen durch die verschiedensten Orte und Höhenlagen machte, jeden Tag etwas Neues in der Universität lernte und eine andere Kultur kennen und lieben lernte. Natürlich sind dies nur wenige Aspekte, welche Taiwan für mich zu einem der bemerkenswertesten Orte unserer Welt machen. Ich zähle die Tage bis ich dorthin zurückkehre und dieses vielseitige Land weiter erkunden kann.

Der Doppelfünfte

Von Ilka Schneider[1]

Am 31.5. war der bereits bei den Gifttieren angesprochene 5.5. und auch ein Feiertag. Das ist ein Tag voller Wunder und Besonderheiten. Zum Beispiel endet an dem Tag die Pflaumenregenzeit. Davon war allerdings nicht viel zu merken, denn es fing Tage vorher an, viel zu regnen und dabei blieb es. Jetzt ist natürlich die Frage: lag das am Schaltmonat, am Klimawandel oder an einer Laune der Natur? Ich weiß es nicht, aber es ist nassnassnass.

Und an diesem Tag des Doppelfünften geht Yin in Yang über, und das ist ein sehr gefährlicher Zeitpunkt. Am Tag des Drachenbootfestes muss man sich also vor allerlei Giften schützen. Passend dazu der Brauch, die fünf Gifttiere symbolisch zu verbrennen. Außerdem zerschneidet man an dem Tag Banyanblätter und trägt sie mit anderen duftenden Kräutern in einem Beutel bei sich, um sich zu schützen. Auch an die Hauseingänge werden Sträuße aus Banyan und Beifuß gesteckt, die häufig mittels Blüten zu Blumensträußen aufgepeppt werden. Wie, frage ich. Banyanblätter sind Yin, Gift ist Yin, der Tag ist Yin, wo ist denn da der Schutz? Das weiß meine Lehrerin Meimei auch nicht. Vermutlich ein Minusmalminusgibtplusprinzip. Wie auch immer. Das Weibliche ist auch Yin, wozu also die ganze Aufregung? Lebt sich doch ganz gut damit. Aber vielleicht braucht man einfach ein bisschen Yin in der Hosentasche, wenn das Yang aufkommt? Wahnsinnig viel überzeugender kommt mir das zwar auch nicht vor, aber Wandlung ist natürlich immer eine heikle Sache. An welchem Tag dann der gegenläufige Wechsel stattfindet, konnte mir niemand sagen, von Yang auf Yin scheint also unbedenklicher zu sein. Wahrscheinlich bringe ich mit meinen blöden Fragen einige Leute an den Rand des Wahnsinns.

Sonne heißt auf Chinesisch übrigens: das übergroße Yang. Es ist also eine Art Sommeranfang. Und regnet und regnet.

Außerdem kann man an diesem Tag, wenn man beispielsweise unbekannterweise mit einer Schlange verheiratet ist, dies herausfinden. Denn wenn man seinem Ehegespons (vielleicht auch anderen zwielichtigen Personen) einen bestimmten Schnaps anbietet, dann verwandelt sich der oder meist diejenige in ihre Ursprungsform zurück. Also nicht allein durch das Anbieten, getrunken werden muss der Schnaps natürlich schon. Und dies kommt auch in einer Geschichte vor: Es war einmal eine weiße Schlange, die sich ganz schrecklich in einen Menschenmann, nämlich Xu

---

[1] Auszug aus: Ilka Schneider: Zwischen Geistern und Gigabytes - Abenteuer Alltag in Taiwan, Edition Reiseratte ISBN 978-3-9815300-1-8.

Xian, verliebte. Vorher war es ihr durch 1000jährige Meditation gelungen, Menschengestalt anzunehmen und sie war von schier unglaublichem Liebreiz. Während ihre Freundin und Zofe, die grüne Schlange nur 500 Jahre meditieren musste und nicht ganz so liebreizend war. Und zunächst lebten die weiße Schlange und Xu Xian glücklich zusammen und die Schlange benahm sich ihrem Gatten gegenüber höchst liebevoll. Und zusammen führten sie eine erfolgreiche Apotheke am Westsee in Hangzhou. Aber ein Nachbar, so ein übler, scheinwohlmeinender Denunziant, in diesem Fall der Mönch Fa Hai, meinte, Xu Xian sei nicht mit einer Frau verheiratet und säte Zweifel im Herzen des Mannes. Und schlug ihm also dieses Schnapstrinkverfahren am Doppelfünften vor. Schwupps verwandelte sich also seine wunderschöne schwangere Frau in eine - sicher auch sehr schöne - weiße schwangere Schlange und aus war's mit dem glücklichen Eheleben. Xu Xian wurde sterbenskrank vor Schreck, und die schwangere Schlange eilte ins Kunlungebirge um rettende Kräuter zu besorgen. Nach verschiedenen Schwierigkeiten gelang ihr das auch und sie konnte ihren Mann retten. Ganz ergriffen von ihrer Liebe und Anhänglichkeit lebten sie danach noch glücklicher als vorher. Ich weiß allerdings nicht in welcher Form. Also ob man beim Schnapstrinken nur kurz seine ursprüngliche Gestalt annimmt, und ausgenüchtert wieder wie vorher ist, wofür ja gewisse Erfahrungswerte sprechen. Oder ob sie dann wieder 1000 Jahre meditieren musste. Aber es scheint irgendwie unplausibel, dass in der Apotheke plötzlich eine weiße Schlange hinter dem Tresen steht. Jedenfalls passte dem Mönch das alles irgendwie nicht - welche Laus dem immer über die Leber läuft, wird nicht erzählt, aber vermutlich spielen religiöse Gründe (Buddhist gegen Dämon) eine Rolle - und er sperrte Xu Xian im Kloster ein, gegen das dann die weiße und die grüne Schlange zusammen mit allerlei Wassergeistern vorgingen. Mitten im lustigsten Kampf und Überschwemme bekommt die weiße Schlange Wehen und muss aufgeben und fliehen. Sie kann gerade noch dem mittlerweile aus dem Kloster geflohenen Xu Xian den neugeborenen (natürlich) Sohn übergeben, da wird sie von dem Mönch ergriffen und unter die Leifengpagode am Westsee gesperrt, wo sie bleiben muss, bis der Westsee kein Wasser mehr hat. Nun erzählt eine Variante, dass die grüne Schlange weiter mit dem Mönch kämpft und es ihr nach vielen Jahren gelingt den Westsee kurzfristig zu leeren und ihre Freundin zu befreien. Und dann waren alle irgendwie glücklich. Außer dem Mönch natürlich, aber der schien ja von Anfang an ein gewisses Missgunstproblem mit sich herumzutragen. Nach einer anderen Überlieferung befindet sich die weiße Schlange immer noch unter der Pagode.

Außerdem kann man an diesem Tag um 12 Uhr mittags ein Ei aufstellen. Heißt es. Also ohne Eierbecher und ohne es anzuditschen. Also präziser: man kann an diesem Tag ein rohes Ei ohne Hilfsmittel hinstellen. Um 12. Ich habe es nicht versucht. Meimeis Eltern haben eine Hühnerfarm, so dass ich schon davon ausging, sie würde das bei dem einen oder anderen Ei probieren, aber um Punkt 12 schafft man natürlich sowieso nur eins, oder maximal zwei, wenn man wirklich geübt im Eieraufstellen ist. Da nützt ja dann die ganze Hühnerfarm nichts. Aber tatsächlich ‚hat auch sie es gar nicht versucht.

Crab City, Tuschemalerei von Ilka Schneider

Aber wofür Duanwujie, also der Doppelfünfte wirklich bekannt ist, ist das Drachenbootrennen. Und dazu gibt es natürlich auch eine Geschichte. Zur Zeit der streitenden Reiche (447-221 v Chr.) gab es in Chu einen Minister und Dichter namens Qu Yuan (340-278). Dieser war im Volk unheimlich beliebt, vielleicht weil er sich für das Volkswohl einsetzte, weil er politische Gedichte schrieb oder weil er nicht korrupt war, da gehen meine Quellen stark auseinander. Jedenfalls geriet er beim König von Chu in Misskredit, weil er in irgendeiner Form die königliche Außenpolitik kritisierte, oder aber schlicht einer Intrige zum Opfer fiel. Die unterschiedlichen Variationen sind im Einzelnen für den Kern der Geschichte vielleicht nicht so wichtig. Er hatte Glück und wurde nur verbannt. Entweder wegen des elenden Exillebens oder auch weil er eine höchst chustaatsgefährdende Nachricht erhielt, stürzte er sich in den Miluofluss und ertrank. Die Fischer hatten Angst, die Fische würden seine Leiche anknabbern und warfen daher Zongzi (in Bananenblätter gewickelten Klebreis) in den Fluss, um die Fische abzulenken. Außerdem fuhren sie ganz schnell mit Booten raus, machten einen Riesenlärm und Halligalli, um die Fische zu verscheuchen, und suchten die Leiche. Das sei der Ursprung des Drachenbootrennens. Ich habe aber auch schon mal gelesen, dass es älter sei und mehr mit Flussgeistern, Drachen und Opfergaben zu tun hätte, oder vor allem mit dem großen Yu, einem sagenhaften Kaiser, der die Flüsse regulierte, oder grundsätzlich mit dem ganzen Yinyangwechsels und der Fruchtbarkeit, aber das führt jetzt alles zu weit. Jedenfalls war es früher so, dass wenn jemand bei dem Rennen ins Wasser fiel und ertrank, dies als Opfergabe und von daher auch irgendwie gern gesehen wurde.

Unser Sprachzentrum nahm mit zwei Booten daran teil. Mein Team hörte auf den schönen Namen Duibudui. Dui heißt Team, der Name bedeutet also Teamnichtteam. Duibudui heißt aber im normalen Sprachgebrauch richtignichtrichtig und wird im Alltag ständig verwendet, in der Bedeutung von „oder nicht?" so wie: is it, isn´t it? Wenn man also jemand fragt, ob er auch in unserem Team ist, heißt das in etwa: „Ni ye shi duibudui de dui de, duibudui?"

Vor dem großen Tag hatten wir schon ein paar Trainingseinheiten auf diesem unglaublich stinkenden Fluss, der in Tainan plötzlich auftaucht und durch Anping ins Meer fließt. Das Wasser ist salzig, aber vielleicht liegt das auch an den Industrieabfällen, denn die Fließrichtung ist zwar schwach, aber doch meerwärts. Wenn jemand ins Wasser fiele, würde das Team disqualifiziert, aber das wäre bei uns eine reife Leistung, weil wir im Sitzen paddelten. Auch das Ergreifen einer Fahne, um den Sieg anzuzeigen, wurde uns erspart. Zu gefährlich. Man könnte dazu natürlich sagen, dass Ausländer in der Regel wenigstens schwimmen können, ganz im Gegensatz zu den meisten Taiwanern. Aber die Gefahren dieses Kanalwassers liegen vermutlich eh auf anderem Gebiet. Außerdem gelten diese vereinfachten Regeln auch für einheimische Laienpaddler. Natürlich sind wir mit Schwimmwesten ausstaffiert. Ohne darf man gar nicht teilnehmen. Und auch der Profi am Ruder ist Pflicht, aber darüber bin ich nun wirklich froh, sonst würden wir vermutlich dauernd die Kanalwände schrammen.

Zum Trainer wurde ein Ami bestimmt, der so schüchtern ist, dass er nicht zu verstehen ist. Aber ein Mann und Ami, ich glaube das reicht zur Trainerqualifikation. Tatsächlich macht Takashi als Teamchef dann den Trainer, obwohl er als Japaner dafür weniger nahe liegt. Außerdem haben wir noch unsere Trommelmaus, eine profilneurotische japanische Poolbillardspielerin, die bei mir leichtes Zucken in der Oberlippe auslöst, weil sie immer, also wörtlich immer, eine Schnute macht. Und natürlich reden auch alle anderen Nichtfunktionäre (etwa 18 Leute pro Team und Boot) durcheinander und hören nie zu, und alle machen was und wie sie wollen. Im dritten Training eskalierte dann der Streit um die Frage, ob wir bei „eins", also beim Trommelschlag die Paddel in einer logischen Sekunde vorne, aber außerhalb des Wassers haben sollen, oder ob das das Kommando zum Durchziehen ist. So als Restjuristin mag ich natürlich Konzepte von logischen Sekunden, aber in dem Fall wirkte es doch etwas aufgesetzt und die ganze schöne Kraft des Trommelschlags verpufft dann in

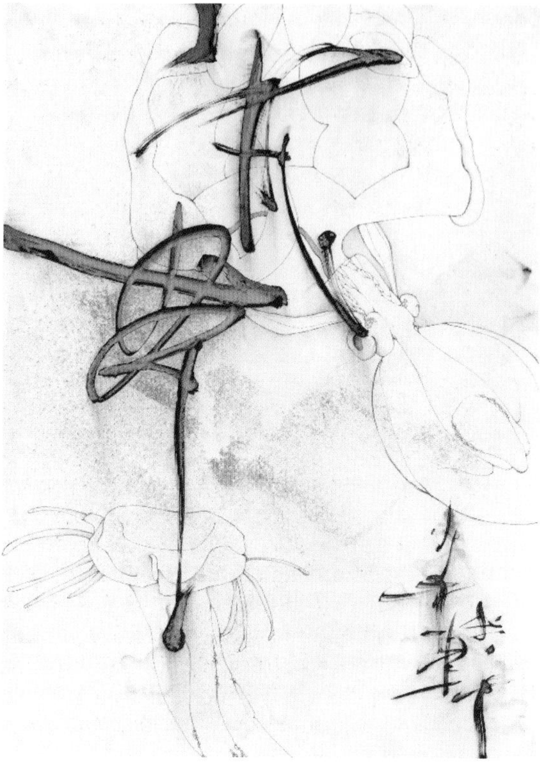

Pass auf, was du dir wünschst, Tuschemalerei von Ilka Schneider

abstrakten Ideen. Jedenfalls hörten die hinten nicht, was vorne geredet wurde, oder konnten nicht genug Chinesisch. Und die vorne hörten nicht, was hinten verabredet wurde, der amerikanische Trainer kungelte heimlich mit seinem Nebenpaddler und die Stimmung war für asiatische Verhältnisse relativ offen schlecht. Isabel, Mathematikdoktorandin aus Spanien nölte, wir sollten es doch mehr auf die deutsche Art machen. Die würden nicht reden, sondern machenmachenmachen. Als ich fragte, wie sie darauf kommt, meinte sie, das läge daran, dass deutsch viel zu schwer sei und deswegen weniger geredet würde. Also Beiträge dieser Art. Ein Thailänder rudert hektisch mit seinem Paddel rum, auch wenn wir gerade standen, absolvierte sozusagen sein Training allein. Takashi bat schließlich verstört darum, dass wir alle doch ein bisschen besser gestimmt sein sollten, und so versuchten wir es dann noch mal und konnten schließlich noch ein bisschen trainieren.

Dass das Wasser tatsächlich salzig ist, weiß ich daher, weil beim Paddeln doch ziemlich viel gespritzt wird, auch in die Augen und den wegen der Anstrengung offenen Mund. In der Woche vor dem Wettkampf fand kein Training statt, angeblich um den Fluss zu schmücken oder zu reinigen oder was weiß ich. Aber ich glaube, in Wirklichkeit soll einem das die Chance geben, den Durchfall auszukurieren, den man sich beim Training durch unfreiwilliges Flusswassertrinken womöglich geholt hat.

Dann kam der große Tag und wir waren hinreichend gesund, um in der Kategorie Ausländer zu starten. Erst paddelten wir gemütlich zum Startblock und warteten dort lange auf unseren Gegner mit dem schönen Namen Sesamstraßenteam (Zhimajiedui), ein Trupp aus EnglischlehrerInnen von Buxibans, diesen Zusatzschulen, in denen fast alle taiwanesischen Kinder in ihrer nichtvorhandenen Freizeit gedrillt werden. Weil sie nicht kamen, dachten wir schon, ohne Anstrengung gewonnen zu haben. Während der Wartezeit wurde das Boot hinten durch eine schwimmende Plattform vom Abtreiben gehindert, vorne mit einer Stange in der richtigen Position gehalten. Aber dann kam die gegnerische Mannschaft doch noch. Und nach dem Schuss paddelten wir wie die Bekloppten nach den Trommelschlägen von Akiko los und paddelten und paddelten, schaufelten den Hintermann, die Hinterfrau voll Wasser und wurden selber voll Wasser geschaufelt und vom Flussufer wurde gejohlt und angefeuert, und wenn man dann dachte, jetzt geht's nicht mehr, dachte man auch, na komm, sind doch bloß zwei Minuten, oder drunter hoffentlich, und paddelte weiter und spritzte sich und andere nass, dass es eine wahre Freude war. Vom Endergebnis unseres Renntages kann man zwei Versionen erzählen. Also die eine ist, dass wir ins Finale kamen und Dritte wurden. Dass die beiden anderen Mannschaften nicht zu schlagen waren. Die ersten waren Gastarbeiter aus Indonesien und Indien, lauter körperlich arbeitende junge Männer mit regelmäßigem Paddeltraining. Die zweiten waren aus Washington eingeflogen und passionierte Drachenbootrenner. Ich könnte erwähnen, dass wir im zweiten und Finallauf unsere persönliche Bestzeit erpaddelten. Dass wir auf der Mittelbahn paddelten, also dort wo die Flussströmung am stärksten ist, denn natürlich geht es gegen die Strömung. In der anderen Version würde ich dann aber noch ergänzen, dass es nur fünf internationale Mannschaften gab, dass wir nur einen Sekundenbruchteil schneller waren als die Vierten, aber zehn Sekunden langsamer als die Gewinner. Aber wir waren natürlich trotzdem stolz und auch wirklich sehr international: Japan, Ägypten, Peru, Thailand, Österreich, Tibet, Amerika, England, Russland, Iran, Deutschland, alle sind mit uns Dritter geworden. Mit dem anderen Boot vom Sprachzentrum sind dann allerdings Amerika, Japan, Thailand und Peru auch Letzte geworden, und zum Beispiel Spanien und Tschechien sind nur letzte geworden.

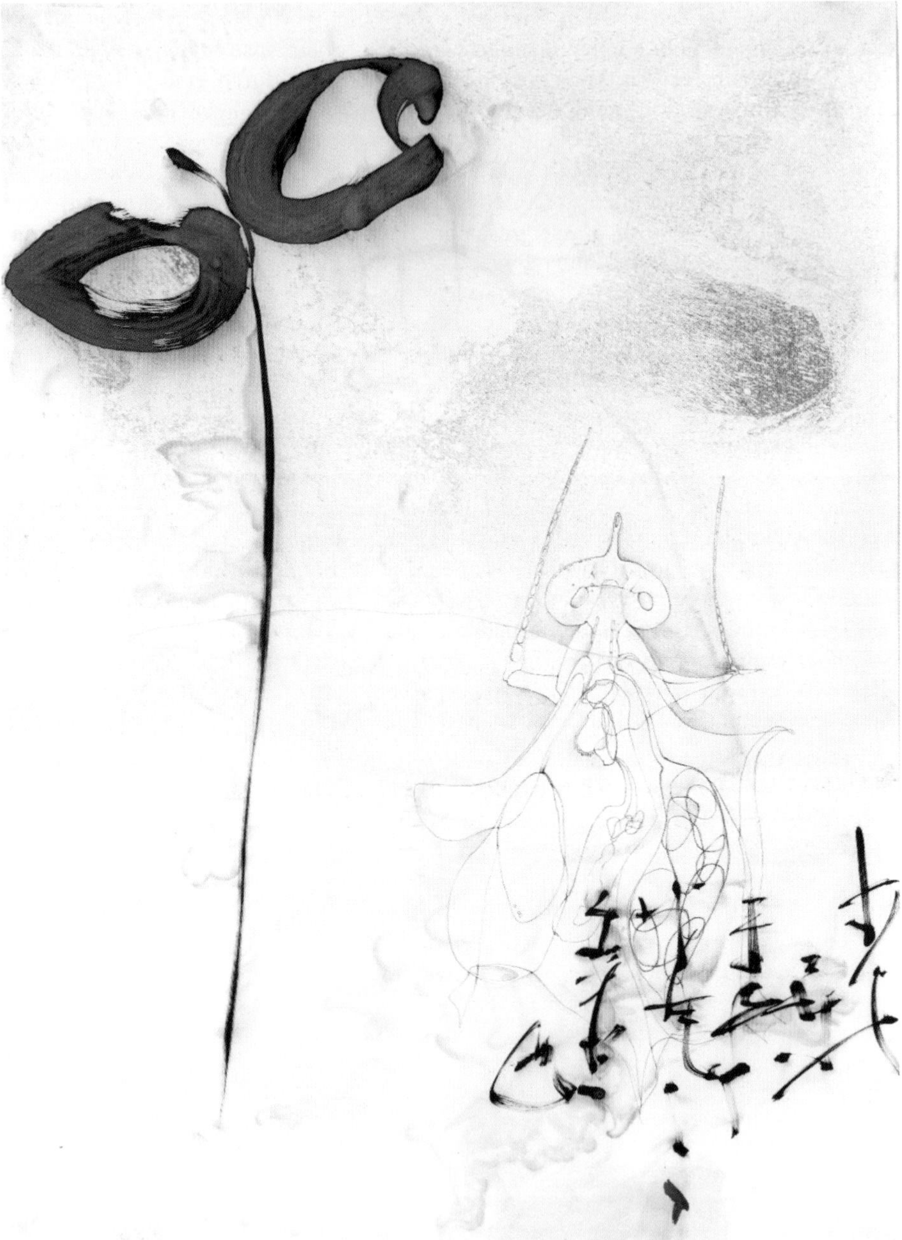

Weil ein bisschen will ich's wissen, Tuschemalerei von Ilka Schneider

Tuschmalerei

Von Ilka Schneider[1]

Ich nahm bei drei verschiedenen Lehrern Unterricht in chinesischer Tuschmalerei. Auf Chinesisch heißt die Technik einfach Wassertuschebild. Es gibt drei große Richtungen bzw. Motive: „Bergwasser", also Landschaft, „Blumen und Vögel" und „Schönheiten". Traditionelle Landschaftsmalerei ist eine sehr langwierige Angelegenheit und stark daoistisch beeinflusst. Berge werden auf Berge getürmt und Menschen werden, wenn überhaupt, als kleine Details ins große Ganze eingefügt, als Teil der Natur. Das Qi, diese universale Energie soll auf den Bildern spürbar werden. Dann gibt es noch allerlei schulspezifische Regeln, zum Beispiel dass es eine Stelle mit Aussicht geben solle, einen Weg zum Gehen und einen Ort zum Wohnen. Oder so Spitzfindigkeiten über die obligate Anzahl der Hauptäste eines Baumes. Die Bilder sind nicht unbedingt für die Totale gedacht, sondern laden den Blick zum Wandern, zum Schweifen ein.

Lehrer Zhang und Lehrer Li unterrichten beide Landschaftsmalerei. Und so male ich bei Lehrer Zhang Steine und Berge, bei Lehrer Li hingegen Bäume. Drei Stunden am Stück Hirschgeweihbaumstämme und Krebsscherenbaumstämme und Doppellinienbaumstämme. In den nächsten drei Stunden malte ich dann an solche Baumstämme gefiederte, senkrechte und waagrechte Blätter.
Schön ist natürlich, dass sie alles anders erklären. Während der eine abgeschnittene Plastikflaschen als Wasserbehälter empfiehlt, möchte der andere, dass für die Tusche echter Reibestein aus Schiefer verwandt wird, auch wenn man diese nicht selber reibt. Und das allein ist eigentlich schon ein Zeichen der Kulturlosigkeit. Die Beurteilung meiner Pinsel reicht insofern auch von „ganz wunderbar" bis zu „geht gar nicht", weil es reines Wolfshaar sein müsse, meiner aber zusätzlich einen Schafshaarmantel hat. Wie lang man den Pinsel vorher einweicht, oder gar nicht, wie man das Wasser kontrolliert, jeder macht es anders und natürlich nicht so, wie ich es in Berlin bei Rita Böhm gelernt habe. Und so erweitern sich für mich die Möglichkeiten in der Technik aber auch in der Konfusion.

Nachdem ich bei Lehrer Li tausende von Blättern: rund gefüllt, kreisförmig, dreieckig, vertikal, horizontal, gefingert, gefiedert, gedreht, gestachelt etc. an Bäume gemalt hatte und er endlich mal fand, dass ich genug Blätter an einen Baum gemalt hatte, diese also nicht so mickrig - nach meiner Auffassung herbstlich - aussahen, wollte er mich nun ein ganzes Bild malen lassen, sagenhaft! Doch dann entdeckte

---

[1] Auszug aus: Ilka Schneider: Zwischen Geistern und Gigabytes - Abenteuer Alltag in Taiwan, Edition Reiseratte ISBN 978-3-9815300-1-8.

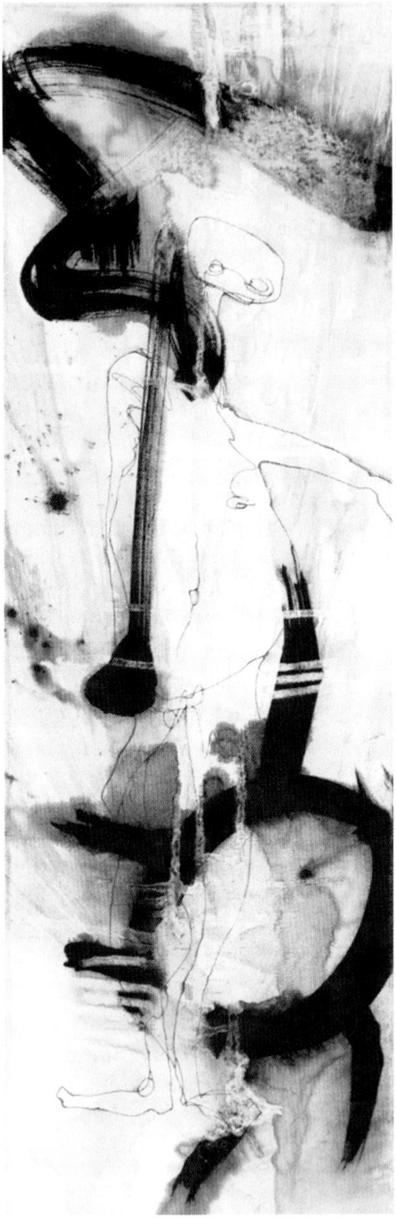

Nichtsgenauesweißmannicht, Tuschemalerei von Ilka Schneider

er, dass mein Übungsblatt noch gar nicht ganz voll gemalt war, und so musste ich erst noch mal ein paar Übungsbäume auf Felsen mit vielenvielen Blättern malen, aber schließlich war auch das geschafft und ich konnte mit dem Bild beginnen. Zunächst natürlich im Zentrum: Bäume auf Felsen mit gaaaanz vielen Blättern. Aus etwas unerklärlichen Gründen bereitet es mir dennoch Vergnügen.

Lehrer Lis Vergnügen ist allerdings mehr das Sammeln von Motorrädern. 30 Stück hat er. Als einmal eines davon, ein deutsches Modell, kaputt war, fragte er mich, ob ich ihm mit dem Ersatzteil helfen könnte, weil die Website auf Deutsch sei. Ich, vollmundig: „kein Problem!“ Bei Wörtern wie Menge, Bezeichnung und Anzahl ging es ja noch gut, aber bitte was ist ein Schwungscheibenanker und wie heißt das Ding auf Chinesisch? Aber er meinte höflicherweise, ich hätte ihm sehr geholfen. Und lachte.

Zu dem Motiv „Blumen und Vögel“ gehören außer den Blumen und den Vögeln nicht nur Bambus und anderes blütenloses Strauchwerk, sondern auch Gemüse und Insekten. Es gibt in diesem Genre auch sehr fein und detailliert gemalte Bilder, aber im Kern handelt es sich eher um eine vom Zen-Buddhismus (chinesisch: Chan-Buddhismus) beeinflusste Richtung. Mit wenigen schnellen Pinselstrichen soll das Motiv in seinem Wesen getroffen sein und die Lebendigkeit und Tiefe des Hier und Jetzt abbilden. Es kann aber lange dauern, bis das Hier und Jetzt des Künstlers mit dem des Motivs zusammenfallen und dazu gibt es folgende Geschichte: Vor sehr langer Zeit hörte der Kaiser von einem Meister der Malerei. Dessen Bilder seien von einzigartiger Schönheit und Ausstrahlung. Also schickte der Kaiser einen Boten zu diesem

Meister und erteilte den Auftrag, ihm einen Hahn zu malen. Der Meister sagte zu. Nachdem ein Jahr vergangen war, schickte der Kaiser einen Boten, um sein Bild abzuholen. Der Meister beschied ihm jedoch, dass er noch nicht fertig sei. Dies wiederholte sich einige Jahre und der Kaiser war langsam weniger als nur not amused. Der Sohn des Himmels ist es schließlich nicht gewohnt, dass man ihn hinhält. Aber eines Tages war es so weit. Als der Kaiser schon über ein Hinrichtungskommando nachdachte, erschien der Meister aufgeräumt mit einer Papierrolle, Pinsel, Stangentusche und Reibstein vor dem Palast. Nach allen notwendigen ehrerbietigen Präliminarien entrollte er vor dem Kaiser das Papier, das noch unbemalt war, rieb die Tusche und malte mit nur wenigen Strichen im Nu einen Hahn, der so lebendig und einmalig war, dass alle aus dem Staunen nicht mehr herauskamen. Als der Kaiser fragte, warum er dieses Bild nicht schon vor Jahren gemalt habe, es sei doch ganz schnell gegangen, sagte er nur, dass Hahn und Zeit eben noch nicht reif gewesen seien. Der Kaiser war entzückt und belohnte den Meister reich.

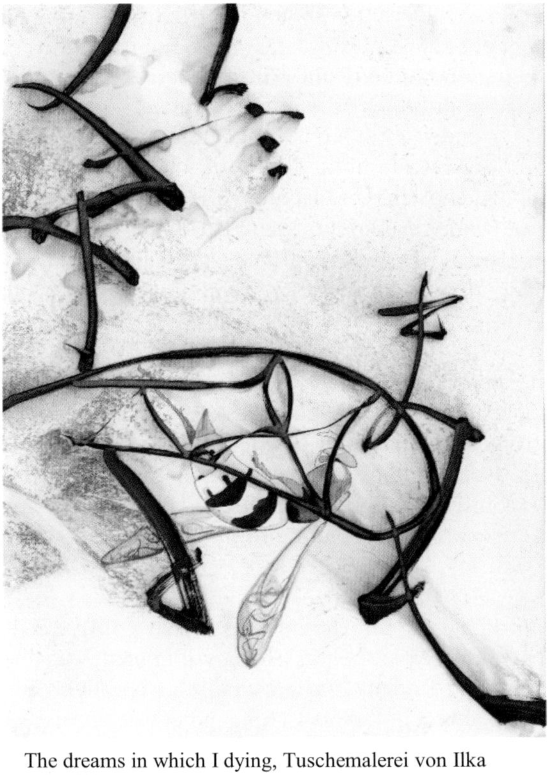

The dreams in which I dying, Tuschemalerei von Ilka Schneider

Das dritte Motiv, die Schönheiten, umfasst auch Helden und Heilige, obwohl letztere häufig eher in der schnellen Art von Blumen und Vögeln gemalt werden. Schönheiten und Helden dagegen sehr feinlinig mit vielen Faltenwürfen in komplizierten Gewändern und einzelnen Fingern und Schmuckstücken.

Meine Freundin Wenxi stellte mich ihrem halbjapanischen Kalligraphie- und Mallehrer Meister Feng vor: großartig! Jeder Pinselstrich ein Wunder. Die meisten Schüler lernen Kalligraphie bei ihm, auf einem für mich völlig unerreichbaren Niveau. Aber er nahm mich als Schülerin für „Blumen und Vögel" an. Er schenkte mir die erste Stunde, weil er findet, dass ich so gut male, oder auch nur, weil ich eine lange Nase habe, wer weiß. Das hat natürlich mehr Charme, als tausend Blätter auf die letzte freie Ecke des Übungspapiers malen zu sollen, um ja nichts zu verschwenden. Meister Feng wollte mich dann in Zukunft in seiner Fortgeschrittenenklasse sehen, wo gar nicht gemalt wird, sondern wo man das, was man zu Hause gemalt hat, mitbringt um es von ihm kritisieren zu lassen. Als ich mir das erste Mal ein Herz fasste und zu diesem Unterricht erschien, wollte ich am liebsten Mäuschen spielen, was eigentlich ganz gut gelang, wenn man von einer neonfarbenen Maus in Hundegröße ausgeht. Die Schüler sind hauptsächlich Männer im besten Alter, gerne Lehrer und alle kalligraphieren, nur die eine andere Frau (Lehrerin) malt auch. Für die Korrektur fuhrwerkt er mit Pinsel und Tusche zur Erläuterung im mitgebrachten Bild herum, und auch eines meiner in stundenlanger Fitzelarbeit hergestellten Landschaftsbilder segnete so das Zeitliche.

Beim zweiten Mal schenkte mir die eine Mitschülerin befremdlicherweise eine Uhr in Fischform, obwohl „Uhr schenken" „song zhong" genauso klingt, wie „Eltern das letzte Geleit geben" und daher als Geschenk strikt verboten ist. Allerdings kriegten auch die anderen eine und es entsteht ein belustigtes Songzhong-Gemurmel. Sie beeilte sich zu versichern, dass es ja keine Zhong, also Uhr wäre, sondern ein Fisch mit Weckerfunktion. Fisch „yu" ist wiederum gleichlautend mit Überfluss und somit ungeheuer Glück verheißend.

Mir wurde eine weißhaarige Dame als die Mutter von Lehrer Feng vorgestellt und als ich ihr Ikebana lobe, das ich auf einer Ausstellung gesehen hatte, lächelt sie freundlich und alle anderen lachen, denn: sie kann kein Chinesisch, sondern nur Japanisch und Taiwanisch. Das wieder. Aber diesmal wegen Immigration von Japan nach Taiwan.

Alle seine Eleven schwören auf Meister Feng, was ich verstehen kann. Gleichzeitig beiläufig und schnell und konzentriert und treffsicher, korrigiert er die Kalligraphien mit den unterschiedlichsten Schrifttypen. Ich habe zur Beurteilung natürlich zu wenig Ahnung, aber das was er macht, ist einfach überzeugend. Phänomenal. Es wird geraucht, Schnaps getrunken und in Chili eingelegte ganze Fische gegessen, so dass alle schwitzen wie verrückt. Eine angenehm aufgeräumte Stimmung und auch mal nicht so studentisch.

Alle meine drei Lehrer haben natürlich von der Herangehensweise völlig unterschiedliche Vorstellungen. So ist es zum Beispiel Lehrer Zhang völlig egal, was und wie wir malen, solange wir ihn großartig finden. Ein Umstand, der letztlich dazu führte, dass ich den Unterricht bei ihm abbrach. Lehrer Li hingegen besteht auf dem Kopieren von Bildern, die so gemalt sind wie es der Senfkorngarten vorgibt. Dieses um 1700 herum erschienene Buch in vier Bänden ist eine umfassende Anleitung für Tuschmalerei und gleichzeitig eine Erläuterung der zugrunde liegenden geistigen

Haltung im Sinne des philosophischen Daoismus. Meister Feng wiederum verlangt eigene Naturbeobachtung und legte mir dabei auch ans Herz, mal ein paar Hühnerfüße auf dem Markt zu kaufen, als ihn ein meinerseits gemalter Hahn nicht überzeugte. Ich müsste sie ja nicht essen.

Insgesamt führt die Tuschmalerei in der modernen chinesischen Welt ein Nischendasein unter Intellektuellen. Und da auch nur auf Platz 2. Denn die große, die wirkliche Kunst, das ist die Kalligraphie.

Was gesamtgesellschaftlich aber wirklich zählt, ist Erfolg und zwar messbarer Erfolg. In der Uni schrieben wir den (gefühlten) 43. Test und im mündlichen Teil hatten wir das schöne Prüfungsthema: sind Prüfungen sinnvoll? Ich rang mich zu einem entschiedenen einerseits und andererseits durch, was auch gut zu den Redewendungen passte, die wir dabei verwenden sollten. Interessanterweise fand vor allem die Koreanerin, die immer unheimlich hohe Punktzahlen erreicht, Prüfungen schädlich, denn der Leistungsdruck sei zu hoch. Das Ausbildungssystem hier (vielleicht ist Korea da ähnlich) scheint mir tatsächlich ein wenig fragwürdig zu sein: alle werden gedrillt, der/die Beste zu sein, pro Klasse, pro Jahrgang, im Landesjahrgang, aber: es kann nur einen geben. Deshalb gibt es auch die Buxiban, die Ergänzungsschule, um auch am Abend noch die kleinen Gänschen zu stopfen. Eine Polin, die in einer Buxiban 10jährige unterrichtet, erzählte, dass niemand ihr zuhöre und alle rumschrien. Das kann ich irgendwie verstehen. Die Kinder bei meinem Lehrer Li sind dagegen ganz brav, aber müssen unentwegt irgendwelche Stillleben zeichnen oder malen. Sie lernen dabei sicher was, aber ob es ihnen Freude macht, könnte ich nicht sagen. Wenn Frau Li nach 1 1/2 Stunden ruft, dass die xiao pengyou, also die kleinen Freunde, wie Kinder hier in der Regel genannt werden, nun Pause machen müssten, dann holen doch tatsächlich ein paar davon ihre Schulhefte hervor und fangen an zu lernen. Bei so einem Drill muss jede Kunst zwangsläufig ein Nischendasein führen.

Zerbrochene und neuentstandene Identitäten

Von Claudius Petzold

Es beginnt wie eine typische Folklorevorführung im Stile „Happy Dancing Aborigine“ im Leader Village, einem Resort in der Tarokoschlucht, die aber nichts mit der Realität des früheren Lebens der Truku und schon gar nichts mit ihrem modernen Leben zu tun hat. Doch, etwas ist anders: Die Kinder und Jugendlichen sind zwar gut trainiert, aber keine professionellen Tänzer. Neben den Tänzen und typischen Plänkeleien zur Bespaßung der Gäste versucht der taiwanische Manager etwas zur Geschichte und Kultur der Truku zu erklären. Offenkundig mögen und respektieren ihn die Kinder. Plötzlich erzählt er die einzelnen Geschichten der Kinder und ihr Schulleben, auf freundliche Weise ihre Stärken und Schwächen. Oft spielt der frühe Verlust von Familienangehörigen eine wesentliche Rolle. Er beschreibt Jugendliche, die das ländliche Leben verlassen, um das weltoffene Taipei zu suchen – und doch nach einiger Zeit wieder zurückkommen, weil sie sich nicht an die Hektik und Anonymität der Großstadt gewöhnen können.

Wenige Kilometer nördlich in Nanao berichtet Jingwen, eine Atayal, durchaus mit Stolz über die Entwicklung von Aynomi (Verband zur touristischen Entwicklung) und Bemühungen, die Kultur und Sprache zu wahren. Der von Atayal organisierte Verband bietet in Zusammenarbeit mit einigen Communities touristische Dienstleistungen an, sie veröffentlichten ein Buch über die Herkunft ihres Clans und den Standort ehemaliger Dörfer (sogen. Buluo). Nur ein Nebensatz lässt mich aufhorchen: „Als ich jünger war, habe ich versucht meinen Atayal-Akzent beim Chinesisch-Sprechen zu verlieren, um nicht erkannt zu werden.“ Ich stocke, welche kollektiven und subjektiven Unrechtserfahrungen muss eine Person erleiden bis sie ihre Identität verleugnet?

Weit entfernt im Norden konnte sich ein ganzes Dorf, Smangus, mit seinen Baumriesen zu einer Tourismus-Marke entwickeln. Smangus organisiert sich im Gemeinschaftssystem der Atayal, die Einwohner sprechen fast nur untereinander Atayal. Während das übrige Taiwan einem rasanten Bevölkerungsschwund ausgesetzt ist, „plagt“ Smangus eher das gegenteilige Problem – entgegen der allgemeinen Landflucht ist es für junge Menschen wegen seiner Arbeitsmöglichkeiten und Sozialleistungen attraktiv geworden. Im Sommer 2020 war es unmöglich, überhaupt durch die überbelegten Telefone zu kommen – Zimmermiete undenkbar.

Sicher, die Gesetze zum Schutz der indigenen Bevölkerung in Taiwan sind fortschrittlich, die indigene Bevölkerung erhält einige Vergünstigungen (wie erleichterten Zugang zu Institutionen, Subventionen und Sprachunterricht), um den oft niedrigen sozialen Status zu verbessern und vergangenes Unrecht wieder gut zu machen.

Beleidigende Bemerkungen wie „Bergmenschen“ oder „Barbaren“ sind weitgehend verschwunden, auch gesellschaftlich verpönt. Wer mit dem Auto abgelegene Gegenden besucht hat, in der die Ureinwohner leben, kann erahnen, welche Summen für den Straßenbau ausgegeben werden. Nur, wie baut man etwas wieder auf, das vielleicht bereits grundlegend zerstört wurde? Was ist noch von der Identität übrig?

Bis 1895 waren die Truku und Atayal Jäger und Farmer, eng verbunden mit dem Land ihrer Vorfahren mit hohem Gemeinschaftssinn in einem komplexen Regelsystem (gaga/gaya), die noch relativ unbehelligt an der Ostküste lebten. Ihre sehr kämpferischen Kopfjäger bereiteten der japanischen Kolonialmacht, die die Ressourcen in den traditionellen Gebieten beider Stämme ausbeuten wollten, große Schwierigkeiten. Auf Dauer konnten die Atatyal und die Truku aber nicht der überlegenen Kriegsmaschinerie der Japaner widerstehen, die im Vergleich zu ihnen über nahezu unbegrenzte personelle und sachliche Ressourcen verfügten. Zur Befriedung der „Barbaren“ setzten sie harsche Maßnahmen ein. Zwangsumsiedlungen, Zwangsarbeit, Eingliederung in das japanische Verwaltungs- und Schulsystem gefährdeten recht schnell eine Kultur, die auf der Naturverbundenheit und Gemeinschaftssinn ohne Hierarchie basierte. Hinzu kamen Machtmissbrauch und sexuelle Übergriffe durch einzelne Polizisten auf die Truku-Frauen – in einer Kultur, die zwar strikte Arbeitsteilung, aber nicht Verachtung der Frauen kannte. Spannungen entluden sich in gewaltsamen Aufständen, die aber niedergeschlagen werden konnten. Selbst der größte Aufstand wird aber heute in Taiwan nur als „Wushe Zwischenfall“ bezeichnet, nicht als Aufstand anerkannt.

Unter der KMT änderte sich nach 1945 zunächst nichts, diese setzte noch viel verstärkter auf die Umerziehung der indigenen Bevölkerung als „Bergmenschen“ zu „guten Chinesen“. Vielleicht war es teils mit guter Intention, setzte aber im Ergebnis die kulturelle Vernichtung und die Umsiedelung fort. Reine Wirtschaftsinteressen erlaubten es parteinahen Firmen, in Naturschutzgebieten Minenarbeit aufzunehmen. Die Errichtung von Naturparks im Sinne des Naturschutzes und - wie böse Zungen meinen - zur Erholung gutsituierter Großstädter nahm ihnen weiteres Land. Nach nur kurzer Zeit gehörten die Atayal und die Truku zu den niedrigsten sozialen Schichten, Arbeit fanden sie im Niedriglohnsektor mit risikobehafteter Arbeit. Landverbundener Gemeinschaftssinn und kapitalistische Ellenbogenmentalität schienen unvereinbar zu sein. Arbeitslosigkeit, Krankheit und Alkoholprobleme setzten der indigenen Bevölkerung wie anderen Randgruppen zu. Die indigenen Völker begannen, ihre Kultur und ihre Sprache zu vergessen, sie teilweise sogar selbst abzulehnen und zu verachten. Vorurteile der Mehrheit ihnen gegenüber schienen sich vermeintlich als wahr zu bestätigen.

Die o.g. Probleme bestehen immer noch, die staatlichen Bemühungen können jahrhundertelanges Unrecht nicht schnell wieder gut machen. Eine heterogene Gruppe, die insgesamt nur ca. 2,3% der Bevölkerung ausmacht, hat es schwer in einer Demokratie, ihre Belange durchzusetzen. Der frühere Verkauf von Grundstücken in wirtschaftlicher Notlage an Taiwaner, teils in rechtswidrigen Konstruktionen, kann kaum wieder rückgängig gemacht werden.

Einigen Gegenden gelingt es dennoch, wieder aufzustehen. Sie gehen dabei unterschiedliche Wege. Smangus, ein sehr abgelegener Ort mit ehrwürdigen Baumriesen, kam spät in Kontakt mit der taiwanischen Mehrheit, ihnen gelang es, einige Bestandteile wie ihre Gemeinschaftsorganisation zu retten. Tourismus und Landwirtschaft brachten ihnen einen gewissen Wohlstand. In Nanao fand sich eine Gruppe von Ureinwohner zunächst zu einer informellen Verbindung, die sich überlegten, wie der Tourismus in der Gegend Nanao entwickelt werden kann. Die Umgebung bietet einige einfache Trails, mehrere schöne Wasserfälle und Gelegenheiten für Bootsfahrten im Meer. Dazu kommen noch bestimmten Kulturangebote in Bezug auf die Ureinwohnerkultur. Es sind durchaus schöne Erfahrungen, aber die Konkurrenz im landschaftlich schönen Taiwan ist groß. Aynomi entwickelte eine Internetplattform, auf der sie die Gegend vorstellten und kombinierte Reisen anboten. Sie begannen mit unterschiedlichen Anbietern Rahmenverträge abzuschließen und Leistungen im eigenen Namen anzubieten.

Bewahrung der Kultur ohne wirtschaftliche Grundlage ist unmöglich. Einer der wichtigen Förderer der Truku in der Tarokoschlucht ist Manager Cheng, selbst ist er aber Taiwaner. Er arbeitete sich langsam in Hotelketten vom Mechaniker nach oben, bis er mit Hilfe von Investoren ein Private-Partnership-Project gewann – auch nur weil es renommierte Ketten als unrentabel ablehnten. In wenigen Jahren wurde Leader Village zu einem renommierten Objekt. Er beschäftigt nur indigene Angestellte, die er selbst ausbildet. Die Kinder der Angestellten nehmen an seinen Abendveranstaltungen teil, bekommen ein Taschengeld. Er betont den wirtschaftlichen Aspekt: Seine Angestellten sollen über auskömmliches Einkommen verfügen, um die Familie zu ernähren, also: Selbstbewusstsein durch beruflichen Erfolg. Kulturerhalt als Wirtschaftsfaktor. Teils mischt er sich immens in den Schulerfolg der Kinder ein.

Allen Orten ist eine Frage gemeinsam: Wie bewahre ich meine Kultur und Identität, passe sie aber an die neuen Gegebenheiten an, ohne den Kern aufzugeben? Wirtschaftliche Zwänge bestimmen auch im modernen Taiwan viel, wirtschaftlicher Erfolg bringt Anerkennung und die Lebensgrundlage. Manchmal braucht es einen Initiator oder eine Initiatorengruppe.

Trotzdem bleibt die Frage, wie schaffe ich reale Identität? Tanzende und singende Kinder und Bogenschießen? Traditionelles Essen und Verkauf von Kleidung? Das wäre nicht real und würde nur dem Bilderbuch-Klischee vom „glücklichen Wilden" entsprechen. Nur: Was wären denn andere Verkaufsmöglichkeiten? Die Aufklärung über die traurige Geschichte als Teil der taiwanischen Geschichte vergleichbar wie in den deutschen Gedenkstätten? Möchten die Taiwaner aber wirklich an das Unrecht erinnert werden, an dem sie als Mitglieder einer Mehrheit beteiligt und teils Nutznießer waren? Die reale Identität eines Jäger und Bauernvolkes, landverbunden mit einer strikten Arbeitsteilung zwischen den Geschlechtern kann als extremer Gegenpunkt auch nicht wieder erlangt werden. Dies dürfte auch nicht der Wunsch der jüngeren Generationen sein, die die Annehmlichkeiten der Technik gewöhnt sind.

Es ist in der Nachmittagshitze, ich begleite neben einigen Taiwanern fünf Jäger der Atayal bei der Rekonstruktion eines alten Trailsystems nahe Nanao. Es ist so der taiwanische „Urlaub auf dem Bauernhof", Menschen können die wahre Natur in ihrer Gewalt und auch Gefahr erleben, schwere Wege werden erhalten. An einer Engstelle ist der Trail 80 cm breit, links die hohe Steilwand, rechts geht es direkt 350 bis 400 m abwärts, es ist heiß. Zumindest wissen wir jetzt, wie gefährlich die Reisen und die Jagd früher waren. Dann zeigen uns die Atayal, wie früher mit einfachen Techniken Pfade gebaut wurden – nicht für sich selbst, sondern als Kontrollwege der japanischen Polizei. Ganz interessant, aber ich fühle mich eher als Hindernis als als Hilfe beim Bau. Es ist eine sehr geringe Einnahmequelle und ein spezielles Sonderangebot, oft wird die Mindestteilnehmerzahl nicht erreicht. In wenigen Monaten soll das Trailsystem neu eröffnet werden, das National Forestry Bureau unterstützt. Für die Bewohner ist die zeitweise Rückkehr zu den alten Wohnstätten von kaum zu unterschätzender Bedeutung.

Es wird keinen wirklichen Weg geben, nur Bestandteile der Kultur können bewahrt werden. Kultur und Identität waren nie statische Elemente, sondern Zwängen und Anpassungen unterworfen. Auch wenn nicht ideal, wird der wirtschaftliche Erfolg der erste Schritt sein, die zerstörte Identität und das Selbstbewusstsein des Kollektivs und einzelner Mitglieder wieder aufzubauen. Zumindest werden heute kaum noch Indigene ihre Ursprungsidentität verleugnen. Wer in einem kapitalistischen System verdient, genießt unabhängig von der Herkunft Anerkennung. Junge Menschen folgen der Arbeit.

Ein weiterer Punkt ist die Wahrung der Sprache. Kultur ist Sprache. Spracherhalt ist der wichtigste Schritt zur Erhaltung einer Kultur. Der Erhalt der Sprache ist eine Herausforderung über den in den Schulen gewährten Sprachunterricht hinaus. Viele Atayal und Truku haben sie verlernt, wenn sie nicht gerade bei ihren Großeltern aufgewachsen sind. Die Japaner und noch radikaler die frühere KMT haben Zwangsassimilierung durch Sprachunterdrückung betrieben. Erst das moderne Taiwan fördert indigene Sprachen. Nur können 2 h Unterricht pro Woche viel bringen? Es droht die Gefahr, dass die Sprachen verloren gehen. Aber, Sprache als Kommunikationsmittel ist nutzenorientiert. Wenn Chinesisch wichtig ist, Atayal kaum gebraucht wird, entwickelt sie kaum Attraktivität für Kinder. Zumindest in Smangus,

Leader Village, Nanao und anderen Gebieten wird wieder mehr die eigene Sprache gesprochen.

Viele Männer der Atayal sehen die Jagd, die ihnen gesetzlich unter Bedingungen gestattet ist, als erhaltenswerter Bestandteil. Was bleibt aber dann den Frauen als Identitätskern?

Die beschriebenen Orte sind Beispiele, wie durch das Bemühen von Einzelpersonen oder kleinen Gruppen bedrohte Völker vielleicht doch einen Ausweg finden können. Es gibt viel berechtigte Kritik an der taiwanischen Politik betr. der indigenen Bevölkerung, die grundsätzliche Zielrichtung ist jedoch richtig. Die im Text genannten Orte sind auf jeden Fall einen Besuch wert, in historischer, kultureller und landschaftlicher Hinsicht. Sie sind als Widerspruch zum hektischen Taipei auf angenehme Weise von Ruhe geprägt.

Alte, neue, moderne, japanische und verlassene Bahnlinien

Von Claudius Petzold

Es war vielleicht doch keine so gute Idee, diesen Weg im Aliberg (Alishan) auf einer aufgegebenen Bahnstrecke allein zu besuchen. Es ist nur schwaches Licht sehr früh am Morgen, Tiergeräusche sind zu hören, die Berggipfel tauchen langsam aus der Dämmerung auf, es wirkt friedlich. Eben habe ich den 414 m lange Bahntunnel nach einem Steinbruch zu Beginn der mehrstündigen Wanderung betreten, Strom gibt es schon lange nicht mehr, es riecht muffig. Der Tunnel ist genau in der Mitte eingestürzt, nur oben ist eine kleine Stelle frei geblieben, durch die man durchkrabbeln kann. Mulmig ist das schon allein mit dem Licht einer Stirnlampe. Tropfende Wände, Fledermausflattern, wandernde Schatten im schwachen Licht der billigen Lampe lassen die Gedanken an den letzten Horrorfilm abwandern. Gut geschafft, war ja nur das Gefühl, nicht die reale Gefahr. Dann schließen sich mehrere Kilometer beeindruckende Schienenwege im unterschiedlichen Verfallszustand an. In der Höhe etwa eines dreigeschossigen Hauses führen die bis zu 50m lange Brücken ohne Geländer über tiefe Täler, die Schienen sind noch vorhanden, auch die Bohlen – sie wurden seit 20 Jahren aber nicht erneuert und sind harschen klimatischen Bedingungen ausgesetzt. Den schönen Weg säumen oft Baumriesen- und -stümpfe. Er endet in der verfallenen Endstation Stone Monkey. Die Überreste der Holzhäuser und der Holzfällerindustrie bestehen noch, sie können auf einem kleinen Rundweg um die Station besichtigt werden. Die Strecke Mianyue ist unter taiwanischen Bergsteigern als interessante und etwas herausfordernde Route beliebt, die Begehung bisher von den Behörden geduldet. Auf dem Rückweg bemerke ich es dann, es kommen große Gruppen an Wanderern, nicht alle wirken so wirklich fit und trainiert, um solche Wege zu gehen.

Aber von vorne erklärt: Die Japaner errichteten eine Bahnstrecke von der Stadt Chiayi auf 30 m Höhe in der Tiefebene zum Aliberg im Hochgebirge auf 2.451m. Chiayi ist die Bahnstadt mit ihren unzähligen Ausstellungen und der großen Bahngarage. Die bekannte Schmalspurbahn kann den Höhenunterschied von Chiayi nur in 180 Grad Kehren sowie unzähligen Tunnel und Brücken überwinden, es fällt schwer, bei der Beschreibung der Strecke Superlative zu vermeiden. Im Aliberg, heute eines der bekanntesten Naherholungsgebiete, bauten die Japaner weitere Teilstrecken zur Gewinnung und zum Abtransport von wertvollen Nutzholz. Das schwere Erdbeben 1999 zerstörte Teile der Hauptstrecke und eben die o.g. Mianyue Bahnlinie, eine der bislang schönsten Teilstrecken in Taiwan. Überhaupt geht das taiwanische Schienennetz zu weiten Teilen auf die japanische Besatzungszeit zurück – einfach an folgender Besonderheit zu erkennen: Entgegen dem allgemeinen Linksverkehr auf den Straßen herrscht Rechtsverkehr auf den Schienen. Am bekanntesten ist die kurze Bahnfahrt zum Sonnenaufgang am Aliberg, fast ein „Muss“ laut der meisten Reiseführer. Für Enthusiasten gibt es aber eine Alternative mit vielen Haltepunkten: Die Autostraßen Nr. 166 und 169 direkt entlang der Bahnlinie Chiayi/Aliberggebiet. Weil die Fahrt sehr lange Zeit in Anspruch nimmt und sehr eng ist, wird sie aber anders als direkte Straßenverbindung kaum befahren. Wer möchte, kann auf dieser Tour die einzelnen Bahnstationen abfahren. Einige sind wirklich sehr abgelegen mit wenigen erhaltenen Häusern. Beispielsweise wurde die Station Liyuanlio nahezu aufgegeben, nur noch Reste sind übrig geblieben. Auch wenn nicht gut erhalten, gibt die Station Shuisheliao (水社寮車站), dennoch einen Einblick, wie es mal ausgesehen haben könnte. Japanische Häuser (oft nur Ruinen) direkt an den Schienen, abends im Nebel in den umliegenden Bergen, die Schienen überqueren die Straße ohne Schutz, die Station ist nur über die Schienen zu erreichen. Man versucht aber, das Dorf wieder aufzubauen. Im Bahnhofsgebäude gibt es ein englischsprachiges kleines Museum über Fledermäuse und eine kleine Lodge. Die Straße endet dann wieder im belebten Ort Fenchihu mit einem kleinen Museum, Lodges und vielen Wanderwegen.

Aufgegebene Schienen nahe dem Taian Bahnhof

Einen Eindruck, welche technische Meisterleistung mit dem Bau der Schmalspurstrecke erbracht wurde, gibt aber am besten die völlig abgelegene Duolin Station. Für die etwa 13 km von Fenchihu über sehr enge Wirtschaftswege benötigt ein Auto mehr als 25 min, die man wohl völlig allein verbringen wird. Wie auf Postkarten säumen nur noch sehr wenige bewohnte Häuser die Schienen in ca. 2 m Abstand nahe der Station, die letztlich nur aus einem kleinen Wärterhäuschen und einer Ausstiegshilfe besteht. Im anliegenden Ort wohnen wenige Menschen, erhaltene japanische Holzhäuser vermitteln den Eindruck von einer anderen Welt und Zeit. Einige Taiwaner benutzen diese Station als Ausgangspunkt für Schienenwanderungen nach Shitzilu (4km) über Brücken und Tunnel.

Verlassene Gleise am Ende der Mianyue-Linie

Für einen ersten Eindruck von Taiwans Bahnwelt müssen Sie aber nicht soweit von Taipei in den Süden fahren. Sport, Kultur und Eisenbahn lassen sich mit Kindern in den Orten Houli und Sanyi nahe Taichung recht gut verbinden. Der kurze Hou-Feng Bike Way ist durch die Fahrt mit dem Fahrrad durch den 1,2 km langen ehemaligen Eisenbahntunnel Nr. 9 und eine daran anschließende alte Stahlbrücke interessant. Die historische Taian Station in der Nähe ist Ausgangspunkt einer Schienenwanderung eigener Art. 500 m den aufgegebenen Schienen entlang ist eine 800 m lange Stahlbrücke hoch über dem Creek. Sie gilt unter den Lokalen als ein Wanderziel, am Ende kommt ein 1.261 m langer Tunnel, jetzt Unterkunft für Fledermäuse. Die Station gehört zu einem alten Schienennetz, das 1908 von den Japaner als Mountain Line errichtet wurde. 1998 wurde sie zugunsten einer neuen Linie völlig aufgegeben. Die Station selbst wurde 1910 errichte.

Nach dem Erdbeben 1935 ersetzte Beton die Holzstruktur. Im anliegenden Park sind Schienennetze und Holzgebäude erhalten. Eine Stele erinnert an das Erdbeben.

Lohnenswert ist die Umgebung um Sanyi auch wegen seiner Holzverarbeitung und den neunzigjährigen Bahnhofsort Shen Hsin (勝興), der mit Holzhäusern im japanischen Stil gut erhalten ist. Die früher bedeutende Station diente dem Transport von Kampferholz, das in der Umgebung gewonnen wurde. In 402 m Höhe die höchste

Stelle der früheren Bahnstrecke, die aufgegeben und 1996 teils zu touristischen Zwecken wieder aufgebaut wurde. Von hier kann man eine Art Tretbahn auf den Schienen zu den Ruinen der Eisenbahnbrücke besuchen. Die vorgenannten Long Teng Ruinen der damaligen Eisenbahnbrücke sind Überreste der damals höchsten Brücke in Taiwan (Höhe 33 m). Die Brücke wurde als ein technisches Meisterwerk gelobt. Sie wurde 1905 mit einer Länge von 200 m und einer Höhe von 50 m über dem Long Teng Bach gebaut - eine technische Herausforderung, weil sie ohne Zement oder Bewehrungsstahl errichte wurde, nur aus Ziegelstein, Granit und Kalk als Bindemittel. Das Epizentrum des Guan Shan Erdbebens der Stärke 7,3 war nur fünf km weit von der Brücke entfernt. Sie und 200 Haushalte wurden in einigen Sekunden zerstört. Heute sind noch sechs Pfeiler (Norden) und vier Pfeiler (Süden) zu sehen. Interessanter ist der hintere, südlichere Teil der Ruinen über den kleinen Flusslauf hinweg, weil man dort besser erhaltene und zusammenhängende Teile erkennt. Um die Pfeiler wachsen Banyang in ihren komplexen Wurzelsystemen.

Einsturz bei der Mianyue-Linie

Zurück zur abenteuerlicheren Mianyue Bahnlinie im Süden: Nach etwas Gewöhnung wird es eine ganz entspannte Wanderung in der Natur, nahezu allein am Morgen mit einigen Vögeln. Der Rückweg ist weniger entspannend, die Gegend wird plötzlich sehr belebt. Die Railway Administration hat das Verbot „aufgegeben", zu viele Wanderer besuchen den recht gefährlichen Weg, auf dem es immer wieder zu Unfällen kam, der Weg hatte seinen Anteil am Bevölkerungsschwund in Taiwan. Sie planen nunmehr eine Beschränkung der täglichen Besucherzahl und einen Ausbau der Strecke mit zahlreichen Sicherungen ab Ende 2020. Es wird gewiss ein sehr schöner Weg werden, nur verschwindet dann der „Abenteuerfaktor".

Aber auch das Gegenteil, also die Modernität, ist in Taiwan zu erleben. Hochgeschwindigkeit fahren Sie im bequemen High Speed Rail von Taipei nach Kaohsiung auf einem getrennten Schienennetz mit Spitzengeschwindigkeiten von bis zu 300km/h. Die Bahnlinie ist von der Hauptlinie getrennt, kann also ohne Probleme den Fahrplan einhalten. Der Fahrer hat nur eine geringe Sekundentoleranz für frühere oder spätere Ankunft im Zielbahnhof. Auf Stelzen gebaut, teils bis zu 100 m im Boden verankert, werden immense Sicherheitsvorkehrungen eingehalten. Bei ersten Anzeichen und Bewegungen für ein Erdbeben bremst der Zug automatisch.

High Speed Rail von Taipei nach Kaohsiung

Wer wissen möchte, was der Unterschied zwischen {voll}, {überfüllt} und {wirklich überfüllt} ist, fährt während der Stoßzeit mit der MRT (Stadtbahn in Taipei). Gefühlt benutzen sie alle Taiwaner zu diesem Zeitpunkt, von oben sehen die Menschen auf den Bahnsteigen wie ein Menschenmeer, eine bahnfahrende, sehr laute Hydra, aus. Das Chaos ist gelenkt und gesteuert, die Menschen diszipliniert. Linien führen die Masse, die Züge folgen im Wortsinne hintereinander, die Taktung wird nur durch die Physik und Sicherheitserwägungen gebremst. Ist ein Zug weg, kommt fast schon der nächste. Dennoch werden Sie manchmal drei Züge abwarten müssen. Achtung, es wird vielleicht etwas eng!

Tourismus in Taiwan – "Eine neue Entdeckung und Bereicherung"

Von Achim v. Hake

@Tingyaoh, Pixabay

Durch die unberührte Natur im mittleren Teil Taiwans, die naturgewaltigen Ostküsten und die vibrierenden Städte, die außergewöhnlichen Essensgenüsse auf den beliebten Nachtmärkten bis zu "Michelin" Restaurants und mit den freundlichsten und willkommenheißenden Menschen in der Welt hat sich Taiwan eine unglaublich hohe Beliebtheit erworben.

Die Besucherzahlen sind von 2,2 Millionen Reisende Anfang 1990 bis auf 12 Millionen Reisende Mitte 2019 gestiegen. Taiwan wurde über die Jahre das beliebteste Reiseziel für Reisende aus Japan, Hong Kong und Singapur, welche die herzlichen Umgangsformen und die Freundlichkeit der Taiwaner sehr schätzen. Taiwan hat sich weiterhin als Hochburg für internationale Geschäftsreisende entwickelt. Das große Interesse der taiwanischen Regierung in die "Windenergie" hat erlaubt, dass sich viele europäische und deutsche Firmen in Taiwan mit Zweigstellen niedergelassen haben. Die Insel Taiwan wurde dadurch bekannter und dementsprechend als Tourismusziel von Reiseveranstaltern noch höher eingestuft. Der "Taiwanstand" auf der jährlichen ITB in Berlin ist ebenfalls über die Jahre einer der beliebtesten Informationsstände auf dieser Tourismusbörse geworden.

Eine neue Entdeckung ist die Insel Taiwan ganz sicherlich für viele Reisende durch die vielen taiwanischen kulturellen Angebote, der unglaublichen Natur und die kulinarischen Höhepunkte.

@Falco, Pixabay

Einige Reiseunternehmen in Taiwan haben es sich zur Aufgabe gemacht, den internationalen Gästen die Insel Taiwan mit einem sehr farbenfrohen Reiseprogramm anzubieten und Reiseführer auszubilden, welche unter anderem auch die deutsche Sprache beherrschen.

Taiwan hat noch heute in sehr vielen Teilen der Insel den ursprünglichen taiwanischen Charakter behalten und die Menschen teilen gerne ihre interessanten Geschichten beim "Oolong Tee" mit ihren Gästen.

Mittlerweile hat sich auch Taipei als eine der beliebtesten Hauptstädte in Süd-Ost Asien für viele Reisende entwickelt. Internationale 5-Sterne Hotels, Global Shopping Malls, das weltbekannte "101"-Gebäude und selbstverständlich die lokalen Aktivitäten und Märkte prägen die Innenstadt. Internationale jährliche Ausstellungen wie die "Cycle Show" und die "Computex" bringen internationale Geschäftsreisende und Urlaubsreisende nach Taiwan. Seit 2017 findet in Taipei jedes Jahr im Januar eine der größten Kunstaustellungen, die "Taipei Dangdai Art Fair", statt verbunden mit der ebenfalls beliebten Kunstaustellung "ONE ART"- die interessanterweise Hotelzimmer für die Ausstellungen anmieten.

Europäische und vor allem deutsche Kultur findet sehr großen Anklang in Taiwan. Das Interesse zeigt sich im Besonderen durch die Liebe der Taiwaner für klassische Musik. Weltberühmte Vorstellungen, unter anderem Konzerte von der Violinistin Anne-Sophie Mutter, den Regensburger Domspatzen, der Düsseldorfer Staatsoper, Startenor Placido Domingo und vielen anderen haben außerordentliche Erfolge während ihrer Auftritte in Taiwan gefeiert.

Das Deutsche Institut, die Deutsche Handelskammer und das Goethe Institut Taiwan setzen sich sehr erfolgreich ein, die politischen, wirtschaftlichen und kulturellen Beziehungen zwischen Taiwan und Deutschland zu fördern.

Taiwan ist bekannt für seinem Slogan "Taiwan – The Heart of Asia" und macht damit sicherlich auf die geographische Lage, aber mehr auf die Herzlichkeit der Menschen aufmerksam.

The Sherwood Hotel, ein privates 5-Sterne Boutique Hotel mit 350 Gästezimmern und 4 Restaurants feierte am 4. Dezember 2020 das 30 jährige Jubiläum. Der taiwanische Besitzer vom The Sherwood Hotel ist Ende der 60er Jahre mit der Familie Adi Dassler - "Adidas" - eine Geschäftsbeziehung eingegangen, um für die Firma Adidas – basiert in Herzogenaurach die Schuhproduktion mit sehr viel Erfolg zu übernehmen. Dadurch wurde die Qualitätsmarke der Schuhindustrie "Made in Taiwan" zu einer der führenden in der Welt. The Sherwood Taipei hat über die Jahrzehnte eine Gästeliste mit Staatsoberhäuptern wie Fomer US President George W. Bush und Frau Barbara Bush, Baroness Lady Margaret Thatcher – Former Prime Minister of the United Kingdom und Wirtschaftsführer aus aller Welt aufzuweisen, die The Sherwood Hotel als ihre Residenz während ihrer Besuche in Taipei gewählt haben. Die Philosophie "Home away from Home" mit einer dezenten Ausstattung, die dem europäischen Geschmack sehr entgegen kommt, erlaubt uns viele interessante Veranstaltungen, Nationalfeiertage - unter anderem den "Tag der Deutschen Einheit" und Konferenzen im The Sherwood Hotel abzuhalten. The Sherwood Taipei ist bekannt für einen hochwertigen und exklusiven Service und internationale kulinarische Genüsse in den jeweiligen Restaurants. Mit viel Freude habe ich es mir zur Aufgabe gestellt, täglich unsere Gäste persönlich in der Hotellobby und in den Restaurants zu begrüßen, eine sehr wichtige Lehre aus meiner Ausbildung im damaligen "Bristol Hotel Kempinksi Berlin".

Wir wünschen uns sehr, Sie zu gegebener Gelegenheit bei uns im The Sherwood Hotel herzlich willkommen heißen zu dürfen, welches in Taiwan, als auch in vielen Ländern der Welt als ein "Landmark" Hotel in Taipei angesehen wird - bekannt als eine 'Networking Platform" für geschäftliche Begegnungen und Konferenzen als auch für private Feiern.

Taiwan
THE HEART OF ASIA

Der Duft meiner Kindheit

Von Thomas Klemann

Es sind oft die kleinen Erlebnisse, die uns an unserer Kindheit erinnern. Bei mir bewirken bestimmte Aromen so was. Jedes Mal wenn ich meine Großmutter in Taipeh besuche, fühle ich mich wie in das Jahr 1984 versetzt, denn sobald die Wohnungstür aufgeht, begrüßt mich eine bekannte Duftwolke aus der Vergangenheit. Sternanis, Zimt, getrocknete Mandarinenschale und Ingwer liegen schwer in der Luft. In der Küche brutzelt tatsächlich mein Lieblingsgericht aus ferner Kindheit - karamellisierte Schweinerippchen. Die Soße in der die Rippchen schmoren, ist bernsteinfarbig und glänzend zugleich (aus der Mischung von Sojasoße und Kandiszucker entsteht eine Art Glasur, die jedes Stück Fleisch sanft umhüllt und ein Schimmer verleiht). Der elektrische Reiskocher zischt vor sich hin. Als kleiner Junge gab es kein besseres Essen als die Kombination von fluffigem Reis, zarten Rippchen und diese intensive Soße von Oma. Herrlich!

Aber diesmal bekomme ich leider keine Rippchen zum Kosten. Das hat nichts mit Ungezogenheit zu tun. Ganz im Gegenteil, meine Großmutter geniert sich, weil sie kein „richtiges" Mahl mit einem halben Dutzend Gerichte vorbereitet hat. Mit 90 Jahren ist es ja verständlich, dass die Küchenleistung leicht zurückgeht. Also gehen wir heute raus was essen. Sie wirft noch einen letzten Blick in den Spiegel. Die Haare sitzen perfekt. Laufstock ist auch in der Hand. Jetzt kann es losgehen!

Wir laufen die 200 Meter zu einem Niu Rou Mian Lokal. Niu Rou Mian heißt übersetzt Rinder Nudel Suppe und ist eines der beliebtesten taiwanischen Gerichte. Es ist die Quintessenz von „Comfort Food" und besteht aus zart geschmorten Rindfleischscheiben, dicken Weizennudeln, einer Handvoll gehackter Frühlingszwiebeln und einer dunklen, tiefst aromatischen Rinderbrühe.

Wir bestellen zwei Portionen der Suppe und ein Sammelsurium an kleinen Vorspeisen. Kurz danach landet eine dämpfende Suppenschüssel vor meinen Augen. Ich nehme den ersten Löffel und lächele. Der Rinderfond hat eine Intensität, die man nur durch stundenlanges Kochen von Rinderknochen extrahieren kann. Die Nudeln haben den perfekten Biss. Das Fleisch zerfällt beim leichtesten Kontakt mit dem Gaumen. So sollte Niu Rou Mian schmecken! Trotz verpasster Lieblingsspeise ist die Welt jetzt doch wieder in Ordnung.

Zum Teil dank solchen starken Erlebnissen hatte ich mich entschlossen, in Deutschland taiwanische Küche anzubieten. 2013 etablierte ich das Catering Unternehmen Bao Kitchen in Berlin mit Fokus auf traditionelle Gerichte aus Taiwan. Am Anfang war es ungewiss, wie das Publikum in Deutschland überhaupt auf solch ein kulinarisches Angebot reagieren würde. Ich fragte mich, was Leute eigentlich am liebsten essen. Nach kurzer Überlegung war mir aber klar, dass man mit irgendeiner Variante von Fleisch in oder mit Brot nichts Falsches machen konnte. Also entschied ich mich den sogenannten taiwanischen „Burger" zu verkaufen – den Gua Bao.

Die Resonanz auf Street Food Märkten und Caterings war vom ersten Tag unheimlich gut. Seitdem sind wir für unseren Gua Bao bekannt. Es ist klar, dass nicht nur ich, sondern auch viele andere Gastronomen mittlerweile vom Trendpotenzial der taiwanischen Küche ganz überzeugt sind. Ob New York, London oder Berlin, es gibt eine wachsende Anzahl von Restaurants, Imbissen oder Caterer, die typische Gerichte aus Taiwan oder Versionen davon anbieten. Alleine in Deutschland existieren schon eine Handvoll von Foodtrucks, die Gua Bao vertreiben, und das ist eine positive Entwicklung nicht nur für Taiwan, sondern auch für die Gastroszene.

Hier ist eine Liste von weiteren typischen Gerichten aus Taiwan, die bei Gelegenheit unbedingt probiert werden müssen. Vielleicht verlieben Sie sich genauso in die taiwanische Küche wie ich.

Lu Rou Fan

Lu Rou Fan ist Taiwans Nationalgericht und fast an jeder Straßenecke zu haben (man folge nur den Duft). Es ist ein beliebter, günstiger und vor allem leckerer Snack für Zwischendurch. Klein gehackter Schweinebauch wird im Wok angebraten und mit Sojasoße, getrocknete Schalotten, Knoblauch, Sesamöl, Gemüsefond und Gewürzen kombiniert und bei kleiner Flamme 1-2 Stunden gekocht. Das Ergebnis ist eine samtige Fleischsoße, die auf weißem Reis mit Koriander, eingelegtem Rettich und in Sojasoße gekochtem Ei serviert wird. Eine einfache Komposition, aber voller Wucht und Umami.

Xiao Long Bao

Xiao Long Bao sind mit Suppe gefüllte kleine Dumplings. Ursprünglich aus Shanghai wurden diese Art von Dumplings in Taiwan zum Teil wegen der Restaurantkette Din Tai Fung bekannt. Heutzutage gelten Xiao Long Bao als Teil der taiwanischen Küchenkultur. Das Besondere an diese Art von Dumplings ist die Kombination aus hauchdünnem Teig, einer Füllung aus feinem Schweinehack und Gelatine, die beim Dämpfen der Dumplings im Inneren zu einer Suppe verschmilzt. Gepaart mit schwarzem Essig und feinen Streifen Ingwer sind diese Dumplings ein purer Genuss. Da Xia Long Bao technisch sehr schwer zu meistern sind (man behauptet der perfekte Dumpling hätte 18 Falten), dauert das Training der Küchenlehrlinge oft mehrere Monate bis sie die Kunst beherrschen.

Gua Bao

Gua Bao ist seit geraumer Zeit einer der bekanntesten Food Exporte aus Taiwan. Oft als taiwanischer Burger bezeichnet besteht Gua Bao aus einer fluffigen, warm gedämpften Teigtasche die mit zartem, in Sojasoße geschmortem Schweinebauch, klein gehacktem Senfkohl (eine asiatische Kohlart), gerösteten Erdnüssen und Koriander gefüllt wird. Die Paarung der weichen Teigtasche und dem aromatischen Schweinebauch verbinden sich im Gaumen zu einer gewaltigen Geschmacksexplosion. Nur eins zu essen ist schwierig, denn der Gua Bao macht süchtig. Mittlerweile gibt es den Gua Bao mit verschiedensten Füllungen wie z.B. kross frittiertes Hähnchen oder auch im veganen Format mit Tofu in Metropolen wie New York, London oder Berlin.

Eine Schale Tee verbindet

Von Chou Meng-lin (周孟霖)[1]

Eine Schale Tee duftet und schmeckt. Düfte und Aromen des Tees sprechen unser Großhirn an und rufen unterschiedliche Bilder in uns hervor. Tee ist ein Medium, das jegliche sprachliche und kulturelle Grenze überschreitet. Menschen, die sich angezogen fühlen, werden verbunden.

Wahrscheinlich entstammt diesem Gedanken der taiwanische Brauch, auf der Straße Tee zu offerieren, damit fremde Passanten und Wanderer ihren Durst stillen können und sich eine kurze Unterbrechung gönnen. Meine Großmutter folgte ihrer einfachen Erziehung und der Tradition jeden Tag, indem sie ein großes Gefäß voller Oolong auf die Straße brachte. Sie hatte keine Hochschulbildung und folgte einfach ihrem Mitgefühl, wenn sie Menschen zu Diensten war, weil wir schließlich alle zusammengehören. Diese Tradition wird heute noch auf der Insel praktiziert, ihr Geist wird weitergegeben und gelebt, auch wenn die Gesellschaft immer urbaner wird.

Das städtische Taiwan bewahrt aber auch viele andere Traditionen, bei denen Tee im Vordergrund steht. Die modernen Teehäuser, eingerichtet in verschiedenen Stilen, bilden Oasen für Bildung, Ruhe und Geselligkeit in einer hektischen Zeit. Die Vielfalt der Stile spiegelt die facettenreiche Geschichte der Insel wider. Die Einwanderer des 18. und 19. Jahrhunderts brachten ihre Herkunftskultur aus dem südchinesischen Fujian mit, diejenigen des 20. Jahrhunderts stark kontrastierende Einflüsse aus allen möglichen chinesischen Provinzen. Neben der dominanten chinesischen Stilprägung findet man viele Elemente aus Japan und solche aus den Kulturen der Ureinwohner, die schon allein an der Farbenfreude leicht erkennbar sind.

Was hält eine Einwanderer-Gesellschaft zusammen? Wie kann eine demokratische Gesellschaft aus unterschiedlichen Gruppen eine gemeinsame Basis finden und ein gemeinsames Taiwan aufbauen, vereint nicht durch Nationalismus oder äußeren

---

1 Meng-Lin Chou ist in Taiwan aufgewachsen - ein Land, das für die besten Oolongs in Asien berühmt ist. Sie hat in Konstanz Germanistik und Soziologie studiert und ihr Magisterstudium dort abgeschlossen. 2009 eröffnet sie ihr Teehaus Shui Tang in der Altstadt Zürichs. Ihr Geschäft genießt ein internationales Renommee und ist eine Institution Zürichs geworden. Dort finden regelmäßig kulturelle Veranstaltungen und Kurse für den „Teeweg“ statt.

Zwang sondern durch den freien Willen, hier leben zu wollen? Und was hat das alles mit Tee zu tun?

Auf dem Teetisch existieren imaginäre Linien zwischen den Gästen und zwischen ihnen und dem Gastgeber. Der wechselseitige Respekt besteht darin, diese Grenze nicht zu verletzen. Der Gastgeber hat die Linien im Auge und versucht, seinen Gästen jeweils einen „Raum" zu gewähren. Hinter der „Hauptlinie" gibt es noch eine imaginäre zweite, beim Gastgeber wie beim einzelnen Gast. Diese Linie teilt den „Raum" in ein Innen und Außen auf. Der Gastgeber platziert seine Kanne, die sein Ich symbolisiert, in seinen Innenraum. Diesen teilt er mit niemandem. Die Aufgusskanne (Chahai 茶海 oder 公道杯 Gongdaobei), mit der er den Tee in die Tasse des Gastes einschenkt, befindet sich hingegen im äußeren Raum, das heißt demjenigen, den man mit den Gästen teilt. Im Sinne des wechselseitigen Respekts wird der Tee in die Tassen der Gäste, mitunter fremde Menschen, eingeschenkt. So werden alle miteinander verbunden – Respekt als Basis für Harmonie.

Stets bemüht sich die taiwanische Kultur um die Einheit zwischen Ich und Universum, beeinflusst von verschiedenen Traditionen, darunter den Lehren des Konfuzius, denen zufolge man durch alltägliche Praxis und das Studium des tugendhaften Verhaltens den Weg zu der genannten Einheit finden kann.[2]

Verschiedene chinesische Dichter beschreiben das Geräusch des Kochens von Teewasser mit dem Sprachbild 松濤 Song-Tao (Meereswellen durch die Kiefernadeln)[3]. Das Tee-*Trinken*, das als geistige Handlung vollzogen wird, wird oft als Tee-*Zuhören* bezeichnet. In diesem Sinne suggeriert die stimmungsvolle Klang-Kulisse der Kieferbäume in den Bergen ein „Zuhören" der Teezubereitung. Meereswellen durch Kiefernadeln hört man, indem man Tee trinkt.

Als ich den japanischen Chanoyu lernte, erklärte mir mein Lehrer, dass die Bewegung im Teeraum der Meeresbrandung am Meer gleicht. Sie folgt einem Rhythmus. Ich stelle mir vor, durch meine Atmung und Bewegung den Rhythmus des Meeres ins Teezimmer zu bringen, auf diese Weise meinen eigenen zu finden und die Gäste einzuladen, mir dabei zu folgen. Vielleicht entsteht daraus ein gemeinsamer Rhythmus, der auf die Meereswellen durch die Kiefernadeln antwortet. In diesem Moment, in dem die Rhythmen von Kosmos und Tee trinkendem Menschen miteinander harmonieren, entsteht eine Einheit zwischen ihm und dem Universum – 天人合一 Tian Ren He Yi.

---

2 Yu, Ying-shih (2014): Between The Heavenly and The Human. Taipei. S. 62.

3 Zum Beispiel 羅廩 Luo Bing (1573-1620): Cha Jie (Erklärung über Tee).

Somit können wir behaupten, dass der Tee auch den Prozess fördert, in welchem das Individuum zu seinem Wesenskern gelangt. Diesen „Tee-Weg" nennen wir Chadao 茶道, ein Weg „Dao", der uns zum wahren Selbst – im Buddhismus würde man es als „Buddha-Natur" bezeichnen – führt.

Das Leben wird häufig als „Fluss" verbildlicht. Das Sinnbild „Fluss" hat zwei Ufer. Eine Seite ist Yin, die andere ist Yang. Eine Seite ist materialistisch, die andere ist geistig. Eine Seite ist männlich, die andere Seite feminin. Wir können noch weitere gegensätzliche Begriffspaare auflisten, um die Gegensätze zu veranschaulichen, die wir im Fluss des Lebens zu verbinden haben. Dafür brauchen wir ein „Fahrzeug", das uns zwischen beiden Ufern hin- und herträgt. Es gibt ein „Teatoy", ein Teeschiff, das die Funktion hat, die Teekanne zu tragen. Das Teeschiff verweist auf die mystische Bedeutung des Teegefäßes, die tiefere Schicht des Tees: sein Vermögen, den Menschen zu geleiten, zu seinem Selbst und zur Einheit mit Allem.

Vor 50 Jahren konnte man im ländlichen Taiwan Tee trinkende und plaudernde Menschengruppen unter einem großen Baum oder nach der Arbeit auf dem Tempelplatz sitzen sehen. Damals hieß es Lao Ren Cha 老人茶.[4] Die gleiche Szene sieht man heute in den urbanen Inseln der modernen Teehäuser ebenso wie in Wohnzimmern und Parks, wo Menschen sich einfinden für eine Schale Tee. Manchmal allein. Oft gemeinsam.

Die Werte, die auf dem „Tee-Weg" mitgenommen werden, zum Beispiel Respekt und Verbindlichkeit, sind nicht nur Stützen für eine harmonische Teetrinker-Runde, sondern – ins Leben umgesetzt – die Bausteine für eine multikulturelle Gesellschaft. Taiwan hat also Glück gehabt mit seiner Tee-Tradition. Nicht „Rasse" oder Sprache verbindet uns, sondern Werte, die Liebe zu Freiheit, Menschenrechten und Demokratie. Das ist es, was Taiwan aus seiner Kultur heraus mit anderen Gesellschaften teilen kann – wie den Tee!

---

4 „Lao Ren Cha" beschreibt ein Phänomen in der taiwanischen Kultur. In Taiwan ist die Gongfu Cha-Teezubereitung sehr verbreitet. Diese Art der Teezubereitung ist sehr aufwendig: man legt viel Wert auf die Auswahl der Gefäße, der Teesorten und den eigentlichen Prozess der Aufbereitung. Da in erster Linie ältere Menschen diese zeitintensive Art des Teegenusses bevorzugen, wird es auch als *Lao (Alt) Ren (Menschen) Cha (Tee)* bezeichnet.

„Bubble Tea"-Diplomatie

Von Dr. Frank Meerkamp

Der taiwanische Außenminister empfängt den japanischen Botschafter mit einem Becher Bubble Tea. Auf seinem Twitterprofil kommentiert der Außenminister die Fotos mit dem Hashtag #BubbleTeaDiplomacy.[1]

Gastrodiplomatie ist ein neues Werkzeug im Instrumentenkoffer der Soft-Power-Diplomatie. Dabei macht man sich die alte Erkenntnis zunutze: Essen ist der einfachste Weg, Verstand und Herz eines Menschen zu gewinnen. Essen bringt Menschen zusammen und es ist ein Wirtschaftsfaktor. "Menschen mit den Spezialitäten eines Landes vertraut zu machen, kann helfen, Vorurteile abzubauen und Sympathien zu wecken", ist sich Johanna Mendelson Forman, Expertin für Sicherheitspolitik an der American University in Washington, sicher.[2] Südkorea ist schon vor einigen Jahren diesen Weg gegangen – bekannt als "Kimchi-Diplomatie". Mittlerweile sponsern einige Regierungen Gastrodiplomatie-Programme, z.B. Thailand, Südkorea, Malaysia, Peru und Taiwan.

1 Im Internet: https://twitter.com/MOFA_Taiwan/status/1192013696110743552. Zugriff 13.11.2021.

2 Im Internet: https://www.wiwo.de/erfolg/trends/gastrodiplomatie-zusammenarbeit-als-weiterbildungsmassnahme/14483014-2.html. Zugriff 13.11.2021.

2010 hat Taiwan 20 Mio. Pfund in eine Kampagne in Großbritannien investiert. Damit sollte Taiwans Bekanntheit nicht nur als Hightech-Nation von Marken wie Asus, Acer oder Giant, sondern auch als Kultur- und Reiseland gestärkt werden. Kulinarisch wurde Taiwan als Land der Nachtmärkte und Austernomeletts, „Beef Noodles", "Stinky Tofu" und Bubble Tea präsentiert.[3]

@HstrongART/shutterstock

Es gibt viele Legenden, wie der Tee ge-/erfunden wurde. Es wird erzählt, Kaiser Shen-Nung hätte vor mehr als 3.000 Jahren den Tee als Getränk entdeckt. Während er unter einem Baum schlief, fiel ein Teeblatt in seine Schale mit heißem Wasser – die Geburtsstunde des Tees. Sicher ist jedenfalls, dass Tee in China seit über 2.500

---

3 Taiwan launches 'gastro-diplomacy' drive, The Guardian, 08.08.2010. Im Internet: https://www.theguardian.com/world/2010/aug/08/taiwan-launches-gasto-diplomacy-drive#:~:text=Taiwan%20has%20become%20the%20latest,in%20the%20UK%20and%20elsewhere. Zugriff 13.11.2021.

Jahren getrunken wird. Die ältesten Aufzeichnungen über Tee stammen aus dem Jahre 221 v. Chr. – von einem Teesteuerbescheid.

@Taipeh Tourismusbüro – www.taiwantourismus.de

Der Tee ist allerdings erst später nach Taiwan gekommen, aber die Teekultur hat gleichwohl eine besondere Bedeutung. Die chinesische und taiwanische Teezeremonie wurde nie so überhöht wie in Japan, aber sie ist stärker in der Bevölkerung verwurzelt – insbesondere in Taiwan, wo die Teehäuser nicht wie in China wegen der Kulturrevolution schließen mussten. Gäste werden zum Zeichen der Wertschätzung mit Tee bewirtet. Tee spielt auch bei vielen Traditionen eine wichtige Rolle als symbolische Gabe, vor allem bei Hochzeitsbräuchen.

Klassische Teesorten aus Taiwan sind Oolong und Baozhong, später auch schwarze und grüne Tees. Taiwan exportiert diese Teesorten seit dem 19. Jahrhundert. Weltbekannt wurde der Tee seinerzeit als er unter dem Namen "Formosa Tee" vermarktet wurde.

Taiwans Geografie und Klima sind hervorragend für den Anbau aromatischer Tees geeignet. Taiwan hat hohe Gebirgsketten über 2.000m und zusätzlich ein mildes Klima mit ausreichend Niederschlägen. Das kühlere Gebirgsklima sorgt dafür, dass die Teepflanzen langsamer wachsen und dadurch mehr Aromastoffe anreichern.

Die Besonderheit des taiwanischen Tees liegt nicht nur in diesem selbst, sondern auch in den unzähligen Verwendungsmöglichkeiten der Teeblätter. Es gibt eine reiche Vielfalt auch schmackhafter Teespezialitäten. Auch bei einigen Speisen ist Tee die wichtigste Zutat.[4,5]

Trotz aller Tradition: Der Fortschritt macht auch vor dem Tee nicht halt. Auf der Tee-Messe „Taipei International Tea Culture Expo“ wird die traditionelle Teekultur mit der neuen Generation Tee 2.0 kombiniert und damit geworben, dass Taiwan

---

4 Im Internet: https://www.fernweh-koch.de/die-taiwanische-teekultur. Zugriff 13.11.2021.

5 Weitere Informationen zum taiwanischen Tee und Teezeremonien von Meng-Lin Chou auch unter https://charen.ch und in dieser Publikation im Beitrag „Eine Schale Tee verbindet“.

weltweit führend bei kreativen Ideen im Bereich Tee sei.[6] Ein Beispiel für den Einfallsreichtum der Teekultur aus Taiwan ist der inzwischen weltweit bekannte Bubble Tea. Der Tee in seiner modernen Form als erfrischender Milchtee mit Tapioka-Kügelchen ist das Hipp-Getränk der Jugend. Chenchu Naicha ist ein Erfrischungsgetränk mit Tee in vielen Variationen, das an den heißen Tagen überall in Taiwan getrunken wird.

Die Wurzeln des Bubble Tea reichen bis in die 1940er Jahre zurück. Mit einem Cocktail-Shaker wurde Tee handgeschüttelt. Das Ergebnis war ein seidiger Eistee mit feinen Luftblasen – ein Schaumtee, eben Bubble Tea.

@Brent Hofacker/shutterstock

Die Idee, kalten Tee sowie die Kombination Essen und Getränke zum Vergnügen zu konsumieren, entwickelte sich erst im Nachkriegs-Taiwan, als Taiwan ein starkes Wirtschaftswachstum verzeichnete. Der Bubble Tea, wie wir ihn heute kennen, wurde in den 80er Jahren entwickelt und hat im Anschluss einen Siegeszug durch eine Vielzahl an Teegeschäften und Franchise-Ketten angetreten. Um die „Erfindung" streiten sich in Taiwan zwei Tee-Läden, das "Chun Shui Tang Teahouse" in Taichung und das "Hanlin Teahouse" in Tainan.

---

6 Im Internet: https://tea-fair.top-link.com.tw. Zugriff 13.11.2021.

Tapiokakugeln gab es als traditionellen Snack – warum also nicht dem Tee hinzufügen. Die schwarzen Tapiokakugeln geben dem Getränk einen reichhaltigen Geschmack und eine unvergleichliche Textur. Als Synonym für Bubble Tea wird deshalb auch Boba Tea verwendet, das sich auf die Tapiokakugeln im Getränk bezieht. Um den Tee mit seinen Kügelchen trinken zu können, wurden spezielle breite Strohalme entwickelt. Heute gibt es Bubble Tea in verschiedensten Geschmacksrichtungen.[7]

Bubble Tea ist so ein Symbol und „Botschafter" für Taiwans Kreativität und Identität geworden – und eignet sich auch auf politischer Bühne das „Eis zu brechen". „Bubble Tea Diplomatie" wird so auch zu einem Synonym für Taiwans Diplomatie, der stets eine besondere Kreativität und Pragmatismus abverlangt wird.

Besuch des tschechischen Senatspräsidenten und seiner Delegation 2020 in Taiwan – Pause mit einem Becher Bubble Tea

7 Maggie Hiufu Wong (2020): The rise of bubble tea, one of Taiwan's most beloved beverages. Im Internet: https://edition.cnn.com/travel/article/taiwan-bubble-tea-origins/index.html. Zugriff 13.11.2021.

Ihre Unterstützung zählt!

Zivilgesellschaftliches Engagement lebt vom Dialog. Wir laden Sie herzlich ein zum Gespräch. Wir sind interessiert an Ihrer Meinung und freuen uns über jede Unterstützung. Wir freuen uns über Ihr Interesse an einer Mitgliedschaft oder eine Spende.

Deutsch-Taiwanische Gesellschaft e.V.
Markgrafenstr. 35
10117 Berlin
Telefon: 030-20 36 14 40
Fax: 030-20 36 14 10
E-Mail: info@deutsch-taiwanische-gesellschaft.de

Konto: Deutsche Bank Berlin
IBAN DE69 1007 0024 0603 2221 00
BIC: DEUTDEDBBER

Weitere Informationen: www.deutsch-taiwanische-gesellschaft.de